麦读
MyRead

# 编者说明

为了读者阅读便捷，本书保留了部分英文缩写，具体如下：

IEA：The Institute for Economic Affairs，经济事务研究所，英国右翼智库

CPS：The Centre for Policy Studies，政策研究中心，英国右翼智库

CBI：Confederation of British Industry ，英国工业联合会

NHS：National Health Service，英国国家医疗服务体系

BBC：British Broadcasting Corporation，英国广播公司

NUPPO：National Union of Police and Prison Officers，英国警察和监狱官员联盟

A4e：Action for Employment，一家英国的盈利性就业服务公司。

G4S：G4S Secure Solutions，全球最大的安保公司

PFI：Private Finance Initiative，私人主动融资

CCGs：Clinical Commissioning Groups，临床服务授权机构

此外，本书经常提到“托利党”（Tories），托利党原是产生于17世纪末的英国政党。19世纪中叶演变为英国保守党。如今，英国保守党也经常被称为“托利党”。

C O N T E N T S 目录

## 致　谢

“写书是一场恐怖的、令人筋疲力尽的斗争，如同经历一场久病之痛。”1946 年乔治·奥威尔大致如此写道。我确信，这是迄今为止对把自己所思公之于众最为睿智的比喻了。不过，我想尝试反驳他接下来的这句话，“所有作者都是自视甚高且懒散拖沓的。”我想说，这场斗争绝非靠我一己之力，我过去的几本书都是集体努力的结果，这本书自然也不例外。

首先，我要向本书的编辑汤姆·佩恩致以特别的谢意。汤姆是我第一本书《小混混》（*Chavs*）的编辑，是那本书取得巨大成功的保证，他为出版本书付出的努力真真切切是“斯达汉诺夫”式[①]的。他把文本打磨成型，提出质疑，揭穿真相，而且经常比我还清楚我想表达什么。

然后是我杰出的经纪人安德鲁·戈登。我的一切都是安德鲁给的：他不可思议地拿我赌了一把，把我从默默无闻中擢出，创造了使我成为一名作家的机会。这是一个巨大的冒险，对他而言需要付出巨大的勇气和信任，所以怎么感谢他都不为过。

我的文字编辑理查德·梅森技艺卓越，忍受了旷日持久的编辑过程，表现出了非凡的韧性和耐心。他纠正了许多错误，迫使我把语焉不详的句子表述清楚，把文稿质量提升了一大截。

我的父母罗伯和露丝通读了初稿，并给我提出了宏观和具体的建议。感谢你们鼓励我经常提问，挑战那些有权势的人，感谢你们把挑战和质疑的好习惯遗传给了我。我的兄弟本和马克也给了我一些绝佳

---

① 斯达汉诺夫，苏联劳动英雄，曾在一班工作时间内采煤 102 吨，超过定额 13 倍。“斯达汉诺夫式”也就成为高强度勤奋工作的代名词。（本书脚注皆为译者注）

的建议，我的龙凤胎妹妹埃莉诺也经常给我美妙的灵感。

我还得到了其他许多人的帮助、建议和专业知识，我要对以下人士表示感谢：戴维·布兰奇弗劳尔、西米恩·布朗、马克·弗格森、迈赫迪·哈桑、埃里克·霍布斯鲍姆、科斯塔斯·拉帕维查斯、海伦·刘易斯、谢默斯·米尔恩、加雷斯·皮尔斯、理查德·佩皮亚特、安·派提佛、艾莉森·珀洛克、杰弗里·罗伯逊、罗伯特·斯基德尔斯基勋爵以及史蒂芬·斯特恩。

我要对《卫报》致以特别的谢意，感谢《卫报》那些才华横溢的人们，他们给了我一个明确表达自己信仰和信念的平台，同时感谢《独立报》当初带我进入这一行，并给予我如此多的支持。

我的信念在相当程度上受那些活动家的激励而成。他们为争取公正与权贵进行斗争，在这一事业上甘冒巨大风险，其中一些人早在我出生前就开始从事这项事业了。我能想到的包括工会活动家，税务公正活动家，卧室税活动家，残疾人活动家，老幼权利活动家以及反对性别歧视、种族主义、恐同症的人们，等等。非常感谢人民议会、英国反减支运动、残疾人反减支运动、全国养老金领取者大会，以及联合工会（Unite）、英国总工会（GMB）、公共与商业服务工会（PCS）、交通系统工会（RMT）等工会组织。但最重要的是要感谢那些对社会不公进行反击的人们，不管你们以何种形式进行何等规模的反击，你们都是激励我前进的动力。

欧文·P. 琼斯

2014年6月于伦敦

# / 平装版序言 /

我写这本书有一个最为重要的原因。自从 2008 年 9 月英国陷入经济灾难以来，就有一种步调一致的力量，试图把人们因自身和国家遇到困境而产生的愤怒情绪从有权势的人身上转移开。这种力量一如既往地引导英国公众，将挫折转嫁到那些经常被精英政客和媒体诋毁的人群身上。这一人群主要包括移民、失业者、领救济金者、公共部门的员工等。金融危机爆发后，这种妖魔化运动愈演愈烈。政客和媒体一起编造并宣传这样的故事，即国家产生经济社会问题的根源是处于社会底层的那些人，而非处于社会顶层的那些人。

我想尝试扭转这种社会总体认知状况，因为真正的坏人没有得到应有的关注，而社会底层人士的行为却经常遭受无情的批判和谴责：电视剧《福利街》（*Benefits Street*）可以霸占英国荧屏，而《逃税街》或《银行街》却从未上演过，这种现象绝非偶然。如果想解决这些影响英国社会的重大问题和不公现象，聚光灯就应该落到那些有权势的人头上。

这本书顶多算是对这项事业非常有限的贡献。这一事业不应由单个作家笔耕不辍地发起争论，而应通过有规模的行动来有效克服社会不公。但对我而言，只要能引起公众对权势人群的讨论，把这种讨论引入大众每天谈论的话题，引入酒吧、家庭、电视、报纸以及社会媒体的讨论中，就已经达到目的了。金融危机发生后，英国许多机构关门大吉，人们越来越倾向于挑战那些有权阶层。鼓励那些努力维持现状的人对此作出回应是很重要的。如果你的对手被迫对他本想遮掩的问题进行回应和辩论，这本身就是一个值得铭记的胜利。

反对性意见同样弥足珍贵，这些不同意见能够帮助澄清和完善相关争论，并且它们的意义还不止这些。所以，对本书初版所引发的一些问题进行回应是有价值的。这些问题包括什么是权贵，以及如何定义权贵等。

在普通民众的想象中，典型的权贵人士应该是白人男性，这些人通常无须多么努力，就能从私立学校直接进入牛津或剑桥学习，毕业就能找到一份收入丰厚又有社会影响力的好工作。虽然这些特征是民众辨识权贵人士的一个视角，但这并非是我理解权贵的核心依据。在我看来，今天的权贵是由共同的经济利益和共同的心态聚合而成的。尤其是，他们都认为社会顶层人群理应拥有更大的权力和更多的财富。他们手中的权力莫可名状、难以描述。他们会通过推动改革，提升现有体制的代表性和合法性，但他们的权力却仍然捉摸不定、莫可名状。尽管他们的制度体系可以吸纳妇女、工人阶级和少数族裔人群进入，但这并不能改变制度体系给民主造成威胁这一事实。

一些人会问，有权势的人恰巧形成相互联系，又能说明什么问题呢？毕竟，在相近工作领域的人难免会彼此相识并建立联系，在所有社会层面都是如此。但是，如果像新闻国际集团的丽贝卡·布鲁克斯这样的媒体高级执行官与首相成为好朋友，则不可避免会引起广大公众的强烈兴趣。这可以说明默多克帝国的触角在英国政治精英当中已经伸到多广了。在一个民主政体中，媒体是用来监督政府的，因此重要的媒体人和重要的政治精英之间建立紧密联系，理应受到认真的审视。然而，现实情况是，有权势的人们往往通过业务或社会关系聚到一起，相互联系、相互帮衬，并塑造出一种团结一心的氛围。

今天的权贵高度依赖这样一个咒语：“你别无选择”。他们迫使人们相信不存在其他可能的社会运行方式，并以此抵制潜在的反对力量。“二战”后的最初几十年，英国并未形成今天的权贵，所以这段时期的英国如今被描绘得糟糕透顶：被官僚和失控的工会所掌控的一个集权的、沉闷的、消磨意志的人间地狱。我反对把英国这段历史妖魔化，这并非像极左和极右人士所认为的那样出于怀旧的感伤（其实，在那个时代我还没有出生），而是因为我们真的需要纠正人们对那段历史的认识。

有一点非常重要，战后英国曾对富人征收重税，工会组织也较强大，政府对经济进行干预，那时经济也高速发展，而且那时的分配比今天要均衡得多。今天的权贵形成于1970年代后期，他们所管理的英国是一个增长速度更低、分配更不均衡的英国，并且已经遭遇了1980年代早期、1990年代早期和2008年以来三次大的经济危机。我并不是说，旧的秩序不用面对诸多难题的困扰，也不是说长远来看旧的秩序更具可持续性。但就像右翼记者彼得·奥博恩所言，1970年代的左翼和右翼都准备突破当时盛行的战后共识。“有段时间，”他写道，“完全分辨不清哪一方将会获胜，实际上在较长一段时间里，左派还占有优势。”[1]所以说，虽然后人经常把右派的胜利视为必然，但实际上今天权贵们的胜利并非上天注定。

有人问警察是否应该被视为权贵的一部分，以及他们的劣迹有什么新鲜可言。毕竟，警察包庇犯罪、暴力、种族歧视等行为在今天的权贵出现之前就已存在，有些甚至比今天更为严重。我觉得应该这样看：今天的权贵在当年是以反对派的面目出现的，他们所面临的最大障碍是工会运动。他们不得不顺势而为。因此，玛格丽特·撒切尔就职伊始，就赋予警察横扫一切的权力，提高警察待遇，以此收买警察，保证他们在后来的斗争中对撒切尔忠心耿耿。

不出所料，警察被彻底政治化了。警察的感激之情在 1984 ~ 1985 年的煤矿工人大罢工，尤其是在臭名昭著的 1984 年欧格里夫战役①中得到充分体现。

如果没有警察的支持，英国政府不可能彻底打败工会组织。警察们在接受培训的过程中就被要求把工会罢工分子视为“内部敌人”，这种蔑视心理很容易扩展到其他工人阶层身上。在 1989 年希尔斯堡惨案中，遭殃的是利物浦球迷。就像我在本书中所展示的那样，警察在欧格里夫战役和希尔斯堡惨案②中的表现可谓惊人相似，两个案子中的警察都有欺骗、责备受害者，掩盖事实真相等行为。

这些并不意味着警察完全支持权贵们的新自由主义“教义”。警察毕竟是公共部门的雇佣者，从政府那里拿工资和津贴。他们不希望把在其他公共领域中推行的新自由主义改革也用到警察身上。实际上，接下来的几届政府都没有再进行改革，相当于默认了保持警察的忠诚度极为重要。有人会说，警察帮助新自由主义改革取得胜利，但他们却不愿把新自由主义理念用到自己身上。不过，最近几年，由于权贵们对自己取得的大获全胜太过自信，他们不愿再搁置警察系统的新自由主义改革进程了。如今，在联合政府治理下，警察不得不面临与其他公共领域相似的冲击——削减工作岗位，降低工资、工作条件和地位恶化、私有化。毫无疑问，他们厌恶这一

---

① 1984 年 6 月，在英国南约克郡的欧格里夫（Orgreave），警方与罢工者发生了激烈冲突，双方出动人数都超过了万人，被称为“欧格里夫战役”。

② 1989 年 4 月 15 日，在英国谢菲尔德市希尔斯堡体育场举行的利物浦队对阵诺丁汉森林队的足总杯半决赛中，由于球场结构问题和组织秩序混乱，在比赛开始后尚有 5000 名利物浦球迷未能入场，警官开启了大门却没有给予必要的引导，致使数千人涌向同一看台，拥挤造成了严重的踩踏伤亡，96 人丧生，200 多人受伤。

点，警察和政府的关系相应地陷入史无前例的低潮。保守党前党鞭安德鲁·米切尔和唐宁街警察发生几句口角后爆出爆炸性丑闻这件事，就能说明他们的关系已经变得有多糟糕。2014 年 5 月，保守党内政大臣特蕾莎·梅对警察联合会表示，警察被大量丑闻缠身，必须进行相应改革。[2]这种程度的表态，在以前可以说是不可想象的。

也并非所有警察都是“阶级战士”，都希望维护出格的、不均衡的财富和权力分配。他们这样做是因为他们被指派实施法律，而法律却经常被有权势的人所操纵。财产权的神圣不可侵犯被看得比人权更重要。举例来说，富人可以让自己的房产长期空置，却不顾上百万人忍受楼市危机的煎熬，法律保护那些从不露面的房产拥有者，却不会去保护那些蜗居和无家可归的人们。英国监狱里塞满了来自贫困家庭的人，大部分人都饱受精神疾病的困扰。根据监狱改革基金会的说法，[3]有六成多的男性囚犯和五成多的女性囚犯忍受至少一种人格障碍的痛苦。福利诈骗每年造成的损失只有 12 亿英镑，约相当于社会治安开支的 0.7%，却被视为一种卑鄙的犯罪。然而，逃税行为每年造成的公共损失大概有 250 亿英镑，却能获得政府的支持。那些帮助实施逃税行为的会计师事务所，甚至被请去为政府制定税法。与之形成鲜明对照的是，那些在大幅削减开支期间对逃税行为进行和平抗议的人、那些抗议企业破坏环境的和危及人类生存行为的人，却因违反保护财产权神圣的法律而须面临监禁的处罚。不管警察的内心是否愿意，他们在现实中就是这样保护现有秩序的。

有些人说，我所描述的实际是拥护自由市场理念的权势人群，而非什么权贵，事实真的是这样吗？即使不是马克思主义者，你也会同意卡尔·马克思在 1845 年所写的：“统治阶级的思想在每一时代都是占统治地位的思想，这就是说，一个阶级是社会上占统治地位的物质力量，同时也是社会上占统治地位的精神力量。”[4]今天，占主导地位的阶级不仅掌控经济生活，而且也掌控政治、媒体和知识领域，在主流价值观形成过程中扮演了非常关键的角色。在战后时代，那场强有力的、进取性的劳工运动促成了一种妥协：虽然工商阶层继续占据优势地位，但他们不得不放弃一些关键的权力。但是，今天的权贵们又重新收回了那些权力。我们所说的“新自由主义”为整个过程提供了知识基础。

在这本书中，我剖析了那些在战后时代被排斥的“新自由主义”理论家如何获得了惊人的政治成功，以及如何将那些曾经被视为极端、不可行的意识形态方案在全社会推广开来。不过，那些声称新自由主义取得胜利的言论往往会引来争议，甚至连一些“新自由主义”理论家也不这么认为。他们会嘲讽并指责政府仍是英国社会中的巨大存在，并认为如果新自由主义取得绝对胜利，政府的存在就没有合理依据。

但是，就像我在这本书中所揭示的，这恰恰就是问题所在。我用一整章——“中饱私囊”——来揭露今天的权贵一边依赖政府，一边却又嘲笑政府。我写道：“在英国所推行的现代资本主义中，政府在到处撒钱。”政府耗费巨资救助银行，进行公共基础设施建设，补贴私有铁路公司，资助耗资巨大的法律秩序体系，为低收入人群及私有房屋提供补贴，为企业支付数十亿英镑支撑工人教育体系，公共支出中有一半进入了私人合同，直接补贴了私人收益。这个清单还可以列得很长很长。

当今的政治共识直言不讳地拒绝国家主义，也毫不客气地诋毁政府角色。但是，对大多数人而言，社会安全网已经收紧了，导致很多人生活在恐惧和不安全之中，在其他方面，这一网络也在沿着不同路径发展。公共住房私有化就是一个很典型的例子。由于政府建造的那些“保障房”被卖给个人，但没有提供相应的公共廉租房，导致那些本可以住在地方当局或其他形式提供的社会住房中的人不得不租住私人住房，而这种住房的租金经常疯涨，很难支付得起。政府花在房屋补贴上的费用——部分补贴给了私人房东，部分补贴给了低收入人群——出现了爆炸式增长。就业补贴也出现了类似的情况：上百万工人的工资已经停滞或持续下降了好多年，这部分归因于劳工运动的急剧退潮，政府被迫支付几十亿英镑为低收入人群提供补差。铁路系统的私有化导致政府不得不给效益差的私营企业提供补贴。无论在哪里，你都会发现政府已经把本应给穷人和弱势群体的资助给了那些从民众的需求中捞取巨额利润的人。

在权贵们这里，政府的功能进行了重置。如今，政府支持私人利益，支持像金融城①那样蔑视政府的小群体的利益。大的工商企业在给富人减税、打击工会组织、私有化、放松管制等“反革命”措施中明显获益。英国是新自由主义“先驱者”想要或者渴望的那种自由市场乌托邦吗？答案必然是否定的，他们“理想的”社会状态在民主制政体中是不可能实现的。新自由主义者的一些梦想肯定不会得到大工商企业的支持，比如削减政府补贴等措施肯定会引发他们的反对，从而也不可能得以实施。但是英国明显已经偏离富人高税、公有制、国家干预、强工会的方向，转向更多服务于大公司和富人的巨额财富了。

① 伦敦金融城，是英国大伦敦的32个郡之一，位于伦敦著名的圣保罗大教堂东侧，面积2.6平方公里，该地聚集了大量银行、证券交易所、黄金市场等金融机构，所以被称为金融城。

在这里有必要重申一下，本书并不认为权贵代表一种有意识地组织到一起的阴谋。当然，警察掩盖真相、行业性逃税等行为毫无疑问属于阴谋的范畴。但是，这本书的首要前提是，权贵们是由共同经济利益和共同心态聚合到一起的。他们没有必要针对民主体制实施任何有计划的阴谋。权贵实际是一个有机、动态的体系。

我想再次强调的另外一点是，这本书不是为了指责那些手握权力的“恶人”们。问题的关键在于权贵这个体系，而非组成这一体系的那些具体的人。英国统治阶层的行为，从他们个人的角度来说完全是理性的：公司追逐利润、防止亏本，所以他们愿意逃税。他们有足够多的资源来合法地操纵政治经济体系为他们的利益服务，比如他们可以雇佣那些向财政部或政党派驻“专家”的会计师事务所来做项目。他们从官方意识形态中获益，因为这种意识形态赞赏企业的角色，却贬低政府的贡献。当我采访安永会计师事务所首席执行官史蒂夫·瓦利时，我就情不自禁地认为他是一个慷慨、可爱而又深沉、稳重的人，事实也确实如此。他有一种把自己的行为合理化的能力。他会说，他的那些公司客户实际已经缴了很多的税，如果支付更多的话，将会适得其反，如此等等。他的公司为慈善事业花费很多。就像我指出的，这是对维多利亚时代精神的一种回归。在那个时代，社会供给主要依靠慷慨的个人捐助，而不是依靠由累进税制支撑的有效的公共福利体系。但是，你会很容易发现，像瓦利这样的人是如何能够在结束了一天的工作后回到家里，并会觉得自己干得不错。我们的目标是改变这一体系，以及这个体系所鼓励的行为，而不是用“好人”去替换“坏人”。

就我所说的改变体系和改变行为这一点，一些右翼和自由主义批评家建议说，我的解决方式太谨小慎微了。我想说，这正是问题的关键。在本书中，我表达了对“奥沃顿窗口”（Overton Window）理念的浓厚兴趣。这一概念是由美国保守派人士发明的，主要描述在给定的时间内政治上可能的事情。如今这一“窗口”被无情地管控起来了。所以，当工党的艾德·米利班德提议暂时冻结能源价格时，这项虽不起眼但受欢迎的政策被媒体和右翼政客描述为“地下马克思主义”。但实际上，大部分投票者甚至支持比这更为激进的政策：把能源产业重新彻底国有化。对这一“窗口”进行控制使得权贵们支持的新自由主义理念被认为是温和、具有常识的。任何稍微偏离这一范围的都会被取消。所以，就我所提的像民主公有制、富人高税、保障工人权利、选择性资本控制等政策，虽然在现状的捍卫者看来太谨小慎微了，但这一方案却能帮助逐步扭转“奥沃顿窗口”。

当然，我所提出的“民主革命”不会像我期待的那样推进。我希望英国像其他一些国家一样及时进行调整，为民众的需求和愿望服务，而不是为少数精英的利益服务；我希望英国成为一个由劳动者掌控的民主社会，成为一个可以将民主延伸到工厂和经济等领域的国家。这样的社会或许在我有生之年不会出现。我的目的就是扭转新自由主义思想先锋们的成就：把“奥沃顿窗口”扭转向其他的方向。这样做可能会开启更为激进的进程。如今被视为完全极端主义的事情将首先变成边缘理念，进而变为激进理念，进而变为有争议的理念，进而成为常识性的理念。我们生活在一个权贵阶层大获全胜的时代，在这一时代，其他社会运行模式被描绘为绝无可能之物。如果我们想建立一种不同类型的社会，旧有的信念必须被削弱。

政府换了一茬又一茬，而权贵们却始终大权在握。这意味着，任何对现状不再抱有幻想的人（根据相关民调，这种人大概有几百万）今年①五月大选时将很难有决定。届时可以得出结论说，投票没有任何意义。2013 年，喜剧演员拉塞尔·布兰登因声明他从不参加投票，引发了一场激烈的全国大讨论。他认为，参加投票就意味着一种“默认的顺从”，他甚至主张应该进行一场革命。[5]因贬低得来不易的投票权和不鼓励青年人行使这一基本权利，布兰登遭受了持续不断的攻击。

尽管我也不同意他那种呼吁放弃投票的做法，但是一些针对他的批评，要么太幼稚和不食人间烟火，要么厚颜无耻和充满了虚伪。在布兰登引发全国大讨论时，不同年龄段的人们都已经对政治长期不抱任何希望。他的声明引发长时间的强烈共鸣，是人们理想幻灭的表现，而不是造成人们理想幻灭的原因。实际上，那些攻击布兰登的政客和媒体代言人才应该为公众对政治过程的理想幻灭承担责任。布兰登对公共事务的介入，以及他的 YouTube 频道《苏格兰尼格裤子》（The Trews）鼓励对英国所面临的政治问题展开讨论和辩论，尤其是鼓励那些不再参与政治的人加入。

下面说说我对人们即将面临的艰难选择的看法。保守党是权贵们最天然、最坚定的政治代表。在过去五年中，保守党政府按照权贵们所喜欢的方向推动英国社会大变革：给富人和大工商业主减税、私有化、削减公共服务开支、降低福利水平、限制工人权利，如此等等。保守党抓住金融危机的机会，推动实施他们所渴望的、在正常环境下不可能实施的政策。如果 2015 年 5 月保守党再次掌

① 本书英文平装版出版于 2015 年，文中“今年”指 2015 年。

权，将意味着保守党将继续他们的政策：损害劳动人民的利益，继续向有权有势的人手中集中财富和权力。保守党政府也会把“奥沃顿窗口”继续朝着符合权贵利益的方向推进，新一届保守党政府更容易成为支持权贵政策的辩护者。工党会因为偏离权贵的信条太远而失败，大选结果公布数小时内他们就会编织出这样的说法。权贵们那种“我们别无选择”的信念将得到进一步强化，而工党中那些有利于权贵们的理念将得到鼓励。工党失败后，他们会说是因为没有彻底拥护权贵们的信条：削减开支、私有化、放松市场管制、给富人减税，他们会表示这样的事情不允许再发生。由于“奥沃顿窗口”已经转向右翼，左翼中那些拒绝工党的人们也很受煎熬。如果工党是因为太激进而失败，他们会被告知，那样做将把工党置于何地。所有这些都是虚构的谎话。但令人沮丧的是，权贵们却能把这些虚构的谎话植入到被广泛接受的社会常识之中。

然而，工党领导人艾德·米利班德已经被权贵们猛烈抨击，说他太激进。这一点告诉我们，权贵们对于哪怕是稍微偏离他们事先设计的脚本的人和事也极度不宽容，比工党领导层所认为的激进主义者做得还要过分。许多权贵其实并不满足，除非政治社会不断地向他们所期待的方向转型：比如给富人减税、私有化等。任何朝相反方向努力的行为都被认为是不可容忍的。部分因为权贵们那种令人窒息的必胜信念（我们已经获胜了，谁还敢削弱我们来之不易的胜利果实?)，部分因为他们敢冒险把更激进的政策合法化。

工党确实在一些领域实施了一些摆脱权贵控制的举措。工党提出将最高税率恢复到50%，而保守党此前已经将这一税率降至45%(要知道，即使在撒切尔执政的大部分时间里，最高税率也有60%，由此可见“奥沃顿窗口”已经扭转了多大的幅度)。工党也建议对超过200万英镑的房产收取“豪宅税”。他们关于冻结能源价格、取缔土地投机者、约束私人租金等承诺都偏离了权贵的自由市场意识形态。工党宣布将废除最近一项毁灭性的福利削减政策，即所谓“卧室税”。这一政策要求那些穷人和残疾人等社会住房租户为租下但没有用起来的“空闲房间”支付更高费用。目前工党领导层也承诺暂停并扭转国家卫生体系的私有化进程，并且偶尔也会对新工党政府时期推动公共服务私有化的程度表达歉意。他们承诺取缔“零时合同”，这一合同是盘剥劳动者安全和权利的一种主要方式，他们这么做意味着温和地将权力天平向有利于劳动阶层的方向扭转。工党也承诺要减支，只是规模比保守党要小一些，艾德·米利班德明确承认新工党接受撒切尔主义所建立的那套政治共识。

工党的自我矛盾之处在于：工党领导层仍然认同紧缩政策，尽管形式上不是那么咄咄逼人。更重要的是，当你揭开一些政策的面纱时，这些政策将失去他们的光泽。他们所提出的冻结能源价格方案只是暂时的，当面对民调显示的所有选民都对公共设施公有制持支持态度时，工党仅致力于在铁路领域推动公共经营与私人特许经营进行竞争，这一混乱的中间政策尝试让所有人满意，但却导致所有人都不满意。工党领导层中出现的杂音，也预示着重新引入50%的最高税率或许也只是一个临时性举措，并非意味着财富分配大转型的开始。工党提议到2020年实现每小时最低薪水达到8英镑，这意味着仍然有许多工人需要领取贫困补贴，你会发现问题还是没有解决。

在政策实践中，工党总体上接受了保守党的路线图，而且目前仍在沿着同样的道路前行。然而，在过去五年里，紧缩政策已经被明确证明失败了。由于上百万工人需要拿贫困补助金，紧缩政策导致政府无法弥补这一赤字，而这其实是保守党联合政府的一项重要承诺。现政府执政五年，造成了比所有工党政府加在一起还要多的政府债务，[6]在此期间，经济复苏也毫无活力可言。生活标准倒没有下降，但要知道自 19 世纪以来，生活标准从来都没有下降过。同时，随着权贵地位的日益稳固，社会顶层获得了蓬勃发展。工党对紧缩政策的支持，必须放到这一大背景中进行理解。

很自然地，越来越多的对权贵规则幻想破灭的英国人开始寻找其他出路。2015 年年初，民调显示绿党的支持率已经上升到 11%，他们在英格兰、苏格兰、威尔士的成员跃升到五万多人，这一数字让执政的自由民主党和强硬右派——英国独立党黯然失色。英国独立党由前托利党成员和百万富翁所主宰，坚定支持公共服务私有化、为富人减税以及削减工人权利。由主要聚焦环境问题而起家的绿党，提出了真正对权贵构成冲击的政策。他们主张法定最低薪金制度、公有制、工人权利、提高对富人和公司征税比例、打击逃税行为、公屋建设项目等。

不过，对任何新生政党而言，英国的“最高票者当选”的选举体系都意味着一种强大的障碍。仅仅获得全国范围内虽广泛但却非常稀薄的支持是不够的，政党为了在议会中获得议席，需要聚焦于争取选区支持。对于那些原本抱有好感支持者而言，他们面对投票表时会犹豫徘徊，因为他们担心投票给绿党候选人将会造成反保守党的投票太过分散，间接导致保守党候选人从中得利。这种担忧其实正是执政党所期待的。虽然绿党在年轻选民中成绩不错，但民调显示，他们正努力争取工人阶级选民的支持。[7]

选举体系的改革，比如引入某种形式的“比例代表制”（PR），将允许英国人可以更自由地投票，不用再担心无意中为右翼提供帮助了。反权贵力量可以聚集到一个政党内，包括那些之前抱怨选举制度让他们除了支持工党别无选择的人。向比例代表制选举体系转变正变得日益可行。英国人在 2011 年果断地拒绝向其他可能的选举体系转变，我当时也对这种转变持否定立场。很大程度上，选民拒绝另择选举体系是因为他们担心这种新的体系会造成更多情形的政党联合，保守党和自由民主党联合执政的经历，使得选民对联合执政产生了失望心理。这样的政府容易为政党组阁后不兑现竞选承诺提供借口：最臭名昭著的例子就是，自由民主党非但没有兑现他们所提出的免费教育的承诺，反而支持学费上涨三倍的政策。不过苏格兰民族党在苏格兰的戏剧性兴起、英国独立党的叛乱以及绿党支持率的持续上升，导致“最高票者当选”的政策变得越来越站不住脚。实际上，下一次选举很可能再次产生一个没有政党获得绝对多数席位的议会。看起来，不管选举体制怎么样，联合政府的模式可能还得继续。“最高票者当选”原则之所以能够长期保持，是因为这一制度能够提供一个稳定的、获得绝对多数选票的政府。但是，如果这一制度无法继续兑现这一承诺，不能很好地反映英国民众的意志，那么这一制度的合理性就不复存在。

在现实中，2015 年大选将带来一个工党或保守党领导的政府。工党领导的政府将不会与权贵彻底撕破脸。不过这至少还是底层发挥影响、施加压力的重要机会。保守党领导的政府将会继续抵制这样的运动。工党领导的政府会认为这一现实无法忽视。在某种程度上，工党在制度上仍然与工会运动有联系，这种联系使得工党在组织起来的工人阶级这里拥有一些根基，而这种联系也会相应地受到权贵人物的攻击。

工党如果看看西班牙、希腊等其他国家左翼政党的做法，就会做得更好。在这两个国家，当社会民主党执政后实施紧缩政策时，他们都戏剧性地失去了民众支持，民众转而支持那些更极端的反紧缩政党。如果工党需要组建联合政府，那些工党需要借助的小党将迫使其为“比例代表制”进行全民公投。如果这一方案得到选民们的支持，这一体系将会使反权贵政党赢得选举变得更为容易。

无论谁在五月的大选中获胜，权贵的反对者们都会着手开展斗争。为了赢得胜利，他们必须建立广泛的联盟，成员从工会到社区组织再到信仰团体等。在许多关键问题上，公众的看法已经突破了权贵们的教条了。

不过就像本书结论中所言，我们迫切需要一个国际视角。在我写这些话时，希腊的竞选活动正在进行中，激进的反紧缩政党希腊左联党可能将赢得选举。在你读这本书时，结果就已经水落石出了。但是，有一股很有势力的国际力量为确保希腊人民在投票中“不做错误的选择”而作了很大的努力。欧盟、欧洲大国、国际金融家等排队反对左联党取胜。西班牙的情况也非常类似。反紧缩的“我们能党”（Podemos）与“种姓制度”（相当于西班牙权贵）作斗争，且直面西班牙权势精英阵营将其妖魔化的挑战。跟那些与普通大众利益相冲突的、不可名状的权贵精英作斗争不是英国独有的。英国的权贵是与其他国家的统治精英缠绕在一起的。为民主和社会公正作斗争无法在一个国家内部取得胜利。只有跨国界的联合才能确保取得最终胜利。

抱怨不公平固然很好，不过就像已故社会主义政治家托尼·本经常指出的，社会变革需要两种努力的结合：“一个是对社会不公的愤怒的火焰，一个是对更美好世界的热切渴望。”那些想超越旧秩序的人们（包括我自己在内）有责任提供一致的替代性选择。如果缺少这种一致的替代性选择，人们可能会怨恨现有秩序，但他们还会继续勉强忍耐。当今的权贵们相信，他们已经取得绝对的历史性胜利，并且永远不会再被篡夺权力。这是错误的，英国和其他地方底层民众为争取自由公正作斗争的光荣历史能够告诉我们原因所在。终有一天，今天的权贵们会落败。他们不会按自己的方式或自愿地落败，而会被一场持久可信的替代性方案的运动所移除。对于我们这些想要一种新的、不同形态的社会的人来说，是时候联合起来共同行动了！

# / 导　言 /

英国的权贵们事先毫无征兆地被剥了个精光，扔到舞台上。场下的观众倒吸了一口冷气，他们非常熟悉场上那些人，不过与以往不同的是，由于被无情的聚光灯怒射，场上那些人的真实面貌暴露无遗。然而，他们很快又被包裹起来，送回幕后，就像出现在台上那么突然。

最近几年，每次危机似乎都好像撼动了英国权力的支柱。2008年，随着金融城不受约束的贪婪掀起一场经济风暴，当时民众的普遍心理可以用那个众所周知的笑话来归纳，“问：12 位银行家沉入海底，打一词。答：这只是刚刚开始。”之后的几年里，这些有权人被一个接一个的丑闻所困扰。国会议员本就不受欢迎，现在进一步成为令人憎恶的角色，因为他们被爆偷窃纳税人的钱支付个人开销，包括配置宽屏电视、二套房、修鸭舍、挖壕沟，甚至观看色情电影等。英国警察部门也卷入无尽的系列危机之中，从无辜者死亡案到保守派内阁大臣们的攻守同盟，暴露了这一行业中的阴谋和庇护文化。之后，受默多克旗下的《世界新闻报》（*News of the World*）被曝出的系列电话窃听事件影响，媒体的权力也成为公众讨论的热门话题。关键点开始落到政治精英、媒体大亨以及警察之间的灰色联系上，尤其是默多克旗下报纸通过晚宴、聚会、巧妙的岗位任命、秘密会议以及贿赂等让官员沉迷其中、欲罢不能这件事情上。

与洪水般的丑闻相伴，关于谁是真正的统治者、他们在干什么这类问题比过去变得更为紧迫。英国人一直接受的教育是，他们生活在一个繁荣的民主国家，一个由人民意志决定公共事务的国家。“我们的国家有太多值得骄傲之处，”英国首相戴维·卡梅伦 2012 年极富热情地告诉下议院，“我们是这个世界上最古老的民主国家，拥有言论自由、出版自由，可以进行坦诚而健康的公共辩论。”[1]我们当然享受通过艰苦斗争争取来的权利和自由，这些权利和自由是从有权人那里逐步争取来的，这个过程贯穿整部国家史，我们为此付出了巨大牺牲。然而，我们的民主是一个不稳定的东西，经常与有权人的利益发生碰撞，这些有权人实际就组成了权贵阶层。然而，尽管权贵（The Establishment）这个词汇已经众所周知，且常被提起，但是我们却并不确切地知道权贵到底是谁，如何定义，长什么样子，怎样描述能更好地契合他们的特点等。

如果你盯着一张浸有墨水的白纸看，你的脑海里将浮现出一个图像的轮廓。但是其他人看同一张纸片时，有可能浮现的是截然不同的图像。这说明，我们能看到什么，往往与我们自己的关系更大，而与墨迹的关系并不大。这个试验就是著名的“罗夏墨迹测验”，当我们讨论权贵时，这一原则同样适用。

“权贵”这个词经常被随意用来指代“我所反对的那些有权人”。本书实际想暗示的是，那些未经选举、面目模糊的有权人才是我们这片土地的真正统治者。他们并不是简单地通过财富和权力来统治，而是通过理念和思想来统治。不过，我们也没有必要花费太多精力去找出那些自恃有理又大相径庭的定义，比如权贵代表谁、由谁构成、谁被排除在外等。

英国右翼报纸《每日邮报》（*Dailymail*）是全英阅读量第二大的报纸，在塑造政治辩论方面享有很大的权力，它经常与其所认为的“权贵”对着干。《每日邮报》前专栏作家梅兰妮·菲利普斯在她整个职业生涯中经历了令人吃惊但也并非偶然的大转变，从一个自由派转变成一个激烈的保守派。在她看来，1960 年代出生的那帮年轻嬉皮士目前正掌握国家政权。“奇怪的是，这些革命主义者永远长不大，”她在一个专栏中表示，“这一代战后婴儿潮期间出生的人不断长大，但他们仍然保留着年轻时的幼稚。现在他们变成了这个国家的权贵。在包括大学、警察、公务员、司法等各个行业中，高层领导岗位都被这帮人把控着。”同时，彼得·希钦斯曾经是一个托洛茨基主义革命派，如今成为保守派报纸《星期日邮报》（*Mail on Sunday*）的辩论家。他坚信权贵就是道德堕落者的收容站。他写道：“你看，毒品滥用并不是小比例事件，这是整个英国权贵共有的秘而不宣的恶习。”想象一下，一群地位显赫的大人物围在厨房餐桌前，弯着腰用信用卡拨分着可卡因，毫无疑问，这一画面给人的感觉是无需证据就该立即抓捕。由于权贵的指向实在难以捉摸，出现上述这些阴谋论和主观臆测可谓在所难免。

即使那些起初激进后来又掌握实权的人，也会认为自己实际不过是被权贵所利用的糊涂虫。约翰·普里斯考特曾是海军商船上的一名服务生，一个激进的左派。1966 年，他参与组织了一场水手罢工，工党首相哈罗德·威尔逊当年将这场罢工斥为有政治图谋的集体勾当。30 年后，普里斯考特完成了从左翼向中翼的转型，成为托尼·布莱尔新工党内阁的副首相。2010 年从下议院议员位置上退下后，他甚至成为一名上议院议员，他此前曾为废除这一机构而进行了长期斗争。“英国仍然被精英统治，”他 2013 年在《每日镜报》（*Daily Mirror*）专栏中写道，“那些生而富有，且能够花钱进入特权网络的人将继续在权贵中占支配地位。”普里斯考特的意思是，那些像他一样生而卑微的人，是被自动排除到权贵之外的。只有那些生来受上天青睐的人才配得上这一标签。这种看法让一些人确定自己并不是权贵。

虽然对权贵的定义非常多，但这些定义却有一个共同点：它们往往都带有贬义色彩。知道这一点，你就会明白，不会有人愿意承认自己是这一遭人唾骂的俱乐部中的一员。但是也有一些有权人可以毫无顾虑地承认。当我与显贵的巴特勒勋爵在位于伦敦市中心的临时住所握手问候时，他的坚毅让我难以自抑地认为他生来就是一位统治者。当他还是一名牛津大学的学生时，就有一句半真半假的传言，说谁在橄榄球场上阻拦他，就意味着在拿自己的前途开玩笑。巴特勒先生是爱德华·希斯、哈罗德·威尔逊、玛格丽特·撒切尔等好几任首相的私人秘书，他在托尼·布莱尔当政期间才退下来，此前已成为这个国家最高级别的公务员。他拥有有权人所共有的那种令人生畏的、举重若轻的自信。趁他佣人在厨房忙活的功夫，我问他是否认为自己是权贵阶层的一员，他眼都不眨一下地回答说："是的。"不过，当他进一步详述答案时，他对于权贵的定义就开始变得模糊。他说："我的意思是，我有一个优越的出身，这让我有机会结识很多人，非常幸运的是，我在正确的时间出现在了正确的地点。因此，我确实身处一个圈子之中，这个圈子里有很多拥有权力或者曾经拥有权力的人。"

我们可以把关于权贵的主流观点归结如下：右翼人士认为，权贵就是一群由道德败坏的、猖獗的社会自由主义者组成的国家承办商。左翼人士认为，权贵就是由公学及牛津剑桥的男生们组成的一个关系网络，这个关系网络主导着英国政治生活的主要制度。可见，关于权贵的认识仍然是白色纸张上的那一片墨迹。

下面是我所理解的权贵的含义：

像过去一样，今天的权贵由握有权力的各种群体构成，这些群体需要在一个几乎所有成年人都拥有选举权的民主社会设法保住他们的位子。作为这些群体的代表，权贵试图"控制"民主，以确保民主不会伤及这些群体的利益。从这个意义上讲，权贵就好比一堵将这些群体与广大民众隔离开的防火墙。正如出身高贵的右翼博客和专栏作者保罗·斯坦斯所言，我们已经有大约一个世纪的普选历史了，但事情的本质却是资本家千方百计地寻找路径，保护自己不受投票者的影响。

回到19世纪，随着当时对普选制的呼声越来越高，特权阶层里弥漫着一种恐惧心理，担心穷人握有选票将对他们的地位构成致命威胁。他们担心社会中下层将会用新获得的话语权，从社会上层那里剥夺权力和财富，并在选民中进行再分配。1866年，保守派政治家劳德·索尔斯伯里针对扩大选举权范围的问题对议会说："我在这里听到了很多关于工人阶级的话题，我承认，我对此充满忧虑。"他表示，赋予工人阶级选举权，将诱惑他们议定一些仅对自己阶级有利的关于税收和财富的法律，这对其他阶级而言将是危险的。他进一步论述说，由于有产者所占比例非常小，因此公民权被滥用的风险是非常大的。换句话说，一个公民越穷，他获得投票权后就越危险。[2]不过，当时的统治精英被一种比这更大的恐惧感所笼罩着，那就是，如果继续反对推行普选制，将可能导致社会革命。因此，到1918年，英国的所有男性以及部分女性已经被赋予了公民权。

不过，19世纪那些坚决反对普选制的人们也并非完全没有根据。"二战"后的几十年里，英国实权派的利益确实受到了许多约束和限制，包括高税收和对私有企业的管制等。这是刚刚获得选举权的民众所期待的。但是到了今天，这些限制条件中的许多已经被废除或处于正在被废除的过程中。我们可以把当今的权贵理解为一套制度和理念，这套制度和理念负责为少数人聚敛权力和财富提供保护，并将这一过程进行合法化处理。

英国社会主导者的利益是分化的，其实他们的利益经常彼此冲突。权贵包括制定法律的政客、设置辩论术语的媒体大亨、把控经济的商人和金融家以及作为司法者的警察，他们所执行的法律往往是由有权人操控的。权贵实际由不同利益和各类圈子相互交叉融合而成，有时是有意识组成的，有时则是无意识的。这一群体中的人们因一种共同的心理聚合到一起。这种心理认为，上层人理应得到他们的权力和不断增长的财富，这种心理可用欧莱雅化妆品那句广告语进行概括：你值得拥有。这种心理促使政客们窃取经费，商人们想方设法逃税，城市银行家为获取更多收入不惜将整个世界带入灾难之中。法律主要针对社会底层的人们所犯下的类似福利欺诈等小的犯罪或不检点行为，对上述行为却给予支持甚至鼓励。我们或许也可以将权贵们的想法归结为：我们遵守我们自己的一套规则，其他人遵守另一套规则。

这种心理应归因于现代权贵所拥有的共同意识形态，这套理念把他们的地位和行为进行了合法化和理性化处理。这就是建立在所谓自由市场信条之上的新自由主义。这套理念有助于把公共财产尽可能多地转移到唯利是图的商人手中，反对（如果不是憎恨的话）政府过去在经济中所扮演的角色，鼓励减轻私有部门的税务负担，抵制任何形式的集体组织，以防止其对现状造成破坏。这种意识形态惯于自我理性化为“自由”，尤其是“经济自由”，并用个体主义的话语体系把自己包装起来。这就是权贵们视作共识的信条，对他们来讲，这是一种事实，就如同天气一样。

如果不同意这些信条，一个人将被排除在权贵之外，往好里说是一个怪癖之人，并且很有可能被看作一个极端主义者。权贵成员们发自内心地相信这套意识形态，但是，这实际不过是可以帮助他们聚敛财富和权力的一套信条和政策罢了。

除共同心理外，权贵们还因彼此间的金融联系以及“旋转门”(revoling door)① 文化而不断自我强化。这些有权人在政治圈、工商圈和媒体圈之间来回流动，有一些甚至可以同时混迹于多个圈子之中。大部分政治辩论由少数富豪控制的媒体所主导，智库和政党则纷纷接受有钱人和公司的资助。许多政客接受私人企业发放的工资，他们与公务员一起，通过在政策领域的公共服务为企业卖力，并从中谋取私利。这种所谓的公共服务，表面上看是为了增进公司的利益，背地里实际在增进自己的利益。商界人士能够从与政客和公务员的联系中获利，因为对政府结构和政府经验的了解，可以帮助私营公司准确定位走近权力核心的路径。

不过，权贵们的思想有其内在冲突和逻辑缺陷。他们或许厌恶这种状态，但却不得不仰仗这种状态来发财。救助受困银行、投资基础设施建设、保护财产权、资助科研、花钱搞劳工培训、救济超低工资人群以及各种各样的补贴，所有这些都可被描述为“富人的社会主义”，而这些就是今天权贵们的标识符。

权贵们不必接受例行审查。按理说，媒体应履行监督有权者行为的责任，但英国媒体是权贵的一部分，媒体老板受同种假定和咒

① “旋转门”，指的是个人在公共部门和私人部门之间双向转换角色、穿梭交叉为利益集团牟利的机制。“旋转门”机制可以被归为两类。第一类是由产业或民间部门进入政府的“旋转门”，这主要是指公司高级管理人员和商业利益集团游说者进入政府并担任要职。在政策制定和实施的过程中，这就可能为他们曾经代表的团体谋取特别的好处。第二类是由政府进入私人部门的“旋转门”。以前的政府官员充当游说者后，利用自己与政府的联系来为现在所代表的团体谋取特别的利益。

语的指控。所以，记者和政客一样痴迷于批判和攻击社会底层人群的行为。失业者、索赔者、移民、公共部门里的工人等是经常被批判、被曝光甚至被彻底诋毁的人群。对于媒体而言，把对真正掌权者的愤怒转移到手无寸铁的中下层民众身上，简直太容易了。

为了理解权贵的演变和现状，我们需要回到1955年。那一年，英国结束了战后实施的紧缩政策，开启了以消费主义、摇滚和泰迪男孩①为标志的新时代。不过，这个时代对这个国家而言，也有比较险恶的一面，托利党记者亨利·费尔利三十出头时就被这个时代打乱了生活节奏。费尔利的事业在起步阶段超乎寻常的顺利，他也混迹于位高权重的人群之中。早在二十多岁时，他就已经开始为《泰晤士报》写专栏了。但是，三十岁时，他离开《泰晤士报》，成为一名自由撰稿人，并开始为《旁观者》（*Spectator*）杂志写专栏。费尔利对英国上层社会变得越来越愤怒，1955年的秋天，他在一篇专栏里解释了自己为什么会变成这样。引起他注意的是一桩丑闻案件。这一案件涉及盖伊·伯吉斯和唐纳德·麦克莱恩两位英国前外交官，这两个人叛变去了苏联。费尔利表示，这两个人的朋友们试图庇护他们的家庭免受媒体关注。他断言，这表明“我所说的这个国家的那些权贵们，比过去任何时候都更有权势了”。这篇专栏让“权贵”这个词变得家喻户晓，费尔利的名字也由此逐渐为人们所熟知。

对费尔利而言，权贵不仅包括官方权力（尽管官方权力必然是

---

① 泰迪男孩（Teddy Boy），也被称为泰德（Ted），英国亚文化。20世纪50年代在英国伦敦开始形成，随后在英国各地迅速蔓延。

其组成部分之一)，而且包括官方和民间的关系矩阵，权力实际是在这一综合矩阵中运行的。他声称，只有将权力放置在整个社会关系网络中，才能真正理解它是怎样运行的。换句话说，权贵由一群联系密切的人组成，他们彼此了解，拥有同样的圈子网络，并且互相了解彼此的底细。这一网络不是官方的、不是法定的、不是正式的安排，而是一种“微妙的社会关系网”。

费尔利概念中的权贵包括一个非常多元的人群网络。这个网络里不仅有首相、坎特伯雷大主教，而且也包括一些“比较平凡的人”，比如艺术理事会主席、BBC 总干事、《泰晤士报》文学增刊主编等，以及传奇般的维奥莱特·伯翰·卡特女士。这位女士是前自由党首相赫伯特·阿斯奎斯的女儿、温斯顿·丘吉尔的红颜知己，她的孙女儿海伦娜·伯翰·卡特后来成为好莱坞演员。费尔利声称，外交部“靠近这种控制国家权力运行的社会关系网络的中心”，其成员往往可以“结识所有有价值的人”。换句话说，是不是权贵，说到底就是一个关于“你认识谁”的问题。[3]

费尔利的定义让“权贵”成为激烈争论中的一个习惯用语，同时也引起了被他点名的那些人的激烈反应。费尔利影射说，维奥莱特·伯翰·卡特就是控制媒体降低对伯吉斯和麦克莱恩关注度的人之一。伯翰·卡特情绪激动地声称：“我的这一行为仅仅出于防止一些媒体对他们家庭的迫害。”牛津大学万灵学院学监，即牛津精英汇集地的主人，也谴责费尔利对外交部招聘过程的描述，认为费尔利“几乎所有的假设和建议都充满了低水平的影射和错误”。《观察者》主编戴维·阿斯特作为阿斯特权势家族的一员，非常生气地谴责费尔利把“权贵”描绘为这个国家的权势人群通过行使权力暗中相互帮助、相互保护的态势。他说，这“相当于说我们公共生活中的高层次人群都在胡来，这简直就是‘诽谤抹黑’”。[4]

费尔利把“权贵”解释为掌握权力的人通过社会网络聚合到一起，相互提供便利。费尔利的文章对那种认为英国不是单纯“民治”（ruled by its people）国家的观点来说是一个重要注解。他的这一路径响应了卡尔·马克思、弗里德里希·恩格斯等有重要影响力的左翼思想家长期以来所持的立场。他们在《共产党宣言》中就把资本主义政府描述为“一个管理资产阶级日常事务的委员会”，或者说是一种为商业巨头服务的技术官僚群体。

但是，费尔利却遗漏了英国权力属性中非常重要的一些方面。首先，他没有提到共同经济利益问题，这一深层联系实际上是将商业巨头、金融人士及政治精英联系到一起的重要因素。其次，他的文章没有提到将权贵成员聚到一起的共同心理因素问题。这种共同心理当时也是存在的，只不过当时的共同心理与今天的共同心理截然不同，那时住在唐宁街的是一位保守派的老伊顿公学毕业生（安东尼·艾登）。那是一个福利资本主义时代，同时也是国家主义思潮和家长制盛行的时代，在那个年代，掌权者普遍认为，积极的政府角色对于健康稳定的社会是非常必要的。

费尔利所处时代与我们今天时代的不同表明，统治英国的权贵也并非固定不变，英国的上流社会一直处于持续流动之中。这种残酷的变迁是由生存下来的欲望所驱动的。历史总会有一些零散的、来自底层的、希望统治精英放弃一些权力的需求，这种需求迫使英国社会的实权派不得不进行一定的妥协。毕竟，如果一味抵制这些要求变革的声音，不但可能摧毁一些权贵阶层的支柱性人物，而且可能导致整个权力体系的崩塌。

君主政体就是一个引人注目的案例。这个传统权力支柱在面对偶然发生的强大威胁时，为了存活下来，被迫进行了调整适应。这一点在17世纪光荣革命及外敌入侵以来的王权和议会权力分配问题上表现得非常明显，并且直到今天，这一现象仍在继续。诸如发动战争等许多原来属于君主的权力，如今已转移到首相的手里。不过，直到今天，王室的角色也并非纯粹只是符号性的。

倡导选举产生国家元首的共和运动领导者安德鲁·蔡尔德说："王权是一个有点模糊的制度，但却是宪政制度的内核，所有的权力都来自于王权。"首相不用征求立法机关和选举机关的意见就可以直接任命或解除内阁大臣，因为他行使的是女王赋予的权力，这些大臣隶属于王室而非人民。在实践中，王室成员也确实拥有巨大的权力平台，可用来干预一些民主决策。查尔斯王子作为被指定的王权继承人，从2010年大选以来与大臣们的会面大概有40次。人们普遍认为，他在环境、禁猎、替代药物、继承权等问题上非常有主见、有影响。2014年6月，查尔斯王子被证明曾游说托尼·布莱尔政府增加文法学校的数量。2014年年底，《卫报》证实，如果查尔斯王子获得王位，将试图改革王权的角色，进行所谓"真诚的干预"。[5]这一真相的揭露，引发了公众的激烈反应，他们明确表示，"对于一个民主社会而言，一个爱管事的国王是不可忍受的"，并暗示那样可能会摧毁君主政体。对于英国人来说，君主政体才是最高权威所在，而非普通民众。这一点帮助权贵将其固有的非民主特征进行了制度化。总之，英国从本质上讲不是一个真正的民治国家。

与欧洲其他国家相比，英国的贵族通过自我调适和吸收他者，成功地避免了被彻底清除的命运。伴随工业革命的发生，英国贵族吸收了一些成功商人进入他们的行列，比如伦敦金融家阿丁顿勋爵和丝绸经纪人切利斯莫勋爵，尽管这一点为传统主义者所讨厌。贵族在整个19世纪继续行使着相当程度的政治权力，贵族中出了许多首相，比如惠灵顿一世公爵、格雷二世伯爵、墨尔本二世子爵等。甚至直到1963年，托利贵族的霍姆勋爵仍然可以出任英国首相。随着1911年和1949年的两项法案获得国会通过，这一权力被削弱了。因为下议院将其相对上议院的支配地位写进了法律。不过，贵族几个世纪以来的权力并没有消失，超过1/3的英国和威尔士土地仍为贵族拥有，一半多的农村土地也仍然掌握在3.6万个地主的手里。[6]

今天英国教会的影响力虽不像以前那么大，但仍然保留着代表他们传统权力的服饰。实际上，权贵这个词就是过去教会重要性的一个证明，这个词汇很可能起源于一个事实。那就是，英格兰教会由国家建造教堂，是整个国家的宗教信仰，君主是教会头领。作为教会最高级别官员，坎特伯雷大主教是由首相代表国王任命的。虽然英国是世界上宗教信仰最弱的国家之一，我们只有1/10的人每周都去教堂，并且有1/4的英国人没有宗教信仰，但英国教会仍然握有重要权力。教会拥有英国1/4的小学和中学，主教们是上院成员。英国是世界上除伊朗之外唯一一个神职人员可不经选举直接进入立法机构的国家。在19世纪，教堂拥有220万英亩的土地，是英国最大的地主。[7]尽管之后他们逐渐淡出这个行列，但仍拥有44块合计10.5万英亩的农村土地，这还不包括他们在城市中所拥有的土地。[8]尽管研究表明，经常到礼堂做礼拜的人并不一定是保守派的支持者，[9]但从1970年代后期自由市场经济大行其道以来，高级神职人员屡次斥责权贵。1985年，玛格丽特·撒切尔内阁时期，坎特伯雷大主教兰斯勋爵递交了一份为城市穷人说话的报告，这一报告被一位匿名的托利党高层人士指责为“纯粹的马克思主义意识形态”。此后，在新工党执政时期和联合政府最初几年担任主教的罗文·威廉姆斯也曾针对政府政策写过一篇激烈的批评文章。这些公共干预被广泛认为是教会仍然拥有影响力的证明，尽管这种权力跟原来相比的确变小了。

随着大英帝国的衰落，军队的重要性也出现了明显下滑。“二战”后殖民地纷纷独立，英国的全球霸权大幅缩减，英国的外交政策基本依附于美国霸权。军队不可避免地失去了过去那种核心地位。近年来的紧缩措施进一步大幅削减军队力量，包括计划削减3万名士兵及其他海陆军人员。国防大臣尼古拉斯·霍顿将军警告说军力出现了空心化，虽然拥有最先进的设备，却没有人去管理它们。他呼吁说：“被忽视的是，我们当前的所作所为将导致战略力量七零八落，虽然这些设备精良先进，但没有足够的人供它们装备和训练。”他接着指出，过去支持优先考虑军费开支的往往是一些大的军工利益集团，他们支持英国增强国防工业基础，目的是从国家对外扩张中获利。英国宇航系统公司（BAE）等就是通过游说来获利的，这些军工企业的胃口甚至超过了国家的军事目标。从这样的抱怨中，我们可以知道英国国防大臣已经变成一个多么无力的角色。当个人关切被搁到一旁，他们不得不将那无力的批判诉诸公共世界。

权贵就像一个变形人，根据形势需要不断进行调整。今天的权贵与过去相比，一个重要区别在于其对胜利的不同定义和感知。过去有权人需要面对相当的威胁，因此他们的言行还有所控制。但是今天的权贵已经没有任何有组织、有冲击力的对手了。政客们很大程度上顺应同一套话语说辞，曾经强大的工会，如今在政治甚至公共生活中已经没有什么合法地位可言。拒绝权贵意识形态的经济学家和其他学者，很大程度上被排斥出主流知识分子的群体。冷战的结束被政客、知识分子和媒体说成是所有试图改变现状之替代方案的终结。美国政治学家弗朗西斯·福山将其称为“历史的终结”，所有这些又都为权贵推开了一扇门。尽管有权人的地位曾因民主的来临而受损，但如今一个反向的进程正在进行之中。权贵正在通过一种前所未有的方式积累财富和吞并权力。最终，没有谁能够阻止这一进程。

对于这一描述，有一个预料中的异议。当我们讨论 1950 年代的权贵时，我们一般会想到上中层阶级的白人男士们，他们穿着西装，熨烫平整的方巾挂在胸前口袋，一手撑伞，一手提公文包。今天的权贵不再有那么明目张胆的性别、性取向及种族歧视。当然他们对时常兴起的反移民说辞持宽容态度，因为这种情绪可帮助他们将公众注意力从自己身上转移开。那些为反偏执而斗争的努力取得了一些胜利，战胜了官方认可的偏见。今天的权贵中有很大一部分是社会民主主义者。一些重要的商业精英甚至为反同性恋歧视行为提供经费支持。这说明了一个与 1950 年代初期相比巨大的进步。在 1950 年代，英国数学家和计算机科学家艾伦·图灵因是同性恋而被强制进行了化学阉割。

今天的权贵已经变得更为多元，但仍然不能涵盖整个英国社会。1945 年，女议员只有 24 位，如今这一数字已达到 143 位。[10]不过，虽然这听起来像是一个让人印象深刻的进步，但另一方面也说明男性议员仍然占 4/5 之多。这甚至与苏丹这样被认为严重不平等的国家相比，都是一个非常糟糕的成绩。2010 年，议会中黑人和少数族裔的人数几乎扩大了一倍，但也只有 27 位而已。[11]（如果按照英国当前的人口统计来讲，这一数字应该大于90）同时，大公司高层领导中只有20.8%为女性，在执行董事层面，这一比例只有6.9%。[12]在公司董事会成员中，只有1/60为黑人或少数族裔，并且这些人中有许多实际是国际任命而非英国本土任命的。[13]公务员队伍中的高层官员仍然由男性主导，尽管现在女性的比例刚刚达到了1/3。[14]与过去相比，顶级报业集团中女性的比例已经明显上升，但仍然少于男性，并且黑人和少数族裔记者数目仍然稀少到不合常规的地步。权贵是否具有足够的代表性并不是本书要讨论的主题，这一问题代表着英国社会不同的断面，不过这仍然是对民主的一大威胁。本书关注的不是关于权力运行网络中民众多样性缺失的问题，而是拷问自利性的权力是如何运行的。即使行使模糊性和破坏性权力的人群中男性和白人面孔的比例降低，权力运行仍将是模糊的、破坏性的。

这也不是一本关于“恶棍”的书。权贵是一个系统和一个共同心理的集束，无法划归到某个具体的政客或媒体大亨身上。简单谴责个人的贪婪和缺乏同情心，无助于对这一概念的理解。这并不是要为个人或机构开脱责任，也不是说个人只是机器上的一个只能按既定脚本运行的齿轮。这只是反对那种观点——认为英国在被一群“坏人”统治，如果把“坏人”换成“好人”，民主所面临的问题将迎刃而解。权贵中许多人其实是对他人非常慷慨和有同情心的，对特权阶层和非特权阶层都是如此。个人的正派和体系的有害是可以自洽共生的。另外，有一些人的确是自私自利的，他们为了追逐财富和权力可以完全不顾他人。正如记者约翰·朗森所发现的那样，大约4%的首席执行官是精神病患者，这一比例大约是普通人群的四倍。[15]这种由系统所驱动和鼓励的行为是需要我们尝试去解释的。

本书将揭示今天的权贵是什么，以及怎样运作，理念为何如此成功和不可挑战，看起来是什么样子，如何为自己的行为辩护，为什么对民主构成威胁。我将证明，尽管权贵声称对英国人民服务，但实际并非如此。相反，权贵是在为他们自己服务。本书将寻求揭示“你值得拥有”这种弥漫在权贵群体中的意识形态所导致的后果，即在财富分配不均日趋严重的背景下，那些有权人为何还认为他们应该拥有更多的财富。

所有这些意味着需要探索权贵的关键制度，并需要与权贵中的一些主角过过招。写作过程中，我曾与一些政客在议会咖啡馆品享卡布奇诺，与接受公司资助的空想家在威斯敏斯特（Westminster）的后街一起开玩笑，与银行家在昂贵的餐馆共进午餐，在忙得不可开交的新闻编辑室里与高级记者会面，在一些摩天大楼的公司总部与公司执行官共同远眺伦敦上空的天际线。许多故事是用权贵人物自己的话来讲的。他们描绘了一张引人入胜和透露实情的画面，告诉我们21世纪的英国是如何运转的。

为了写一本毫不隐讳地挑战权贵阶层的书，我不可避免地要牺牲掉一些别人对我的信任。我出生在斯托克波特（Stockport）一个激烈反对权贵阶层的家庭，毕业于英国统治阶级的传统训练基地——牛津大学。和我一块学习的那些人中，有的已经成为权贵阶层的新兴栋梁。我如今是一名专栏作家，经常在电视节目中抛头露面，定期与一些权贵精英会面，与他们中一些人也熟悉到了可以直呼其名的程度。一些人认为我其实也是权贵中的一员。但是，一个人的身世、受教育情况、露面机会以及影响力大小，并不能用来判断他是不是权贵的一员。判断是否权贵成员的标准是权力和心态。

毫无疑问，我的平台为我采访本书中的一些人提供了渠道。事实上，一些人也当面向我指出这一点。戴维·阿罗诺维奇在学生时期是一个激进的马克思主义者。1975 年时，他是 BBC 电视节目“大学挑战”（University Challenge）制作团队的一员，他通过回答与列宁、托洛茨基、切·格瓦拉等马克思主义者相关的所有问题，颠覆了节目的传统套路。他向我解释说：“我那时可以作出非常漂亮的判断，我可以迅速记住所有的事情。”阿罗诺维奇最后成为默多克旗下报纸《泰晤士报》的专栏作家，一位对左派毫不客气的批评家。他毫不犹豫地将现在的我视为早年的他，并认为我注定要走同样的路。

我与他坐在汉普斯特德咖啡馆时，他问我：“我们为什么在这里？我来这里是帮你解决问题。为什么？”他暗示说，如果不是因为他对我从事的工作已经非常熟悉，如果不是因为我和他都是媒体界的一员，他不会拿出一个星期五的上午与我会面。“欢迎来到精英的世界，”他最后总结道，“我们现在所进行的是一场精英间的讨论。”

但是，权贵的本质是什么这个问题太重要了，这个问题不能只丢给汉普斯特德咖啡馆里的记者去考虑。权贵不可捉摸和不可挑战的状态已经维持了太长时间了。这与无法准确定义权贵是谁以及权贵们具体做了什么有很大关系。这是一场姗姗来迟的争论，这场争论不仅讨论谁统治我们，也讨论他们对民主制度所构成的威胁。

# / 第一章　思想先锋 /

初识 47 岁的保罗·斯坦斯时，我感觉他不是那种具有同情心的人。他黑色蓬松头发的侧面有一块凸显的白色，气质跟政客克鲁拉·德维尔有些类似。在一家豪华的伊斯灵顿美食酒吧里喝完一杯葡萄酒后，这位博客圈里的右翼之王轻描淡写地对我说："其实我并不那么热衷于民主。"

回到 1980 年代，年轻的斯坦斯是玛格丽特·撒切尔改革运动的狂热追随者。"我想我当时爱上了她。"他告诉我说，极其少见地流露出情感，"我爱上了她"，他又重申了一遍。他长期受那种对左翼毫不客气的痛恨所驱使。他不带任何反讽意味地对我说："我认为你的信条是邪恶的。"没错，他就是想表达这个意思。

1980 年，13 岁的斯坦斯阅读了卡尔·波普尔的《开放社会及其敌人》。这本书被崇拜者誉为对抗整体主义意识形态、极力维护自由民主之作。读过此书之后，斯坦斯把自己定义为自由主义者，坚信国家和政府是对个人解放的固有威胁。虽然斯坦斯当时只有十几岁，但用他自己的话说，"当时已经能接触到大量的有权人了"。他随后成为戴维·哈特的私人助理。戴维·哈特那时是玛格丽特·撒切尔的顾问，她的行动主义在一定程度上受到鲁伯特·默多克的资助。斯坦斯夸赞说，哈特在 1984～1985 年矿工游行期间"资助了粉碎全国矿工联盟（NUM）的行动"，此举是撒切尔主义的一个决定性胜利。哈特和斯坦斯都积极支持美国向尼加拉瓜反政府武装出售武器。尼加拉瓜反政府武装是一支残暴的右翼准军事力量，1980 年代，这一组织认为，在与尼加拉瓜桑迪诺斯塔左翼政府斗争过程中，暴力行动是必不可少的。

斯坦斯在伦敦做过多年的经纪人和商人。2004 年，其投资基金背后的金融支持者被起诉之后，他被迫申请破产。他需要一个新的营生。当时博客还处于兴起阶段，他抓住了这一机遇，开启了一个被证明利润丰厚的新业态。他开了一个网站，用类似街头小报的方式曝光政客们的新闻。为了向曾尝试刺杀政治权贵的盖伊·福克斯[1]致敬，斯坦斯用了圭多·福克斯[2]这一笔名。他解释说："我对政客们的愤怒是发自内心的""我厌恶那些该死的窃贼婊子们！"

"圭多·福克斯"无所不能。2009 年，他将时任首相戈登·布朗最信任的助手之一达米安·麦克布莱德与新工党前狡辩老手德里克·德雷珀之间的邮件往来公之于众。其中有两人合谋散布传言以中伤政治对手的内容。至于斯坦斯是如何得到这些邮件的，我们并不清楚。这一丑闻之后，他销毁了他的电脑硬盘。他对我开玩笑说，他的信息来源是爱尔兰特勤处，"你可能嘲笑他们，但他们是世界上最棒的。"他这一爆料所引起的反响可谓轰动一时，麦克布莱德不得不含羞辞职，对于已陷入政治对手围追堵截的布朗来说也无异于雪上加霜。

然而，斯坦斯因为把"圭多·福克斯"的服务器放到海外，放到他自称为"阳光避税天堂"的地方，从而成功地保护了自己免于被指控为诽谤。毫无疑问，他的举动在政客们之间引起了真正的恐慌。他很享受这一点："我很享受这一点，但这其实很不好。"

不过，如果认为斯坦斯在领导一场针对英国政治精英的运动，

---

① 盖伊·福克斯（Guy Fawkes），英格兰天主教会地方成员，策划了 1605 年的火药阴谋（Gunpowder Plot），但以失败告终。每年的 11 月 5 日，英国人以"篝火之夜"（或盖伊·福克斯之夜）来庆祝阴谋被粉碎。在后世的文学和漫画作品中（如《V 字仇杀队》），盖伊·福克斯被塑造成反对者、匿名者的象征，逐渐发展成一个政治文化符号。

② 盖伊·福克斯有时也被称为圭多·福克斯（Guido Fawkes）。

那就大错特错了，事实远非如此。其实，他是社会最富裕阶层坚定不移的护卫者。或者，像斯坦斯自己所描述的，“我的观点是支持世界上的富豪们——他们难道不是吃尽了苦头？”这种对最富有者利益的坚定支持，基于他内心对民主的鄙视。“削弱政治家使得他们的行为丧失合法性，”他说，“这基本符合我的意识形态策略。”

对于这位财阀喉舌而言，民主是一种潜在的致命威胁。“它没有让我得到我想要的结果，穷人通过投票从富人那里攫取财富，我不认为这是一种公平的做事方式……因此，在一个普选制国家里，民主往往导致无产者试图从有产者那里剥夺点什么东西。”

为解释他对民主的反对，斯坦斯作了一个令许多人迷惑的比较。“拿种族隔离制度来说，很明显，处于种族制上层的白人试图把事情安排得更契合他们自己的需要。这很清楚，他们就是这么做的，因为他们从黑人那里拿走了政治权力。对我来讲，很清晰的一点是，在一个一人一票且分配不均的体系里，那些无产者就会试图通过投票从有产者那里得到些什么。”他承认，事情也并非完全如此，但前提条件是“资本找到了保护自己免受投票者损害的路径”。美国体系就是这样做的，在那里，金钱主导政治，即使略微偏左的民主党人掌权，美国体系也会自我调和，推动重新分配。

人们可能会认为斯坦斯是个无关紧要的怪人，但如果你真的这么以为，那就大错特错了。他与高层大臣们和知名的右翼分子有着很好的关系。“圭多·福克斯”连续数年排在英国政治博客的首位，斯坦斯在这个国家读者群最大的报纸《星期日太阳报》（*Sun on Sunday*）上开有专栏。他针对政治权贵开展的行动，不是为了强化问责制，而是力图削弱对民主制度本身的信仰，这是广泛意义上的意识形态运动的一部分。在最近 30 年里，财富和权力已经被从广大民众手中拿走，并且系统性地输送到了顶层人群手中。如果不是先驱们决绝的努力，这根本是不可能的。

要理解当今权贵的指导原则，我们需要回到1947年的瑞士小镇佩勒兰山（Mount Pélérin）。到访者可能被周围的自然美景所震撼：广阔的日内瓦湖水和高耸入云的登茨杜米迪山峦。在这个田园般的场景中，人们很容易忘记刚刚结束两年的那场席卷除中立国瑞士外所有欧陆国家的屠戮和破坏。

谁也未曾想到，在佩勒兰山诞生的反对革命的思潮有一天竟会席卷全球。在1947年4月的最初几天里，近40位来自西方世界的精英——学者、经济学家、记者等——下榻小镇的杜帕克（du Parc）酒店。经过一周时间严肃激烈的辩论，这一群体集体通过了关于在“二战”废墟上再建世界新秩序的宣言。“文明的核心价值处于危难之中，”这一宣言用谴责式的语言陈述他们的目标，“在地球上相当大的区域内，人类尊严和自由的基本条件已经荡然无存。”在这些思想者看来，危机的根源其实很清晰，是因为人们“对私有财产和市场竞争的信仰不断下降”。在这种为维护声势越来越弱的自由市场资本主义而开展的经济学代际斗争的背景下，佩勒兰山学会（Mont Pélérin Society）诞生了。

这一学会是奥地利裔英国经济学家弗里德里希·哈耶克的创意。随着纳粹帝国在红军和西方力量夹击下走向崩溃，哈耶克给出了一份控诉书，一份对过去一代甚至更长时间里世界状况的控诉书。他声称，对自由放任经济学的放弃，或者说对“政府从经济生活中抽身是自由和繁荣的保障”这一信条的淡忘，已经威胁到自由的根基：“我们已经逐步放弃了经济事务中的自由，而从过去的经验看，没有经济自由，个人的和政治的自由从未出现过。”[1]

哈耶克的开创性著作《通往奴役之路》出版于“二战”临近结束之期，且取得了轰动一时的巨大成功。这本书在英国和其他西方国家出售了几十万本，同时，1945 年 4 月的《读者文摘》还刊登了这本书的精简版。[2]这本书的流行并未给哈耶克带来多大安慰，尽管这让他获得经济上的巨大收益。他对一位志同道合者这样写道：“我对短期的未来毫不乐观，对我而言，欧洲的前景可谓要多黑暗有多黑暗。”[3]

哈耶克和他的信徒们是世界上真正意义的保守派。他们力图把历史时钟重新调回到他们想象中的黄金时代。他们认为，这一黄金时代被 1930 年代的经济大萧条和 1940 年代的世界大战洗劫一空。他们毫不羞涩地称自己为“古典自由主义”。正如哈耶克在佩勒兰山会议开幕式环节所言，他们的首要任务之一就是清洗“随着时间推移，逐渐附着于传统自由主义理论之上的理论冗余”。[4]隐藏在这一晦涩的学术话语之下的，是一个关于学会成员如何自我界定的明确阐述，即他们要心无旁骛地致力于清洗他们认为已走向腐化的信仰体系。

哈耶克当时坚信，直至晚近时期，西方都“受所谓 19 世纪理念或自由放任原则的支配”，[5]他和他的追随者们主张向这一模式回归。不过，他们所主张的自由主义，并不是 20 世纪下半叶那种与社会变革和政府干预结合到一起的自由主义。在哈耶克的至交、美国自由市场经济学家米尔顿·弗里德曼看来，他们所说的自由主义是 18 世纪晚期到 19 世纪出现的那场“强调把自由作为终极目标、把个人作为社会终极实体”的运动。他们认为自由主义理念的要义是，“国内自由放任”和“国外自由贸易”，换句话说就是，减少政府对经济事务的干预。[6]

不过，在战后初期“资本主义意识形态正处于最低点”[7]的几年里，哈耶克、弗里德曼和其他“向后看”的自由主义者可谓意识形态领域里的“非主流”。他们被简单地定位为“怪人”。[8]当时，自由放任经济学被认为是1930年代经济大萧条及随之而来的全球冲突的罪魁祸首，政府战时经济计划的成功进一步削弱了自由放任经济学的地位，导致这一流派从意识形态方面来看已经破产了。

在整个西欧地区，上百万的工人受战争经历的影响走向激进化，要求在和平时期进行深远的社会变革，让大公司和富人买单。社会主义者和社会民主党通过作为联合政府的一部分或者像在英国、瑞典、挪威那样直接掌控政府，卷入了权力之中。[9]在左翼力量的巨大威胁下，右翼力量除了放弃其所坚持的自由放任经济学外，似乎别无选择。不过，直到近30年后，1970年代的一拨思想家抓住了一个不可错过的机会。这一事业将重塑整个英国权贵阶层。处于这一事业核心地位的，是一个叫马德森·皮里的年轻人。

皮里是一个乐此不疲的古怪之人，他那条纹状的领结显示了他的性格特征。起初，他带我共进午餐，多半是为了弄清我的来路。不过，我对他进行采访的地点是在亚当·斯密研究所的一间轻松惬意的非正式办公室里。这间办公室坐落于距离下议院只有几分钟路程的一条安静的后街上。他很好玩，给我看他写的科幻小说，螺旋状阶梯之上，年轻的自由主义者正愉悦地敲打着键盘。皮里并非精英后代，他在林肯郡的海边小镇克利索普斯（Cleethorpes）由祖母带大，他的祖母靠制作捕鱼网维持生计。这位老人已经养育了好几个孩子，她给了皮里足够的自由。“因此想获得更多的自由，”他提醒说，“如果你想对我追求独立的偏好进行心理学追踪的话，或许可以追溯到这种自由散漫的成长环境上。”他认为自己从未怀疑过自由主义的观点。在20岁出头的时候，他曾把自己信仰的事情打印了一份两页的总结，后来他才知道，“一个多世纪前，约翰·斯图亚特·密尔已经做过此事，并且做得更好。”

1970年代初期，皮里是圣·安德鲁大学哲学系的研究生。这所大学是右翼政治学的传统阵地。他邀请佩勒兰山学派奠基者之一卡尔·波普尔前来给他的同学们作演说。皮里也会参加这一学会的会议，并结识弗里德里希·哈耶克和米尔顿·弗里德曼等人。皮里回忆说：“哈耶克认为社会主义正在全世界范围内取得胜利，无论是共产主义国家还是资本主义国家。”他回忆说，二战结束30年后，哈耶克和弗里德曼看起来还是一如既往的孤立，人们出于理念相近或自身实际需要将二者联系在一起，“两个人在自己的学校或自己的国家各自进行着一场孤独的战斗。如果是现在，他们或许都会成为某个组织的一部分，他们不会再感到孤独，他们是一场运动的一部分。”在佩勒兰山学派的领导者之中很少有乐观主义者。“除弗里德曼存有期待外，其他人都非常悲观。大部分人认为他们在走历史的下坡路。他们认为，他们能期待的最理想的终极状态，可能也就是一种混合型经济，也就是像斯堪的纳维亚半岛国家那样。”

皮里即将拿到哲学博士学位时，英国仍然由社会民主主义共识把控着。这一共识由1945年克莱门特·艾德礼的工党政府所创立。这一共识成为权贵战后统治英国的政治支撑。所有的主流政客都须认同这一宗旨，以免被误认为政治“越界”。英国工会联盟（Trades Union Congress）是需要考虑到的重要力量。1968年的百年庆典上，工会联盟标榜说自己已经由一个小型的争议解决协会变成一个工联主义的代表性实体，通过这一实体，成员单位可共同制定政府政策、参与主要社会事务管理、与国家雇主发言人平等对话等。[10]这一时期，所得税比例最高达到了75%。主要工业和公益事业都实行公有制。在今天的自由市场主义者看来，这一时期如同梦魇。“你想把大家带回1970年代！”是右翼反驳哪怕是温和左翼的标志性用语。不过，当时这一共识却带来了生活水平方面惊人的改善，并带来了这个国家历史上最伟大、最稳定的经济增长。

1955年，工党传统右翼精神教父托尼·克罗斯兰写了一本书来庆祝“选举意见的整体左移”。他强调说，这一整体左移已经稳定了下来。社会民主主义的这种必胜信念，预示了冷战结束时自由市场主义者的欢呼。克罗斯兰解释说，战后英国保守党用20年前左派的政策来争取选举胜利，而这类政策在20年前是为右派所反对的。这一变化是如此之深刻，以克罗斯兰戏剧性结论来讲便是，“说今天的英国是资本主义社会显然是不准确的”。[11]克罗斯兰的主题或许可以总结为：“我们已经取得了胜利。”

对左翼的必胜信念与对右翼的绝望相伴而生。玛格丽特·撒切尔后来抱怨说：“在印刷精美的政策举措中，尤其是在政府中，托利党长期看来只顾投靠左派阵营了。”为证明自己的观点，她援引她的导师、自由市场主义者基斯·约瑟夫的话，“英国政治已经成为‘社会主义棘轮’。”换句话说，她相信英国正无情地，或许也是不可逆转地走向社会主义方向。通过描述战后以来的政治走向，撒切尔写下托利党是如何“保守”的：“工党政府把这个国家每向左带一点，托利党就把套在身上的社会主义紧身衣放松一点，他们倒是从未把紧身衣完全拿掉。”[12]

在1970年大选的预备阶段，托利党领导人爱德华·希斯尝试重绘托利党政治，对于哈耶克的追随者们来说，这似乎给他们带来了一些希望。在位于克罗伊登（Croydon）的塞尔斯登公园酒店进行了一场讨论之后，他倡导了一波自由市场政策，包括减税和抵制政府干预等。工党的哈罗德·威尔逊将托利党这一宣言讽刺为“塞尔斯登人”，把其类比为史前的“皮尔丹人”，意在将其描绘成一场落后的、原始的恶搞。当面临严峻的经济现实和不断攀升的失业率时，上台执政后的希斯迅速放弃塞尔斯登宣言。“泰德·希斯①的执政从改革开始……却倡导并几乎实施了选举制下历届政府所能想到的最激进的社会主义”，撒切尔这样写道。她批评希斯“让政府控制价格和股息，为在一项收入政策上换取工会的默许，不惜让英国工会联盟、英国工业联盟与政府联合监督经济政策。保守主义这种令人厌恶的做派让英国工会联盟（TUC）不禁纳闷，他们的阶级敌人还没开始交战就准备投降了。好在我们最终幸免于难”。

由于在顽固的社会民主主义权贵那里搞得日益憔悴，马德森·皮里感觉他已经变成一个革命的、激进的英国反对派。至少，他已经变成一个弗里德曼和哈耶克事业的旗手，并尽其所能地去拿下“社会主义棘轮”。“1970年我还在圣·安德鲁大学时，我在一篇论文里提到‘反向棘轮’这一概念，意思是我们需要做一件类似的事情。”皮里尽可能地从他的敌人那里学习，他相信，如果他的敌人可以建立一种共识，那么他和他那些理念相同的同事们也可以做到。他为此制定了一个计划。“一旦得到推进市场改革的机会，我们必须把相关行动建立在利益集团支持的基础上，如此一来这一改

---

① 爱德华·希斯的绰号。

革就不会被逆转。”

皮里完成博士学位后去了美国，当时他没有钱、没有工作、没有期待，决定在学术界找一份工作。不过，他最后在国会山找到了一份为当时埃德温·佛讷领导的保守共和党研究会服务的工作。佛讷后来成为右翼智库“传统基金会”的头儿，“传统基金会”是为促进保守主义信条而成立的。这不是孤案。美国右翼当时正到处沸腾，他们都怀有保守主义理念，都想扭转国家自越战结束以来的持续颓势和长期经济停滞。

英国那时也有一些这样的智库。IEA（经济事务研究所）成立于 1950 年代中期，致力于在充满敌意的政治环境中推进自由市场理念。“人们认为 IEA 疯了，” IEA 现任所长马克·里托伍德告诉我说，“人们相信他们的理性诚实，但他们实在是太远离主流了。”里托伍德表示，当 IEA 建议取消外汇管控时，人们认为他们彻底疯了，国家可以放弃外汇管控的想法在当时还是完全不能想象的事情。当然，这一点后来成为撒切尔政府的第一项举措。类似地，IEA 在 1960 年代的另一个小册子里建议电信产业私有化。里托伍德表示，当时的反应也是相似的，人们认为 IEA 疯了，是彻底的“水果蛋糕”（俚语，疯子的意思）。

里托伍德表示，IEA 追求的是赢得“智识”，而非“挥舞标语牌、散发传单、张贴海报”等。他用玛格丽特·撒切尔最青睐的广告机构打比方说，这不是“像盛世长城广告公司那样努力扭转公众的认知”，这是“一种实实在在的学术和智识努力”。从这个意义上说，IEA 已经开始从事皮里所说的“反向棘轮”的工作了。里托伍德表示，“当撒切尔成为保守党领袖进而成为首相后，IEA 迎来转机，他们不但为撒切尔大选提供助力，而且为撒切尔第一任期提供了智识支撑”。

皮里赞同 IEA 在挑战战后权贵的过程中扮演了重要角色。“IEA 在散布市场理念方面做了非常出色的工作，尤其是在大学里面。”不过仅靠这些是不够的。“我们想要的是能够直接影响政策的东西。我们想通过制定政策来实现自由市场的目标。”皮里眼里闪光，声音充满激情。最能激发他的事情是：把抽象的理念转化为现实政策，并通过政策改变社会。对于皮里而言，他不仅要说服政客相信“自由市场理念是可靠的”，而且要证明这些理念是可以转化为政策应用到现实中的。“你的政策不仅要帮助他们在实践中取得成功，而且要帮助他们再次当选，”他解释说，“否则他们没有理由做这些合理的事情，因为如果他们在下次选举中失利，所有这一切都将被推翻。”

这就是马德森·皮里的使命。他想推翻旧的权贵阶层，并为一个全新的权贵阶层奠定基础。

1976 年，皮里正在美国，当时纪念独立宣言发布 200 周年的活动正在全面展开。对于自由市场经济学的追随者来说，这一年也恰好是苏格兰思想家亚当·斯密的《国富论》出版 200 周年。《国富论》是为资本主义提供意识形态支撑的第一部著作。皮里与一位叫埃蒙·巴特勒的同事决定创立一所新智库，因此，1977 年，亚当·斯密研究所在伦敦成立。

皮里决心埋葬战后形成的权贵阶层，但他没有预测到他和他的同行者其实推的是一扇已经敞开的门。“我们当时希望有一两项政策被采纳并取得成功，进而带动更多的政策被采纳；我们认为这应该是一件逐步积累的事情，”他说，“我们当时从未设想这些理念会取得全面胜利”。皮里的亚当·斯密研究所后来取得了他做梦都不敢想的巨大成功。

到1970年代中期，战后共识开始变得步履蹒跚。1971年8月，美国被越南战争拖得摇摇欲坠，宣布废除作为全球金融治理架构的布雷顿森林体系。两年后，石油生产国宣布禁运措施，引发了一场“油价震荡”。西方国家经济停滞，通货膨胀。利润率开始崩溃。对于佩勒兰山学派的创始者而言，时机到来了。正如米尔顿·弗里德曼所言，“只要来一场危机，不管是真实的还是臆想的，都将带来真实的变革。”“当危机出现时，外围理念往往更能影响具体的应对举措，原来政治上不可能的事情会变成政治上不可避免的事情。”

最重要的是，这场意识形态斗争反映了当时正在英国社会上演的一些事情。伴随通货膨胀率的飙升，工会试图争取在收支安排方面的权力，一波罢工撼动了这个国家，1978~1979年间的那个冬天，不满情绪达到顶峰，一连串的工业罢工导致这个国家一些地方的基本服务供应都停止了。这场工会运动取得了一些斗争的胜利，对于佩勒兰山先驱们的理念，英国正变得比以往任何时候都愿意接受。

在英国遭受危机冲击的背景下成立了一大波智库，CPS（政策研究中心）就是其中之一。CPS由玛格丽特·撒切尔和基斯·约瑟夫于1974年创立，目的是推行他们那“大逆不道”的右翼理念。顺便插一句，基斯·约瑟夫的父亲是一位腰缠万贯的建筑业巨头，也是一位顽固的保守党部长。“创建该中心的真实目的是为了推动变革，”CPS现任主任蒂姆·诺克斯表示，“如果你看基斯·约瑟夫那段时间的演讲就会发现，他正在削弱1970年代中期形成的社会共识，当时的经济困难意味着，挑战这一共识能够找到问题的根源。当事情变得不太对劲儿时，人们就会考虑其他可能的选择。当所有的事情推进良好时人们何必来捣蛋呢?”米尔顿·弗里德曼关于大危机对推动社会转型极为必要的观点，在当时自由市场主义的先驱们中广为流传。

1977 年皮里的亚当·斯密研究所一成立，就开始了一场猛烈的煽动运动。该所的成员在议会办公室、午餐及研讨会等各类场合向政客们请愿。为了让掌权者注意到他们的观点，他们在主流报纸上写文章，与有影响力的记者建立密切联系。亚当·斯密研究所的官方史中这样写道：“约翰·奥沙利文起初为《每日电讯报》（*Telegraph*）写稿，后来为《泰晤士报》写稿。他经常在文中设法提及我们的最新出版物，或者诱使他的同事提到我们的出版物。”[13] 亚当·斯密研究所把记者转化为他们理念的传播者，通过记者让普通民众了解他们的工作成果。一些基于研究的文稿经常在《每日邮报》这样的报纸上发表。如果没有雄心的话，这个研究所其实什么都不是。皮里说：“我们的目的是尝试建立另一套共识，或者不能称为共识，而是创造一种那个方向是潮流的印象。”

不久，形成了一种合作攻势。亚当·斯密研究所联合 IEA、CPS 以及其他自由市场的组织成立圣·詹姆斯学会。圣·詹姆斯学会在威斯敏斯特的圣·詹姆斯庭院酒店成立，并借用了这一酒店的名字。他们愿倾听托利党影子内阁重要成员的想法，比如基斯·约瑟夫以及后来成为撒切尔财政部首席大臣的杰弗里·豪等。不过，先驱者们当时有一项棘手的工作，正如皮里后来所写的，“当时很少有民众相信自由市场理念和经济刺激能够扭转英国的经济形势……我们曾信誓旦旦地说，如果不对，你可以把我们赶去开出租车，如果自由市场运动失败的话，我们将被彻底清除掉。”[14]

不过，尽管自由市场理念的先驱者们起初数目并不多，但他们的成就不亚于一场地震。他们帮着把看起来不可撼动的左翼思潮变成一个新的政治常识。对于他们而言，在较为绝望的时期，能够坚持相信这些常识也几乎是一项不可能完成的任务。他们开启了一些政策的大门，这些政策后来成为撒切尔主义的基石。即私有化、放松管制、为富人减税等。1970 年代曾是英国保守党智库鲍集团（Bow Group）成员的马克·波利特表示，“我与尼格尔·劳森真正对保守党产生影响的是房产政策，尤其是出售地方当局建造的那些公租房。”他表示，关于出售简易住房的问题“曾经是左右翼争论的重要议题。如今，这再也不成为问题。这一政策已被普遍接受，大家都认为这是非常明智的政策”。

除智库外，广告商也是推广这些政策和理念的重要力量。回到1970 年代，如今已成为勋爵的提摩西·贝尔是撒切尔阵营的关键人物，并且直到现在仍在为撒切尔的政策摇旗呐喊。他就是 2013 年受托向全世界证实撒切尔逝世的那个人。今天，他是公关公司贝尔·波廷杰的主席，这家机构的客户包括白俄罗斯寡头、叙利亚总统阿萨德的妻子、皮诺切特基金会等。皮诺切特基金会是已故智利暴君为处理他的遗产而设立的。贝尔是撒切尔极度高效的媒体公关的背后策划者，帮助她连续取得胜利。他为托利党赢得 1979 年大选设计了那幅标题为“工党没效用”的著名海报。图画内容是职业介绍所外排着长队的失业群众。在 1984 ~ 1985 年煤矿工人罢工期间，贝尔勋爵通过安排国家煤炭委员会的媒体反对罢工，帮助击败了这次罢工，并使撒切尔在与社会民主势力的斗争中取得决定性胜利。今天，他就像一位在战场上取得许多胜利的退休老将军一般。

起初，我尝试在伦敦的梅菲尔区（Mayfair）找他的办公室。这一地区住着身家百万的银行家、俄罗斯寡头政客以及其他一些英国成功人士。我迷路了，最后在别人的指引下，才找到有警卫荷枪实弹把守的沙特使馆旁边的一栋楼。沙特这个国家不时会成为贝尔勋爵的重要客户。简洁的直梯直接把我带到他的办公室。他办公室的壮丽景观堪称胜过这座城市里许多最为奢华的家居装饰。在我们讨论的过程中，贝尔勋爵坐在那张置于屋子正中央的桌子后面，一根接一根地吸着本森赫奇斯牌香烟，透露着对所讨论话题的不感兴趣和疑惑。

贝尔勋爵的成功，部分在于将“撒切尔主义”翻译为日常语言，把抽象理念包装为普通常识。这种充满技巧的信息传播方式让撒切尔的对手们苦不堪言。“广告人必须掌握的一项功力是如何用简短的语言表达完整的意思，”贝尔解释说，“批评者们会说：‘你破坏了它的意思，因为你把它过度简单化了。’支持者们会说：‘不，他们这么说是不对的，你所做的能够帮助普通民众理解它的意思。’”贝尔的目标是把撒切尔主义带给普通民众，这一目标更具野心：他试图改变人们的思维方式。“广告就是用一个理念捕获公众的想象，进而改变他们的态度或行为，”贝尔说，“政治应该是同样的事情。”

在贝尔勋爵这类人的影响下，撒切尔主义在 1970 年代后期以一种清晰且引人入胜的方式呈现出来。随着战后政治卡特尔的崩溃和社会组织普遍感受到压力，撒切尔主义提出一项计划，来扭转她形容为太过无情的社会和经济衰退。撒切尔主义有着与“二战”后哈耶克相类似的末日预言，贝尔所提供的或多或少可看作是面向普通民众版本的哈耶克思想。

“生活是可怕的，”贝尔勋爵语气非常平稳地对我说，“她带着一种新理念而来，认为我们不应该变成现在这个样子，我们应该回到过去，并且在当前背景下变得再次伟大。这一理念捕获了相当大比例人口的想象力。所以他们支持她，尽管他们不是特别地喜欢她，尽管他们不认为她是大红人或像托尼·布莱尔那样拥有超凡魅力。”贝尔勋爵对撒切尔的描述是在纠正那种观点，认为是撒切尔的独特魅力蒙骗了这个国家，对于贝尔而言，撒切尔在民众中不受欢迎，也没有什么特别的个人魅力，她只不过是一个典型意义上的右翼而已。

撒切尔1979年5月执掌大权时，她的施政基础已经较为坚固，许多难啃的硬骨头已经搞定。亚当·斯密研究所已证明，私有化不仅是可取的而且是可行的，同时还为政府推动落实提供了具体建议。罗伯特·哈尔丰是一位现任保守党议员，他当年受撒切尔冲击波的激励，接受了先驱者们的政治教育。他表示：“如果你看一看撒切尔革命，你会发现所有一切都被智库所把控。”“所以在1970年代和1980年代，我记得我倾尽全力拜访所有智库，IEA、自由协会，等等，你可以随便点名，我都去过。”

马德森·皮里的“反向棘轮”并没有随着撒切尔成为首相而停止。结果证明，这只是一个开始。如今先驱者们已经变成权贵阶层不可或缺的护卫者。随着英国在21世纪头十年后期陷入经济风暴，他们再次准备好了。

从马修·艾略特的办公室风格就能看出，他是一位幽默、调皮的男士。他的办公桌上摆放着列宁的雕塑，光秃秃的头上戴着一顶羊皮帽。他时不时还会亲切地摆弄一下这个雕塑。有关过去荣耀的一些证据杂乱地贴满整墙，比如一张裱起来的报纸首页，展示了一场影响深刻的媒体政变。其中一张是张贴有“NOtoAV”字样的海报。“NOtoAV”是艾略特2011年赢得与“排序复选投票制”阵营之间那场惊世骇俗的全民公投时使用的标语。这场公投由一年前上台的保守自由民主执政联盟发起。艾略特将他那残酷的“NOtoAV”作战策略概括为：“你是想把25万英镑花在建设一个新的选举体系上，还是用来购置婴儿恒温箱或士兵防弹衣?”这场运动取得了胜利，全民公投以绝对优势否决了“排序复选投票制”。这位男士为他过去十年对英国政治产生的影响而感到自豪，不夸张地说，这种影响是一种实质性的影响。他很享受与政治对手对话，坚持与他们合影留念，并把照片一一挂到墙上。

艾略特在利兹上的文法学校。大学毕业于伦敦政治经济学院，之后他在持反欧盟立场的欧洲基金会做新闻官。后来他成为一位欧洲议会保守党议员的政治秘书。这些工作岗位帮助他建立并夯实了与他志趣相投的右翼之间的关系。回到2004年，在25岁左右的时候，艾略特建立了“纳税者联盟”（Tax Payers' Alliance），他自称这是一个“主张降低税率、优化公共支出的非党派草根阵营”。早在2000年左右的时候，他就被当时的英镑运动所吸引，这一运动后来发展出了举世瞩目的反对加入欧洲单一货币体系的阵营。他强调说，这一阵营并非智库，他们实际是一个包含许多中右翼民众的阵营运动，但他们非常精明的一点是并没有明确地称自己为中右翼阵营。这可谓先驱者们的一次战略改进，此前他们都是带有明显意识形态色彩的智库。“纳税者联盟”后来成为一个竞选组织，他们非常聪明地把自己展示为一个无党派的民众运动。

对于艾略特而言，这种伎俩其实是厚颜无耻的民粹主义。“各类阵营集团都拥有推行自身理念和主张的空间，但是他们不用类似

IEA 那种非常成熟的学术性智库的路径，而是采取一种精通媒体套路的草根路径。”艾略特也搬出美国右翼力量作为佐证。先驱者们不但要求减税，而且要求压缩开支。比如美国的“美国荣昌”、国家“纳税者联盟”、公民反对政府浪费组织、自由工厂等。这些组织把自己装扮为非党派草根阵营，但实际上他们不过是右翼政客的思想先锋而已。

艾略特的核心意思就是，“纳税者联盟”是一个受保守派商人支持并配备了自由市场理论家的右翼组织。虽然他们把自己装扮为纳税者的传声筒，但“联盟”这个词本身就意味着是一种广泛的联合。从很早的时候开始，媒体就把该联盟视为努力工作的纳税者们的喉舌。更重要的是，这一联盟自成立起就与媒体记者有着业务上的良好关系。他们设有 24 小时“在线”的新闻官，以及滚动新闻频道随叫随到的电视新闻发言人。他们不出版长篇大论的政策报告，因为一直承受截稿期压力的记者很可能忽略这样的报告。他们往往发布那些直击要点的研究简报。这种短平快的方式非常有效。他们的网站自豪地表示：“在经过多年被所有政党政客忽视的经历后，‘纳税者联盟’正致力于推动政客们聆听普通纳税人的心声。”

直到 2008 年金融风暴来临前，艾略特和他的同盟者还对托利党努力配合工党开支计划的行为深感懊恼。艾略特说：“托利党已经彻底说服自己，认为重回执政地位的唯一路径，就是不仅配合工党的开支计划，而且承诺比工党更大的开支计划。”他的语调泄露了他对保守党过去立场的蔑视。不过，正是保守党的这一立场，为推动减税和自由市场理念创造了艾略特所称的“政治空间”。不管怎么说，如今确实存在一些愤愤不平的右翼主义者。他们认为现在的保守党为了谋得执政地位，已经背弃了保守党的重要原则。“纳税者联盟”自2004年起开始发动“游击运动”，高调宣传政府开支浪费的极端案例，将其渲染为税收被滥用的典型标志。艾略特说：“为了说服民众他们确实可以减税，你需要参与到有关开支的辩论中去。”“纳税者联盟”经常举公务员享有巨大的养老金池子，拿伤残津贴者质疑医疗条件、大学学历越来越没有价值等案例来说事儿。

“纳税者联盟”的战略很明确，他们就是要把公共开支妖魔化，让公众感觉自己辛辛苦苦挣来的钱被平白无故地浪费到各类噱头和津贴上。我向艾略特提出，在报纸上曝光公共部门浪费事件有助于广泛推进削减开支，但却无助于争取更有效的公共服务，他的回答一点都不含糊。他说：“这是一种深思熟虑的策略。如果你看看那些关于减税的争论，你会发现把事情解释清楚是非常困难的。但是，如果你简单指出钱正在被浪费，那么你就能切实推动减税举措。”最重要的是，这样做促使“纳税者联盟”的对手们为他们的条款争辩。艾略特举了“纳税者联盟”曝光的地方当局工资过高的案例。“如果我们列一个市政厅富豪排行榜，戈登·布朗可能会进入榜单，但即使如此，他也会说公共部门的肥猫们确实需要降薪了。”

这是一个非常有效的战略。2008年9月雷曼兄弟刚破产时，时任在野党领导人戴维·卡梅伦表示：“我们必须把分歧放到一边，暂时与政府合作，确保金融稳定。”这一为国家利益放弃政党分歧的政策并未持续多久。仅仅几周后，保守党改变了支持工党开支计划的政策，开始改写历史进程。工党智库费边社（Fabian Society）的霍顿等人明确指出：“保守党接下来的所作所为直接吸收了‘纳税者联盟’的主张，‘纳税者联盟’为保守党政治战略提供了重要基础。”[15]

这时，保守党又编织了一个新故事，把“纳税者联盟”说成是已经拥有数年的光辉历史。这就是米尔顿·弗里德曼的著名格言

“只要有危机，不管是真实的或臆想的，就会带来真正的变革”在现实中的真实写照。此时的英国正面临经济灾难，并不是因为一个贪赃枉法和失去控制的、为追求更高收益而疯狂的金融系统，而是因为英国政府在公共服务方面花钱太多，因为英国臃肿的公共机构。因此，保守党给出的故事是，并不应该去谴责那些贪婪的银行家。保守党和他们的盟友采纳了“纳税者联盟”那套成熟的说辞，并将其带入主流体系之中。正如艾略特夸耀的那样，“我们把保守党由支持工党开支计划的立场带到讨论削减开支的立场。”

在戈登·布朗的工党政府因一个接一个的危机而变得步履维艰时，保守党和大量主流媒体开始毫不节制地推广关于政府开支过度的观点。保守党在2010年大选失利后与自由民主党建立了联盟，此时“纳税者联盟”为帮助保守自由民主联盟开展更为广泛的攻击，扮演了争取民众支持的角色。保守自由民主联盟敦促政府削减资金，将大量资金转移到私人手中。

工会作为传统商业精英和大部分右翼人士的敌人，是“纳税者联盟”的一个关键目标。有场运动就是针对所谓“工会活动时间”的。这一时间允许工会代表抽出工作时间去做工会的事情。根据英国商业、公司和管理改革部2007年的一项统计，这一机制其实非常划算。通过在工厂内部解决问题，为雇主和国库分别节省了2200万英镑和4300万英镑的雇佣裁决费用；通过降低工伤和因工疾病，为整个社会节省了高达5亿英镑的费用。[16]一些右翼其实也承认这一益处。2012年，保守党议会议员罗伯特·哈尔丰援引他选区内的阿里瓦（Arriva）公共汽车公司的案例表示，“我做选区议员的经历让我相信大部分‘工会活动时间’和工会志愿服务是真实诚恳的。阿里瓦雇有一位工会官员专门负责‘工会活动时间’事务，他们发现这一举措通过为员工提供帮助和消除不满等，能够避免以诉诸仲裁的方式解决问题，因此在经济上是划算的。”[17]

不过，在别人看到有助于增进雇主和雇工相互理解的地方，“纳税者联盟”却看到了一个机会。2011 年春天，“纳税者联盟”便抓住了一次机会。当时有一位名叫简·皮尔格林（Jane Pilgrim）的女士，她是一位长期供职于 NHS① 的护士，且利用工作时间从事工会代表的事务。“纳税者联盟”决定用“朝圣者们”（Pilgrim 在英语里另一意思为朝圣者）来指代这一人群。圭多·福克斯博客创始人保罗·斯坦斯是艾略特的亲密盟友，他们俩曾一起帮助创立韦斯数码数据分析公司。[18]斯坦斯回忆说，“我们当时就‘朝圣者们’这一称呼进行过大量的内部争论……我当时坚持认为，这一称呼绝对不能被个人化。”起初，他们担心这个词的含义太正面，因为朝圣者们都是好人，不过后来他们意识到它的含义是可以被颠覆掉的。“我们可以因为一些事情而讽刺一些人为朝圣者。”后来他们就这样做了。

对“朝圣者们”的攻击后来变成一场协调作战的运动。托利党议员杰西·诺曼等人在报纸专栏中使用这一称谓；斯坦斯编辑了大量博文；下议院围绕这一议题展开争论；大街小巷的货摊都有相关传单和请愿书，他们甚至也被组织起来争取公众支持。工会内部的所谓改革阵营发起了一场针对工会权利的更为广泛的攻击，这一运动其实也是一组装扮为草根阵营的权贵卫士。这一阵营由托利党议

① NHS，即 National Health Service，全称为英国国家医疗服务体系，创建于 1948 年 7 月，致力于为英国范围内所有人提供全面、普遍、免费的医疗健康服务，是英国社会福利制度中最重要的部分之一。

员艾登·伯利领导，他后来因组织了一场包含有纳粹装束和手势的男性聚会而被政府解雇。保罗·斯坦斯的得力助手哈利·科尔也是活动参与人之一。

工会已经列入日程，情投意合的政客们现在可以开始行动了。2011 年年底，戴维·卡梅伦写信给伯利，同意他们的观点，说无论从道义还是经济角度看，关于“工会活动时间”的规定都无法被认可，这是一大丑闻，对工会的公共津贴应该终止。2013 年年初，社区与地方政府部就取缔“工会活动时间”向地方市政委员会发布新指导方针。关于针对工会进行立法的传言到处散播。工会和他们的支持者不得不进行自我防卫。在“纳税者联盟”领导下，思想先锋们将政治辩论的风向扭向他们所希望的方向。

“纳税者联盟”的非凡影响力可谓众人皆知。2008 年，《卫报》相信他们“可以说是这个国家最具媒体影响力的集团”。与此同时，《泰晤士报》评论版主编、影响巨大的保守派之家网站[19]领导人蒂姆·蒙哥马利表示，艾略特“堪称英国一代人里最具效力的政治活动家”。2007 年 11 月，曾经担任保守党领导人的威廉·黑格按照保守党的方式给了艾略特“我们中的一员”奖，这也等于认可玛格丽特·撒切尔关于政治站位准确者的描述。艾略特自豪地说：“我们已经变成国家中的一支重要力量，我们与在政府中的工作人员有许多极富建设性的会面。”

当然，创建共识绝不会是一帆风顺的。“纳税者联盟”的成员是一群意识形态梦想家。他们善于政策构想，但不愿面对政策具体实施过程中遇到的各类困难。赞同他们理念的政客必须得对付来自社会和选举的压力。思想先锋们或许帮助扭转了争论的风向，并软化了公众意见，但他们所能做的事情毕竟有限。罗伯特·哈尔丰就表示："思想先锋们能够帮助设定一个基准，但是他们也有劣势。因为，虽然他们可以在《每日电讯报》发表关于政府应削减开支的文章，但写这些东西是非常简单的。"他进而表示，需要注意的是，执政联盟2010年执掌大权后取消了国家公共服务机构——青年就业咨询联系网络，此举引发了强烈反对，关于削减公共服务的政策遇到阻力。哈尔丰说："你可以争论此举是对是错，我认为我们应该推动经济均衡发展，智库学者们虽然能够创造一些知识框架，但他们从不关心政策措施将会对现实生活造成何种影响。"

毫无疑问，"纳税者联盟"深深地嵌入右翼的网络之中。"纳税者联盟"在2010年大选后的一份秘密的圆桌论坛名单读起来很像英国激进右翼的名人录。其中，托利党党员有国会议员道格拉斯·卡斯韦尔、欧洲议会议员丹尼尔·汉纳，智库领导人有马德森·皮里在亚当·斯密研究所的副手埃蒙·巴特勒和来自IEA的马克·里托伍德，其他还包括经济学家、气候变化怀疑论者戴维·亨德森，英国石油公司（BP）英国政府事务部主任理查德·里奇，博客作家保罗·斯坦斯，等等。[20]在类似这样的聚会中，他们交流理念、讨论战略、争论事情的轻重缓急等。

这类组织不是简单的社会富有阶层的思想先锋，他们能够推进一些议程。他们是一帮雇工，但是他们的经费来源非常模糊。一家名为"谁是你的资助者"的组织在透明度方面将"纳税者联盟"和亚当·斯密研究所评为E级，位于整个序列的最低等级。其他像IEA、CPS和"政策交流"（Policy Exchange）等被评为D级。当被问到他们的钱从哪里来时，他们的回答往往含含糊糊且不具说服力。马克·里托伍德说："我可以告诉你，我们有一些捐助者，如果他们的名字曝光在公众视野中，他们也将随之停止资助我们。”此外，原“政策交流”主任尼尔·奥布莱恩以他那柔和的东北口音（这在由英国东南部人主导的右派中非常少见）告诉我：“人们一般不愿登记他们的捐赠，因为他们不想被其他人追着要钱。”他特别加了一句说：“他们并不是为了什么邪恶的企图。”

不过我们确实有一些有关谁是智库捐赠人的线索。在 2005 ~ 2009 年，“纳税者联盟”接收了来自一个名为“中部工业委员会”的神秘组织的 8 万英镑。这一组织同时也向保守党捐赠了 150 万英镑，并在 2005 年向一个基金捐资，该基金帮助保守党的候选人在大选中赢得边缘席位。[21]该委员会的关键成员包括：工商界右翼领军人物，比如杰西博（JCB）老板安东尼·班福德先生；建筑界最高领导人马尔科姆·麦卡尔平；博彩大亨斯图亚特·惠勒等。[22]这些有权势的人想削弱政府角色，降低纳税数额，并用他们那相当可观的财富破坏公众对公共开支的信任。由于有这些护卫者存在，他们通过一种非常隐蔽的方式就达到了目的，甚至不用直面这一运动。

类似地，“政策交流”的出资人名单也是城市百万富翁和托利党的捐赠人。其中有金融游说集团“丘比特咨询”的创始人西蒙·布洛克布兰科－福勒，他已经前后向保守党捐赠了数万英镑。其他捐赠人还包括：埃德蒙·德·罗斯柴尔德银行公司首席执行官理查德·H. 布里杨斯，以及由教育部领导委员会成员中无实际职务的托利党教育秘书迈克尔·戈夫当年任命的保险业执行官西奥多·阿格纽，他至今已捐赠 13.4 万英镑。对冲基金经理人乔治·E. 罗宾逊已经向保守党捐赠了至少 25 万英镑，而乔治·奥斯本的前顾问、Next 服装公司现首席执行官西蒙·沃尔夫森更是已经捐献了 38.335 万英镑。“政策交流”财务主管安德鲁·塞尔斯已经为私人股本工作了20年的时间，他是许多私营企业的主管，其中有投资银行、建筑公司，他还曾是“NOtoAV”阵营的联合财务主管，他已经向保守党银行账户里打过合计13.75万英镑。我们只能得出这样的结论：“政策交流”只不过是保守党大亨和银行家这些所谓“自由市场经济”的既得利益者们秘密会晤的地方而已。

这种思想先锋和商业大腕之间的协会其实没什么新鲜的。如果回到1980年代，会发现他们也是依靠工商界大腕的资金支持。在撒切尔担任首相的最初几年里，亚当·斯密研究所就设计了一个“欧米茄项目”，目的是为撒切尔争取连任提出精细化的建议。他们确实这么做了。马德森·皮里和他的助手们毕恭毕敬地到处“化缘”，并成功地从金融家詹姆斯·古德斯密斯，商业家克莱夫·辛克莱尔、马尔科姆·麦卡尔平等人那里拿到资助。

如果认为思想先锋们的工作就是把富人的经济利益转化为政策理念进而向公众兜售，认为他们只不过是富人的工具，那将无疑是极具吸引力的。不过，马克·里托伍德认为得出这样的结论未免草率。“我认为其中存在误解，导致人们希望将我们这样的组织推入陷阱，”他解释说，“可能你一看到我们的资助者名单就会想，‘啊哈，好吧，他们所极力争论的所有事情，不过是为了捐资者的利益而已。’”但是，事情恰恰相反，他说：“实际上是我们先摆出我们的项目和论点，捐资者们是因为喜欢我们的项目才资助我们的。这才是事实的真相。”

里托伍德是对的。他和马修·艾略特、马德森·皮里以及他们的意识形态追随者们不是玩世不恭的骗子，不会简单遵从权势人物的命令去开展宣传活动。他们是他们所遵从理念的真诚信仰者，甚至是狂热信仰者。他们所讲的都是发自内心的，是不可撼动的信仰。他们的信仰只不过是与大亨和巨头们出于利益考虑希望减税、放松管制、小政府、弱工会的想法恰巧吻合。这些商人非常愿意让右翼学者将信仰的理念向大众传播，并相信资助他们是一项明智的投资。

然而，智库（think tank）和私营企业之间的关系，有时看起来要比里托伍德描述的更讽刺。“改革”（Take Reform）是一家专注于推动公共服务私有化的右翼智库。该智库前副主任尼克·塞登说：“我们所有资金中，70%来自公司企业，30%来自个人捐赠。”该智库的捐资人包括通用医疗集团（General Healthcare Group）、英国私立医院集团（BMI）以及保柏集团（Bupa Healthcare）等企业巨头，因为他们可以在公共服务私有化的过程中受益。塞登本人曾是医疗集团（Circle Partnerships）交流合作事务负责人，这一集团自称为“欧洲最大的医疗集团”，同时也是NHS私有化过程中的最大受益者。2012年，该公司收购了欣琴布鲁克（Hinchingbrooke）医院，这是英国第一次将国有医院转让给私人机构。在这一过程中，“改革”智库一直提供重要支持。塞登曾写过一篇文章，呼吁解雇1.5万名NHS工人，真枪实刀削减NHS财政支出，实行全科医生收费制等。他同时呼吁医疗服务“较大程度上应由政府提供资助……但应由保险公司及其他组织在政府之外组织实施，且只对患者负责。”[23]“改革”智库主席理查德·赛克斯曾是许多医药公司的执行官，其中包括葛兰素史克等。2011年，他被任命为帝国理工学院NHS信托基金主席。如此一来，公司利益又非常现实地促使其推动一些自身可直接受益的事情。

2013年，“改革”智库发布的研究报告支持英国监狱私有化，这是一项连保守党政府都不愿碰的政策方案。该报告被英国媒体广泛报道，BBC 谄媚地将其描述为“令人深思、发人深省的”。但是，媒体从未提过的是，“改革”智库大量的资金来源于 G4S 安保公司、信佳集团和索迪斯公司，这些公司手中已经掌握了 14 所监狱，并将从监狱管理的进一步私有化中继续获益。仅 2012 年，“改革”就从 G4S 得到 2.45 万英镑，从信佳那里得到 7500 英镑。[24]

“改革”智库并未刻意掩盖这些令人较为尴尬的信息。这些信息就挂在他们的网站上。“人们唯一关注的问题是，我们的报告里没有提到报告的资助方，这是否显得有些偷偷摸摸，”尼克·塞登表示，“我不确定我们是否需要透明到那种程度。透明就是所有人能够找到我们的收入来源。我们已经将这些信息非常清晰地公布在网站上了，并且把所有的材料都公布在上面。”不过，“改革”智库其实非常清楚，没有人会花工夫去刨根问底，没有人会去研究一家接受私营监狱企业资助的智库在为其歌功颂德时是否会有不良影响。

塞登对向“改革”智库提供资助的私立医疗企业持同样的观点。“我不清楚这是否意味着，我们每发布一份有关医疗问题的政策报告都需要说清楚‘过去一两年里，私立医疗企业给我们提供了资助，这些企业包括 X、Y、Z’。这是不是有点‘那位女士解释得太多了’① 的意味？”塞登是正确的，如果他们坦率地承认接受资助，必将引起社会舆论对“改革”这类智库所扮演角色的更为广泛的质疑。正像他自己所承认的那样，“毫无疑问，我们与私营企业一起工作，我想这些私营企业确实期待我们围绕公共服务私有化进行一些争辩，这符合他们的利益。”这好像与坦率地承认没有什么

① 这是莎士比亚《哈姆雷特》中的一句经典台词。

区别，但值得注意的一点是，塞登认为这其中不存在利益冲突。主流记者其实也应该为这种透明度缺乏承担责任。按照塞登的说法，一位 BBC 记者曾私下问他，这其中是否存在利益冲突，但后来并没有费心去作报道。

如今，先驱者们已经与政治精英和商业巨头紧紧地缠绕在了一起。拿“政策交流”来说，他们的一些报告呼吁公共服务完全私有化：“政治家必须站出来反对激进的工会会员，包括禁止紧急救援人员的罢工权，以此真正推动一场公共服务私有化的革命。”[25]

“政策交流”实际是拿政客资助的。这一机构由一些重要的托利党议员及候选议员于 2002 年组建，他们中最杰出的一位是该机构的创始主席迈克尔·戈夫，他后来成为卡梅伦最紧密的盟友，2010 年被任命为教育大臣。其他创始人包括后来曾在卡梅伦保守党政府担任财政部主计长的弗朗西斯·莫德，以及曾在卡梅伦政府担任副部长的创始主任尼古拉斯·博尔斯。目前“政策交流”的主席是丹尼·芬克尔斯坦，他是《泰晤士报》副主编，此前曾是该报纸主要写手，他也曾是乔治·奥斯本的无薪酬顾问。

2012 年，时任“政策交流”主任尼尔·奥布莱恩被吹捧为可能成为卡梅伦前战略顾问史蒂夫·希尔顿的继任者。他告诉我说：“那是一个没有任何事实根据的传言。”当圭多·福克斯博客报道了这一传言之后，“其他人也听说了，这一传言就被各类媒介没完没了地转引报道，最后导致所有人都认为这是真的。”当时情况确实是这样的。然而，事实胜于雄辩，2013 年，奥布莱恩确实离开智库，成为乔治·奥斯本的政策顾问，去参与起草保守党的竞选宣言。

“政策交流”的人事任命清单令人印象深刻。2013 年 1 月，奥布莱恩之前的同事、曾任“政策交流”经济社会政策主任的马修·奥克利被指派到名义上的独立机构社会安全咨询委员会工作，该机构负责为政府提供有关社会安全问题的政策建议。几个月后，他被指派对福利批准（benefit sanctions）开展“独立”评估。[26]另一位是埃里克斯·莫顿，此前他起草了关于高价出售廉租房的政策报告，这次他加入第十政策组担任特别顾问，负责研究下一步的住房政策规划。[27]这个路径反过来也行得通，比如，戴维·卡梅伦的前政策制定主任詹姆斯·奥肖内斯 2012 年加入“政策交流”，负责一项创建学校联合体的研究项目。[28]

在政府中，这些“政策交流”的“校友”会发现他们与“纳税者联盟”的人成了同事。在 2008 年伦敦广播公司（LBC）的一场采访中，“纳税者联盟”前竞选经理苏茜·斯夸尔曾激烈地反驳那种把“纳税者联盟”说成是“地下保守党”的言论，认为这简直荒谬至极。两年后，她成为托利党就业与养老金大臣伊恩·邓肯·史密斯的特别顾问，2012 年又成为保守党的新闻主管。

有些任命引起了一些反弹。2012 年卡梅伦政府让 IEA 主任马克·里托伍德担任政府削减繁文缛节计划（Red Tape Challenge）的牵头人，该项目的目的是削减政府对工商业的管制。这一人事安排引起了禁烟阵营的批评。里托伍德是禁烟运动的强烈反对者，IEA 此前也曾从烟草公司那里拿过资助，而政府此时正考虑采纳简易烟盒计划以阻止人们吸烟。这一人事任命引发了关于可能导致利益冲突的担忧，这种担忧事先就能预想到。[29]

其他人事安排带有清晰的政治导向意味。2005 年，在为塞登工作五年，帮助他成立以推动私有化为己任的“改革”智库后，尼克·赫伯特进入议会，成为一名托利党议员，并且成为卡梅伦影子内阁的成员。他的同事、曾在保守党研究部担任政治研究领域负责人的安德鲁·哈尔登比则走了另外一条路，他加入了CPS，也就是撒切尔和基斯·约瑟夫组建的那家智库。“改革”的另一个副主任叫利兹·特拉斯，2010年当选为托利党议员，他是《锁不住的不列颠尼亚》（*Britannia Unchained*）一书的作者之一，这本书批评英国人是世界上最懒惰的人群之一，认为需要对劳工权利再次进行打击。2013年，NHS私有化的坚定支持者塞登离开“改革”智库，成为卡梅伦的医疗改革事务顾问。

智库学者和政治精英之间的混合交织，不仅仅限于这些智库和竞选组织的创始人或高级职员。尼尔·奥布莱恩将其称之为一个“生态系统”，在这一生态系统中，“人们既可以从这里进入政府，也可以从政府来到这里……智库的好处在于可以把各行各业的人们聚集到一起开会，记者、商人、政治家、公务员等各色人等。”今天英国的智库都握有现实的权力，他们拥有各类公司的资金支持，与政治权贵存在不明不白的关系，与记者们建有强大关系。伴随着24小时不断发生的新闻以及对评论员的强大需求，智库学者经常坐拥电视、广播等各类国家级平台。

现在还缺少对这些思想先锋真正的抗衡。以公共政策研究所（IPPR）为例，这是一个中左翼智库，按说应该可作为右翼思想先锋的另一种选择。然而，这一智库更像是一个官僚机构，不可能挑战撒切尔主义者们已经布好的局。2013年，该所主任、前布莱尔支持者大卫·布伦基特的顾问尼克·皮尔斯曾攻击工党关于削减儿童贫困的工作目标，认为在这样的问题上花钱“在2008年之前都没有可能，更何况现在”。尽管公共政策研究所从工会那里拿些钱，他的大金主主要是跨国避税公司谷歌，靠瓜分公共财产盈利的私营公司加德集团，以及像法国电力集团（EDF）、意昂集团这样的能源公司。换句话说，公共政策研究所怎么看也不像独立于权贵之外的智库，更别说挑战权贵了。另一家自我归类为“中左翼”智库的是德莫斯（Demos），现任主任是大卫·古德哈特，一位老伊顿人。他因 1995 年创办政治类杂志《前景》（*Prospect*）而出名，对大规模移民持强烈反对立场。古德哈特表示：“我非常想把德莫斯打造为一个社会黏合剂，打造社会凝聚力，尤其关注工党面临的社会福利、移民、多元文化等难题。”这些智库中唯一的例外是新经济基金会，这是一家追求改革进步的智库，但至今仍被大部分主流媒体刻意忽略。

同时，大学经济学系里也没有现状的反对者。除了英国政治的急剧变化之外，对自由市场经济这种毫无节制的支持还得到其他因素的助力。自 1980 年代后期以来，苏联阵营的崩溃被普遍认为是自由市场资本主义的重大胜利。美国政治学者弗朗西斯·福山称之为“历史的终结”。美国新保守主义者米奇·德克特评估道：“我们现在可以宣布胜利了，再见！”虽然那些温和的凯恩斯主义者与苏联式共产主义并不存在任何联系，但也在某种程度上被视为已经出局了。哪怕政府以温和的形式参与经济，也会被归类到名誉扫地的过时政策。

“在学术界，我属于仅占 5% 的少数派。”持不同观点的经济学家张夏准这样说。相对于他的孤立处境来说，他的语气听起来异常乐观，就好像他正享受一场大卫与歌利亚之战一样。当他描述他独自一人挑战 1970 年代共识时，他的语调有趣又充满魅力，与马德森·皮里并无不同。张夏准表示，许多持异见的经济学者被迫转到其他系工作，“由于自由市场学派的一家独大，这些人不得不到商学系、政府管理学系及国际关系学系去找工作。”对于那些想成为广受尊敬的主流经济学家的人，他们除了拥抱新自由主义理念外，几乎别无选择。

这个排斥异见者的过程对于形成新共识具有重要支撑作用。这意味着那些支持维护权贵利益的人将得到无穷尽的学术资源，也将更易得到学术尊重。相反，那些持不同意见的学者，则会成为要啥没啥的“学术饥汉”。《卫报》经济学作家阿迪蒂亚·查克拉博蒂表示，“新自由主义有一项遗产：框定知识生产路径，把新自由主义的东西说成整个经济学的东西。这等于说，你只有接受了一些前提假定才能来这里玩。”毫无疑问，所有这些都帮助强化了“唯此正途，别无他路”的感觉。1990 年代中期，自由市场教条已经成为一种“新常态”，直到今天仍然如此。

马德森·皮里和他的追随者们在边缘地位中走了很长一段时间。今天，他们的观点仍未被过去的主流学术观点所接受，但是他们却已经成了主流学派。

这就是那些受企业支持的先驱者们所取得的成就。他们帮助挪动了学术争论的球门柱，把曾经被认为可笑的、荒谬的、古怪的观点变成普遍接受的新常识。借用右翼政治思想家的术语来说，他们已经改变了“奥沃顿窗口”。

“奥沃顿窗口”是美国右翼非常喜欢的一个概念，这是为向美国右翼智库“麦基诺公共政策研究中心”已故副主席约瑟夫·P. 奥沃顿表达敬意而创造的。这一概念指的是在主流政治环境下的任何时间点上，政治上可能的和合理的言行范围。不过思想先锋们的本性是能够散布和传播一些政客们不敢触碰的理念或政策。通过这样做，他们就改变了这一“窗口”。即使一个政客向智库学者的概念妥协，就可以视为一种温和的转变。NHS 的私有化就是这样的一个案例。起初即使是玛格丽特·撒切尔也不敢这么做，但联合政府已经能够把它变成现实了。“纳税者联盟”创始人马修·艾略特的好朋友保守党议员罗伯特·哈尔丰表示：“他们可以说一些话，随后政客们就可以说，‘其实我们不想这样做，因为这太极端了，不过我们确实也可以做其中的一两点。’”

这场观念之战的胜利并非仅仅靠智库学者们的努力而取得，但他们的角色确实非常关键。他们为激进右翼理念奠定了学术基础，并把这些理念兜售给普通大众。他们那些带有偏见的政策建议如果被采纳的话，将会直接服务于他们的资助方，而这些观点经常被记者们视为客观的和不偏不倚的。智库学者们为他们塑造培养的英国拥护者提供了丰厚的学术资源宝库。他们将工商界、政界和媒体界连接到一起。他们不仅仅是英国统治精英的重要组成部分，也是当前形态的重要塑造者。他们已经证明，企业和富人资助他们是一项非常明智的投资，因为企业和富人的权力和财富在新自由主义的英国日益兴旺发达。国家层面的政治议题无情地集中于对权贵们有好处的事情上。这都是那些思想先锋们的功劳。

# / 第二章　权力垄断 /

在结束了对一位银行业资深说客的采访后，我关掉录音机，把对话主题转移到政客的薪酬问题上。那是 2013 年 4 月，社会上正在进行一场关于议员加薪问题的大讨论，这一提议让社会舆论一片哗然，因为政客们正在对几百万工人进行强制降薪。我对这位说客和他的新闻官建议说，后座议员（backbencher）已经拥有足够让他们进入社会收入前 5% 的薪酬。因此降低议员工资确实是可以考虑的。毕竟，他们应该是代表地方社区的，收入太多的话只能使他们对自己选民的生活变得麻痹无感。

我似乎说了什么令人不可思议的话。随后便是突如其来的死寂般的尴尬。

游说者所带新闻官负责对访谈进行录音，以确保报道的准确性。这位穿着精致的新闻官当时直盯着我，看我是否在开玩笑，眼神中充满好奇。当确定我是认真的之后，这位新闻官不急不忙地回答我，仔细地斟酌每一个用词，就好像是在同一个疯子说理一般。他说，如果这样做，将阻止那些最有才华的人，尤其是那些来自私营部门的人参与政治。他进一步解释说，议员们是需要在高尔夫球场上听他们那些拿九万、十万英镑甚至更高薪酬的朋友们炫耀的。

他的这一观点是议员们真心接受的，尽管往往是以非正式的方式。在公开场合陈述这一观点将不可避免会引起每况愈下的选民们的愤怒。2013 年“舆观”（YouGov）针对议员的一项匿名调查显示，保守党议员认为他们应比实际平均多拿约 3 万英镑，工党议员则认为他们的薪酬至少应提高 1 万英镑。2013 年 12 月，四年前成立的意在解决议会薪酬和支出问题的独立议会标准局建议议员薪酬上涨 11%，前工党大臣杰克·斯特劳表示说，“任何时候提升议员薪酬都会让人觉得不合时宜”，但是如果不这样做将会导致那些

“拥有舒适生活条件的人们”不去参与政治活动。

斯特劳的说辞是有悖常理的。历史上，国会议员是一分钱薪酬都不拿的，为的是确保为那些独立的有钱人预留一些位置。左翼和劳工运动要求发给他们薪酬，1991 年议员们开始拿薪酬，每年为 400 英镑。如今，后座议员每年能拿到 67 000 英镑，这一数字高于大部分“生活条件舒适的人们”所期望的薪金水平。不管怎么说，《经济学杂志》（*Economic Journal*）2013 年 12 月发布的研究表明，给议员支付薪酬存在破坏他们职业道德的风险。同一月，与斯特劳的意见相左，独立议会标准局承认说，没有证据表明议员们的薪金水平“对候选人的参选热情会有影响”。

然而，议员们在解释 2009 年披露的他们滥用议会资金问题上花费了很大的精力。他们交来大量收据，内容或者是二套房的公积金，或者是维护花园或翻修房子以及修建鸭舍的费用，或者是为了避税，或者是预算外伙食，或者是为了价值几千镑的奢侈品，等等。除了个别例外，议员们都希望把他们不该拿的钱简单退回了事儿，但也有一些甚至不需要退回一分一毛。在其他行业中，这种行为简直就是欺诈，但在议员们这里却似乎不是什么事儿。

议员们对自身行为的辩解，对认识他们在社会中的角色很有价值。他们可能会低声含糊地说，他们的年薪根本不够，甚至是远远低于那些城市银行家们的报酬。这种说法被一些具有同情心的记者说成是合乎情理的。《每日电讯报》政治编辑詹姆斯·卡普表示：“那些顶尖人才的市价比之前任何时候的竞争都更为激烈。”“在这个时代，大律师事务所为最好的毕业生提供五万英镑，上市公司的首席执行官年薪连续多年呈两位数增长……所以，我们雇佣议员时，也应为争取最好的人才做好准备。”[1]这种主张议员应拿大部分选民做梦都不敢想的薪酬，以确保吸引最好的人才到威斯敏斯特的说法，或许直接出自伦敦市的某个会议室。而这也正是问题的关键所在。

在30多年的时间里，议员们支持为富人削减个人所得税，为商业巨头削减企业所得税，出台支持金融业繁荣的政策。他们已经看到了结果。富人们的银行存款余额已经达到英国历史上前所未有的水平，2014年，英国人中最富有的1000人的财富总额接近5200亿英镑，这些人在消费方面肆意挥霍，比如购置大厦、度假屋、游艇以及其他，等等。政客们非常清楚他们的政策使一些人变得极为富有，并且他们不免会将自己的收入与之进行对比。政客们会产生一种自己应获得更多的心态，这在下议院中已经成为一种主流心态。

财政开支在某种程度上是解决这种不公平感的一种方式。在财政支出丑闻爆发前，议会中的潜在共识是：议员们索取公共资金是他们寻求补偿的一种方式，因为他们只要一提涨薪的事就等于政治自杀。一位不愿透露姓名的工党后座议员告诉我："大幅度加薪在政治上来看是不可能的，所以需要通过财政支出这种非正式的方式来弥补。"正如BBC那位出身名门的政治编辑尼克·罗宾逊所言，"议会中的'党鞭'的行政秘书和下议院官员鼓励议员索取尽可能多的资金，以补齐政府因慑于公众压力而压低的那块工资。"[2]

议员们已经变成了企业政治家，他们嫉妒在他们的帮助下变成富翁的人，并为错过他们所制定政策的战利品而沮丧不已。毫不夸张地说，如今许多议员并不把他们的角色理解为一份高尚的职业、一份责任、一种服务，而只是视为一种中上阶层的职业选择，并认为这一职业没有得到与其他类似职业相应的薪酬。

财政开支丑闻也暴露了政治精英们让人惊诧不已的虚伪。先驱者们鼓吹国家退化了，他们的言辞也被一些政客引用甚至放大。那些被描绘为依赖政府为生的人彻底成了妖魔，议员们在将公众的愤怒转移到最穷人群身上的过程中扮演了关键角色。这一招非常有效地把注意力从上层人士身上转移开。然而，极具反讽意味的是，那些大声叫嚷国家堕落的人，往往也是那些不顾一切榨取国家的人，即使他们很多时候已经是非常有钱的人了。随着开支问题被广泛关注，议员们在这一问题上表现出明显的口是心非。

以纳德希姆·扎哈维为例，他是一位百万富翁，同时也是一位保守党议员和首相顾问团队成员。2013 年 4 月他在推特上支持政府削减议员福利时表示，“我们为那些需要的人提供帮助，但是那些通过令人发指的索取而获得远高于普通职工家庭收入的日子已经一去不复返了。”七个月后，扎哈维被曝出用数千英镑的公家钱支付他家中马厩取暖的电费。乔治·奥斯本大臣描绘了一幅令人动容的画面，“一位轮班工人，早晨天未亮就离开家门，看着隔壁邻居家百叶窗紧闭，人家因享有福利仍在酣睡中。”尽管奥斯本据说拥有他家族墙纸企业中 400 万的股权，但他 2009 年时被揭发出将原本想资助公众购置二套住房的资金用在了议员身上，这一爆料导致公众向他索要被砍掉的 5.5 万英镑公共费用。即使作为百万富翁的大卫·卡梅伦，也因用公款将他选区家里的紫藤挪到唐宁街 10 号而被要求偿还“纳税人的钱”。

伊恩·邓肯·史密斯是负责削减民众公共福利的大臣，他曾明确表示，他每周只需要 53 英镑，这个数字正是政府救济金的数额。对于已经是百万富翁，且薪酬水平超出绝大多数人的他来说，在那些无谓的事情上窃取公共资金，简直太荒诞了。其中包括花 110 英镑买了一个 BOSE 蓝牙耳机，花 39 英镑公款吃了一顿单人早餐等。同时，工党的利亚姆·伯恩，与之前的邓肯·史密斯地位旗鼓相当，他曾声称："工党是代表勤劳的工人们的，不是代表搭便车的人的。工党的名字就表明了这一点……工人的党，而不是懒骨头们的党。"然而，《每日电讯报》却证实，伯恩在郡政厅里租了一套公寓，每个月花费 2400 英镑，花的是纳税人的钱。他还曾在一个月里索取 400 英镑的公款支付私人伙食费。

在对依赖国家这一问题上，相关讨论则更为虚伪。1/4 的托利党议员、15% 的自由民主党议员、12.5% 的工党议员是私人房东。[3]这一数字一定程度上确保了议员对房东更具认同感，而不愿为那些在整日飙升的房租和不稳定的租赁协议中苦苦挣扎的租客们争取利益。但是还有更过分的，由于连续几届政府没能建设住房或者控制房租，如今每年有 240 亿英镑花在住房补助上。这一补助用以补贴私人房东，其中就包括一些整天抨击福利国家的议员。保守党议员理查德·贝尼昂是英国最富有的国会议员，资产约有 1100 亿英镑。尽管他谴责把钱花在无情的、不可承受的增长的社会安全问题上，且为政府改革工党那鼓励不劳而获的福利文化而欢呼，但贝尼昂本人每年从政府那里拿到的房屋补贴有 12 万之多。另一位积极支持削减福利的是托利党议员理查德·德拉克斯，他在 2013 年拿了 13830 英镑的房屋补贴。[4]

财政支出丑闻案中最让人不安的一点是，整个政客群体竟然都认为这样的虚伪和贪婪是可以接受的。他们把思想先锋们的理论和信条转化为现实政策，他们自己也变成这些理论的忠实信徒。如今各党派政客都有着像马德森·皮里那样的意识形态热情。他们形成了一种新的共同思想。不过这种心态与信念和信仰无关。在这一新的秩序中，议员们都受益颇丰。

2002 年秋天，南安普顿的伯特雷格兰赫（Botleigh Grange）酒店里弥漫着一种期待的气氛。500 多名虔诚的保守党议员挤进这个宾馆的会议室，聆听他们的偶像、前首相玛格丽特·撒切尔的演讲。她的前助理诺曼·泰比特陪在她的身旁。18 个月前，托尼·布莱尔的工党赢得第二场占据压倒性优势的历史性胜利，托利党处境有些令人绝望，士气正处于一蹶不振之中。这些权威人士非常严肃地讨论这一曾经看起来不可战胜的政治力量能否再次赢得选举。撒切尔仍然持有一种惊人的必胜信念。她对她的拥趸们明确表示，“我们最大的胜利是托尼·布莱尔。我们已经迫使我们的对手做出了改变。”尽管工党掌握了权力，但在玛格丽特·撒切尔看来，工党仍在坚持她的政治理念，这一火焰依然火势旺盛。

撒切尔完全有资格认为自己是正确的。在这位铁娘子被她的党赶出唐宁街 10 号的 25 年后，她所生活的仍然是撒切尔主义的英国。政治辩论的边界过去是，现在仍然是由英国政府和他们的思想先锋们来界定。

撒切尔前无古人地把英国的思想理念进行了极化，这是衡量她政策变革的重要标尺。伯恩茅斯保守党议员康纳·伯恩斯是她 2002 年在南安普顿的啦啦队长。我与他在苏活区（Soho）一家不起眼的餐厅里共进午餐。他强调说，他不是托利党领导层时尚派对的成员。伯恩斯告诉我说，在这位男爵夫人最后几年里，他成为她的知己和同伴。他放下自己的叉子，努力回忆自己与这位经常被仰慕者简称为“The Lady”的政治家第一次正式见面的场景。当时是 1997 年，正是布莱尔以压倒性优势赢得选举的那年。当时康纳正开车载着撒切尔的丈夫丹尼斯去参加多塞特郡一个为托利党候选人组织的高尔夫球日。令康纳喜出望外的是，他被邀请回来与她见面。

他回忆说：“那是一件令人非常紧张的事情，我记得爬楼梯时两腿直发抖。”撒切尔坐在起居室里，身边放着一大杯已经喝了几口的威士忌，正在看《华尔街日报》上的市场行情。她光着脚，鞋放在一边。伯恩斯温和地说：“给我带来巨大冲击的第一件事是，她是如此的温和，宛若慈母般。她迅速站起来为我们准备饮料，甚至想为我们做煎蛋卷。”

伯恩斯对玛格丽特·撒切尔的仰慕始于1980年代英国在动荡中取得的那些斗争的胜利。当时，学生们在学校里都用海报装饰储物柜。他的一个朋友有一张凯莉·米洛的画。他自己去搞了一张当时正担任首相的撒切尔的海报。他表示，“她是开启了一场革命的一只母狮。”“1980年代我正处在成长的年龄，当时党派间的差别是非常大的。冷战还在进行中，工党仍致力于废除工会改革，私有化也还不是共识。政治对经济的影响比现在要更大，今天如果政府换了，在税收和开支方面可能会有3%的差别，但在当时，差别则是巨大的。”

伯恩斯强调说，过去的英国政治不像现在，过去政党间的差别是巨大的，相互间的理念是相互冲突的，往往围绕差异巨大的政策开展白热化的争斗。今天，政治冲突更多时候是关于细枝末节的，而不是哲学层面的深刻分歧。主流政客很少提出与按照撒切尔主义建立起来的政治现状有根本差别的主张。毫无疑问，正如伯恩斯所言，她死得没有遗憾，非常满足。伯恩斯说，“她知道她已经赢了，她或许会说，‘他们告诉我不能做税收改革，我们做了，他们告诉我不能实行私有化，我们做了，他们告诉我不能改革工会，我们做了。'"

在战后的英国，自由市场主义者发现他们和他们的意识形态身处寒冬。如今，在撒切尔的政治体制中，他们的对手或将经历同样的命运。为富人和大企业减税，推动公共资产私有化，出台西方世界中对工会管制最严格的法律，释放巨大的市场力量，这些要素构成了新共识不可挑战的政策支柱，塑造了不可撼动的政治框架。撒切尔粉碎了各类工会，包括曾经不可战胜的矿工工会；对公共事业和国家能源供应、地方政府公租房项目等实行私有化；降低了最高所得税率，开始时降到60%，后来又降到40%。如今，那些偏离自由市场部署的人被认为是怪人；如果是年轻人会被认为是令人扼腕惋惜的幼稚；如果年长会被认为是政治怪胎。这是新权贵们的群体性思维。撒切尔已经庆祝了她在创造新工党方面的胜利，但是她还掩藏着对工党变革的调侃式蔑视。她对伯恩斯说："工党并不相信自己声称相信的东西，他们对英国没有什么要求。"

不过，即使对这一新秩序的天然守护者保守党人而言，向新权贵转型也并非一路坦途。托利党的许多高层人士对保持政府干预、平等对待工会领导、保持高边际税率等战后当局的诸原则是非常满意的。在1950年代，保守派在谁能建设大部分政府廉租房公租房项目问题上与工党进行竞争，而这与后来撒切尔的房屋所有制原则及把房屋政策交给市场的政策原则是相抵牾的。这些战后领导者往往是贵族托利党人，包括像哈罗德·麦克米伦等老伊顿人。1975年，撒切尔成为托利党领导人后，她在自己的影子内阁中都感到被孤立。甚至在做首相的初期，她仍然需要与被称为"温和派"的内部反对者进行斗争，因为这些人害怕把战后秩序翻个底儿朝天。

1985 年，前首相麦克米伦公开将撒切尔的私有化政策比作要卖光“乔治王时代的银器”和“沙龙会所里所有漂亮的家具”。在“二战”结束后的最初几十年里，托利党受家长式的“一个国家”传统主导，麦克米伦认为这一传统由 19 世纪托利党首相本杰明·迪斯雷利所奠定。这一群体被思想先锋们所不屑，他们对新自由主义秩序持保留或恐惧态度。在撒切尔主义旗下，这一群体被不断边缘化直至消失。

许多理由促使托利党成为现代权贵的政治代表。从意识形态角度讲，保守派从不怀疑资本主义制度。但是，关键的一点是保守派由那些从当前秩序中获利无数的人提供资助。他们的捐助者名单被金融城所主导。在撒切尔主义框架下，这一部门获得繁荣发展的自由，当然，正是这些人 2008 年时把英国拖进了经济灾难之中。他们中最大的捐助者有捐助超过 200 万英镑的对冲基金掌门人及财务联合主管迈克尔·法默。其他重要捐助者包括百万富翁大卫·罗兰、对冲基金老板斯坦利·芬克，梅·玛佐米（商人福阿德·玛佐米的妻子）以及风险资本家阿德里安·毕克罗夫特，他是英国短期贷款公司万卡（Wonga）的主要投资方。

澳大利亚战略家林顿·克罗斯比在英国保守派政治中扮演了关键角色。他通过花言巧语的游说追求私人利益。在帮助托利党人鲍里斯·约翰逊成功策划 2012 年市长竞选之后，克罗斯比被这位获得连任的市长带到阿联酋，去开展一场持续五天的工作业务，允许这位澳大利亚狡辩高手进一步拓展他的游说业务，要知道连一些比克罗斯比大得多的商业巨头都没有被市长邀请参加这一活动。[5]克罗斯比的业务往来不受任何审查，2012 年 11 月，他得到一份保守党领导层的工作。据说，他的克罗斯比文案公司充分利用 NHS 的

“漏洞”为H5私营医疗联盟（一家以营利为目的的医疗公司）提供咨询。[6]克罗斯比的其他客户包括一些烟草和酒业公司。当他正式加入保守党团队时，这些议题又迅速进入公共关注领域之中。卡梅伦政府搁置了酒精最低价格计划，而且设法拒绝了为禁烟而提出的简易烟盒提议。[7]

那些捐助者无疑进行了一笔明智的投资。他们为保守党提供资助，而保守党的政策为他们提供回报。2010年大选之后，尽管发布了一份停止“自上而下重组”的宣言，保守党领导的政府还是放开了NHS全面私有化的政策。“英国医疗”等私营医疗公司因此大为受益。然而相反，当年保守党影子内阁的卫生大臣和私有化议程的主要设计者安德鲁·兰斯里从时任“医护英国”（Care UK）主席约翰·纳什那里拿到了2.1万英镑的捐赠。纳什已经在保守党身上花费逾20万英镑，他同时也创建了金融城商业公司“主权资本”，这家公司自称是“英国卫生服务领域最活跃的私募投资人”。[8]其他一系列私营医疗大亨和商业巨头也都向托利党提供了资助。比如家庭护理行业里的百万富翁多拉·彼帕特，以及NHS计算机服务提供商“IC科技”等。

卡梅伦政府上台后，疯狂游说欧盟，力求设立金融交易税，这符合金融城的心意。正如《金融时报》（*Finacial Times*）2011年12月所言：“甚至那些捐助者们也承认，托利党议员之所以渴望对50%的个人所得税最高税率予以下调，是因为那些富有的金融城资助者与该党的关系极为密切。”一位捐助者2011年12月告诉这家报纸说：“或许没有多少人支持降低50%的个人所得税最高税率，这在那些保守党的资助大户看来是个大问题，因此这也成为保守党的一个大问题。”[9]

三个月后，毫不意外地，保守党政府把这一数字由50%降到45%。根据一项ICM民意调查，多数选民反对这一调整，甚至包括了65%的托利党支持者。英国的工作场所的条件比其他西欧国家要差，工人在这方面的权利被雇主的利益进一步侵蚀。2013年英国引入一项规定，根据这一规定，工人如果因被解雇把老板告上工业法庭，他们需要缴纳诉讼费用。这一规定让雇主解雇工人变得更为容易。几个月的时间里，这类控告下降了55%，这正合了雇主们的心意。[10]托利党人代表捐赠者开展的游说活动甚至可以更为明目张胆。2012年秋天，该党向富有的捐助者们发函募捐，以在一项有关向富人征收豪宅税的提案投票中击败自由民主党和工党，这一提案涉及的金额高于200万英镑。这些信函以“不要征房屋税”为题，承诺保守党占多数的政府将停止这一税种，向捐赠者寻求金融支持，从而“将征税人拒之门外”。[11]一些捐赠者因此获得了非常实际的个人实惠。他们中一些人最终甚至成了上院议员。比如，2013年8月，托利党捐资人杰西博大亨安东尼·班福德和卡文迪什金融公司东家霍华德·利等30人进入上议院。

自由民主党在权贵中的位置不是那么清晰可见。作为一个松散的政治团体，该党成立于1988年，由老自由党和社会民主党合并而成。社会民主党是由1980年代早期从工党中脱离出来的右翼工党政治家组成。与保守党和工党不同，自由民主党缺乏强大的政治根基。他们经常扮演反对派角色，缺乏一以贯之的政治主张，他们就像是工党和保守党的一种补充。在选举活动中，他们因提供自相矛盾的政策主张而变得臭名昭著。不过鉴于他们基本没有机会掌握权力，因此自由民主党在很大程度上可以被忽略。他们与英国国内广义的权贵派没有多少关联。

有段时间，自由民主党利用新工党对撒切尔议程的坚持，提出提升最高税率、推行高等教育免费等进步性政策，然而他们2003年反对进攻伊拉克的立场（当然，战争开始后这个立场就烟消云散了）使得他们被两大主要政党所孤立。但是，2004年该党支持自由市场理念的一派把主张新自由主义理念的老自由民主党政治家们的文章结集成《橘皮书》（橘色是该党标志性颜色之一）出版，以此表明自己的立场。其中的一种理念涉及用国家保险体系代替NHS。在那个时候，这一说法甚至比主流保守党走得还要远。2006年1月，倾向社会民主主义理念的领导人查尔斯·肯尼迪辞职，这些组织出版《橘皮书》的自由民主党人取得优势。2010年大选后，自由民主党与保守党组建了联合政府，他们放弃了与政治现状不同的原有政治立场。他们中的许多重要人物就像老保守党人一样忠诚地推进撒切尔政府倡导的意识形态改革运动。他们在同性恋权利等方面的政治立场带有社会自由派色彩，导致他们与几乎赞同平等对待同性婚姻的大卫·卡梅伦没有什么区别。

工党与当今权贵的关系更为自相矛盾。他们党内的许多高层人物非常愿意成为新权贵中的一员。托尼·布莱尔就与媒体大亨鲁伯特·默多克、亿万富翁伯尼·埃克莱斯通以及美国右翼总统乔治·W. 布什等来往甚密。据说布莱尔的侧近人士彼得·曼德尔森就非常享受与权势人物为伍的感觉。2005年新年除夕，他被发现在微软联合创始人保罗·艾伦的私人游艇上。2008年8月，曼德尔森又在俄罗斯政治寡头奥列格·德里帕斯卡的私人游艇上，与时任保守党影子大臣乔治·奥斯本等其他宾客一起度假。

工党创建的初衷是为了挑战有钱有势者的地位，而不是与他们同流合污。在19世纪晚期和20世纪初期，法律冲击了工会组织罢工的能力，因为根据相关法律，他们需要承担财务责任，当时普遍的感觉是自由党和保守党只关注工商业大亨和地主们的利益。不过工会为争取代表权而开展的斗争史由来已久。1892年，英国第一位社会主义议员凯尔·哈迪身着当时的传统工人服装出现在议会时，一位警察因不习惯这一场景而问他是不是来修屋顶的。一些年以后，一位叫托马斯·R. 斯蒂尔斯的唐卡斯特铁路信号员给当地分支机构起草了一份决议，呼吁英国联合工会召集工人阶级组织代表，以此在下议院中赢得更多工人代表席位。在当时，这是一场极具争议的运动。许多工会成员仍然相信，劳工运动最好的前景就是继续依靠自由党，斯蒂尔斯的决议只是勉强获得通过。不过，1905年劳工代表委员会成立，这一事件的一个深远影响就是为工党的成立奠定了基础。

如今，这一政党已像一个完全不同的野兽。自1994年托尼·布莱尔带领工党赢得大选以来，新工党因担心党内激进分子对其形成挑战，对党内民主进行了限制。在年度代表会上，党内激进分子和工会成员通过提议，要求铁路重新国有化，再次推出简易房项目，当然，他们的意见也一次又一次地被忽视掉了。他们的党代会本身也越来越像美国式的政治集会，而不再是一个争论的论坛。

托尼·布莱尔下决心结束该党对工会的资金依赖，转而从富有的个人那里寻求财政支持。这项使命伴随十多年后2007年那场所谓“金钱换荣耀”的丑闻而到达顶峰。当时有许多关于以软贷款（sofe loan）换贵族地位的指控。这也是英国历史上第一次现任首相被警察询问的案例。

托尼·布莱尔把工党更名为“新工党”，最主要的目的是有意识地塑造该党亲商利商的形象。在 1997 年大选启动阶段，他承诺不给富人加税，同时私有化、反工会法等撒切尔主义最本质的政策支柱仍然保留。在政府中，新工党非常任性地削减公司税务，从而降低大工商企业的税务负担。与撒切尔意识形态最大的不同就是增加了公共开支，但这一举措是与私营部门涉足公共服务领域相伴的，这是撒切尔都未曾尝试的。扩大公共开支也并非这一政治形势下的常态。到 2010 年工党在大选中败北时，在国家处于经济困境的背景下，保守党和许多英国媒体对工党的批评已是铺天盖地。工党大选失利后，联合政府迅速改变他的支出承诺，削减规模几乎百年未见。此外，工党与撒切尔主义的另一不同是其所实施的最低工资制度，这一制度依然保留。

“托尼·布莱尔对最低工资存有担忧，我想这是一项公共记录问题。”前新工党政治公关顾问德里克·德雷珀在与我共进午餐时告诉我，我们当时在苏活区内的一个承接时尚奢华聚会的私人俱乐部格劳乔（Groucho）。他说：“我认为，他当时感觉那些证明这一政策在财政上不可行且会导致更多失业的案例是有道理的。我不是十分确定，但如果托尼·布莱尔没有继承下来最低工资制度，他或许也没必要推动这一事情。”就是这样一项最低工资制度扰乱了这一个建党初衷是保护工人的政党。工党对其本初使命的偏离，对今天权贵阶层的形成发挥了推动作用。

彼得·海恩已经远离了他以抗议为标志的激进过去。他既是托尼·布莱尔的内阁成员，也是戈登·布朗的内阁成员。他如今是下议院中随声附和的后座议员。我们在他议会办公室里交流。他办公室的墙上贴满了过去那段激情岁月的纪念品，包括反种族隔离斗争时期的照片和海报等，他长期支持和拥护反种族隔离斗争。如果走在大街上的人多看海恩一眼，很可能是因为他那引人注目的棕褐色皮肤，这种肤色不像是他所在的南威尔士尼斯选区土生土长的人有的。他把自己重新打造为一位温和的职业政治家，并坦率地承认，新工党对权贵们没有任何威胁。实际上，他说新工党全心全意地拥护统治精英。“布莱尔所做的和新工党所做的很明智地紧跟资本主义，在某种程度上也紧跟新自由主义的一些特征，”他解释说，“我们不讨论这类问题，因为我们并不挑战统治阶级的利益。”

我与托尼·布莱尔最亲密的顾问之一菲利普·柯林斯的会面安排在威斯敏斯特中央大厅的土褐色咖啡馆。菲利普·柯林斯如今是默多克旗下《泰晤士报》的专栏作家。过去，他为布莱尔写过多年的讲话稿。他当时作为一名研究人员进入政界，与新工党倡导和发动者詹姆斯·帕内尔、大卫·米利班德等为伍，后两位后来都成为布莱尔内阁的重要大臣。跟他们一样，柯林斯也吸引了布莱尔的眼球。柯林斯说，他最吸引布莱尔的一点是，他在大曼彻斯特的普雷斯特维奇镇的一个保守党的工人阶级家庭中长大。在布莱尔看来，这类选民是他最需要争取的。

在柯林斯看来，布莱尔当选首相时政治主张并不明晰，他经过很长一段时期之后，才明白自己真正的政治信仰是什么。柯林斯还说：“他背离老工党时并没有明确指向，而是随着时间的推移才最终得出了一组主张。”柯林斯澄清说，“不过布莱尔的财政大臣戈登·布朗与布莱尔则明显不同。”

自1994年开始，工党对权贵间的迁就主要由托尼·布莱尔和戈登·布朗设计。不过人们普遍的感觉是，布莱尔本能地支持自由市场原则，而布朗并非如此。在工党重掌政权最初几年的党代会上，布朗慷慨激昂的演讲获得了工会领导人的极力支持，这些人对布莱尔则持严厉批判立场。新工党掌权后，布朗的盟友，比如现在的影子内阁大臣艾德·鲍尔斯认为工党内部领导层的变化意味着政策的变化，比如放开公共服务市场等。2007年《泰晤士报》在布朗僭取首相宝座几个月后报道说，许多布朗的诽谤者广泛引用一个论点："布莱尔主义失去了它的权杖，老工党又回来了。"2008年11月，康雷斯公司对工商界领导人的一项调查显示，68%的受访人士认为"老工党回来了"。随后布朗政府在刚刚受到金融危机冲击的背景下提高了所得税最高税率。其实这是一个非常古怪的描述。在整个新工党时期，正是布朗主持削减公司税，开放公共服务给私营部门，而且在政府无限支持金融城的问题上负有主要责任。入主唐宁街10号后，布朗并没有出台与布莱尔政府有实质差别的政策（比如他继续推动私有化政策），只是简单地提出一些此前大臣们都支持的政策。

菲利普·柯林斯表示："布朗在一些问题上与布莱尔意见相左。但他2002年后在政策方面没做什么事情。我说的是什么都没做。2002年之后完全是空白，这就是为什么我一直感觉走向灾难很正常。"在这里，柯林斯指的是布朗做首相的三年是形势变得更为危险的时期。正如柯林斯所言，布朗那"改变世界的传统社会民主主义模式"正丧失优势，"他如此痴迷于个人职位升迁直至首相宝座，以至于他脑子里除了政治什么都没有了。"

虽然布朗的确受个人野心驱动，但有一点是明确的，他对既有的政治共识没有任何突破。"我想艾德·米利班德（现工党领袖）当时有为戈登工作的想法，"米利班德现在最信任的顾问斯图亚特·伍德勋爵这样解释，"尽管他推动了一些好事情，但他并没有准备质疑1979年以来的既定安排，也就是撒切尔主义的自由市场经济学共识。”在伍德看来，布朗没有打破这一政治共识，有时是出于政治哲学理念的原因，有时是出于策略原因。伍德认为，现实中没有动力或压力促使布莱尔或布朗去改变他们的方向，因为“新工党在不触及国家运行方式、不推动进步主义政治的情况下就能不断取得胜利”。换句话说，新工党感觉选举十拿九稳，因此没有必要去根除社会不公这一该党曾视为重要使命的事业。因此，撒切尔主义式的处理办法依然如故。

尽管布朗上台曾让那些想扭转布莱尔时代的人们燃起希望，但布朗政府在一个接一个灾难的背景下步履蹒跚，只有2008年全球金融崩盘期间短暂地有所复苏。工党司法部发言人、艾德·米利班德竞选工作主管萨迪克·汗表示：“我想我们与银行走得太近了，我们与媒体走得也太近了。”

如此一来，政治共识同时获得了新工党和保守党的拥护。布莱尔和布朗政府甚至在将撒切尔主义转化为永久制度安排方面还发挥过积极作用。毕竟，这个1980年代曾激烈反对托利党政策的政党如今也接受了其中许多内容，我们也就容易理解为什么撒切尔在南安普顿的伯特雷格兰赫酒店提出那样的结论了。布莱尔和布朗把所有可能挑战这一共识的声音都成功消除掉了。

毫无疑问，政府维护那些有钱有势人的利益已经成为一个简单的“常识”。由于边缘化的声音已经被压抑了太长时间，如今即使那些对权贵理念轻微的挑战也会引来近乎歇斯底里的欢迎。这就能看出权贵阶层是如何设置政策理念禁区的了。如果权贵们出于自身利益考虑想摆脱一些传统政策理念的束缚，这些观点就会被合法化为可接受的观点，尽管这些观点存有争议。他们努力阻挠那些对权贵思想偏离的言证，只要这些观点越界了，就关闭所有讨论，从而筑牢政治争论可接受的边界。

语言是将政治异见边缘化的关键工具。“改革”曾经是与左派相关联的概念，比如，NHS的建立曾被视为一项重大改革。然而，现在“改革”经常被权贵阶层所使用，比如私有化、在公共服务领域释放市场力量、压缩政府行为的边界等。通过这种方式，反对“改革”的人可能会被描绘为真正的反动派，被说成陷入泥坑，阻止任何改变。保守党领导人大卫·卡梅伦把戈登·布朗驳斥为一个“改革路障”，只是因为据说布朗反对布莱尔关于提升私营企业参与公共服务的程度的议程。“进步”也是这样一个概念，这一概念的内涵已经发生了巨大变化，已经被“现代化了”。“前进而非后退”可谓深受新工党青睐的陈词滥调，经常被用来与那些所谓退缩保守的左派进行对比。当1990年代后期布莱尔把“保守主义的力量”引入英国政治词典时，它经常被用来对付那些反对市场导向政策的工会和公共部门的工人。“既得利益”也被老套地用来描述工会和工人，而不是指那些大公司。“艰难的决定”也是权贵词典中非常重要的一个词，一般指那些降低其他人生活水平的政策，或者说只对政客有利的政策，暗指对手是虚弱的、懦弱的。这些概念的反复运用使权贵的理念成了目光长远的和追求进步的了。与当初公开倡导回归经典自由主义经济学、回归不受政府干预玷污时代（他们是这么认为的）的那些思想先锋们的“反动观点”相比，所有这些都极具反讽意味。

即使是对政治允许范围最温和的偏离，也会遭到坚决反对。这种对政治辩论边界的管辖在艾德·米利班德2010年成为工党领袖后的日子里得到明确证明。他的兄长同时也是领导权的竞争者大卫·米利班德被认为是可靠的权贵候选人。他在竞争过程中声称，工党应该向1950年代的托利党政治家R. A. 巴特勒学习，此人在推动保守党接受战后共识问题上扮演了关键角色。同样，大卫·米利班德建议工党应该避免仅仅待在“舒适区”，不能一味地反对保守党政府的政策，包括政府削减公共服务。简单说，他的建议是工党甚至要放弃表面上与保守党不同的政治议程。这会使权贵派教义在政治生活中变得更为根深蒂固。

然而，当艾德·米利班德当选领导人后，他对权贵思想的突破让人觉得难以忍受。媒体和政治对手给他贴上“红色艾德”的标签（他的父亲拉尔夫·米利班德当年曾是著名的马克思主义学者）。他温和的社会民主主义理念被描述为是对前新工党年代失败政策的复辟。他本人经常被描述为掉进了“工会大亨”的口袋里，尽管工会领导人都是选举产生的，而不像英国媒体大亨那样。事实上，他的胜利靠的是工会成员们的投票，而不是靠工会领导人们，他总共多出了28 299票。媒体对这一点几乎从未报道，就好像他的胜利在某种程度上是不合法的，因为他主要依靠的是工会成员的投票。

2013年9月，艾德·米利班德颁布违背传统政治理念的三项承诺。此举引发的强烈反应表明，权贵派对偏离政治共识的拒斥到了何种程度。当时住房危机已经使等待住房的人员名单达到500万人，房屋建设达到了历史最低水平，面对这一状况，米利班德承诺对囤积土地等待增值的建筑公司展开行动。接下来，他撤销新工党和保守党关于进一步降低公司税的共识，承诺将对大公司加税，以此对苦苦挣扎的小公司减免税负。随后，作为对六大暴利能源公司在人们生活条件急剧下降的情况下提高燃料费用的回应，他宣布如果工党执政将暂时冻结燃料费用。

权贵的回应并非一场协调一致的运动，但却明确显示出一致的心态。他们所使用的语言具有处心积虑的煽动性，尝试把这位工党领袖描绘为一位危险的极端主义分子。英国工业联合会（CBI）理事长约翰·克里德兰告诉一家报纸说，米利班德的演讲“让我惊讶得全身汗毛直立”。在保守党伦敦市长鲍里斯·约翰逊看来，米利班德关于制裁土地储备行为的承诺相当于可耻的征税，而英国董事协会首席经济学家格雷姆·里奇把米利班德的言论看成“是对财产权的斯大林主义式的攻击”。大卫·卡梅伦唾弃米利班德说，他想生活在“一个马克思主义的宇宙”里。财政大臣乔治·奥斯本坚定地认为，米利班德已经表达了“卡尔·马克思在《资本论》里的核心主张”。

从他们的反应中可以看出，政客和工商界人士离英国普通民众的观点有多远。米利班德所倡导的远不如许多民众所想要的那么激进。2013 年 11 月“舆观”的一项民意调查显示，虽然 3/4 的投票者支持米利班德的方案，希望赋予政府制定电气价格的权力，但近七成英国人更想实现能源的重新国有化，而这并不是谨慎的米利班德准备做的。甚至有托利党投票人也倡导政府并购。2/3 的英国选民希望铁路和皇家邮政重新实行公有化；多数投票者支持政府有权设定私营部门租金，1/3 以上的人口甚至还支持政府控制食品和杂货的价格。[12]此前“舆观”所做的一项民意调查显示，近六成英国人提倡对那些挣 100 万英镑及以上的人制定一个 75% 的税率，这一立场甚至得到了四成托利党投票者的支持。[13]新自由主义的教义在英国权力堡垒之中被视为一种普遍接受的智慧。但一旦走到大街上、社区里，权贵们的这些核心原则就马上成为一种非常边缘的观点。

对那些权贵共识的支持者而言，这些发现差点导致一场恐慌。在一篇名为“国有化和价格控制拥有令人痛心的广泛群众基础”的社论中，伦敦商业日报《金融城早报》（*City A. M.*）前主编阿里斯特·西斯回应这一民意调查说：“尽管缓慢但确定无疑的是，公众正在背离自由市场经济，重新拥抱返祖版本的社会主义。”他警告说：“如果这一理念被执行，将会以失败而告终。”他补充道：“在一些经济问题上，公众比托利党和工党所认为的要更为左倾。”这一发现真是“令人恐惧”。他最后总结说：“市场经济的支持者们遇到了一个大问题。”“除非他们重视公众的关切，否则他们将被罢黜。”[14]工商界精英也越来越认识到这一问题。药房业巨头博姿（Boots）联盟的执行主席斯特凡诺·佩西纳表示：“我相信英国政府正在做正确的事情，他们的减税政策正在沿着正确的方向推进。”“不幸的是，公众意见和社会大环境并不像政府那样对企业有利。”[15]

因此，这就是现代英国政治的现实。成千上万的英国人的意见并没有得以反映。即使是工党对权贵阶层群体思维的温和改变也会引发疯狂的反应。一小部分人的共识被狂热地守护并执行。在某种程度上，自由市场在全世界的发展强化了权贵阶层不可挑战的观点。这一观点认为，偏离政治原则将激怒工商和资本巨头，从而导致资本会从这个国家撤走，经济陷入停滞。

文斯·凯布尔在1970年代曾是工党大臣约翰·史密斯的特别顾问。如今他是托利党政府中自由民主党商业创新技能部大臣。他的办公室位于维多利亚大街，是一栋距离议会只有几百米远的一个混凝土建筑。靠近入口处张贴着印有英国国旗的多幅海报，“伟大的商业！伟大的创新！”等字样非常抢眼，而“英国”则只是用小号字写在了靠下的位置。我到那里时，现场气氛有些凝重。一位顾问解释说，尽管日程繁忙，但他们还是设法在大臣忙碌的时间表里为我安排了会面。凯布尔最后出现时，一如在公众中露面那样显得操劳焦虑而声音微弱。

凯布尔倚靠在会议室的椅子上说："我认为对一个民选政府而言，一个重要的制约是国际性人才。"他的助手们奋笔疾书，记录着他所说的话，玻璃墙外则是夹着文件夹来回忙碌的官员们。"政府大部分时间在与国际性公司打交道，我们自己的大公司也都开始走向海外，我们最大的制造业公司是一家印度公司。这些公司中，有些不错，但有些很糟糕。不过他们最终都会成功运转。所以说，这对传统一国之内的自由而言是一个巨大的约束力。"

彼得·海恩也持类似观点。他表示："全球化的力量太强大了，我们无力阻止它。企业如果不喜欢这里的气候，他们可以重新选址。他们如果走了，也会把工作机会带走。"不过海恩也远非盲从，他对新工党那种对大公司卑躬屈膝的态度深感遗憾。"不过，我们在许多事情的把握上可以更平衡一些，我们可以下更大决心把公司作为我们的使命，而不是只当一个辅助者，我们原本可以做得更好的。"

这就是政府大臣们如何用自由市场全球化来为抵制选民意志背书的。或许公众在给富人加税问题上很有胃口，但这样的诉求肯定会被抵制，因为这些富人、这些"财富发电机"会跑到国外去。在提升劳工权利或提升最低工资标准问题上同样如此，反对者声称这会制造一种让公司感觉不舒服的氛围，从而导致他们跑到其他地方去。大卫·卡梅伦在2013年保守党大会上表示："工党打算对我们最大最成功的雇主们加税，这是我们所能想到的最具破坏性、最荒谬、最扭曲的经济政策。”他表示，工党就好像在对老板们说：“我们想要给你加税，别来这儿了，带着你所能创造的那些工作机会，想去哪儿就去哪儿吧！”如果占压倒性多数的民众支持“把商业精英的鼻子都气歪了”的政策的话，这可不是闹着玩的。

在今天的公务员看来，思想先锋那些曾经争议很大的理念，好像是帮助强化现状的常识一般。“二战”后，公务员曾是支持克莱门特·艾德礼工党政府所建共识的重要支持者，并对政府干预经济等原则习以为常。当玛格丽特·撒切尔试图建立一种新的政治共识时，她发现她正在与公务员队伍中一种“小写 c 保守主义”① 趋向开展斗争。[16]各类政治操盘手都因公务员队伍抵制改革而备受挫折。菲利普·柯林斯回顾当初实施政策时那段艰难困苦的过程时感叹：“就好像你花了一生的时间去争取权力宝座，但当你到了那个位置时，却发现权力并不在那儿。”

不过，由于撒切尔在排除反对者方面取得了压倒性的胜利，今天的公务员队伍中形成了新的共识，即一种共同的权贵心态。1997年工党取得压倒性胜利后，工党议员安吉拉·伊格尔成为布莱尔政府内阁中的一位次长，她建议实施租金管控，以此来应对房租不断上涨的问题，为房东的收入定个上限。伊格尔把当时公务员们的反应描述为一种朦胧的“官方立场”。她被告知，她的倡议“违背了人权法案”，这令她感到非常困惑。伊格尔不能理解她的建议怎么就侵犯人权法案了。她表示：“我没有意识到，人权法案里全是保

---

① 小写 c 保守主义，small-c consenative，用于指代抵制激进变革，但并不是保守党成员或支持者的人。

护拉赫曼先生（指贫民窟里臭名昭著的房东）及其伙伴利益的条款。”在工党执政的头几年里，公务员们建议削减救济金，十几年后，他们的目的终于实现了。当她被派往财政部时，她发现公务员队伍已经“缠绕进自由市场资本主义之中了”，他们非常自信地拥护新自由主义教义，好像这就是普遍常识一样。彼得·海恩也这样认为，他说：“自从撒切尔时代以来，财政部一直在实行一种非常新自由主义的经济模式。”他举例说，公务员会阻挠政府对能源政策的干预，因为那将意味着背离“不干预主义”教义。这是一位财政部高级官员（当然是匿名的）向我承认的一点。她建议：“财政部持有一个非常强烈的观点，这一观点甚至超越了财政大臣自己的视野，财政部有自己的一套意识形态观，他们认为没有人应该花任何一分钱。这在他们那里是一种非常强烈的文化。”

不过政治家们不必被公务员套进权贵们的观念里。英国政治精英有这种天性，主流政治家都是现状的天然支持者。政治已经成为特权阶层的私家店。今天，那些从英国经济和社会秩序中获益最少的人越来越难以看透威斯敏斯特泡沫了。教育慈善机构萨顿信托（基金会）针对2010年新进议员开展的一项分析显示：“议会在很大程度上仍然由社会精英组成。”从当前情况来看，虽然全国只有7%的学生可以上私立学校，但有高达35%的新进议员是接受私立教育的。新进议员群体中只有43%上过综合性学校，这一数字还不到其余人群上综合学校比例的一半。包括首相在内的20位议员小时候上的是久负盛名且花费昂贵的伊顿公学。[17]

越来越多的议员在选举前已经拥有从政经验，这是政治日益职业化的一个重要证据。举例来说，1979年时，只有21位议员在当选前有从政经历，而到1997年这一数字跃升到60，到2010年这一数字进一步上升到90。2010年工党内部选举时的四位领跑者在当选为议员之前都有从政经历，那一年新当选工党议员中有34%的人之前有过从政经历。对于那些从政前从事其他职业的议员来说，工作经历使他们在进入议会后对大工商企业的利益更具认同感。在2010年成功当选的新议员中，有1/8的人做过私人顾问，这一数字在1997年新工党取得压倒性胜利时只有1/25。总的看，1/4的议员曾经做过商人，在保守党议员中，这一比例更是高达41%。拥有公共部门背景的议员比例有所减小，比如，拥有教育工作经历的议员从1997年的17%下降到2010年的5%。议员中体力劳动者的比例从1979年的15.8%下降到2010年的几乎只有4%。比如，11位保守党议员曾从事公关工作，而只有两位是体力劳动者出身。[18]

如今，政党已不再为政治运动奋战，运动中满是让政客负责任的草根活动家。在1950年代早期，300万民众是保守党成员，100多万民众属于工党成员。如今，工党成员不到20万，保守党成员更是降到了13万，并且平均年龄有68岁之高。[19]这些政党不再代表植根于社区的活跃的民主运动，他们只剩了一个空壳，里面都已经被掏空了。

工党影子内阁司法大臣萨迪克·汗在今天的威斯敏斯特精英群体中极为少见。他是公交车司机和裁缝的儿子，在南伦敦的市建公租房中长大。我们坐在保得利议会大厦一间喧闹的咖啡馆里，他显得非常和蔼、健谈，与一般的主流政客不太一样。他回忆说："很明显，当我成为候选人时，其他候选人拥有我所不具备的人脉关系网络，他们与特别顾问、大臣、政府等都有联系，他们中的一些人已经进入了'快车道'。"对于大部分人来说，光时间成本就难以承受。萨迪克·汗表示，"候选人几乎就是一份全职工作。""我需要准备文案，我需要给我的选民和工党成员写亲笔信。我可以这么做是因为我有一份收入不菲的工作，我有自己的公司。试想一下，如果我是工厂工人或者公交车轮班司机，这些事情我还能做得了吗？”

这是议员们普遍认可的一点。托利党议员罗伯特·哈尔丰表示：“十多年来，候选人这个角色花了我自己好几千英镑。”“我曾一度陷入巨额债务，谢天谢地现在没事儿了。”不过也有其他原因。工会和地方政府曾经是胸怀抱负的工人阶级候选人从政的重要渠道，并能够帮助候选人获得政治培训和支持保障，但如今，工会已经遭到严重削弱。不领报酬的实习只有那些富人能够玩得起，而在议会、智库及其他能够进入政界的渠道中，这种工作形式正变得空前流行。

并非只有政客不能代表他们服务对象的利益。议员群体往往被手握实权的政府当作选举杠杆而已。除了一些席位外，政府政策监督委员会成员都有政党领导层职务。立法的时间表也由政府决定。在美国，立法机关拥有通过自己所立法律等非常广泛的权力；在英国，后座议员们起草的法律可以被其他资深议员轻而易举地否决掉。他们可以通过直接讲出来的方式，也可以通过阻挠法案通过的方式来做到这一点。公共法案委员会本是讨论立法修正案的地方，而这一机构实际是由政府支持者主导的。

举止优雅的绿党议员卡洛林·卢卡斯陈述说：“作为一名议员，按说应该拥有实权，但我觉得我手中的权力微乎其微。”“我感觉自己好像在整个职业生涯中都在寻找权力所在，无论我在哪儿，总是感觉权力是在另外的某些地方，因此我就不断地追逐。”政府表面上是议会的执行机构，但却故意让议员们对立法是如何通过的一无所知。党鞭们的工作就是让政客们循规蹈矩，尽量保持一致。“议员们在去投票的路上或许还在喋喋不休地讨论他们的立场，”卢卡斯解释说，“当你到那儿的时候，党鞭们会非常迅速地把你推进一个游说团，游说团不是在演讲，就是在照本宣科地进行洗脑攻势。”这种做法没什么新鲜的，不过这种做法导致权贵的想法任何时候在威斯敏斯特都不可挑战。

不过这也会使一些议员摆脱烦恼，主动保持无知，并自觉忠诚于权贵的理念。议员们在个人主义和自利主义这些流行的信条中能够获益。尽管他们应该对选民负责，但议员们在立法机构中的职位导致他们对私营企业更感兴趣。这些私营企业从权贵教义中受益很多，比如为公司和富有阶层降税、对私营企业开放公共服务以及取消监管等。一位工党后座议员私下对我说：“我想应该有两类议员，一类是投身公共服务事业的议员，这类议员知道他们在那里代表谁；另一类则把议员看作两届任期后去私营部门任职的跳板，只不过是一段在官方机构工作的经历。如今后一类议员的数量比前一类要多得多。”如此一来，我们也就明白议员们之所以支持这一秩序，是因为他们能够从中获得个人利益。如今政治精英和商业精英之间的界线模糊，两者已经彼此渗透，再把他们视作彼此隔离的世界已经越来越不合时宜了。

2012 年的一项调查研究显示，在新工党时代中期，英国最顶级的 50 家公司中，有 46% 拥有一个政治精英做头目或股东。这一数字高于所调查的 47 个其他国家，紧随其后的是意大利，但在意大利这一比例也只有 16%。英国这种公司和立法机构间的关联度竟然高达西欧国家平均水平的 6 倍、北欧国家的 10 倍。[20]英国商业和政治精英并非截然不同的存在，相反，他们相互缠绕得非常之深。由于政客人数几乎是商业人士的两倍，这也就难怪商业人士的利益诉求可以在威斯敏斯特得到充分表达了。

几乎没有人比大卫·米利班德更适合做暴利政客的代表了。许多政客和记者曾告诉我他的一个习惯，他跟人说话时总是越过肩膀瞅别人，满屋子找更有权力、更有用的人。在2010年他的不自重还并不为人熟知，因此他当时还假定自己能把工党领导权收入囊中。意外地被弟弟打败后，他拒绝了任何一线岗位。或许他成了英国政界一个非常愤怒的人。不过很清楚的是，继续做代表选区利益的政客不是他的优先选项。在2001年被“空降”为这一选区候选人之前，他与这个地区一点关系都没有。一般议员经常会到选民们中拉票，最少每周一次，即使没有选举也是如此。目的就是听一听选民的关切，并建立关于支持者的详细数据库。不过，直到2013年3月大卫·米利班德退出议员职位时，这位议员几乎从未到选民中去了解他们的观点和关切。[21]

相反，大卫·米利班德将他的精力主要倾注在建立骄人的商业投资上。全体议员需要通过“成员利益登记簿”登记他们的非议会收入，大卫·米利班德的条目读起来让人着实着迷。作为桑德兰联合足球俱乐部的副主席和非执行董事，他每年只需要为俱乐部工作12～15天就能拿到7.5万英镑。他给律师事务所和税务专家作演讲也会得到不菲的收入。卡梅伦·麦肯纳律师事务所为一场晚会演讲支付他1.4万英镑，而“全球弧”——一个养老基金、主权财富基金和资产管理网络公司也为他的一次演讲支付了同样的金额。自称向公司和政府官员提供建议的牛津分析公司邀请他工作了两天，就支付给他1.8万英镑。自称“引领投资者向能源、创新和效率投资”的优点资本（VantagePoint）公司请他工作四天，就向他支付了近10万英镑。他也并非只从公司那里拿好处。阿联酋独裁统治集团邀请他出席一场活动，就支付给他64 475英镑作为额外差旅费。从大卫·米利班德2010年党内败选到他离开下议院的两年半的时间里，他总共赚了大概100万英镑，这在后座议员中无疑是最高的。

在大卫·米利班德眼里，议会议员和前政府大臣的经历不过是一个跳板。他的职业为他提供了人脉和声望，使他对经济精英极具吸引力。不过在其他政客那里，这种与私营利益部门的关系几乎更为直白赤裸。拿曾经的左翼狂热分子帕特丽夏·休伊特来说，军情五处严重怀疑她是共产党的同情者。休伊特1981年曾支持社会主义者托尼·本争当工党副领袖的竞选活动。在那年的工党大会上，她背叛失利的前工党政府，要求由党内草根而不是“内阁大臣和公务员之类”来决定政策。[22]但是当政治风向明确之后，休伊特又向1983年的两位工党领袖候选人发去了完全相同的信函表示效忠，并寻求担任某一职位。已故工党左翼领袖托尼·本曾经表示，世上有两种政客，一种是指示牌，不管天气如何，他们都指向同一方向；另一种是风向标，指向跟随风向随时改变。休伊特是典型的后者。她在布莱尔政府期间担任过内阁中的许多职位，按说可以做一个坚定的布莱尔主义者。卫生大臣是休伊特最后一个大臣职位，她发现这一职位非常有利可图。

作为公共卫生服务体系的维护者，帕特丽夏·休伊特成为私营医疗公司做工作的对象，2007年因个人原因离开卫生大臣职位六个月后，她总算可以把资源变现了。2008年年初，跨国医药公司领导下的健康美容公司联合博姿——这家企业40%的收入来自与NHS的合同——任命休伊特为“特别顾问”，每小时向她支付300多英镑。私营股权投资公司盛峰（Cinven）从私营医疗巨头保珀那里买来 25 家私立医院，也拿出 5.5 万英镑的价码聘她做“特别顾问”，或者每工作一小时支付 500 英镑的薪酬。2010 年，休伊特不当议员三年后，保珀（Bupa）聘她做董事。这还没有结束。英国电信公司聘她做年薪 7.5 万英镑的非执行董事，当她不做议员之后给予她一个高级独立董事的职位，薪酬翻倍。正是基于自己做大臣的经历，她从公司那里赚了个盆满钵满。

这是一种肮脏的商业交易。2010 年 3 月，《星期日泰晤士报》（*Sunday Times*）和“第四频道”的记者给帕特丽夏·休伊特和她的两位前工党同事杰奥夫·胡恩和斯蒂芬·拜尔斯下了一个大大的圈套。他们偷偷录制明显支持为金钱而游说的视频。拜尔斯将自己描述为“一种等待接客的出租车”，表示他通常每天的雇佣费用在 3000 到 5000 英镑之间。作为前大臣，胡恩说政客们可以“打开门”，宣称他自己“迫切期待把自己国际化的知识和人脉变现为可以公开挣钱的东西”。很难得的巧合是，他们三个人都是坚定的布莱尔主义者，换言之，都是权贵理念坚定不移的支持者。三个人都支持对富人和公司有利的政策，例如低税收、私有化等，他们也都从这些政策中捞得私利。

作为惩罚，这三人被暂停了在工党议会党团的资格，2010 年大选时取消了他们的议员资格，但这一插曲却表明，这些有权势的人即使“失宠”后，仍然可以活得很好。2005 年，杰奥夫·胡恩作为国防大臣给予军工巨头阿古斯塔·韦斯特兰（Agusta Westland）一个 17 亿英镑的合同，购买新一代直升机，这件事情当时引起了不少争议。因为当时他们没有让其他公司提供报价。胡恩显然是把这个项目直接送给了阿古斯塔公司，这家军工企业的客户包括一些践踏人权的独裁者。2011年，胡恩被任命为这家公司国际业务的总经理。在Youtube上有一段胡恩代表公司发言的视频，视频中他对着提词器吹嘘他们公司如何能够针对各种需求提供直升机解决方案。伊恩·普里查德是反对军火贸易阵营的研究协调员，他说起政客和军工企业之间的关系说："这简直太合适了……他们知道这一产业存在很多工作机会，不管是有意识的还是无意识的，他们都没有理由破坏这一产业。"

至少来说，这种政治界和企业界的旋转门非常活跃。阿兰·米尔本是托尼·布莱尔的另一位亲密盟友，也是自一开始就支持新工党计划的人。像帕特丽夏·休伊特一样，他也担任过卫生大臣，并且强烈主张私营部门更大程度地参与到NHS之中。2003年他因家庭原因下台，随后他每年能从桥点资本（Bridgepoint）那里拿3万英镑的咨询费，桥点资本是一家重点做私立医疗机构业务的私募股权投资集团。米尔本后来成为该公司的欧洲咨询委员会主席。桥点公司的一项重要举措就是并购"医护英国"。这家公司在2010年后保守党政府推行的NHS私有化进程中得到繁荣发展。其他与私营卫生业务有关联的公司也都渴望购买米尔本的专业知识，比如，劳埃德医药集团每年支付给他3万英镑，此外还包括肾脏病治疗公司德瑞医疗（Diaverum）等。甚至百事可乐也想从米尔本身上获点利，每年支付他2.5万英镑，请其帮助在国际上宣传软饮的健康形象。

NHS的私有化令人沮丧地成为许多立法者有利可图的一次冒险。这其中也包括起初建立这套体系的那个政党的成员。《每日镜报》的一项调查显示，不少于40名同行能在政策中获得"金融"利益。包括前托利党卫生大臣和保珀董事弗吉尼亚·博顿利。工党同僚和前卫生大臣华纳勋爵为澄清他对托利党政府倡议的支持，专门在报纸上发了一篇文章，然而，在这篇文章中，华纳并未披露他为私营企业工作并从 Xansa 技术公司、Byotrol 抗菌公司那里获取收益的事实。这些公司都向 NHS 出售服务。2014 年 3 月，华纳勋爵与前文所提的右翼智库“改革”共同发布了一份报告，主张 NHS 的会员每月应缴 10 英镑的费用。[23]

大卫·布伦基特是另一位由左翼狂热分子转化而来的布莱尔主义的忠实拥趸，他曾是颇具独裁色彩的布莱尔政府内政大臣，2005 年因未能说清其在一家公司里的管理职位而被逐出内阁。尽管如此，他在后座的席位仍然可以确保他的产业蓬勃发展。在政府内工作时，布伦基特就倡导把大块的国家福利转移到私营企业手中，因此他最终为丑闻缠身的 A4e 公司工作也没什么可大惊小怪的。这家社会福利公司依靠政府资金过活，其头目因用纳税人的投资利润为自己支付几百万英镑的事情败露而被迫辞职。类似地，默多克的媒体帝国在戈登·布朗政府之前也是布莱尔时代的坚定同盟。但这并未冲击布伦基特的职业决策。甚至在电话窃听事件被《世界新闻报》报道后，《卫报》还报道说大卫·布伦基特与母公司新闻国际集团（News International）续签了合同，担任公司“社会责任”顾问一职，每年能拿近 5 万英镑。

布伦基特并不感觉有丝毫不妥。在他的议会办公室见到他时，我很难不立即被他的魅力所震撼。布伦基特坐在沙发上，时不时抚摸一下坐在他脚上的导盲犬。他克服自身残疾积极参与政治生活的事迹广受敬重。他言谈举止很幽默，但也颇具戒心。当我问到他那广泛的公司关系网络时，他搬出了他卑微的出身，以及他所经历的“难以忍受的贫穷”，以此为自己辩护。他说：“我的生活并不光鲜，但我过得很舒服。”“当我十几岁时，毫不夸张地说，我们曾连续好几天待在屋里，只靠面包和水过活。因为我父亲在一次工伤事故中身亡；我母亲花了两年的时间才拿到补偿金。我深受那件事情的影响，从而坚定地认为贫穷中不可能有美妙的事情，也不会令人尊重。那个年代一去不复返了，而我也不会想回去。因此，这就存在一些矛盾和张力，你经常处于自我欺骗的危险之中，有时你其实是在追逐私利，但仍会认为自己正在做好事。”这个基本的道理不太容易获得太多公众的同情。毕竟，一位后座议员仅薪水就大约是英国中等收入者的三倍之多。

彼得·曼德尔森曾是青年共产主义联盟的成员，后来成为新工党计划的关键推动力量。他的著名言论是：“只要他们交税，对一些人变得富有大可不必紧张。”许多富人和公司实际做不到这一点。变得“极其富有”对曼德尔森勋爵而言已经是一个已经实现了的雄心壮志。他成为拉扎德国际公司的金融咨询委员会主席，并且通过提供咨询服务，从可口可乐、劳埃德银行这样的公司获得大量报酬。他冒险发起成立了“全球咨询”（Global Counsel），这是一家神秘的国际咨询公司，2011 年他发出一封招徕生意的信，承诺可以“更新和重新进行品牌设计”（他声称自己当年打造了新工党），承诺可以“为大公司寻找新的聚焦点从而实现新的目标”（他强调自己曾连续在几届政府任职）等。[24]他的客户包括石油巨头英国石油公司，博彩公司必发（BetFair），受到绿色和平组织冲击的包装公司亚洲浆纸（Asia Pulp and Paper），以及破坏了印度尼西亚雨林的一些其他公司。[25]

在埃及 2011 年春天那场革命之前，曼德尔森已经与胡斯尼·穆巴拉克政府接触，并提供相关服务。[26]据报道他与哈萨克斯坦关系密切。2010 年，曼德尔森参加了哈萨克斯坦主权财富基金组织的两次活动，其中一次还是在哈萨克斯坦国内。不过新工党的“教父”托尼·布莱尔本人是从与哈萨克斯坦总统努尔苏丹·纳扎尔巴耶夫的关系中获利最多的。布莱尔过去曾把人权记录作为英国进行军事干预的正当理由，而自2011年以来他却通过为哈萨克斯坦提供咨询服务获得每年1300万美元的报酬。据称，哈萨克斯坦反对党领导人阿米尔赞·科索诺夫抱怨说，自打布莱尔从哈萨克斯坦拿工资以来，他们的状况实际变得更糟糕了。[27]

在积累这些丰厚利润的过程中，布莱尔充分利用了曾经的首相职位给他带来的国际声望和人脉资源。除哈萨克斯坦外，据说，托尼·布莱尔的助手们通过为科威特独裁统治者提供一份政策报告就拿到了100万英镑。韩国石油企业UI能源公司也从布莱尔这里购买咨询服务，这家公司在布莱尔参与入侵伊拉克后在该国争取到大量商业利益。华尔街投资银行摩根大通为他的咨询服务支付250万英镑。布莱尔的妻子切丽也从她丈夫的首相职位中获益。她合作建立了一家私募股权公司，没错，这家公司也向私营医疗行业投资，计划在全英国建立100家私营健康中心。

毫无疑问，所有这些都是合法的。前首相与滥用人权的独裁者建有商业联系并从中受益，这看起来令人深感不快，尽管法律并未禁止这么做。不过，了解政治领域和公司领域间边界的可渗透性，对于理解公司精英对英国民主的束缚是非常关键的。

塔马辛·凯夫是英国新闻误导调查部（SpinWatch）的主人，他将企业精英的战略描述为“我要向立法者投资，我要帮助你摆脱困境，我要支持你的政策。我要给你一个发展自己的平台。你想离开时我甚至可以给你提供就业岗位。我当然会是令人感兴趣的，也是用心的。我将为你提供有用信息。我将给你所有这一切。”没错，政府官员没有给予回报的义务。但是，这一做法就把政客绑到了公司权力网络之中。绿党议员卡洛琳·卢卡斯表示，“我坐在那个地方，感觉好像商业巨头与政府中的顶层关键人物之间建有非常良好的关系。”“所谓‘旋转门’，其实就是商业圈对政策圈产生影响的重要渠道。”正像卢卡斯所担忧的，她的同僚们已经“自愿将这些权力给了公司，并进而为这些公司攫取利益提供便利”。

通过为与他们传统价值观相冲突的公司提供服务，新工党的重要人物最终富了自己。新工党政客在掌握政权时拥抱权贵派政治学，赞美自由市场、商业和公司的益处。一旦离开权力，哪怕是以不光彩的形式离开，他们就将获得来自经济精英们的许多合约，因为这些政客曾为他们的利益奔走呼喊。卫生大臣们变成私营医疗公司的雇佣兵，国防大臣最终成为军工大亨们的门客。思想先锋们过去所阐述的那套意识形态如今变本加厉：这是一个致富方案。撒切尔关于新工党本质上信仰小钱儿的说法还真是难以辩驳。

即使在执政联盟还没掌握权力时，新工党的一些领导人就已经开始着手淘金行动了。大卫·卡梅伦的前数字战略顾问乔纳森·勒夫离开唐宁街后去了万卡，如前文所言，这是一家合法的高利贷公司，利用英国通货紧缩背景下许多人面临的融资难来赚钱。同时，参议员保守党领导人希尔勋爵是游说公司奎勒顾问（Quiller Consultants）的创始人，该公司代表为数众多的靠盘剥纳税人过活的私营企业的利益。比如丑闻缠身的社会福利公司 A4e，以及阿联酋独裁统治者这样的外国寡头等。作为英国内阁中的一员，希尔勋爵支持将公立学校操场卖给特斯科（TESCO）的提案，尽管这项提案当时遭到教育部门的激烈反对，原因就在于特斯科是他的一个客户。[28] 2014 年 10 月，希尔勋爵被任命为英国欧盟金融服务专员。据监管机构“欧洲企业气象台”（CEO）指出，伦敦金融城对于希尔勋爵的这一任命极其兴奋，为他“在该领域的专业知识及对金融城的了解”而欢呼。巧合的是，这家公司和汇丰银行都是奎勒顾问的老客户。“欧洲企业气象台”明确表示，欧洲议会议员们应该阻止对希尔的任命。然而，他们的建议并未受到重视。[29]

政客们成为财富的天然拥护者不仅是意识形态和人的自利性使然。他们把大量时间花在企业和专业化的老练游说团队身上。政客们有着相似的出身背景，不断听工商企业把自己的故事说得颇具说服力和吸引力，但却很少有机会听到对英国工商企业的批评。这最终只能强化政客们的信念，并代表工商企业的利益做事。在联盟政府执政的前 15 个月里，企业代表与政府大臣见面次数达 1537 次，这一数字还不包括包含有关键工商企业的几百场圆桌会议。另外，联盟代表与大臣们见面的次数只有寥寥的 130 次。这些还只是记录在案的，更何况这类会见也会经常秘密进行，没有记录，也没有监督。[30]在 2012 年托利党大会上，合法高利贷公司万卡和其他公司高管每人支付了 1250 英镑，目的就是与政府大臣见面，争取对商业有利的理念和政策。我与特立独行的托利党议员道格拉斯・卡斯韦尔在议会咖啡馆会面时，他与各桌上坐着的议员和大臣们一一挥手致意，这些人好像与面带微笑且一看就很圆滑的男男女女们在窃窃私语着什么。他说：“看看你周围吧，看看有多少人在这儿游说。”

塔马辛・凯夫解释说：“你见到了这些游说机构，其实只占整个游说产业的 1/4。这一产业的大部分在公司内部上班。因此特斯科有一个约六人组成的专业游说团队，但他们有大量的公司信息团队负责搜集反馈信息。”根据相关估计，游说产业产值能达到 19 亿英镑之多。[31]对企业而言，如果不是能得到实质性的回报，他们才不会随便撒出这么多的钱。凯夫解释说："如今很少有公司因不舍得花钱而不组建专门的游说团队。想想看，如果不是有资金回报，公司才不会做这样的事。"当然，策略是非常多元的。比如能够拿到一些个人资料和职务信息，当政府讨论相关政策理念时保证能很快得知，尽早介入政策制定过程以便拿到足够的政策杠杆，尽可能地拿到政府合同，等等。

2012年3月，当《星期日泰晤士报》称保守党财务主管彼得·克鲁达斯为高级政客的权钱交易提供渠道时，游说被炒热推高到议事日程。后来又有消息透露说，克鲁达斯是被媒体诽谤的（截稿时正在上诉），他也获得了高额赔偿，不过这一案例仍然提供了采取行动的动力。当执政联盟2013年引进透明游说、非正当性竞选活动和政府法案时，人们认为这是为了应对可疑的游说活动。但是，这一立法实际说明了私人游说活动有多成功，并且暴露了政客们天然袒护私利的本质。这项游说法案彻底忽视了95%的此类行为。游说活动人士为批评政府政策将其称为"阻止法案"。他们称，如今，一个组织如果为所谓"非政党性竞选方案"在英格兰花费超过5000英镑，在苏格兰和威尔士花费2000英镑，它就会被强制向竞选委员会登记。慈善机构、工会以及竞选机构会被纠缠进极其耗费时间的官僚科层制的噩梦，促使他们对所有支出进行说明。之前，这类非政府组织在大选之前的一年里会花费98.9万英镑，如今这一数字降到了39万英镑，而且包括了从员工成本到公共会议成本的所有花费。但是，"非政党性竞选"的定义太模糊了，这个概念似乎包含了所有大小问题，从呼吁为治疗癌症投入更多资源，到应对经济适用房（可支付住宅）危机等不一而足。

慈善机构受托人一般会害怕任何跟法律沾边的事情。他们不得不遵守非常严格的法律规定。[32]他们也会停止那些监督权力的活动。工会联盟表示这会使他们举办2014年年会或在大选年组织示威游行变成刑事犯罪行为。由于担心政治博客会受这一法案的影响，右翼的圭多·福克斯博客站出来表示反对。英国医学协会称："如果法案获得通过，其影响将是极其令人不安的，尤其是，人们会担心这对自由表达权会意味着什么。"[33]

哈瑞斯勋爵在上议院中带头反对这一法案，他表示："如今所有形式的咨询都不复存在了，包括关于福利和竞选的咨询活动。""慈善机构和竞选组织是民主体制的关键特征，因为人们对政党漠不关心，这些机构让可以组织竞选活动，问候选人相关问题，因此任何影响我们这一基本民主架构的立法，都是对宪政的彻底改变。"这一法案很大程度上把私营部门的游说活动排除掉了，因此受到那些可能被消声的权贵们的激烈批评。

同样的原则也被用到了对工会的无情攻击上。工会与缺乏监管的公司利益形成鲜明对比。尽管政党领导层在西方国家保持着最严格的反工会法，承诺坚决削减公共领域工人工资，承诺大选胜利后至少一年内会维持保守党紧缩开支的计划，但关于工党是工会资助者囊中之物的说法一直不绝于耳。英国最大的工会——联合工会的领导人伦恩·麦克拉斯基成为核心的可怕的人。麦克拉斯基怎么看也是一个权贵阶层。他是一个骄傲的利物浦人，罕见地不蓄胡子，仪表堂堂，他在政治集会上慷慨激昂的演讲经常让忠实的信徒们听得热血沸腾，而他私下里的举止则是非常沉着和自省的。

"那毫无疑问是一场精心策划的攻击，我想所有人都能看清这一点。"麦克拉斯基慢声细语却难掩心中愤怒地说。他所指的就是大卫·卡梅伦的持续谴责。他说，自从1984～1985年煤矿工人大罢工和针对矿工工会领导人阿瑟·斯卡吉尔的攻击以来，还没有一位首相如此无情地谴责一位工会领导人。“从我们获得的信息可以清楚地知道，他们已经认定工会就是一种恶魔、内敌、妖怪，他们想劈头盖脸地攻击米利班德。”伴随着工党领导人面对此等攻击产生的恐惧，他们获得了竞选的胜利。毫无疑问，保守党和他们的媒体盟友们利用工党与工会之间的联系，把工党领导层说成不受欢迎的、潜在的激进势力。不过像艾德·米利班德这样的工党高层人物也会把针对联合工会的攻击视为合法。这再次说明了他们所拥有的一种共同心理。由于工党领导层没能挑战权贵的信条，工会得到了一个新的政治角色。“似乎成为默认的，联合工会和我本人都被视为一种领导角色，提供一种不同的声音，因为政治上的不同声音已经不复存在了。”麦克拉斯基如此解释道。

多年来，工党核心领导层经常把最受欢迎的候选人投放到他们很少踏入的选区，为的是尽可能地争取选票。不过，这并没有起到多大作用。当工会卷入之后，政治精英就会紧密团结在一起。当福尔柯克的工党议员埃里克·乔伊斯 2012 年 2 月因拳打和头撞其他三位议员而被逐出工党时，联合工会被指责为了将他替下而在遴选过程中操纵选票。但是，当苏格兰警方介入此事时，他们没有发现任何犯罪行为，调查因而终止。BBC 第四台的一项调查也没有找到任何玩忽职守的证据。但是，真相是什么并不重要，这不会影响权贵的反工会运动。大卫·卡梅伦称，联合工会的行为就是一桩“丑闻”。工党当时的影子国防大臣吉姆·墨菲表示，工会已经“超越了限度”。《每日邮报》和《星期日泰晤士报》谴责“操纵选票”和“结伙闹事”行为，要求米利班德采取行动。面对持续不断的攻击，工党领导人承诺对本党与联合工会的联系展开一场彻底排查，此举引发了工党有史以来最大的合法性危机。麦克拉斯基表示："那时所发生的一切，简直就是右翼编排好的歇斯底里的癔症，但不幸的是，工党领导层和一些部门也在那里跟着煽风点火。"

随后是另外一场来自政治精英的集中攻击。2013 年秋，联合工会卷入一场与苏格兰格兰杰默斯炼油厂所有者的争论，该厂雇佣了上千名工人。该炼油厂的发展前景受到收益最大的所有者英力士集团（INEOS）主席和首席执行官吉姆·拉特克利夫的威胁。因为税务方面的原因，拉特克利夫的公司当时已经从海外重新选择了厂址。这家公司要求工人接受更低的收入和更恶劣的工作条件等。格兰杰默斯当时确实面临市场压力，但是因为总营业额中只有 17% 用在劳工待遇上，工资津贴本是不成问题的。在谈判过程中，拉特克利夫禁止了工会官员史蒂芬·迪恩斯（他同时也是法尔科克工党主席）继续参与，理由是他与这场"选举斗争"有牵连。谈判陷入一片混乱，联合工会威胁要组织罢工。英力士要求工会以自己的方式彻底投降，否则就关停炼油厂。那样的话，将难以避免一场灾难，不但工人们的生活会受到毁灭性的影响，苏格兰经济也会遭受巨大影响。麦克拉斯基声称，"代表劳动者利益没有什么丢人的"，但是联合工会最终选择了投降。他承认："毫无疑问，资本赤裸裸地操纵权力，暴露并证明了产业领域的竞技是多么不平衡。"

这其实是一个逃税的故事。吉姆·拉特克利夫坐在他那价值 1.3 亿的舒适游艇上，能够轻易决定几千工人的命运、工人群体的命运，甚至整个国家的命运。联合工会受到新一轮的猛烈攻击。大卫·卡梅伦把联合工会比作意大利黑手党，将他们描述为"恶霸"，他们在公司管理者门外组织抗议活动，反对可能导致几千工人失业的计划。皇室法律顾问布鲁斯·卡尔领导开展了一场针对联合工会的官方调查行动，联合工会指责卡尔“过去几年一直是一位持反工会立场的律师”，此项调查的目的就是进一步加强反对工会的相关法律。

这便是政治秩序的概况勾勒。主流政客已经被原本属于思想先锋梦想的政策彻底改变了。商业精英群体中弥漫并强化着一种贪婪的心态，如今这种心态也已经污染了政治精英。政客们变成了明目张胆的说客，他们在威斯敏斯特内外为私人利益积极活动。那些对现状持批评态度的人则经常遭到无情的审查和攻击。

当今的政治秩序似乎不许面对什么真正的挑战。对政客的信任只是非常低水平的，调查机构益普索·莫里（IPSOS MORI）的一项调查显示，50%以上的英国人认为议员们首先考虑的是他们自己的利益，72%的受访者不相信议员会说真话，65%认为至少一半的议员利用手中的权力牟取私利。[34]“所有人都知道，人们痛恨政客”，以前是电视台主持人，后来成为工党影子大臣的格洛丽亚·德·皮耶罗在下议院一间非常嘈杂的咖啡厅里对我说，当时恰逢从大臣到行政秘书等政治精英们用午餐的时间。皮耶罗的举止与其他政客有很大不同。她带有浓重的约克郡口音，平易近人，且爱拉家常。自从当选以来，她到各地与投票人会面，试图搞清为什么政客们如此不受欢迎。“各个人群反映的情况基本相似。他们认为大部分政客是为自身私利而工作，尽管他们有时对此持宽容态度，如果他们有一位好的议员，他们会说，‘他们一切都好。’”但是，总体而言，投票人还是倾向于把政客与冷漠的词汇联系到一起。“骗子、傲慢、他们和我们、只顾自己——这实在有些糟糕。”这种对当选政客的普遍性蔑视，是对英国民主现状的一种控告，不过这种广泛的批评很大程度上反映在对政治的低参与度上。比如，民众投票率由1992年的77.6%下降到2010年的65.1%，各政党的党员数也在不断下降。

英国的政治生活仍然笼罩在令人窒息的意识形态管控之下。为富人减税、变卖公共财产、削弱政府参与度、削减公共安全开支、削弱工会，这些政策都被主流政治、政治“中间地带”眼都不眨地通过了。只有那些无法当选的和极端主义者对此持有不同看法，但他们根本进不了主流政治圈。那些被认为消息闭塞的人，那些哪怕非常温和地偏离权贵想法的人，都会被诬蔑、被描绘为突破了政治辩论的合法边界。那些政治共识的坚定支持者们其实是这一制度的利益攸关者。政治和财富精英并非彼此隔离的群体，相反，两个圈子之间有很大的交叉。

强化权贵理念的当然不只是政客这一个群体。按说，在任何运行良好的民主体制中，媒体应该是现状的批判者和挑战者。但实际情况是，权贵阶层几乎想不出比媒体更有效的游说工具了。

# / 第三章　媒体“民主” /

理查德·佩皮亚特对英国媒体的黑暗面了解得一清二楚。我们是在苏活区中心喧闹的酒吧里会面的。几杯啤酒下肚后，年近三十岁的理查德回忆起他小时候的雄心壮志。他小时候想成为一名记者，在他脑海中像《卫报》这样的地方应该属于牛津剑桥的精英们，像他这样工人阶级家庭出来的男孩不会有立足之地。幸运的是，2008年他在《每日星报》（*Daily Star*）谋得了一个职位。虽然这或许不是他最青睐的报纸，但佩皮亚特已经跨过了媒体界“平民勿入”的障碍，成功打进了媒体圈。

“我想，好吧，我不再在乎了，那只不过是攀爬的梯子而已。”他回忆说：“我在那里干了两年半，我在《每日星报》工作，几乎忘掉了自己此前的原则，只是一味地向前走，‘如今这是你的工作，你私下里可以相信自己所相信的，但在工作时间，你不能坚持。他们让你写什么你就得写什么，如果你不写，那你就会被臭骂一顿。’”

在《每日星报》工作应该是有趣的。那里会有一些额外的收获，比如经常会被邀请参加各类庆祝晚会等。但是，他逐渐认识到，他身处的媒体阵营，是把读者的愤怒转移到替罪羊的身上。他会进入新闻编辑部，被要求写一条关于《穆斯林做了一、二、三，你需要认识到这一事实》，“他们实际并没有做那些事情，不是吗？”寻求政治庇护的人是非常好的替罪羊。有一次，《每日星报》派他追踪从索马里内战逃离的一个家庭，这个家庭被安置在切尔西镇的一个有五间卧室的屋子里。佩皮亚特与其他记者一起蹲守在屋子外面。“我记得到我第二天进办公室之前，这家人没有人走出那间屋子，而一个新闻编辑把我叫过去，打开一份《太阳报》说，‘看，他们已经引用那位父亲的一些话，那位父亲说我不管，我能拿什么就拿什么’，我说，‘但是他根本都没有出过那个房子，他从未那么说过，我一整天都待在那儿的’。那位编辑告诉我，‘他说没说根本都不重要，重要的是你需要变得更聪明一点。’”

佩皮亚特逐渐发现，这类报道有一种固定的模式。“一些人经常被认为是社会问题的制造者，”他说，“对我而言，这会阻止你去追问许多社会问题的真正根源。你只能照做，‘又是那些血腥的移民，又是那些血腥的穆斯林。’他们不会让你问类似‘这是真的吗？’这样的问题。实际上，读者们对我们的社会体系是有一些关注点的。”这一工作变得令人难以忍受。他用酒精来消解失望情绪。“我强烈地感觉已经出卖了自己，我讨厌自己当时所做的事情。”

最后，佩皮亚特认为自己应该做些什么。在多半瓶杰克丹尼威士忌的帮助下，他给《每日星报》的老板理查德·戴斯蒙德写了一封言辞激烈的公开信。他的手指在发送键上迟疑不决，因为他知道，一旦敲下去，自己的生活将因此而改变，他很可能将面临失业。他的这封信 2011 年 3 月公开发表，受到了广泛关注，但佩皮亚特却不得不承受此事带来的后果。他接到过死亡威胁，包括曾经接二连三地接到电话和短信，每十分钟一次，显示为不同的号码。其中一条信息说：“我们已经盯上你了，直到你死为止，我们正去找你，我就在你家门外。”他的女友被吓得搬出去住了，他在两个月的时间里都把棒球棒倚放到房门处。有一次，一个男的甚至在电话里发出淫荡的声音。这些施害者都是些臭名昭著的怪胎，一些媒体组织雇他们做各种不道德的事情。这看起来像是恐吓佩皮亚特闭嘴的。

米歇尔·斯塔尼斯特里特对如何与寻找替罪羊的媒体权贵作斗争可谓了如指掌。如今她已是英国记者协会的秘书长。她向我讲述了她当年在《每日快报》的经历。“2001 年，我们认为那些拿避难者说事儿的报道有问题，”她说，“我们把这家报纸投诉到了报业投诉委员会。我们自己的编辑当时正是报业投诉委员会的成员，所以我们从报业投诉委员会前主席克里斯托弗·梅耶那里得到了一个非常荒谬的反馈。他说他不相信那是个问题，他不相信记者们是迫于压力才写这些东西的。”在另一案例中，她的一些同事把自己的报纸投诉到报业投诉委员会，原因是对吉普赛人的攻击。她的同事们再次无功而返。不过，曾经有一次，记者们因厌恶一张以“天天法特瓦”为题的带有嘲弄穆斯林色彩的恶搞封面走上街去，这几乎是这家报纸前所未有的运动。经过一场有组织的对峙，编者们最后撤下了这一封面。

佩皮亚特和斯塔尼斯特里特的经历很能说明媒体界中流行的那种欺诈和创造神话的文化。媒体并不是向受众提供英国社会的真实场景，而是专注于猎取极端案例，这些案例能够被用来制造偏见和不安全感，通过这样做，就能够与政治共识一起“作战”了。报纸经常引用政党关于社会保障问题的咒语：纳税人正为那些不负责任的懒汉们买单。2010 年 8 月，保守党领导的联合政府掌权三个月后，《太阳报》发起了一场运动，号召读者“帮助我们停止向乞讨者发放 15 亿英镑的救济金”，把领救济金的人们（一般都是多子女家庭）描述为乞丐，以此来夸大政府的支持力度。《每日邮报》描述了一个故事，关于一对夫妇想为自己的孩子和宠物蟒蛇要一间更大的房子的故事。《星期日邮报》写道，“我们应终结那种不劳而获的文化”，并伴有一幅《无耻之徒》中加拉格尔家族虚构“乞丐”的画像，就好像他们在某种程度上代表现实生活似的。这篇报道甚至还引用一位白厅官员的话，把这种援助机制称为可预见的，

“如果我们想要他们跳踢踏舞，他们就会跳踢踏舞”。

这些报道让选民们对真实情况一无所知。2013 年 1 月“舆观”的一项调查显示，平均来看，人们估计 27% 的社会保障是虚假认领，而 0.7% 是真实的数据；41% 的社会保障由失业者承担，他们中只有 3% 得到求职者津贴；实际救济金远没有宣传得那么慷慨；人们要求他们做的比他们要求做的更多。[1]另一项调查发现，29% 的人认为，纳税人的钱中，用来支付求职者津贴的要多于用来支付养老金的，但实际情况是，政府在养老金上的支出是救济金支出的 15 倍之多。因此，那些真正了解真实数据的人根本不会去支持削减社会保障开支。这反过来也表明，通过故意无视和掩盖真实情况，他们能够捞取到多少政治资本。

其他调查数据印证了媒体报道在多大程度上导致公众印象与事实严重偏离。最近，益普索·莫里的一项调查发现，英国人认为十几岁女生怀孕率是官方公布的数据的 25 倍；认为英国 24% 的人口是穆斯林，虽然在英格兰和威尔士只有 5%；认为 31% 的人口是外来移民，而实际数字大概是 13% 到 15% 之间。[2]

媒体在英国权贵中扮演了非常关键的角色。通过把火力集中到底层民众身上（经常通过失真的、虚构的和完全虚假的报道来做到这一点），他们将监督从高层有权有势者身上转移开。媒体所有者是精英群体的一部分，对现状有着意识形态层面的认同，因此所有这些都没有什么好奇怪的。媒体的所有者和运行方式决定了：今天大部分媒体都成了维护有权有势者利益的捍卫者。

那是英国一代人里最为紧凑的一场竞选活动。1992 年 4 月，在选举持续失利 13 年后，工党及其领导人尼尔·金诺克差点从撒切尔继任者约翰·梅杰领导的保守党那里接过政权。在这 13 年里，大量工人失业，工会力量严重削弱，公共财产被大量变卖。在正式投票前一周的4月2日，一项民调显示工党领先6个百分点。不过，与工党草根们迟缓的庆祝相伴随，英国媒体精英对工党获胜后的政策前景感到担忧。弗利特街在巩固撒切尔主义和破坏其对手问题上扮演了关键角色，之后弗利特街不希望1980年代的巨大成就有任何被剥夺掉。工党及其领导人受到英国战后政治史上最尖酸刻薄的挖苦。

在金诺克遭媒体捶打近1/4个世纪之后的一天，他与我在上议院的餐厅一起喝咖啡。他一直以来都支持废除上议院，而如今却作为上议院议员坐在那里。他那著名的姜黄色头发变得稀疏，而且变得灰白。不过他那嘶哑的威尔士口音依然如故。金诺克曾一度被抨击为“威尔士饶舌之人”，这很容易理解：如果能用一段话来解决问题，他很少会只说一句。尽管他说话比较啰嗦，但却很有说服力，也很有激情。不过他的回答充满怨气，不仅对右翼，而且也对工党及相关运动的成员。

在金诺克看来，这场运动绝对不是针对他自己的一场运动，而是一场针对“日益成功和具吸引力的工党”的运动。在共同作出不能让工党获胜的决定后，“除《每日镜报》外的小报编辑们在投票前的星期四聚到一起，”金诺克解释说：“他们决定协同作战，共同攻击工党。”两天后，《太阳报》《每日快报》《每日邮报》重新刊登托利党内政大臣肯尼斯·贝克早前的一篇讲话，号称工党计划实施一项对移民打开大门的政策。金诺克回忆说，《每日快报》甚至为关键的边缘席位免费发放了几千份报纸。“他们这么做，部分是针对我，”他说，“但从根本上来说是为了反对工党。反对一个他们认为可能获胜的工党。”正式选举当天，《太阳报》那声名狼藉的头版劝勉词写道："如果金诺克今天获胜，恳请最后一位离开英国的人别忘记关灯。"托利党在工党鼻子底下再次赢得选举，这家报纸在接下来的几天里欢欣鼓舞地吹嘘说："这是太阳（报）取得的胜利。"

当然也不仅仅是媒体的责任。工党领导人没能有效激励选民，同时，工党党内愚蠢的必胜主义者大选前夜在谢菲尔德举行集会也没起到什么好作用，金诺克兴奋地登上舞台高声大喊："我们取胜没有问题！"但是这一插曲也说明英国媒体的本质到底是什么。英国并没有真正的新闻自由，只有政府直接干预媒体的自由，这两者完全是两回事。相反，大部分主流媒体都是由为数不多的有政治动机的人所掌控，他们对媒体的掌控是政治权力最有效率的实现形式之一，也是对今日英国最具影响力的形式之一。政治辩论可接受条款被残酷无情地监督，尤其是被小报媒体监督。谁与这些小报有过节，谁就将面对来自新闻媒体的惩罚。换句话说，媒体其实是权贵的一根支柱，尽管许多记者不愿承认这一令人讨厌的事实。

安吉拉·伊格尔现在是工党影子内阁大臣。我与她在议会保得利大厦的咖啡馆里会面，那家咖啡馆挤满了大臣、后座议员、记者以及一些雄心勃勃的研究人员。她告诉我说："很显然那不是一家自由媒体，所有者们管控着媒体的意识形态，这些老板们的许多观点你我都无法赞同。我只希望这一点能够让更多的人有所了解。"

回到1992年，对金诺克和工党的严厉斥责，并不能简单证明对于1980年代的政策（这些政策帮助塑造了权贵体系）可能被颠覆的恐慌。在1970年代，思想先锋马德森·皮里曾用"反向棘轮"的比喻来扭转战后共识。如果工党1992年获胜，谁能确定工党不会对1980年代形成的权贵们做同样的事情？在金诺克领导工党的整个过程中，他都认为工党政府将削弱媒体的权力。1986年他曾提议引进美国关于限制国外资本掌控媒体的立法案，这一立法将立即取消美国公民鲁伯特·默多克对英国报纸的所有权。金诺克假笑着对我说：“那样一来，那些老板为了符合法律需求可能会改成英国国籍。”如果工党政府执政，“这类申请将会在内政部办公室里，积上厚厚的一层尘土。”他表示，正是因为这一点，默多克“不得不决定从敌对状态走向战争级别的攻击”。

汤姆·沃森身材魁梧，戴着眼镜，操着一口清晰可辨的西米德兰兹郡口音。对他而言，1980年代的斗争依然赫然耸现。我与他在他议会办公室见面时，他是工党选举的疏通者。不过2013年7月他写了一封质问“市场营销人员、游说人员以及特别顾问”的信函后选择了辞职。他长期以来被描述为一台政治机器，一位盲目忠诚于他的导师戈登·布朗的彪形大汉。他本人对这一形象强烈抵制。1983年，15岁的他加入工党。他说，工党那时“几乎是自取灭亡”。他当时看到的“战场”对左翼非常不利，“新入门的人接管了工党”，工党“已经变得超级务实主义”，目的是赢得选举“以更好实现我们所代表的民众的利益”。但是对媒体角色的认识让他重新修订了看法。“媒体报道与现实根本不符，”他说，“真实情况是，玛格丽特·撒切尔1981年与鲁伯特·默多克在首相别墅有一场秘密会见，他们在那里做了一笔交易，将《泰晤士报》《星期日泰晤士报》卖给默多克。”默多克向撒切尔简要介绍了他的计划，包括承担工会费用，以及削减25%的劳工等。这场会面后，撒切尔政府没有将默多克并购案提交给垄断与兼并调查委员会，否则该委员会可能早就阻止了这一并购行为，默多克也就无法成为英国最大的报业集团了。“这实际是向手握重权的媒体讨好，因为对政客而言，这样的媒体可以成人之美，也可以坏他们的事。”

在1980年代和1990年代早期，默多克新闻集团忠诚地维护撒切尔的工作，应付来自工党和工会的反对者，并将他们妖魔化。这是一种天然联姻。默多克是支持小政府理念的右翼主义的坚定支持者。不过，在1992年4月他帮助约翰·梅杰入主唐宁街10号后，托利党就出事了。在金诺克遭遇惨败仅仅几个月后，英国被驱逐出欧洲汇率机制，1992年9月16日这天是一个灾难性的日子，也就是所谓的“黑色星期三”。几十亿的英镑就这样凭空蒸发掉了，保守党的经济信誉被砸了个粉碎。梅杰首相日益混乱的内阁步履蹒跚，饱受从欧盟到大臣个人生活丑闻等各类危机的困扰。但是，关键的是，工党队伍中的变化正在继续进行。1994年5月，老派社会民主主义领导人约翰·史密斯溘然辞世后，其职位被右翼魅力型领导人托尼·布莱尔取代。布莱尔承诺废除工党的公有制这一历史性共识，同时他也承诺废除其他一些工党长期以来所坚守的原则。经过自我改变，新工党看起来不再对撒切尔主义的政治结构构成任何威胁。1995年7月，托利党成为全民笑柄，布莱尔飞到澳大利亚的海曼岛与鲁伯特·默多克会面，《太阳报》积极地为其摇旗呐喊，两个月后，工党赢得选举，获得政权。

金诺克意识到：“我所采取的措施伤到了托尼·布莱尔和戈登·布朗，而且让新工党狡辩老手阿拉斯泰尔·坎贝尔变得出离愤怒……因此他们想试一试，看是否能与敌对媒体和解，如今看来，他们做到了。”新工党政治精英都知道，获得《太阳报》的支持对他们赢得选举非常关键。

大卫·伍丁不是那种典型的《太阳报》记者。他出生于利物浦一个工人阶级家庭，而利物浦至今还不欢迎这家报纸进入。1989年

4月希尔斯堡惨案发生时，这家报纸散布传言，说有96名利物浦俱乐部球迷在事故中丧生。如今许多利物浦的报纸经销商仍然抵制《太阳报》，灾难发生前，这家报纸每天在利物浦的销量大概有55 000份，而如今销售量仅有当时的1/4。伍丁有点少白头，因在一场车祸中受伤而换了一只玻璃假眼，举止友善。1980年代，他与阿拉斯泰尔·坎贝尔一起工作，坎贝尔是一位支持工党的粗犷的家伙，当时是布莱尔把他从《每日镜报》挖过去的。1997年大选的那天晚上，坎贝尔喊伍丁到办公室时，作为《太阳报》的新闻记者，他正报道塞奇菲尔德议会选区的情况。“我问此次选举最大的转折点是什么，”伍丁回忆道，“他说，毫无疑问，最大的转折点就是《太阳报》转而支持我们。”

“我能理解布莱尔缓和外部敌意的欲求，”汤姆·沃森说，“要知道，那场运动是与《太阳报》之间的一场战争，或者说《太阳报》参加了针对这场运动的战争，所以我能理解他想与有权势的重要媒体人士建立良好个人关系的愿望。”沃森表现得很放松，他双手叉在脑后，身体微倾地坐在椅子上，但是他比别人更有理由对新工党和默多克之间的联盟叫苦不迭。2006年，他从托尼·布莱尔政府辞职，并迫使首相也随后下台。布莱尔当时非常愤怒，把沃森描绘为“不忠的、失礼的、错误的”，但在这一事件中，沃森的退出加速了布莱尔在2007年6月辞去工党领导人职务的决定。然而沃森坚信，布莱尔那位新闻国际集团的朋友为给布莱尔复仇而毁掉了自己的职业生涯。2009年，《太阳报》污蔑这位前国防大臣通过编造托利党人私生活故事来诽谤托利党的阴谋集团成员。这家报纸最终不得不为此向他支付诽谤赔偿费。

沃森的个人经历已经说明布莱尔与默多克帝国的关系有多深，

这已远远超越一般关系，而是一种非常紧密的联系。实际上，布莱尔最终将变成默多克家族的一部分。从首相职务上退下后，布莱尔被邀请做默多克一个孩子的教父，并身穿白袍出席这个孩子在约旦河岸边的受洗礼。“对于一位政客而言，与那样的人建有紧密的私人友谊关系，是一个根本性的错误。”沃森这样说。

默多克帝国之所以支持布莱尔的新工党，是因为他们相信，不管这个政党过去曾带来过什么样的威胁，现在威胁已经根除了。这部分来源于工党自身的努力，另一方面则因为托利党已毫无生机可言。不过，默多克也相信他将从新工党那里获得有价值的让步，他确实做到了。新工党执政后，新闻国际集团雇来劳森·卢卡斯·门德尔松做政治顾问，帮助缓解就业关系法案可能带来的影响。这是一项关于劳工权利的非常温和的法案。“他们通过游说成功创设了一项条款，禁止人们在新闻国际集团的沃平印刷厂集会，”汤姆·沃森表示，“他们已经把工会赶走，默多克不会允许他们再回来。”这一法案允许公司掌控的员工协会作为工会的替代品。默多克帝国操纵政治权力的方式是非常复杂的。人们无法逃脱这些有权势的危险野兽，这也意味着他们根本不需要直接施压。新工党政客在制定政策时尽量不会去招惹这些媒体巨人。沃森表示：“他们所施加的其实是一种极其微妙的压力，比如通过那些你不会关注的议题，或者通过制定事情优先级顺序等。”

在2003年入侵伊拉克前，新工党的施压变得极其狂热，他们向媒体提供类似萨达姆·侯赛因拥有大规模杀伤性武器等令人毛骨悚然的故事。最声名狼藉的例子是他们放出所谓“狡猾档案”，这是一份声称建立在高水平情报基础上的报道，但后来却表明这不过是从一系列信息来源中到处剽窃而成，其中有些还是剽窃自一位大学生的论文。尽管《每日镜报》《独立报》（*The Independent*）等报纸反对这场侵略，但媒体很大程度上忽视了对政府言论的监督检视。甚至自由主义的《观察者报》（*Observer*）也支持这场战争。默多克帝国对这场计划中的入侵更是给予近乎歇斯底里的慷慨支持。默多克在全世界的175家报纸都支持这场战争。媒体成为推动走向这场冲突的重要支柱。

一位著名的历史学家回忆起2003年在悉尼作家节的一个私人集会上的发言，“我所想到的是，战争会导致伊拉克解体，你或许能够取得军事上的压倒性胜利，但同时也将迅速失去和平。”一位默多克集团的高层人物立即站起来，在众多观众面前对他进行痛斥。“那一场景是可怕的，同时也是可笑的。”他回忆说，这一事件也让他进一步意识到默多克帝国对伊拉克战争是多么痴迷。他的解释是，默多克当年没能进入中国，因此把中东看作他旗下报纸和电视频道的潜在前沿阵地。而如果想做到这一点，必须有美国对这一地区进行重塑为前提。“如果默多克旗下报纸反对伊拉克战争，我想伊拉克战争应该就不会发生。”前工党外交大臣克里斯·布莱恩特这样说，尽管他当时也投票支持了这场侵略战争。

2007年6月，戈登·布朗取代布莱尔成为首相，他曾热切期望宣布启动一项针对伊拉克战争的调查，以显示他与前任的不同。但是，随即他遇到了来自各方面的压力，公务人员在他耳边窃窃私语说，英国军队至今还在伊拉克，这样做是不合适的；布莱尔主义议员则威胁说，如果那样做他们就会倒戈相向。在这个问题上，媒体再次扮演了关键角色。

达米安·麦克布莱德曾经是布朗的主要心腹之一。他从公务员做起，2003年成为财政部联络部门负责人，那时布朗还是财政大臣。两年后，他成为布朗的主要顾问之一，但2009年泄露出来一封他给工党前政治顾问德里克·德雷珀的邮件，该邮件暗示他们两人卷入了一场诽谤托利党重要政客的阴谋，这场阴谋甚至还散播有关这些政客私人生活和性生活的传言。

我预想的麦克布莱德应该是一位残暴的彪形大汉，应该是类似政治喜剧《幕后危机》（*The Thick of It*）里那种政治顾问的形象，对任何偏离政治策略的人准备好了一堆难以置信的脏话。但是在南伦敦一家酒吧与他见面时，我见到的却是一位温文尔雅、羞涩、脸色红润的男士，他非常坦率地讨论他以前的主人。在麦克布莱德看来，如果不是有所顾虑，布朗首相可能真的要宣布这项调查，"要不是担心媒体为维护布莱尔的路线及他们自己在伊拉克问题上的利益的反应，甚至担心引来针对他的攻击——为什么在军队还在战场上的时候就开展这样的调查。"

这项不对伊拉克战争展开调查的决定引发了潜在的、地震式的政治后果。2007年秋天，布朗即将宣布参加大选，然而他因遗产税问题被托利党前座议员打得乱了分寸，之后突然改变了主意。他领导的政府再也没有从这场灾难中缓过劲儿来。没有宣布对伊拉克战争开展调查也是一个影响因素。"伊拉克问题深受愤愤不平的选民指责，他们说'他执政以来什么也没有改变。'"麦克布莱德这样解释道。一些投票者在伊拉克问题上放弃工党转而支持自由民主党，把这场战争视为不再相信工党的重要理由之一。"2007年的判断导致了这样的影响。"

新工党治下的媒体大亨是如此重要，以至于布莱尔和布朗都亲自登门拜访，看上去就好像向皇家法庭致敬似的。麦克布莱德表示，记者和金融家是能让议长和大臣们登门拜访的仅有的两类人。这是媒体权力的一个“巨大表征”，要知道，戈登·布朗会毫不迟疑地“在车里略微整理一下着装就去《每日邮报》，坐下来与保罗·戴克主编座谈”。与此同时，其他产业的头目们则需要与布朗提前预定会面时间，他们的讨论也会被公务人员详细记录下来。这类会见被按部就班地设计好，在讨论完细节后，这些访客会得到这样的答复：“非常感谢介绍你们的想法，我们将认真考虑。”但跟媒体大亨在一块却不是这样。布朗会出去与他们共进晚餐，麦克布莱德表示，“你知道的，许多事情在那里可以解决”，在那里人们“一对一交流，没有公务人员听他们的对话”。这样的晚餐和会见可以规避任何形式的问责。天知道他们在推杯换盏间就达成了什么样的交易。

这种架构赋予了媒体大亨以巨大的政治影响力。麦克布莱德进一步澄清说：“我从未遇到过这样的情况——戈登走之前说一件事情是黑的，与鲁伯特·默多克会面回来后又说这件事情是白的。”不过，麦克布莱德同时承认，不用参与竞选的媒体大亨们的诉求，在很多情况下可以塑造选举制政府的政策。“很多情况下他或许处于‘关于此事我有两套想法’的状态，但当他与媒体大亨见面回来后就会说‘不，我们决不会那样做’，或者说‘我们一定要这样做’。这些政策中，有些是直接与他们的产业相关的，但有些也是普遍性质的。他会在某项具体政策上拿到巨大好处，因为有些人会游说他。”如此一来，媒体精英们的首要考量就逐渐成了政府的首要考量了。

媒体大亨为他们旗下的报纸定下政治基调，进而把这些报纸转化为非常有效的政治游说机器。媒体编辑们经常宣称他们只是简单地反映读者观点。2007 年《每日快报》编辑彼得·希尔被议会委员会问到他如何看待编辑的角色时，他回答道："我想我们应该为我们的读者说话，以我们所见的方式为英国人民说话。"[3]但是，根据麦克布莱德的观点，老板和编辑们私下都会向政客让步，不像读者想象的那样给政客制造麻烦，"当然这是我自己的观点"。《星期日太阳报》的大卫·伍丁在这一问题上也不谦虚："《太阳报》真的按照读者的意愿去支持一些人吗？我们是在跟着读者的想法走吗？还是说我们在试图影响读者的想法呢？毫无疑问《太阳报》确实在表达自己的观点，它有自己的一条准绳，并且坚持这一准绳。"

2010 年大选期间，只有 36% 的投票者倾向于支持托利党，但 71% 的报纸以通告形式支持大卫·卡梅伦的政党。2013 年，民调持续显示工党稳步领先，保守党总体只有可怜的 28% ~ 33% 的支持率。但大部分主流媒体报纸仍然坚持支持保守党政府，这其实就揭穿了他们所谓做英国公众的喉舌的谎言。虽然民调持续显示大部分英国公众希望铁路、能源和公共设施重新国有化，希望控制租金，希望引入最低工资制度，希望对富人加税，但没有任何主流报纸支持这类诉求。恰恰相反，媒体几乎完全赞同权贵们的政策和理念，并希望将这些政策和理念推广普及给民众。

避税的巴克莱兄弟是英国最富有的媒体人，他们通过《每日电讯报》获得强大的权力。当我访问这一传统保守主义报纸在伦敦维多利亚的总部时，我有点怀疑自己正在一个通往 1950 年代的时光隧道里穿行。尽管那开放式办公室体现着现代化风格；一排排穿着时尚、打扮靓丽的雇员在电脑前噼哩啪啦地敲打着键盘，其他一些则围在平板大屏幕前抿着拿铁咖啡，屏幕里播放着滚动新闻报道。我这个与报业人价值理念不同的人引起大家的极大兴趣，他们表情里带着奇怪和困惑。当时的副主编本尼迪克特·布罗根把我带到一间独立办公室，他戴着无框眼镜，黑色的眉毛与白色的头发形成鲜明对比。在我们的采访开始之前，他非常渴望再次确认我不是想来陷害他的。“新闻人不是公务员，”他表达自己的意见说，“他们是私人组合体，他们是商业化运作，因此更多是希望卖货挣钱。我想如果你坚持说那些拥有火车模型的人对火车模型没有发言权，那无疑是疯狂的。古往今来，关于报纸的这一事实被严重忽视了。报纸本就是用来逐利的，如果对这事儿不感兴趣，那些媒体的所有者们到底图个啥呢？”

布罗根拿火车模型做的类比很形象。这些报纸不过是他们老板手中的玩具罢了。“感兴趣”是一种比较文雅的说法，实际情况是那些媒体老板把报纸打上自己意识形态主张的印记，把自己的私人政治议程转化为公共权力议程。布罗根说：“如果一家报纸的观点与他们老板的观点格格不入，那才是令人惊讶的事情。”布罗根这种分析从侧面说明，报纸大亨通过保护有钱有权者的利益而获取自身利益。如果这是不可避免的，那么报纸报道在一定程度上反映的是他们老板的观点，英国的媒体也就成了富人利益的喉舌了。

克里斯多夫·赫德是一位经验丰富的记者。在为《经济学人》《星期日泰晤士报》等媒体工作之前，他是一个股票经纪人。“报纸的总体定位决定了其报道什么，”他解释说，“这些报纸由一些财产私有制的坚定信仰者掌控，这些人相信，完全的市场主导是公共选择的一种表达方式。”他们也希望记者们都遵循这些价值理念。赫德说：“除《卫报》外，英国所有报纸的老板都认为，如果你为他们工作，那就要按照他们的框架来写新闻。当然也有一些老板持保守右翼的观点或社会党观点，他们的员工也需要按照他们的框架写新闻。”

鲁伯特·默多克对关于他的权力问题非常开放。说到《太阳报》和《世界新闻报》，他把自己看作一个“传统的老板”，根据他2007年给上议院通讯委员会的一项证据显示，他掌控着《太阳报》和《世界新闻报》的编辑控制权。“默多克先生没有遮掩事实，他既掌握着经济主导权，也掌握着编辑主导权，”委员会备忘录这样写道，“他主要掌控重大事件的编辑控制权，比如在大选中支持哪个党、对欧洲持何种政策立场等。”他声称对《泰晤士报》和《星期日泰晤士报》不掌有这种权力，但他会给主编们打电话问“最近在做什么？”当默多克在电话那边时，我们很难想象他的主编们还会去做他不同意的事情。莱韦森调查机构2012年针对英国媒体开展了一项调查，默多克当时非常开放地表示：“如果你想判断我的想法，那就去看《太阳报》吧。”同样是在这项调查中，《世界新闻报》前主编丽贝卡·布鲁克斯解释说，她更倾向于做名人新闻，因为“基本上，尤其在重大问题上，我们有非常相似的观点”。她被默多克雇佣，明显是因为默多克知道丽贝卡能保证《世界新闻报》有效贯彻他自己的观点。

媒体老板并不是确保报纸与权贵保持一致的唯一因素。如今，媒体正越来越成为那些特权阶层的私家店。不那么富裕的人因多种原因被过滤掉，难以进入这个圈子。首先，无薪实习在媒体行业变得越来越普遍，这一设置要求立志做记者的人们免费工作很长一段时间，并且往往最终还很难获得一份正式工作。总体来说，只有那些靠父母资助的人可以承受这样的盘剥，尤其是在伦敦这个全世界物价最贵的城市。其次，还有一个障碍因素是研究生花费越来越高，而研究生学历如今往往是进入这一行的先决条件。“20 年前，参加工作后他们会教你很多东西，”《新政治家》杂志副主编海伦·刘易斯说，“但如今他们已经把这些内容转嫁到新闻系学生的身上，他们需要自己掏钱参加培训，然后仍然只能找到一份 1.5 万英镑的糟糕工作，这其中有 9000 英镑实际是他们自己的投入。”地方报纸曾经为工人阶级出身的立志成为记者的孩子提供了一个入口，他们为那些有志向但缺钱的人提供有薪酬的学徒期。不过这样的报纸越来越不景气。2013 年他们的全年发行量下降了 3%。[4]

如今记者已经成为一个极受欢迎的职业，这也带来了围绕越来越少的岗位展开的竞争。“应届及在读的大学生想进入媒体成为记者的比例达到了令人吃惊的程度，”本尼德克特·布罗根说，“过去 30 年里发生了显著的变化，记者已经成为一个越来越受欢迎的职业。”根据 2014 年的一份政府报告，在 100 位顶级媒体人士中，有 54% 上的是私立学校。要知道，在英国只有 7% 的学生有机会接受私立学校教育。[5]我们很少见到非白人的高级记者，女性代表也严重不足。“这是一个老问题，当你初入记者行业时，你有一半的同事是女性，但随后女性的流失率高得难以想象。”海伦·刘易斯这样说。她很大程度上将这一现象归结为记者行业的非正常作息时间。她的男性同事比女性同事更能接受陪孩子时间少的问题，“随着职位的升高，女性的数量越来越少。”

《星期日镜报》政治主编文森特·莫斯在经常出没于下议院大堂的政治记者中算是一个特例。“我去了苏塞克斯那个可能会被阿拉斯泰尔·坎贝尔称作‘完全没有新意’的地方，”他解释说，“在那些政治编辑中，你很少发现有谁没接受过综合性教育。”莫斯在布里斯托尔一家地方报纸工作时被培养为记者，最终成为一名国家级报纸的记者。“所以我走的路非常漫长，”他说，“我没有任何关系，而这一行业中靠关系开展工作的人又尤其多。”

由于媒体从英国特权阶层招人太多，其不可避免会影响记者们对新闻事件的认识，以及对问题优先级的排序。“政治类记者存在的一个问题是，他们痴迷于那些对他们和他的同行们有影响的问题。”莫斯这样说。他强调说，这经常会是与伦敦有关的问题，这一现象的风险是记者们的关注点“离普通民众和读者关切的问题太远”。一些把控报纸的、养尊处优的特权人士抨击公共服务，但他们对公共服务基本没有什么体验，因为他们往往选择私立教育和私营医疗机构。这确实是一个让莫斯担忧的问题，他指出，“即使那些进行游说的记者们确实把孩子送到公立学校”，他们也会搬到最好的学校所在的区域，这些区域花费往往更昂贵。而且，“他们毫不关心伦敦之外的火车和汽车服务有多糟糕。”简言之，大部分记者都是“典型的都市精英”，他们在伦敦市内过着一种轻松的生活，在他们的生活方式中，“关注点经常是某些餐馆的座位紧张，而不是中北部地区医院里的医疗条件怎么样，也不是威尔士和康沃尔郡的学校怎么样。”

与莫斯不同，克里斯托弗·赫德上学时接受的是私立教育，不过他也完全认可这些问题。他回忆起一位诺丁汉议员的描述，她的选民中只有2%接受私立教育，这意味着私立教育在她的选区根本就不构成一个问题。但是在伦敦，“对每位在电视台或报纸工作的经理而言，这是他们唯一的体验，对吧？”赫德说，“当然也有例外，但总体而言，他们关于公立教育问题的知识，或者通过阅读那些筛选过的材料得来，或者从他们自己写的材料中得来，或者从他们所开展的项目中得来。所以，这个国家里大量民众的经历根本进入不了他们的生活。”

很多时候，记者要比政治精英更脱离普通民众。“许多记者来到宫殿（国会大厦）上班，下班后回自己那舒适的房子，自以为是地反对民众观点。议员们则至少还会到他们的选区去。”《星期日太阳报》的大卫·伍丁承认这一点，“他们周末需要到选民中去生活，这是一件好事。”不过，他接着说：“他们其实每五年或每四年才这样做一次，为的是竞选的需要。”这么多的记者来自特权阶层，他们不必使用公共服务，他们与有钱有权者为伍，而非普通选民。既然这样，那么，大量的媒体非常自然地维护他们所深刻认同的现状，也就没什么好奇怪的了。

其实，这也并非特权出身的记者靠自身偏见过滤新闻这么简单。记者有时也是在听从他们主编们的意见。在主编这个群体中，一些人似乎真的自欺欺人地相信他们是普通英国人的代表。在戈登·布朗作为工党财政大臣给出一项预算后，记者们就尝试解释纳税人所获津贴发生改变背后的意义。达米安·麦克布莱德做完新闻吹风会后，认出了一位坐在屋子后面正在用计算器算着什么的《世界新闻报》记者，这位记者当时在丽贝卡·布鲁克斯手下干活。“我说，‘你是在计算你受了多大影响吗?’他说，‘我受多大影响不重要，重要的是丽贝卡受多大影响。’”麦克布莱德回忆时表示，这位记者“需要找个地方给她打电话，告诉她‘我已经计算出来了，你每年的收入将增加多少’，因为她把自己当作有抱负的企业家阶级的代表，天知道她为什么这样认为。有了这些信息做支撑，当戈登·布朗再与她聊时，她就更清楚该如何应对了。”

在每年的预算问题上，虽然新工党政府面临来自交通部门和环保阵营关于对最大的新型燃气汽车征收附加税的游说，但他们每年都摆脱传统路线，避免惩罚购买新汽车的人。麦克布莱德承认说，“我们知道，如果你这样做，将直接惹到许多高级记者和报纸编辑，他们中许多人开着顶级揽胜那样的车。你将让他们每年多交600英镑，这一点足以保证他们会在第二天的报纸上胡乱报道。”当政府人员尝试解释说并不是所有人都有车时，记者们的反应将不可避免顺着这样的逻辑：“你在说什么呢？你是说低收入人群没有小汽车吗？你是生活在地球上吗？”麦克布莱德对导致这种任性的原因不存任何幻想。他承认说，“有一部分原因是，记者们对低收入人群什么没有概念，尽管这些人在他们的读者群中占有很大一块。”只要政策对特权阶层哪怕有一点影响，媒体也会鼓动反对，因为掌控媒体的人本就是特权阶层的成员。

保罗·戴克是《每日邮报》的主编，是特权阶层和手握大权的记者的代表。他已经让自己相信他代表小人物和普通英国人说话。毫无疑问，戴克确实没有和政客混到一起，“他非常害羞，从这个意义上说他不是那种人来疯，”一位不愿公开姓名的《每日邮报》前记者这样说，“他如果参加聚会，他会躲在角落里。他对与大卫·卡梅伦共进午餐并讨论奇闻逸事丝毫不感兴趣。他对成为这个‘俱乐部’的一员也不感兴趣，我想你从这家报纸的风格也能看出来，这家报纸的主要受众是那些不以时尚为荣的人们。”

这位记者接着说，不过戴克的自我认知是彻底荒谬的。“真正荒谬的地方在于，他认为左派在操纵所有的事情，《每日邮报》比较失败，只有300万读者，左派也联合起来对付《每日邮报》所持的理念。”换句话说，像其他媒体同事一样，戴克也是富裕精英的一部分。就像他的前雇员指出的，“从贝尔格莱维亚到英属维京群岛，我没见他关注过住在廉租住房里的人们。”

媒体老板让他们的记者屈从于独裁者甚至暴君。2011 年鲁伯特·默多克被下议院传唤时，他用戴戒指的手指不停地点敲身前的桌子，以说明他的观点。他的儿子詹姆斯意识到这一动作会让别人产生糟糕的印象，出手阻止了他。但是对默多克身边那些工作人员来说，这一举动毫无疑问让人联想起那令人战栗的往事。他们见过他在国际新闻集团的办公室里为强调某件事情不断使劲敲桌子，周边围着一群表情惶恐的工作人员。

在《每日邮报》，记者们经常相互竞争，而主编们则按老套路重写他们的文章。上文所提到的那位《每日邮报》前记者描述说，经常出现的问题是，同样一个故事，“可能在早上的新闻发布会上是一个说法”，但后来可能又会根据主编的指令改变了说法，“即使后来事实证明并不是那样。”记者们或许会默许“鉴于戴克是如此强势，把故事写得与标题更契合才更好过点”。换句话说，如果戴克起了一个哗众取宠的题目，那么这一标题是否准确反映事实并不重要，因为记者们会通过改写故事来支撑这一题目。戴克的铁拳式编辑在现实中的体现就是，不像其他报纸至少还为保持观点多样性做些努力，《每日邮报》专栏作家们严格遵守主编的思路，几乎不敢有丝毫偏离。

在媒体中，过去工会还可以与管理者抗衡一下，但由于工会的瓦解，管理者拥有了摧枯拉朽似的权力。在 1984 ~ 1985 年煤矿工人大罢工期间，《太阳报》代表政府针对反全国矿工联合会发起了一场不妥协的运动。有一天他们报纸首页要刊登全国矿工工会领导人阿瑟·斯卡吉尔手高高举起的画像，这可能被曲解为纳粹式敬礼。标题是《我的元首》。但是工会印刷工拒绝印刷这样的讥讽诽谤。他们印刷了一张不带这一图像的报纸，在图像的位置写着：

“《太阳报》生产线全体成员拒绝把阿瑟·斯卡吉尔的照片及标题放到我们的头条位置。”[6]

这样的权力对于默多克帝国而言是不可忍受的，1986年，随着国际新闻集团把印刷厂搬到位于东伦敦的沃平后，闹事的印刷工人被解雇了，印刷工人工会随后也被解散了。这件事发生在矿工罢工遭遇灾难性失败之后，标志着整个工会运动的一个转折点；同样关键的是，在新闻编辑室里也发生了显著变化，权力更多地转向了那些老板们。“很明显，在没有任何工会组织存在的地方，尤其是在雇主对工会总体而言充满敌意的地方，那种担心被视作工会一员或不敢向工会求助的情况是不可避免的，”英国记者工会秘书长、前《每日快报》记者米歇尔·斯塔尼斯特里特说，“但是，这同样意味着，大部分的人在他们工作的地方其实没有自己独立的支持和声音，我们同样不感到奇怪的是，在那些权利被滥用得最厉害的地方，记者工会没有任何的存在感。”

工会崩溃并不是内部服从的唯一影响因素。越来越多的劳工成了临时工，导致他们很容易被雇佣或被解雇。那些不按常理出牌的人面临被不假思索地晾到一边的可能。“所以，仗义执言挑战那些让你干的事情或者明确反对一些草率的故事，或者反对编辑方式，第二天就会是你的职业末日，”斯塔尼斯特里特说，“你真的就是在让自己走向失业，那个时候，这种情况下想到弗利特街另外一个地方工作，可以说是超乎想象的困难。只有真正勇敢的人才敢那么干。”

将这些因素放到一起，就容易明白为什么这么多的英国媒体与权贵们站在一起了。

工党影子大臣克里斯·布莱恩特知道与媒体大亨走向对立是一

件多么可怕的事情。布莱恩特是一个直言不讳的人，在工党议员中有着非常奇特的背景。在学生时代，他是牛津大学保守主义协会的官员，后来成为一位牧师，后来又觉得这行当不适合同性恋做。1997年他当选南威尔士郎达选区工党议员，坚定代表工人阶级，那时他被视为坚定地忠诚于领导体系。但是他政治上的无争议无法帮助他摆脱被媒体大亨搬弄是非的命运。

默多克帝国“靠恐惧和偏好运转”，克里斯·布莱恩特在他的下议院办公室里告诉我，他用的是过去时态，因为他过去曾乐观地认为，默多克帝国束缚政治精英的时代已经结束了。“或者大选期间在报纸上给予你政治支持，或者邀请你随便吃顿晚餐或看场网球，同时会暗示如果你想干掉我们，我们也可以干掉你，或者干掉你们，甚至干掉你的政府。”

2003年，《太阳报》主编丽贝卡·布鲁克斯被传唤到下议院文化传播专责委员会回答质询，布莱恩特当时是该委员会成员。他直接问她是否曾向警察收买新闻线索，她回答说那是报纸支付的。这样做是违法的，但当时媒体很少对此进行报道。“天知道，我想尝试把它报道出来的，”布莱恩特说，“最后我想，这或许是因为许多报纸都在这么做，因此没有哪家报纸会揭露其他报纸，这真可谓是盗贼们的潜规则。”作为该委员会的一员，布莱恩特也批评其他报纸的同类行为，“我在五周内揭露了他们所有人，但那年年底他们成功复仇，采取的方式就是拿我的性取向大做文章。”

那是一段备受羞辱的经历。“我想他们当时终于等到了时机，”布莱恩特说，“他们揪住了我的事情，而我愚蠢地让他们逮了个正着。”许多报纸公布了他使用男同性恋交友网站的细节，包括寻找男伴的过程。最让人尴尬的是，他们还曝出了一张他只穿内裤摆弄姿势的照片。他们不管事实真假，还挖掘出他许多其他淫乱史。布莱恩特被折磨得简直瘦成了一把骨头。“当时真是太恐怖了，”他回忆说，“我连续三个月没怎么睡觉。我连续24小时照本宣科地对付来到我家门口的人。我感觉自己被侵犯了。有人跟踪我，有人守在我家门口，他们把我的地址登在报纸上。”那些对布莱恩特批评的回应是非常无理的。一位前《每日邮报》记者通过布莱恩特的一位朋友传信息说：“我希望你在圣诞节前死掉。”

汤姆·沃森也有令人毛骨悚然的经历。“我绝对受到了威胁”，他回忆称，因为对默多克帝国持强烈反对立场，他“收到一条国际新闻集团高管们通过中介发给我的信息。要知道，我当时就意识到他们已经通过私人侦探和音视频专家对我进行秘密监视”。就像传说中那样，默多克的报纸往往还不是最厉害的。《每日邮报》和《星期日邮报》在这方面堪称最专业，他们在发现细节方面非常投入，并以此败坏相关人的名声，他们经常只靠想象而非事实，就把略带瑕疵的东西说成肮脏的东西。“他们经常能找到所有人的相关信息，”布莱恩特说，“他们会知道你的表兄弟是立陶宛军火商。他们只要盯着你足够长的时间，一定能发现一些事情。只要想写，他们总能写出一个要多恶心有多恶心的故事。”

回到1992年，英国媒体联合起来参与对付金诺克治下的工党。在接下来20年中最好的时间里，他们又采取了同样的策略，大部分媒体在2010年大选中支持大卫·卡梅伦领导的保守党。当时的说法很明确：保守党人是媒体选出来的，媒体也会继续塑造下一届政府。不过，在大选区期间，在三大政党领导人举行了数轮电视辩论之后，这一说法明显被推翻了。大卫·卡梅伦阵营犯了一个严重的战略错误。自由民主党领导人尼克·克莱格当时扮演了一个反权贵的角色，他的政党在民调中支持率飙升。结果出现了一股“克莱格狂热”，《星期日泰晤士报》甚至表示，72%的支持率使克莱格成为自温斯顿·丘吉尔以来最受欢迎的政党领导人。随着自由民主党在大选中的支持率飙升，保守党貌似失去了他们及其媒体支持者们所创造出来的多数支持者。

不过媒体还是决定让卡梅伦的托利党获得胜利，为达到这一目的，任何障碍都必须消除掉。随后，媒体针对民主党领导人发起了一波又一波的媒体攻势。2010年4月，在三大政党领导人开展第二轮电视辩论前夜，四家报纸对克莱格发起攻击。“《每日邮报》说尼克·克莱格有纳粹污点，而其根据无非就是八年前在《卫报》发表的反对对德国人持续持有偏见的小评论。”同时，《每日电讯报》和《每日邮报》揪住打到克莱格账户里的一笔捐助资金不放。这些捐助的用途是支付工作人员工资，这一点其实之前已经在议会成员利益登记册里公布了。天空电视新闻网主持人亚当·博尔顿在一场直播采访中把《每日电讯报》的头版拿给他看，那上面写着“自由民主党的资助和支出都进入了尼克·克莱格的个人账户”。《星期天邮报》用的标题是：“他的妻子是西班牙人，他的母亲是荷兰人，他的父亲有一半的俄罗斯血统，而他的政治顾问则是一位德国人。自由民主党领导人尼克·克莱格身上有任何东西是英国的吗?”《太阳报》在大选开始时主要是攻击工党，现在也把火力对准了尼克·克莱格，指责他在阿富汗问题上举棋不定。“克莱格是防御型的。”这家报纸声称，“脾气暴躁的自由民主党领导人尼克·克莱格”表现得很“焦虑”。《泰晤士报》则拿自由民主党的政治色彩做文章，警告说这可能会对卡梅伦的政治抱负造成阻碍。

默多克帝国在扭转态势平衡方面也没有心慈手软。支持自由民主党的《独立报》当时曾刊登竞选广告，写道："这场大选不能由鲁伯特·默多克决定，而应由你决定。"这句话激怒了默多克阵营。鲁伯特的儿子詹姆斯·默多克和国际新闻集团执行官丽贝卡·布鲁克斯霹雳般地冲到《独立报》的办公室，当着员工的面对主编西蒙·凯尔纳大喊大叫："你他妈想干什么？"不过或许更有意思的是，他们对《独立报》的访问是一场临时起意。他俩本来是要去见《每日邮报》的所有者罗瑟米尔勋爵的。《每日邮报》与《独立报》的办公室在同一栋大楼里边。我们或许永远不会知道其间经历了什么样的讨论。[7]

这一系列的攻击把自由民主党从大选前令人眩晕的高支持率上拽了下来。尽管媒体的攻击未能帮助托利党赢得议会的多数席位，但却让自由民主党在大选中失去了一些席位。不过这一插曲也让人怀疑在英国是否真的有所谓的"新闻自由"。媒体由不证自明的优越政治因素组成，把自己头目的意见反映到英国政治生活之中，帮助塑造这个国家的政治方向。

在让谁掌权的问题上，媒体的影响力从未弱过。当艾德·米利班德当选工党领袖时，媒体认为这是不可接受的，媒体不允许他们曾贴上"红色艾德"标签的人成为英国首相，哪怕他的政策对权贵构不成什么挑战也不行。最极端的攻击出现在2013年9月。《每日邮报》攻击这位工党领导人已故的父亲，他是一个马克思主义学者，在第二次世界大战期间在英国皇家海军效力，"这个人憎恨英国人"。他们同意给艾德·米利班德回应的权利，不过这场攻击以"一个邪恶的遗产，我们为什么不道歉"为主题反复进行，声称如果米利班德获胜，"他将对我们发自内心热爱的这个国家的心脏乱捶乱砍。”

这场攻击如此激烈，以至于有调查显示，连《每日邮报》的读者都拒绝这样恶毒的攻击。“他们在天空中摇晃红旗，声称工党领导层是疯子般的左翼分子，”米利班德的心腹斯图亚特·伍德说，“他们认为这样做足以败坏工党的光明前景，但是人们反对这么做，艾德·米利班德站出来为自己的父亲辩护，可谓人间佳话。”由于这事儿做得太愚笨，许多权贵阶层也感觉媒体做得太过头了，至少意识到这场袭击有些适得其反。不过这样的抨击会在媒体上以一种微妙的方式回响。根据《泰晤士报》政治观点主编蒂姆·蒙哥马利的说法，艾德·米利班德的领导层“极其不爱国”。蒙哥马利所引用的例子是“自进入议会四年来，他们从未承认工党把英国推向了破产的边缘”。[8]这是一个虚伪的狡辩。英国从未到破产的边缘，赤字并非开支导致的，顺便说一下，工党的开支政策是得到托利党支持的。不过，全球金融崩溃将整个西方世界拖进红色警戒的级别。他们这是在做试探，尝试把不接受权贵对经济危机的解释的人说成是对国家不忠。

媒体机构不仅攻击那些被认为偏离权贵计划的政客。那些对现实更为激进的反对派也被边缘化，也受到攻击。2013 年 9 月底，五万多人参加了曼彻斯特历史上最大规模的示威活动。他们在保守党大会举办地外面，反对 NHS 私有化。媒体根本没有对这一活动进行报道。BBC 政治新闻记者詹姆斯·兰杜粗略提了一下此事，只是说大量抗议者大呼小叫着“托利党是废物”。一般而言，只有现场出现了某种形式的混乱，抗议才会得到媒体的报道，而相关报道也会聚焦于这一混乱点，而排除了那些和平的大多数。2011 年 3 月，大约有 40 万名群众参加了英国工会联盟针对政府财政紧缩政策组织举行的游行。但是很多媒体就抓住游行造成的一点点财产损失大做文章，戏剧性地把其无限放大。“伦敦反减支抗议以暴力的形式结束，200 人被抓”，《都市报》这样描述道，这一标题党完全忽视了大部分被扣留的人主要是因为参加了福特纳姆和玛森百货公司门前那场针对避税问题的和平静坐。《每日电讯报》报道说，“英国工会联盟是暴力武装分子”“一个本来属于陪伴家人的一天，结果变成了一场混乱”。

当抗议者在伦敦圣保罗大教堂外和平地支起帐篷，参与到全球性的“占领”运动之中时，他们遭到媒体的嘲笑，并且缺乏对他们所提出问题的真正参与。“当我们想到占领运动时，我们想到了德国和法国的纳粹”，天空电视新闻网的亚当·博尔顿对一位参加占领运动的示威者说，博尔顿试图把抗议者描述成“把你们的意志以类似纳粹的方式强加给所有人”。

所有这些都揭露了媒体自身形象之荒诞。它看起来好像在挑战权贵，好像是追求民主的支柱似的。“我是一个有热情的信仰者，我很愚笨，记者们可以表演得像是以坦荡正直的方式保持民主的清洁系统”，威斯敏斯特《卫报》前通讯记者大卫·亨克这样表示。然而《星期日太阳报》的大卫·伍丁则相信“所有报纸变得越来越持反权贵立场”。但是我却只能得出相反的结论——媒体和政治精英比以往任何时候都缠绕得更为紧密了。

这经常体现为个人关系，或者人们从事与他父母相似的职业。他们可以继续从事媒体行业，或者横跨政治和媒体这两个经常被人们切割开的行业领域。这本质上没有什么邪恶的。一个人如果在一个圈子里面经营了很长时间，他很难不建立一些朋友关系，孩子们也就经常被鼓励沿着父母的步点走。比如，《每日邮报》专栏作家莎拉·凡恩嫁给了保守党内阁大臣迈克尔·戈夫；《新闻之夜》政治主编阿莱格拉·斯特拉顿嫁给了右翼杂志《观察家》的政治主编詹姆斯·福赛斯；《太阳报》政治主编汤姆·牛顿－邓恩是一位保守党欧洲议会议员的儿子，他父亲后来又叛逃到了自由民主党一边。记者和政客的关系也可以超越简单的业务往来。《每日电讯报》的本尼迪克特·布罗根知道许多记者与政客交往的案例，他们一起度假，甚至有时是彼此小孩的教父教母等（他拒绝泄露具体人的信息，以防破坏别人对他的信任）。

不过，把精英聚合到一起的最重要的渠道，是媒体和精英之间的旋转门。保守派伦敦市长鲍里斯·约翰逊就脚跨两大领域。他之前是《观察家报》的主编，现在还是《每日电讯报》每周一期的专栏作家，曾把自己从报纸那里拿的25万英镑形容为“鸡饲料式的微不足道”。鉴于他日后有成为首相的可能，这项投资对巴克莱兄弟来说很划算。《泰晤士报》的明星专栏作家马修·帕里斯曾经是一位保守党议员，有段时间还直接为玛格丽特·撒切尔工作。菲利普·柯林斯是托尼·布莱尔的演讲稿撰写人。蒂姆·蒙哥马利是托利党前领导人伊恩·邓肯·史密斯的办公室主任，后来帮助成立了右翼智库“社会公正中心”，又编写了《保守党之家》，最后成为《泰晤士报》的一位专栏作家。根据《观察家报》的说法，大部分议员相信蒙哥马利“如今是内阁之外最有影响力的托利党人”。阿拉斯泰尔·坎贝尔或许是由记者变为政治精英的最有名的案例，他从《每日镜报》辞职后成为托尼·布莱尔的一位冷酷的政治顾问。“我认为，如果你是一名记者，尤其是政治新闻记者，你的DNA就被设定了，这会使你为任何政党工作变得绝对不可能，”

《每日电讯报》副主编本尼迪克特·布罗根不以为然地表示，“因为作为一名政治新闻记者，你会发现自己完全超越了政治，你可以对所有政党同时持有同情和敌对的立场。所以，如果你突然加入了某一政党，就说明你从未真正持‘非党派’的立场。”坎贝尔可以用他在媒体界的经历来操纵之前的记者同事，让那些对独家报道无动于衷的人挨饿。“阿拉斯泰尔有他特别喜欢的人，”大卫·伍丁回忆说，“他喜欢把他最好的故事告诉给那些陪他玩的人们。”

不过也有其他许多人选择了跳槽。《太阳报》政治副主编格雷姆·威尔逊2013年8月被卡梅伦雇为唐宁街10号的新闻发言人。《泰晤士报》的汤姆·鲍德温在艾德·米利班德当选工党领导人后成为其首席媒体策略师。《每日镜报》政治主编鲍勃·罗伯特2013年9月成为工党联络官，《星期日电讯报》的政治主编帕特里克·亨尼西成为他的副手。或许更让人不安的一个现象是，记者最后成为为政客服务的“护卫”。2008年，前《观察家报》政治主编卡迈勒·艾哈迈德气愤地表示，《卫报》记者尼克·戴维斯关于他是阿拉斯泰尔·坎贝尔推动英国参与伊拉克战争的渠道的说法是无稽之谈。戴维斯曾在文章中称，艾哈迈德让读者们“慢慢浸泡在虚假信息之中”，是报纸制造了这场战争。

《泰晤士报》的大卫·阿罗诺维奇知道许多记者在工党执政期间偷偷为工党人士写东西。他自己也得到当时财政大臣戈登·布朗的接洽。“他把我叫到财政部里，”他回忆说，“然后他对我说，‘我们正在寻找能把我们简单提炼概括起来的东西。’我说，‘你的意思是说，类似于‘严厉打击犯罪和严厉打击犯罪原因’，你是想要这样的东西吗？’他对我说，‘没错，我就是想要这个东西。’”阿罗诺维奇不为所动。“我在财政部房间里，工党为赢得政权花了

18年的时间，你知道的，天知道有多少事情需要你们依次去做，去帮助英国人，而你只想让我明白一个标语的重要性?”但是，尽管这样想了，阿罗诺维奇还是不自禁地帮着布朗去想这一谄媚的标语。毫无疑问，许多记者会认为被手握重权的政治家赞扬和献殷勤是一件极具诱惑力的事情。

其他许多记者则完全放弃了与政治精英应保持的距离感。丹尼尔·芬克尔斯坦曾经是约翰·梅耶政府时期保守党研究部主任，经常参加一些内阁会议。1997年新工党以压倒性优势取得胜利后，威廉·黑格成为保守党领导人，芬克尔斯坦成为他的政治顾问，甚至在2001年大选中成为托利党议会候选人。2008年，芬克尔斯坦成为《泰晤士报》社论作家后，象征着媒体总体转向了保守党。芬克尔斯坦在这家报纸中的影响非常大，他成为执行主编，后来在2013年又成为副主编。但是他的政界身份并没有因为他现在是新闻界的一员而停止。2011年6月，他被任命为颇具影响力的右翼机构“政策交流”智库的新任主席。不过使芬克尔斯坦进入保守党政府中心的是其他的事情。

执政联盟成立一年后，政治新闻记者保罗·沃报道说，芬克尔斯坦在离开利物浦工党年会的火车上非常“大声”地对着手机说话。他很显然是在给自己的母亲打电话，告诉母亲自己正在为乔治·奥斯本大臣写大会讲话稿。[9]芬克尔斯坦与奥斯本的关系在资深记者圈里成为一个公开的秘密。右翼记者彼得·奥博恩本曾开玩笑说他与芬克尔斯坦说的话比与他妻子说的话还要多。尽管据莱韦森调查称奥斯本描述这位《泰晤士报》记者“只是一位好朋友而已”。[10]芬克尔斯坦的一位资深同事告诉我：“当丹尼·芬克尔斯坦对我说‘乔治’的时候，他指的就是乔治·奥斯本。我不认为他还认识其他乔治。他几乎每次与我一起开会时都会提到‘乔治’。”在为新闻报道确定口径的高层会议上，芬克尔斯坦对政府政策“不像他在其他事情上那么具有批判性。”2013年8月，他获得了一个下议院席位，成为芬克尔斯坦男爵；几个月后，《泰晤士报》把奥斯本评为“年度英国人物”。

在民主体制下，媒体的一个重要目的就是监督政府，即使他们原则上对政治人物持同情立场。人们总认为在媒体和政界之间存在一条明确的界限。《泰晤士报》是英国报纸的一大支柱，他们的大笔杆子是财政大臣的讲话稿起草人和顾问。他也会去评论和批评他自己帮助起草的一些讲话稿。

2011年，默多克帝国被史无前例地撼动了。《世界新闻报》记者被曝出通过窃听电话捕捉新闻，同时也向警察支付不合法费用。这一事件刚开始时没有引起太大关注，部分是因为那些被监听的都是名人，部分则是因为少许的监听电话行为并不仅限于《世界新闻报》。因此其他新闻对报道这件事情的细节难以提起兴趣。

布莱恩·凯斯卡特以前曾是一名记者，因为支持新闻改革而在英国新闻界不受欢迎。一位名叫尼克·科恩的记者甚至给他贴上“来自市郊的墨索里尼”的标签。他戴着一副眼镜，说话语气平缓，不太可能是针对媒体大亨的“十字军”，但别人却担心他是。“一个巨大的风险是，国际新闻集团承认这不是流氓报道后，他们很快开始买断相关指控，”现如今在金斯顿大学做新闻学教授的凯斯卡特在伦敦市内一家嘈杂的酒吧说，“最初的受害者有英国演员希耶娜·米勒，他们很快开始为解决这件事情砸钱。”凯斯卡特和同行媒体活动家担心没有法院会调查这一控告，因此开始呼吁对这桩丑闻开展公共调查。同时，政治精英继续向默多克法庭致敬。2011年6月中旬，大卫·卡梅伦、工党的艾德·米利班德以及艾德·鲍尔斯都在国际新闻集团夏季聚会上抿着香槟。但是，又过了一个月，事情发生了重要变化。

2011年7月，《卫报》耸人听闻地揭露说，被窃听的目标人物包括米莉·道勒，2002年3月她在萨里（Surrey）失踪后被人窃听。后来被发现时她已经被谋杀了。其他受害者也逐渐浮现，比如2005年7月7日伦敦爆炸案的幸存者，以及英勇牺牲的英国士兵的亲属们等。关于道勒的报道刚曝出来时，凯斯卡特也并没有意识到会对公共观点产生如此大的影响。他与助手们一起发起了“Hacked Off”运动[①]，寻求推动更广泛的媒体改革。这一组织得到一众名人的支持，其中包括被《世界新闻报》监听的电影演员休·格兰特等。默多克帝国过去一直都是猎人，如今则变成了猎物。

对默多克帝国展开调查的尝试受到其英国精英同盟们的强烈抵制。他们设法说他们不能理解为什么这样大惊小怪。“我不想知道道勒家庭的遭遇，我很遗憾，但老实说我无法因此就变得那么紧张。”撒切尔前顾问、公关公司巨头贝尔·波廷杰主席、默多克帝国的紧密盟友贝尔说。他长期以来为鲁伯特·默多克公司提供公关咨询，并在窃听丑闻期间向丽贝卡·布鲁克斯提供咨询。“我对麦卡恩在想什么真的不感兴趣，因为他支付我们50万英镑，让我们帮助其持续一年占据每家报纸的头条，我们做到了。”国际新闻集团的记者热衷于把这一丑闻描绘为少数坏蛋的行为，对此我们一定

① 注：“Hacked Off”是英语俚语“生气、恼火”的意思，同时Hack也有“侵入”的含义。

不会感到惊讶。“我认为监听丑闻表明，有些寡廉鲜耻的人为了获得新闻，甚至不惜杀了自己的奶奶，”《世界新闻报》前政治主编大卫·伍丁说，“如今媒体标准确实发生了很大变化。”

关于指控的沸沸扬扬导致默多克2011年7月关掉了已经有167年历史的《世界新闻报》。国际新闻集团的高管丽贝卡·布鲁克斯和安迪·库尔森以及其他一些记者于2011年7月被捕，一项由大法官莱韦森勋爵牵头的公共调查正式开展。这场演出只不过显示了默多克帝国的触角介入政治权力有多深。“托尼·布莱尔应该为允许鲁伯特·默多克在英国变得如此有权势承担责任，默多克的公司文化允许记者们认为监听一位被绑架的十几岁女孩的语音邮件是正确的。”前工党大臣汤姆·沃森如是说。这当然不会只是布莱尔的责任。在默多克帝国撬开危机四伏的工党政府的大门之前，丽贝卡·布鲁克斯和鲁伯特·默多克的妻子邓文迪就受戈登·布朗妻子的邀请参加过“过夜”聚会。

随着大卫·卡梅伦入主唐宁街10号，默多克帝国的权力拓展到新的领域。在乔治·奥斯本的极力坚持下，2007年因电话监听指控从《世界新闻报》辞职的安迪·库尔森被任命为卡梅伦的联络官。《卫报》主编们私下曾提醒卡梅伦侧近人士关于库尔森的过往，但对于托利党而言，前《世界新闻报》主编这一职位是一项极大的荣誉，是保持默多克帝国安分守己的重要手段。库尔森因电话监听指控面临的压力不断累积，导致他2011年1月21日被迫辞职；2014年6月，他因合谋监听行为最终获刑。2010年大选前，大卫·卡梅伦已经就“败坏的英国”发表过富有激情的演讲，主要聚焦于社会底层的犯罪和不道德行为；但他却以削弱这个国家最主要的媒体帝国的名义，把一名罪犯拉到自己的圈子里。

在卡梅伦执政的前15个月中，莱韦森调查机构证实，他与国际新闻集团的执行官们正式会面26次，比与其他任何媒体公司见面次数的两倍还要多。丽贝卡·布鲁克斯是卡梅伦的邻居和好朋友，是所谓“钦平诺顿会”的成员。这两位甚至2010年与詹姆斯·默多克一起在布鲁克斯家中共进圣诞晚餐。在火鸡和豆芽菜之间，默多克和这位首相讨论极具争议的新闻集团收购英国天空广播公司（BSkyB）的方案。

卡梅伦有一匹名为赖莎的马，在一次与布鲁克斯的丈夫查理·布鲁克斯郊游时，通过市警察局警察把它借给布鲁克斯。卡梅伦和查理·布鲁克斯是同期的老伊顿人。但是丽贝卡·布鲁克斯和卡梅伦之间令人瞠目结舌的短信足以说明他们的生活彼此纠缠有多深。“我们尽快讨论一下国宴吧，”在默多克帝国积极支持托利党不久，布鲁克斯在给卡梅伦的短信中这样写道，“我明天将坚定支持你，不只是因为你是我骄傲的朋友，更是因为从专业角度讲，我们绝对是一起的。”

根据莱韦森调查公司的证据，布鲁克斯说当她被迫辞职时，布莱尔表达了他的同情；卡梅伦也这样做了。她回忆说卡梅伦的大概意思是：对不起，我不可能对你像过去那样忠诚了，艾德·米利班德整得我很疲惫。卡梅伦指的是工党领导人在与国际新闻集团关系问题上对卡梅伦政府开展的无情攻击。

那些希望莱韦森报告能分清责任的期待必然会落空。“关于莱韦森，一件有意思的事情是他只对事儿不对人，不点出具体人的名字”，“Hacked Off”的布莱恩·凯斯卡特说，“所以他实际上让所有人都得以脱身。如今，他想得到他认为由他创造的东西，他认为没有谁可以拒绝。为了顺利得到那些东西，他让所有人都成功脱钩。”如果那是他的目的，就让人不禁感觉困惑了。

莱韦森呼吁用一个新的实体代替自治的新闻投诉管理委员会，为的是摆脱媒体大亨的控制，新实体有权实施制裁，并确保道歉和纠偏。尽管不是强制性的，但它还是被解释为“对新闻媒体的法定监管”，以及对新闻出版自由的全面冲击。在这一倡议公布后，媒体所有者们开始动员反对他们。前《世界新闻报》副主编和执行主编尼尔·沃利斯拿出前自由民主党政客马克·欧坦的例子说事儿，欧坦的政治生涯在小报曝出他与男妓调情的事情后被彻底摧毁。“我想说的是，这样的事情在威斯敏斯特宫殿内一直在发生，”他说，“媒体不要一窝蜂地报道这样的事情，而小报和末端媒体则就喜欢挖这样的东西。”

不过并非只有媒体寡头和前主编群体对莱韦森的建议存有担忧。“莱韦森想要关掉许多调查类新闻。”争取新闻自由的国际组织“审查索引”的迈克尔·哈里斯这样说。哈里斯声称知道许多在莱韦森调查后影响力飙升的人的故事。这样的指控受到了其他一些人的极力反对，其中包括新闻调查局的克里斯托弗·赫德，赫德声称“从我们的所作所为以及经历来看，没有证据表明莱韦森有那样的影响力。”

莱韦森的建议实际上不得要领。这一报告没有挑战媒体所有权向少数寡头手中集中的问题；没有挑战外国人掌控媒体所有权的问题；没有挑战媒体成为最有权势者的私家店的问题。实际上，在所有基本问题方面，莱韦森调查都是空白。媒体仍然将是少数受政治驱动的大亨们的玩物，仍将由富人和不具代表性的人运营。

关于媒体受富人利益操纵这一点也有一些引人注目的抗辩。的确，那些由大亨把控的媒体力量非常强大，但他们都接受强大的BBC的“检查”。BBC的新闻报道全世界都在看，BBC自我宣称拥有新闻报道的黄金标准，而且在深夜新闻报道方面占据第一位。这一帝国拥有五家重要的国家广播电台、一个地方电台，以及在英国最受欢迎的新闻网站。并且，按照英国右派的说法，BBC有非常清晰的左派倾向。但如果仔细梳理一下BBC最有影响力的那些人，就会发现事实恰恰相反，BBC其实或多或少也是权贵们的喉舌。

略微扫一眼这家公司的关键人物清单，就能找到支撑这一观点的证据。BBC信托基金主席彭定康是保守党前主席，也是托利党内阁大臣。安德鲁·尼尔是BBC政治新闻类龙头节目《每日新闻》《星期日政治》《本周》的著名采访记者和主持人，与许多同事不同，他没有接受过私立教育，但他持有尖锐的右翼观点，是保守派杂志《旁观者》的主席，也是《星期日泰晤士报》的前主编。罗比·吉布是脱口秀的主编，他曾是保守党政客弗朗西斯·莫德的办公室主任，也曾在诺曼·泰比特因太右而取消保守派学生联合会之前担任该组织的副主席。BBC的政治新闻主编尼克·罗宾逊以前曾是青年保守党的全国主席。另一个关于权贵旋转门的例子是，罗宾逊的高级政治新闻制片人西娅·罗杰斯在2012年底被乔治·奥斯本要走了。其他保守党政客也从BBC挖人。安迪·库尔森辞职后，大卫·卡梅伦雇了BBC前新闻主编克雷格·奥利弗做他的通讯部主管。托利党伦敦市长鲍里斯·约翰逊的联络官古托·哈里曾是BBC政治新闻的通讯记者。当哈里离开政府加入默多克帝国，成为《世界新闻报》的替身《新英国》的通讯部主管后，他的位置被BBC的威斯敏斯特新闻主编威尔·瓦尔登代替。

BBC高级记者群体的职业方向不足以说明这是一家充满左翼偏

见的公司。BBC 经济新闻主编斯蒂芬尼·弗兰德斯 2013 年 9 月放弃她的工作，在摩根大通投行找了一份年薪 40 万英镑的职位。当 BBC 商业新闻主编罗伯特·派斯通继任她的职位后，派斯通腾出的位子被卡迈勒·艾哈迈德占据。艾哈迈德曾是右翼报纸《星期日电讯报》的商业新闻主编，在报道伊拉克战争问题上受到尼克·戴维斯的攻击。他的文章证明他坚定地站在公司利益一边。2013 年 6 月，他谴责“对商业界的报道冷酷无情，且消极程度无以复加”，并怀疑政治阶级是否还希望高绩效的、创新性的、全球性的公司在英国做下去。英国“正在陷入反商业的恐慌之中”，他曾写道，金融危机导致“西方世界无法推崇逐利逻辑和市场竞争……最终生产人们需要的产品和人们所争取的进步。”[11]

一位 BBC 前高级记者告诉我，这家公司“建立的初衷是做主流意识形态的传播者”。他相信，这一非官方性质的使命界定在一些人事任命中也体现出来了，比如 BBC 新闻的头儿詹姆斯·哈丁以前曾是默多克旗下《泰晤士报》的主编；BBC 世界服务部主任彼得·霍罗克斯；BBC 战略和数字部主任詹姆斯·珀内尔曾是布莱尔的内阁大臣。与弗兰德斯、艾哈迈德和派斯通一起，一位不知名的记者告诉我，“他们的共同点是都持有一种以自由主义为中心的世界观。”他说，BBC 是“一个大量生产这类观点的工厂”——对新自由主义经济学根深蒂固的认同，融合了在类似性和性别问题上的自由主义观点。根据记者们的说法，他们将塑造一个“掌权者迷你俱乐部”，宣称与政府里的关键人物建有朋友关系。BBC 的报道围绕政府一天的日程进行设计，比如报道政府的一项新政策，进而报道对这项政策的相关反应。

BBC 是对于权贵而言是完美的媒体，他把自由市场主义描述为中性的、与政治无关的立场。只有那些偏离BBC主流的人才看起来有左翼偏见，且反对所谓的保持中立。“BBC的商业报道中，99%暗含的潜台词是——商业是好的。”前BBC记者让我关掉录音后说，“他们说，‘资本主义是动态的，自由市场能把好处传递给各方，它正在使南方国家人们的生活变得更好。’如果你说，‘资本主义不能实现普惠，资本主义正在破坏南方国家人们的生活。’这看起来像是意识形态说辞。为了保持平衡，你应该平等地看待两种理念，但是BBC却不这样做，因为他们代表的是精英的观点。”

右翼对BBC立场偏左的冷酷批评是一项聪明的预防措施。这使得他们能够监督检查BBC的节目。《每日邮报》的批判尤其具有攻击性，他们甚至指责长期上演的电视剧《神探夏洛克》（*Sherlock*）为BBC的左翼偏见提供了更多证据。2014年2月，托利党内阁大臣克里斯·格雷林表示，BBC由“那些带有左翼倾向的、在政府中没有相应代表性的都市群体”主导着。这使得这家公司一直小心翼翼，生怕再被别人抓住把柄说自己有左翼倾向。这位前BBC记者暗示说，当BBC确实为那些更具批判性的记者提供平台时，公司管理者们就会感觉需要用立场相反的节目来进行弥补。BBC的高管们对移民等复杂问题非常谨慎警觉，他们不愿意从收入下降、工作难找等经济的角度去看这些问题。BBC的管理结构能够确保所有人保持一致。为了不断晋升，记者需要把自己与食物链更高位置的人绑在一起，因为当他们犯错时，这些人可以帮忙灭火消灾，当事情做对了时这些人可以帮助他们尽快晋升。

更重要的是，BBC倾向于尽量少碰一些关键的新闻报道，尤其是与公众利益密切相关的新闻报道。保守党政府2010年开始执政后，开启了对NHS的系统性私有化进程，保守党在大选中竭力对此作出承诺，而这在大选期间从未向英国人民提起。那个时候，想通过 BBC 报道了解私有化政策几乎是不可能的，因为 BBC 几乎不报道相关新闻。当 2012 年国会通过这一法案时，BBC 也只是进行了非常有限的报道。当这一法案最终成为法律时，新闻报道澄清说："一项赋予全科医生更大权力的法案得以通过"[12]——这种关于立法的政治编造在代表 NHS 工作者的组织中引起很大争论，包括代表全科医生利益的英国医药协会等。类似地，削减开支也被按老样子描绘成为无害的"节约"。政府没有征求公众同意就改变了广受欢迎的一项国家制度，此时的 BBC 表现得就像是政府的新闻办公室。

BBC 在国内和国外问题上都折射出权贵的观点。2009 年 1 月，它拒绝了灾难应急委员会为受以色列入侵之害的加沙人募捐发出呼吁的请求。时任秘书长马克·汤普森辩解说，这样做可能"会削弱民众对 BBC 不偏不倚立场的信任"。[13]这场运动引发了广泛的愤怒，因为这明确表明了 BBC 对以色列的强烈支持立场。当一些 BBC 记者问汤普森他们是否可以以个人名义支持这一呼吁书时，他们被告知这样做意味着将会导致不得不离开 BBC。

一项独立调查表明了 BBC 在多大程度上与现状保持观点一致。2013 年卡迪夫大学学者在广泛评估 BBC 报道基础上发布一项调查报告。报告显示，他们对政府持有意料之中的偏爱。不过，需要注意的是，2007 年对戈登·布朗的报道的次数与对大卫·卡梅伦的报道次数之比不到 2:1，而 2012 年对大卫·卡梅伦的报道次数与对艾德·米利班德的报道次数之比则接近 4:1。2007 年和 2012 年保守党和工党大臣被报道次数也有类似的不同。这项研究同时发现，关于欧盟的辩论主要由那些对他持抵制立场的人所塑造、所主导，几乎没有支持它的声音出现。商业代表在 BBC 上露面的次数比他们在商业性的英国独立电视台新闻上露面的次数还要多很多。2012 年商界代表在 BBC 六点新闻出现次数与工会代表出现次数之比大于 19∶1，与 2007 年的 5∶1 相比出现了急剧提升。2008 年，股票经纪人、对冲基金经理等来自金融城的声音主导了金融危机及后续银行救助的相关报道。[14]简单来说，BBC 就是一个坚决拥护商界利益、偏爱右翼声音的出口，就是表达权贵观点的一个平台。

有人或许会说，主流媒体的偏爱越来越无所谓了，因为报纸销量不断减少，社交媒体越来越受普通民众欢迎，人们越来越多地通过电子媒介获取在线资源。但是英国新闻业的下滑有可能导致对有权有钱人的监督更少。卡迪夫大学媒体专家的另外一项调查发现，记者行业正在承载急剧上涨的工作量。在 1988 年和 2006 年间，报纸印刷量增长了两倍。印刷数量的上升意味着在每一件新闻事件上所花的时间更少，让记者们更多倚重类似宣传材料、网络摘抄等所谓“预先包装好的新闻”。有 60% 的新闻稿和 30% 的新闻报道全部或主要来自这类资源中的一种。只有 1/5 的媒体文章不是来自“预先包装好的新闻”资源，只有 12% 的新闻完全不依赖此类二手信息。[15]这份报告是 2008 年公布的。从那之后，情况变得更为严峻。这就是所谓的“抄袭新闻”（churnalism），意思是记者们真正花大量精力去做的新闻数量不断下降。相反，许多英国新闻其实是有公关部门领域快速写就的。这就进一步削弱了媒体的独立性，也就是说，他们的许多报道是由富有阶层的私人写手写的。

调查类新闻也在经历煎熬。根据克里斯托弗·赫德的说法，主要有三大原因。第一，争夺读者和观众的竞争日益激烈，比如，电视频道数量成倍数增长，天空新闻、天空体育、探索频道（Discovery Channel）等不一而足，并且在线新闻、博客内容也都大量拓展。第二，读报纸的人越来越少，报纸收益不断下降，能够用来投入调查类新闻的资源也非常稀少。第三，自战后秩序遭受新自由主义冲击以来，有社会使命感的人越来越少。所有这些对于权贵们来说都是好消息。“我认为调查类新闻的目的就是帮助向人们说明世界和有影响力的制度是如何运作的，”赫德说，“我认为这样做的目的是为创造一个能够带来变化，让这个世界变得更人道、更宽容、更适于生活的社会运动。”

这样的新闻能够曝光社会不公，并且有激励人们采取行动的潜在力量。因为有权有势者为规避监督检查投入了大量资源，记者们需要花费相当数量的时间和努力去克服这些障碍。权贵们的那些自认为理所当然的前提假定可以被挑战。随着调查类新闻的凋敝，现代英国的不公正会继续被遮蔽，继续限制人们行动起来应对这一问题。

英国的媒体并没有扮演为人们提供信息、教育，帮助理解他们生活的角色。相反，许多媒体就是政治机器，经常为私人利益游说。媒体和政治精英缠绕在一起，共享着许多关于社会应该如何组织和运转的理论假设。记者往往完全依附于他们主编们的想法，并且越来越多的记者的出身与他们的读者迥异。

中世纪的英国有教会来凝聚支持现状的观点；今天的英国权贵有大众媒体来扮演这一角色。这对那些持异见者而言是一种令人窒息的氛围。不过，尽管已经令人倍感压抑，但媒体仍算不上英国威权体制中最重要的支柱。

# / 第四章　警 察 力 量 /

史蒂夫·威廉姆斯永远不会忘记他当警察后第一次值班的经历。那是1980年代早期北威尔士里尔（Rhyl）的一个温和夏夜，他刚刚完成那冗长的入职培训。他站在商店橱窗外，身着新制服，内心充满自豪感。这时，一位的士司机上前来，“他说那条街上有起冲突，”威廉姆斯回忆道，“很显然，只要你穿上这身制服，人们不会管你工作了多长时间，或者是否有工作经验等。”

的士司机把威廉姆斯带到了让人惊悚的现场。一位海洛因吸食者偷了一辆车，并残暴地撞倒了三位17岁女孩。三位女孩来自布莱克浦（Blackpool），第一次被父母允许出远门。“当时现场一片混乱，四处充满尖叫声。”他想对一位女孩进行人工呼吸，但发现她已经死去了。另外两位女孩被撞进了附近的一家商店里，身负重伤。

护理人员和警察到达后，一位长官指示威廉姆斯“回警局，去喝杯啤酒吧”。但是，他刚走到车站，制服上还带着血迹，一位男士又从家里跑出来，对他大声说：“快点快点，我妻子就要生了，我叫不来出租车。”威廉姆斯回忆说，这确实不奇怪，因为人们都去处理刚才那起流血事件了。威廉姆斯在培训学校时曾看过接生婴儿的视频。他就仅凭记忆去帮助接生了。“她问我过去接生过多少婴儿，我当时天真直白地说：‘你是第一个’。可想而知，她脸上会流露出何种恐惧的表情。”威廉姆斯的糟糕经历并未到此结束。他再次回到警务站时，又被派去记录一位幸存女孩的口供，并负责告诉她，她的朋友已经死了。“当时我23岁，在我第一次独立巡逻时，就接连遇到了死亡、重伤、接生等各种事情。”

威廉姆斯极力为警察辩护，他向我讲述这些故事，就是为了说明警察承受的工作压力是何等之大。在他那糟糕的初次值班经历之后的30年里，他一直靠激情支撑着工作。2013年，史蒂夫·威廉姆斯成为伦敦大都市警察局局长。这一职位统管英格兰和威尔士的警察。对他而言，告诉我这些惊心动魄的过往是非常必要的。因为这些故事生动地解释了警察需要面对的各种挑战。他的工作是为那些逮捕犯罪分子、维护公众安全、经常身处危险境地的警察们的利益代言。每年有3000多名警察负伤，其中约800名警察受重伤。[1]

英国警察扮演了很多角色。其中之一是保护公民安全，阻止和抓捕那些给人们造成痛苦、恐惧和耻辱的犯罪分子。其他角色有待讨论。警察在1980年代帮助击溃了工会反对派发起的工业骚乱，帮助塑造了今天占据统治地位的权贵。1989年，警察的这一角色导致了希尔斯堡球场惨案。政府越来越认为需要控制并压制抗议行为，基于这一考虑，警察被赋予了许多新的权力。这种专制路径也延伸到了法律和秩序层面，制止战后英国那种所谓的"放任"状态。新权贵把以开放、自由为内核的经济自由主义和政治威权主义结合到一起，必然需要警察在其中扮演核心角色。在一个种族主义依然流行的社会里，不同群体对这种独裁主义会有非常不同的感受。

警察行使权力的方式反映了英国社会权力的不平衡。警察经常执行一些打击穷人轻罪的任务，比如逮捕存有少量大麻的人，打击骗取福利的行为等。但是警察却无视、允许甚至帮助上流社会那些更恶劣的行为，比如逃税、贪婪、把经济拖入灾难等。他们尝试调和激进反对派的观点，使其趋于温和。在扮演所有这些角色时，警察展现了他们遮蔽真相、掩盖阴谋、逃避监督等令人惊恐的能力。与法国等其他国家不同，英国警力被认为是独立于"中央权威"的。相关法律和秩序受"立警为民"原则的引导，或者在理论上是这样。不过，在当今权贵治理下，警察与政府走得越来越近。

伦敦大都市警察局前侦缉总督察彼得·柯卡姆对警察行业极力维护。一个阴雨天我和他在西伦敦帕丁顿的一家咖啡馆里见面。他是一个相对呆板、穿着保守的中年男士，把大量业余时间用来在社交媒体上反驳各种批评警察的言论。但是，柯卡姆也对警察在新工党执政时期与政府走得太近感到绝望，这一时期一些警官甚至游说议员支持对公民自由进行强力打击。“这一点很可怕，”他说，“警察们已经忘了自己的定位。回顾历史来看，警察应该是为民众做事的，而不应该是为政府做事的。警察不应该是政府的权力机构。”从学术意义上讲，警察机构或许不是政府权力部门，但很长一段时间以来，警察就被权贵当作政府权力工具。大约一个世纪前，权贵们为争取到警察的忠诚曾经进行了一场艰难的战斗。如今，警察的忠诚在权贵们争得压倒性优势问题上再次发挥了非常关键的作用。

1918年8月，不可思议的事情发生了。伦敦大都市警察局的警员罢工了，社会主义革命者、女权主义者西尔维娅·潘克赫斯特高呼“彼得格勒精神万岁”的口号。“那之后，任何事情都可能发生。警力而非军力才是平息政治或产业起义的力量，也是维持英国社会当权派集团利益的力量。”唐宁街10号的政府要员们吓得闭门不出，有1.2万名警员走上怀特霍尔街（也叫白厅街）街头，他们被贫困补助和恃强凌弱的管理方式所激怒。他们有一个“非常险恶的态度……让居民觉得好像真的在面对一场革命一样”，劳埃德·乔治联合政府的一位高级官员回忆说。后来情况变得更糟糕。被派去护卫政府办公楼的士兵们对罢工者非常友善。根据一份报纸的报道，“罢工者把士兵拽下马来，抢过他们的步枪，在那里欢呼雀跃。”

英国的统治精英有充分的理由感到恐惧。俄国革命后不到一年的时间里，工业动荡逐渐平息，第一次世界大战继续在大陆上演，英国国内对底层民众颠覆政权的恐惧感不断上升。如果失去对警察的控制，无异于一场灾难。“如果这场由秩序护卫者发动的暴乱得不到平息，”劳埃德·乔治对保守党领导人博纳·劳这样说道，“整个当权派群体将彻底消失。为了重建社会秩序权威，首相已经准备好支持任何严酷的应对措施。”

但是，罢工后情况变得似乎更加糟糕。新的警察工会组织——全国警察和监狱官员联盟（NUPPO）同时隶属于早期的工党和英国劳工联合会。这一联盟远不是什么“不偏不倚的评审官”，而是坚信警察已经被当成“雇主阶级用来破坏公正和工人合法诉求的工具”。他们声称，那样的日子已经结束了。“我们都是从工人中招募来的，”全国警察和监狱官员联盟的领导向他们的成员骄傲地表示，“并且我们应该一直呆在工人队伍之中，与工人们团结在一起，共同解放劳动群众。”

政府没有准备容忍警察的“解放”理念。这个联盟1919年在最后一场罢工流产后被禁掉了，那些顽固不化的警官则被解雇，并被剥夺了养老金。政府废除NUPPO之后成立了警察联合会（Police Federation），这个新组织在很大程度上只是控制民众表达不满情绪的工具，其成员没有罢工或加入某一工会的权利。“我们就是为了挫败警察罢工而建立的”，近一百年后的警察联合会主席史蒂夫·斯密斯这样说。从此，警察与劳工运动被不可逆转地分割开来。

不过，统治精英们学到了重要的一课。在第一次罢工前，警察工资大幅下降，以至于许多警察的工资比低技能工人的工资还要低。当时甚至有关于警察营养不良的报道。这是一个严重的错误。如今，警察的工资急剧上涨，他们被赋予了未曾想过的地位和声望。汤米们①从“一战”战场回国后，国内罢工不断升级，并在1926年大罢工事件中达到顶峰。在此过程中，警察对政府的忠诚度经受住了考验。[2]尽管警察对政府的忠诚度也需要不时提振一下，但总体而言还是靠得住的。

布莱恩·帕迪克一看就是干警察的料。身材魁梧、体格健硕、声音洪亮、气场强大。2007年之前，帕迪克是伦敦大都市警察局的副助理专员。此前，他干警察这行已经有30多年了。1976年他从伦敦霍洛威进入警界。那时的工作条件不像20世纪初期那么差，但随后他们的工资持续下降了数年。“那时警界很缺人手，”帕迪克回忆说，“警察的数量很少，因为当时让人加入并长期待在警察队伍当中是一件非常困难的事情。”1977年工党政府委托一个叫埃德蒙·戴维斯的法官领衔开展一项有关警察工资的调查，这项调查最后建议将警察工资上调45%。“工党接受了涨工资的建议，”帕迪克回忆说，“但决定错位推进，此举导致戴维斯设想的效果最终没能达到。”

工业工人的斗争召来玛格丽特·撒切尔1979年执掌政权。而新政府上台后的一项重要举措就是把警察工资提升45%，尽管其他一些公共部门岗位的工资不升反降。此举效果显著，在随后的风暴中，警察的忠诚度得到了有效保证。警察在驱逐那些反新自由主义的人士的过程中扮演了关键角色。“我想那就是警察问题的发端，

① 汤米们指Tommies，“一战”中英国士兵的昵称。

人们通过政党政治的方式把这一问题公开地政治化了，”前侦缉总督察彼得·柯卡姆表示，“撒切尔知道她将用警力开战，因此她愿意在警察身上投资。”涨工资这一招显然达到了目的。“玛吉（玛格丽特·撒切尔的简称）的计划很有效，”柯卡姆总结说，“警察们把玛吉视作他们的英雄。他们爱玛吉……他们愿意为她做任何事情。”

在1984～1985年煤矿工人大罢工期间，警察被当作了政治“破城锤”。在矿井、村庄里，他们被称作“玛吉的马仔”。“我想，如果回顾这段历史，你将冷笑两声，因为你会发现撒切尔接受了埃德蒙·戴维斯的建议，买断了警察，买断了他们的无限忠诚，”帕迪克说，“煤矿工人大罢工发生时，就到了撒切尔收取回馈的时候了。”1984年6月那场臭名昭著的欧格里夫战役发生时，正值持续一年的斗争中最痛苦的时刻，当时围堵南约克郡（South Yorkshire）焦化厂的煤矿工人遭到骑警的警棍攻击。起诉矿工围堵行为的尝试最终失败了，南约克郡警察不得不赔偿了50多万英镑，其中包括赔偿金和诉讼费。

近30年过去了，南约克郡警察被英国独立警察投诉委员会（IPCC）检举，面临伪证、妨碍司法公正以及攻击欧格里夫等罪名指控。在这个众所周知的故事中，警察被指控伪造证据、掩盖事实。英国顶尖律师迈克尔·曼斯菲尔德在法庭上为一些矿工辩护。在他位于伦敦北部法灵顿（Farringdon）街道的会所里，他告诉我警方陈词如何引用同一条款把欧格里夫战役界定为一场暴动。“他们需要确保使用符合暴动定义的措辞。所以，大量的陈词写得非常相似。很明显他们受到同一个部门的指令。”最终，经过16周的审讯，在确认警方陈词中一个签名是伪造的之后，审讯终于结束。在煤矿工人大罢工期间，警察表现得完全不像法律和秩序不偏不倚的护卫。正如曼斯菲尔德所言，他们好像深深地卷入了一场不惜一切代价击败矿工大罢工的斗争。“这很明显是一场政治斗争。暴动的指控很显然是一个政治决定，因为这一指控并没有被反复使用，也并没有成为媒体头条。工党与托利党都赞成说，当时确实是矿工们的过错。”

1980 年代中期矿工大罢工的失败标志着现代工会运动的崩盘，这是新权贵曾经面临的最为强大的有组织威胁。矿工领导者阿瑟·斯卡吉尔被政府视作“内部敌人”，曼斯菲尔德说道：“他们认为，除非把他打成肉酱，他终将成为另一个政府，成为对放松管制政策的威胁，如果你愿意，也可以说是对资本主义大规模强化的威胁。”撒切尔的自由市场改革运动彻底粉碎了他们的反对者。现在，他们可以完全不受约束地开展新的工作了。这是新权贵巩固地位过程中一个非常关键的时刻，他们具备了管制和教训大规模有组织抗议的能力。警察在其中扮演了非常关键的角色。

警察被训练去搜出权贵们的所谓“内部敌人”。这种心态塑造了一种残忍的文化，警察们在 1980 年代的战斗中对推卸责任、掩盖事实真相等手段无所不用其极。但是，这样的行为最终以一场灾难而终结，这一次又是南约克郡的警察们干的好事。1989 年 4 月 15 日，也就是欧格里夫战争发生 5 年后，94 名利物浦足球迷在谢菲尔德的希尔斯堡球场被踩死，原因只是他们去看利物浦与诺丁汉森林的足总杯半决赛。后来又有 2 名受伤者死亡。对于这 96 名活着出去看球而躺在棺材里回家的球迷来说，他们所经历的痛苦可想而知。但是这些家庭却需要去应对另外一大创伤，南约克郡警察针对死者亲属和幸存者玩弄起了阴谋伎俩。

“我没有钱，我不是物质主义者，但我经常认为自己很有钱”，玛格丽特·阿斯皮诺尔告诉我，当时我们坐在利物浦的一家休闲中心，我们聊天时，儿童们的声音在隔壁体育馆里回荡。“我非常富有，因为我有五个漂亮的孩子。”她的第一个孩子叫詹姆斯，是忠实的利物浦球迷。“他是克里斯伯格的忠实粉丝，”她回忆说，“他对克里斯伯格的音乐超级喜欢，也经常演奏他的歌。其中一首歌名为《远航》，我曾对詹姆斯说：‘我真希望你跟着这首歌去远航，妈妈听这首歌听得要疯了。’”后来他在利物浦造船公司找到了一份工作，工作后不久的一天，18 岁的詹姆斯非常兴奋地回到家，他为父亲买了一把吉他。“爸爸妈妈 18 年来对我这么好，我只是想给爸爸一个特别的礼物，”詹姆斯当时对她说，“妈妈也不要担心，我已经为你九月份的生日准备好了礼物。”然而，詹姆斯没能完成他的这一心愿。

玛格丽特几乎记得 1989 年 4 月 15 日的每个细节。她记得她的小姑子告诉她希尔斯堡球场出事儿了，小姑子当时并不知道她的侄子去那个球场看球了。玛格丽特记得自己当时把给孩子做的三明治掉到了地上，慌不择路地跑到起居室打开电视，电视上正在播放失去意识的利物浦球迷被担架抬出的画面。当报道说已经有七人死亡时，她立即对着电视尖叫起来，因为担心看到自己的儿子，并催促小姑子赶紧把电视关掉。

玛格丽特的丈夫吉米当时也在希尔斯堡球场。但是他没有与詹姆斯在一起。他是安全的，他向玛格丽特承诺说他一定会找到他们的儿子，每个小时都给她打电话联系一次。在凌晨时分电话中断了。到黎明时分，玛格丽特带着她儿子的狗出门，看见她的小姑子缓慢地走向她，她的丈夫也同时开车驶进街区。可怕的事实彻底击垮了她。玛格丽特开始狂奔。“玛格，停下”，吉米对她大喊。“不，吉姆，别管我，”玛格丽特大喊道，“求你别管我，如果你不拽着我，我的儿子就还活着。如果你抓住我，你就会告诉我他死了，不是吗？”她希望能一直跑下去，不想听任何话。后来，吉米瘫倒在路上，她的另一个儿子不能自已地哭起来。“这不是真的，对不对？”她恳求丈夫说，“我那可爱的孩子没有死，对不对？”而丈夫随后的回答让她的希望彻底破灭了：“玛格，我该怎么说呢？”玛格丽特尖叫着捶打邻居们的门，大喊着让他们起床，哭诉说她的儿子死了。

这只是一个家庭的可怕经历。玛格丽特形容那一晚“如同地狱般的煎熬”。她最大的孩子活蹦乱跳地离开利物浦的家，迫不及待地去看他最喜爱球队的足总杯半决赛，结果却是被装在一个尸体袋里回来的。像其他失去亲人的亲属一样，玛格丽特和他的家人也去看了詹姆斯的尸体。她还本能地给詹姆斯带去了外套。当他们到达医疗中心时，许多正在哭泣的人们向他们表示问候。玛格丽特强忍着悲痛，想看看到底发生了什么。她在精神恍惚中纳闷，为什么这些人都在为詹姆斯而悲伤，他们甚至从来都没见过詹姆斯。这家人被带到一个有玻璃屏障的屋子里，玻璃屏上遮着一层蓝色帘布。“阿斯皮诺尔女士，您准备好了吗？”工作人员问她。当帘布拉开时，詹姆斯那冰冷死寂的尸体呈现在她的眼前。“把我儿子还给我，我要去抱抱我的儿子。”她乞求道。但她得到的回应可谓冷酷无情，“他现在不属于你了，阿斯皮诺尔女士。他现在属于验尸官。”

这场惨剧发生 23 年后，希尔斯堡惨案独立调查委员会终于得出幸存者和遇难者亲属从一开始就知道的结论：不是球迷导致的这场惨案，这场惨案的主要责任在警察身上。警察当天的策略是“人群控制优先于人群安全”，只关注酒鬼、失序以及逃票等问题。球迷尤其是利物浦球迷被认为是威胁秩序的暴徒，可想而知，警察是如何给这场灾难定调的。当时，一个流行的观点是“足球迷作为低收入人群，基本都是一些人渣”，工党南威勒尔（Wirral South）选区议员，同时也是希尔斯堡活动家的阿里森·麦戈文这样说。

希尔斯堡惨案独立调查委员会有证据表明，那天列平巷（Leppings Lane）看台的旋转门“无法让球迷在开球前全部进入，然而警方却忽视了不断上升的危险”。警察行动队总警司大卫·达肯菲尔德命令打开一个入口，导致隧道过度拥挤。在警方岗亭里，监视器的记录证明了“拥挤造成的严重问题”。而当时警方并未对过度拥挤采取行动。“警方把列平巷的动荡迹象视作可能失序的信号，但没能及时意识到观众已经被挤得不堪承受了，最终导致了大量伤亡。”根据当时的报道，96 位死亡者中，有 41 位本应该可以救活的。

利物浦的球迷与这场灾难一点关系都没有。但是南约克郡警方不想承担责任，在死者尸体还停放在临时搭建的停尸房时，他们就开始设法转嫁责任。警察询问遇难者家属死者的社交情况和饮酒习惯等类似的带有侵犯性的问题。他们不经死者家属同意就对尸体进行酒精检测，即使这样，就像报告中所指出的，没有证据证明饮酒与这场灾难发生有任何关系。

对那些血液中不含酒精的人，他们也进行了一些抹黑操作。他们通过查找这些人是否有犯罪前科，想用过去的事来诋毁他们的声誉。有犯罪前科的人和酒鬼一样，被当成了替罪羊。达肯菲尔德总警司撒谎说，这场致命惨案是由闯进球场的利物浦球迷引发的。这一谎言在全世界被广为传播。

在迈克尔·曼斯菲尔德看来，“欧格里夫战役和希尔斯堡惨案之间的联系非常有意思，因为调查结果显示，某种意义上说，两场事件是同一警力行使同种类型的权力”，而且在两个案子中，西米德兰兹郡（West Midlands）警察成为影响调查的外力，他们被指定为这场调查粉饰洗白。默西塞德郡（Merseyside）工党议员玛丽亚·伊戈尔长期致力于为希尔斯堡惨案寻求公道，把这一惨案描述为“一个由最高至警察局长的高层官员组成的黑色宣传机构，把这场事件朝着对他们有利的方向描述，力求蒙蔽除他们自己之外的所有人”。根据希尔斯堡惨案独立调查委员会的结论，在164份警方陈述中，有116份被修改或删减了对南约克郡警方不利的内容。后来，独立警察投诉委员会的报告认为这一数字应该更高，并且球迷的陈述也可能是被修改过的。欧格里夫战役和希尔斯堡惨案印证了一个有组织的阵营的存在，他们努力清洗任何可能对警方形象不利的陈述。

南约克郡警方和托利党议员欧文·帕特尼克向媒体界撒谎，《太阳报》以“真相”为题不加甄别地公开撒谎，这是警方最下流、最无耻的阴谋。利物浦球迷被指责袭击警察，向正在抢救伤员的警察身上小便，甚至偷走死者身上的钱包。[3]“我们无法起诉报纸，尽管他们做得很过分，因为他们没有点任何个人的名字。”玛格丽特·阿斯皮诺尔这样说。只要报纸没有提任何个人的名字，对已经遭受心灵创伤的球迷的恶意抹黑就只能被接受了。

1980年代，为应对与新权贵实力上升相伴而生的工会动荡，警察接受的教育和训练就是把工人阶级当作“内部的敌人”。“他们当时所处分的实际是他们所造成的悲剧的受害者，而他们却把这些受害者视为‘内部的敌人’”，玛丽亚·伊戈尔说，“利物浦工人阶级被视为社会的浮渣，被视为像矿工那样的‘内部的敌人’。”南约克郡警察非但不用接受检查，反而紧密联系，步调一致，遮蔽事实，扭曲、伪造证据，向《太阳报》等媒体散布对受害者不利的信息。

煤矿工人大罢工强化了警察群体的心理共识，而这种心理共识直接导致了希尔斯堡悲剧的发生。“南约克郡警察一度可以对工人阶级做任何事情而免受惩罚，”伊戈尔说，“这一情景从煤矿工人大罢工开始，他们给罢工的人们硬扣罪名，不用面对除赔偿损失外的任何后果，他们最终形成了一种可以免受处罚的共同心理，而这一心理在希尔斯堡惨案中显而易见。”因为得以从欧格里夫战役中顺利逃脱，在希尔斯堡惨案导致96位球迷死亡事件发生后，他们也有底气按之前的方式处理。

“警察机关执行他们自己的法律，”玛格丽特·阿斯皮诺尔表示，“玛格丽特·撒切尔在警察对矿工们采取行动的事情上对南约克郡警察亏欠很多。不要忘了她尝试让矿工家庭遭受饥饿之苦。她导致兄弟、父子、夫妇反目成仇。她为获得她想要的东西而采取了这样的办法，在这一问题上，警察为她拼力卖命，这可真是一件充满血腥味的好工作。所以说她亏欠他们一大笔债。”撒切尔主义成功收买了警察的忠诚，他们为她而战，在此过程中一时变得威风无比。

希尔斯堡惨案真相最终得以大白天下的唯一原因，就是受害家庭为寻找真相和正义而进行的不懈斗争。他们当时面对的是媒体、警察和政治精英等人持续了20多年遮掩事实真相的行为。“只有这些家庭知道事情的真相，”玛格丽特·阿斯皮诺尔说，“那天在现场的24 000名球迷和目击者非常清楚事实的真相。政府和权贵似乎忘记了这一点。”

2012年9月，当希尔斯堡惨案令人震惊的阴谋细节最终曝光后，英国政治精英道了歉，当时一种普遍的感觉是，这是一种对当下时代的干扰，因为黑暗时代早就已经是过去时了。之后，警察继续前行，他们对专制特权和“秘密文化”进行了改革。起码他们的说法是这样。“我们当时面对的是一个非常不同的时代，在那个时代，球迷被当作二等公民，总是被通过有色眼镜看待，经常被当作流氓。”工党的安迪·伯纳姆在调查报告发布后对BBC记者这样说。他在为调查希尔斯堡惨案行动提供安保问题上发挥了非常关键的角色。[4]“这样的事情本不应该发生。”经验丰富的《卫报》记者迈克尔·怀特这样写道。其他人也有一些怀疑。“我想，事情已经发生了很多变化，但或许也不像我们想象的那么多，”玛丽亚·伊戈尔对我说，“权力和权威颇具诱惑性，很容易被滥用，我们应该抵制这一点。不过今天的警察比过去可要好太多了。”

新权贵在警察中推行的威权文化延续了下来。随着工会的衰败，权贵们的极端反对者变得更为碎片化和无能为力。不过这些极端反对者却依然需要面对警棍和大范围逮捕，甚至比之前更为糟糕。

新权贵承诺给予个人以自由，但同时却通过给予警察越来越多的权力而变得比以往更为专断，对公民进行抗议的权利构成威胁。1986年，英国通过了一项公共秩序法案，该法案将可能引发“骚扰、恐慌和悲痛”的言行定为犯罪。这项立法后来也被用到同性恋权利抗议者和基督教街头传教士身上。[5]这项法案对示威游行也强加了新限制。八年后制定的另一项公共秩序法案集中打击狂欢聚会，同时也瞄准一些形式的抗议行动。这些看上去值得赞赏的法律实际被用来打击各种异议。举例来说，1997 年通过的免受骚扰法案，在 2007 年甚至被用来阻止牛津郡中产阶级村民的一场抗议活动，而他们只不过是要求能源公司停止破坏一片湖泊而已。这根本就不是什么保护个人免受骚扰，这完全是保护公司利益免受抗议。2005 年，《严重犯罪和警察法案》对在议会广场一公里范围内的抗议行为强加了相关规定。甚至在“议会之母”（指英国议会）之外自由地举行抗议这一历史性权利也遭到了冲击。

在新工党时期，恐怖主义的威胁成为制定一些法律的合理理由，这些法律允许对恐怖主义行为的嫌疑人采取“控制指令”，即使没有证据证明他们有罪。同时，这些法律也允许对电话、信函、电子邮件等进行合法拦截。不过，最大的争议集中在新工党决定将无指控羁押的期限延长到 90 天这件事情上。这在西方是最长的羁押期限。2005 年，托尼·布莱尔首相曾问伦敦大都市警察局，他们审讯恐怖嫌疑分子需要多长时间。警方本不敢指望首相会接受他们的这一建议。他们就不断游说议员们支持这一提议。“议员们与来自各方面的人们反复举行此类会面，人们告诉议员说如果不这样做，我们就到世界末日了。”一位工党影子大臣这样回忆说，他当时还是一位后座议员。此外还包括一些不记录在案的一对一会面。布莱尔给了警察“他们想要的所有权力”，前高级官员布莱恩·帕迪克说：“工党想的是，万一再发生恐怖主义暴行或犯罪浪潮，他们不想成为被责怪的对象。届时他们就会指责高级警官，那时责任就转到了警察身上，政府可以得以脱身。”尽管 90 天的最长羁押方案最终被议会反对派否决掉了，但其他反恐法案还是顺利通过。有一个非常极端的例子，工党在 2005 年工党会议中将 1937 年从纳粹德国逃出、年过八旬的沃尔特·沃尔夫冈驱逐出党，原因只是他激烈诘问外交大臣杰克·斯特劳。根据恐怖主义法案的规定，沃尔夫冈被拒绝再次入党。无怪乎布莱恩·帕迪克说新工党时代“近乎失控，警察想做什么就能做什么，没有任何顾虑”。

那些抗议英国新权贵价值观的人们最终都栽倒在威权主义者的手中。2009年春天，政府对金融系统实施救助几个月后，G20财长和央行行长会议在伦敦举行。迎接这些手握实权的男士们（他们中女性很少）的，是对社会、经济和环境公平的强烈诉求。面对这些游行示威活动，伦敦警方发起了一场代号为“格伦科行动”（这个名字不吉利，但能说明问题，格伦科因1692年2月一场臭名昭著的大屠杀而著名，那场大屠杀针对的是未对王权宣誓效忠的苏格兰氏族领袖）的安全行动。“我们准备好了，能够处理好这件事情。”西蒙·奥布里恩司令官事前声称，这件事儿指的就是处理政治示威游行行为。这是一篇看上去像是准备迎接严重冲突的讲话，而不像为民主示威提供服务的讲话。“为抗议者提供服务与警察的固有文化明显不符，这与他们一贯行为根本不合拍，”帕迪克解释说，“他们的自然反应就是牵制它、控制它。”

苏菲·佩兹尔当时还是一个18岁的学生。她在东苏塞克斯农村长大，参加了2009年4月1号的游行。这是她第一次参加抗议游行，也是迄今为止唯一一次。“作为十几岁的年轻人。我当时对社会有些不满情绪，”她回忆说，“我当时正处于盲目追求无政府主义的阶段。”金融崩溃的后果和对金融城那些“无法无天者”的愤恨，让她意识到追求公正的重要意义，尽管她当时并不清楚自己的政治诉求是什么。她和朋友们精神倍爽地走上街头，身着笨拙的马甲，手举海报，上面画着各种漫画和标语。比如打着“打倒这种事”的标语向电视剧《神父泰德》致敬。她记得，在刚开始的几个小时里有一种街头聚会的氛围，但是当抗议者走到英格兰银行附近时，气氛开始发生变化。“我们最终与几个白痴一起被搅了进去。”她说，少量的海报被扔向警察方向。到了下午3点，局势平静下来，游行活动也就散了。

但是，就当苏菲和她的朋友们打算回家的时候，警察突然在游行区域之外封锁了路线。她们被困住了。“当时的气氛简直可怕极了，”苏菲说，“大部分人不愿再游行了，他们只想回家。”警察称其为“管制”，但是人们更愿把这理解为“瓮罐”战术。当时仍在现场的示威者，包括苏菲和她的朋友们在内，被困在那儿将近六个小时，并且气氛越来越紧张。一位曾与他们交流的澳大利亚摄影记者发现自己身陷混乱，尝试拍照记录，但他的相机马上就被警察没收并弄坏了，而他身上最后也弄得血迹斑斑。

在他们附近，气候营组织的抗议活动已经把主教门（Bishopsgate）变成了抗议者的嘉年华，人们在那里跳舞、打鼓、大声播放音乐。突然，从下午7:10开始，他们被警察指控搞得过火了。警察朝抗议者挥舞着警棍，抗议者大声嘶喊着“这不是一场暴乱”。抗议者被困了好几个小时。警方后来为这场围堵辩护时称，此举是为了防止暴力示威者“绑架”气候阵营组织的活动，高等法院随后裁决说他们使用了“不合理的警力”。但这一裁决后来又被上诉法院推翻了。

随着抗议者从下午7:00开始被打散，高级警官们发布了一道命令，同意在零星的混战中使用“正当武力”。在这一紧张情景下，一些与抗议活动没有任何关系的路上行人也被抓了起来。47岁的《伦敦标准晚报》（*Evening Standard*）报贩伊恩·汤姆林森就是其中一位，他当时正在下班回家。谁知几分钟后他就离开了这个世界。

根据警方最初的声明，“有一名公众”告诉警察有一位男士瘫倒在地，随后他们派警医去实施心肺复苏术，尽管当时“有许多抛掷物扔向他们，主要都是一些瓶子”。[6]媒体与警察相勾结，将罪责转移到抗议者身上。记者不加甄别地接受警方对事情的陈述，毫无疑问，这是因为他们与警察一样对抗议者充满反感。第二天，《伦敦标准晚报》按警方的意思刊发了《警察冒着被砖头砸的危险抢救人员》。按照这篇报道的说法，警察抢救汤姆林森时“遭到砖头、瓶子、木板等的轮番轰炸”。警察在此有意把抗议者妖魔化，以转移公众对他们的指责，这是一种扰乱舆论民意的策略。

“4 月 4 号，伊恩·汤姆林森的妻子朱莉接到伦敦警察家庭联络官的电话，”汤姆林森的家庭律师朱尔斯·凯里在伦敦市中心一家嘈杂的酒吧里告诉我，“联络官对朱莉说，‘我们的调查已经得出结论。一群戴黑色头套的抗议者已经受到了指控，当警方对此作出反应时，抗议者们趁机跑掉了。伊恩当时是在戴黑头套的抗议者中被逮捕的，当时他看起来像是突发心脏病死亡。是那些抗议者杀死了伊恩。’”当联络官告诉朱莉这些时，她禁不住哭起来。

但是，由于科技手段的进步，靠传播错误信息而逃脱责任变得越来越困难。纽约投资基金经理克里斯·拉召尼当时正在伦敦出差，他恰巧用手机记录下了伊恩·汤姆林森生命的最后时刻。几天后，拉召尼在去希思罗机场（Heathrow）的路上发现他视频里的这个人符合死者特征，并把这些材料传给了《卫报》记者。[7]

警方的说法被彻底推翻了。视频显示伊恩·汤姆林森双手插口袋从警察和警犬旁边走过。在汤姆林森没有任何挑衅动作的情况下，一位头戴巴拉克拉法帽、遮住了编号的警察突然用警棍袭击了他，并把他迅速按到地上。汤姆林森的头撞到了硬路面上。随后，他坐在地上向警察表达异议，但没有一位警察来帮他。相反，是一位叫阿兰·爱德华的抗议者上前帮助汤姆林森。爱德华后来向警方转述了汤姆林森的话，他说："我只是想回家而已。"

汤姆林森随后想离开，神情恍惚，走了 60 米后瘫倒在地。他被记录下来的最后一句话是："是他们打的我，是那些混蛋把我打成这样的。"一位名叫露西·艾普斯的医学学生尝试对汤姆林森进行了紧急抢救，但后来她被警察强行拖走了。当警察围在汤姆林森周围时，一位名叫丹尼尔·马克菲的社会志愿工人打电话叫了紧急救援。救护车话务员要求与警察对话，但警察拒绝这样做。最初版本的警方报道似乎没有那么准确。[8]

"4 月 8 号，在他死后的第八天，我坐在伦敦城市警察局里，"朱尔斯·凯里说，"伦敦市侦察员向我强调说，警犬咬汤姆林森的腿可能是因为抗议者扔玻璃瓶导致的，袭击他的警棍当时可能也是在抗议者的手中。他声称抗议者偷了警察的制服，所以袭击汤姆林森的也可能是一位抗议者。"

起初，伦敦市验尸官保罗·马修斯指派福瑞迪·帕特尔医生对汤姆林森进行尸检。结论是汤姆林森死于冠状动脉疾病。但帕特尔的专业素养向来饱受质疑。2004 年，警方甚至曾给内政部去函，对他的工作表示担忧。在 G20 抗议之前，医学总会已经对他进行了四年的调查。汤姆林森死后几个月，随着其他几个案例也显示出帕特尔专业素养的欠缺，他的政府注册病理学家头衔被暂停，后来被从中除名，并被禁止行医。随后进行了第二轮尸检，结论是汤姆林森死于"因腹部遭受钝力损伤和酒精肝硬化共同导致的腹部出血"。[9]

最终的尸检报告采用了第二种观点。

独立警察投诉委员会和警方自一开始就设法干涉对汤姆林森死因的调查。警方在汤姆林森死后四个小时才向公众宣布，九个小时后才通知家属。按照警方的说法，他们在对汤姆林森进行紧急抢救时还受到抗议者偷扔杂物的干扰。[10]记者们则吹风说，鉴于汤姆林森的身体健康状况，亲属们对他的死并不感到特别奇怪，并且希望大家不要妄加推断，以免让他的家人心烦意乱。警方一直设法干预相关调查，独立警察投诉委员会花了一周的时间才把警方人员从调查工作中赶走。[11]

当审讯最终举行时，陪审团驳回了2011年5月的非法谋杀的判决。事后证明，这一案件的肇事者西蒙·哈伍德此前曾有两次不当行为的前科，其中包括一次路怒事故。他因健康原因在惩戒听证会之前从伦敦大都市警察局辞职，之后成为一名萨里郡警察，后来又回到了伦敦大都市警察局工作。汤姆林森死后四年，伦敦大都市警察局进行了一项庭外和解，为他的家庭所遭受的身心痛楚而道歉，并表示对哈伍德的行为负全部责任。[12]哈伍德被指控过失杀人，但并未因此获刑。自1990年以来，近1500人在与警察的接触中死亡，但却没有任何一位警察因此获罪。

类似西蒙·哈伍德这样的案例非常容易吸引人们的关注，但人们顶多把西蒙这样的人归为“坏人”，却很少谴责警察制度。而这只不过是权贵们把经济自由主义和威权主义融合到一起的一个典型案例罢了。对G20抗议的高压处置引来一场由警察监察总长丹尼斯·奥康纳领衔的调查行动。调查结果为从制度层面理解警察如何对待抗议活动提供了令人信服的证据。报告警告说，英国警察的强硬态度和处理G20抗议活动的策略有失公允、冒进又缺乏协调一致。奥康纳在报告中建议，即使处理最紧张的态势，也只能出动最小数量的警力。报告结论说，最重要的是，警察行动需要“与公众同意挂钩”。奥康纳警告警察不要偏离英国传统模式，强调应重新重视传统模式。在这里，白纸黑字，证明英国警察的心态已经发生了重要变化。[13]

但是，当新一波抗议活动涌向英国街道时，几乎没有证据表明奥康纳的“非冒进”建议被警方采用。2010 年 5 月联合政府上台执政不久，大学学费上涨了两倍，这直接违反了自由民主党关于彻底废除大学学费的承诺。此举引发了一场从 2010 年 11 月开始的学生抗议浪潮。年轻人经常被认为沉迷于电视真人秀，是极其冷漠的一代，但当他们走上街头游行时，迎接他们的却是围堵和警棍。在 12 月份伦敦的一场游行示威活动中，包括十几岁的年轻人在内的示威者被围困在零摄氏度左右的街道上达五个小时。“上千名愤怒、疲惫的年轻人被困在一个拥挤的空间里，就像一场满座的摇滚音乐会的场景”，亲历者之一丹·汉考克斯告诉我。当时人群极其拥挤，以至于来自阿伯丁皇家医院的一位麻醉师说：“这是我见过的最令人不安的事情，这简直有点像希尔斯堡惨案的情况。”[14]联合国和平集会、结社等自由权利特别报告员迈纳·凯甚至将这种围堵称为“不利于人们行使和平集会的权利，因为这种围堵不分青红皂白，且所留空间也与人数不成比例”。[15]

冒进的警察，围堵，批量抓捕，基于欺骗的对抗议行为的妖魔化，导致伤亡的警方行动，这是权贵威权主义的后果。许多活动分子告诉我，许多与他们政见相同的人因担心被围困数小时或被逮捕甚至有更糟的事情发生，而不愿参加游行活动。尽管苏塞克斯警方明确表示“警察的一项核心功能就是为和平示威提供便利”，但警察对最近几起抗议活动的反应，却使人们严重质疑这一承诺。类似这样的行为改变了警察的形象，让他们成了社会现状的维护者。

警察们目前应对其他异议的手段有可能会对个人自由造成前所未有的威胁。艾莉森 1994 年在北伦敦哈克尼第一次见到马克·卡西迪时只有二十几岁。她当时是科林·罗奇中心的一员，该中心是为纪念 1983 年被哈尼克警察射杀的、年仅 21 岁的黑人而成立的。“他（马克）很谦逊，很接地气，看起来倒像个工人阶级，”她在一家土耳其餐厅回忆说，“这让人耳目一新，因为许多左翼人士其实是中产阶级。”他们的关系从 1995 年春天开始。马克自称是个木匠，住在一间既是卧室又是起居室的房间里，不过他们很快就搬到了一起住。“我彻底陷入了爱河。”她坦言。

马克继续他的政治之旅。他所在的机构名叫反法西斯行动中心，这一机构的工作目标是将种族主义和法西斯主义集团从大街上清除。但是马克深深地卷入了一个名为“红色行动”的左翼宗派。这个职位给他带来了很多威胁。一天夜里，艾莉森在凌晨 3 点被电话吵醒，电话那边的男人要求与马克对话。“你个芬尼亚会混蛋，我要杀了你。”马克怒斥了对方一通，随后挂掉电话。马克安慰艾莉森说，如果对方是认真的，他们就不会先打电话来了。他把窗户横装上一道木头杠。“别害怕，我不允许任何人伤害你。”他再次向她保证。

在他们相处的早期阶段，艾莉森经常开玩笑地问：“你去向你亨敦（Hendon）的同事报告去了吗？”当时亨敦是伦敦都会警察局的主要培训中心所在地。他对此也开怀大笑。后来，突然有一天，马克去逛商店时把夹克落到了家里。艾莉森在他的夹克里找到了一张西敏寺银行的信用卡，卡上签名是 M. 詹纳。“谁是他妈的 M.

詹纳?”待马克回家后她大吼道。“我的天呐，我不敢相信我竟然如此愚蠢。”他双手抱头解释说。他声称这张卡是从酒吧里一个家伙那里买来的，那个家伙当时想换现金买汽油，他还祈求她不要告诉任何人，否则他会被当成小偷。“不过这倒确实像是他这样的人能够干出来的事儿。”艾莉森对自己说。毕竟这个男人和她来自完全不同的两个世界。

在他们相处的后期，马克变得越来越沉默寡言，经常给艾莉森讲关于他那不正常的家庭的故事。2000 年春季的一天，艾莉森回到家时发现桌上留了一张纸条，上面写着：“我们的关系至此结束”。马克后来又从柏林给艾莉森发过一张明信片，上面写着“不要老想要‘阳光下的假期’”。这是性手枪乐队一首歌的名字。明信片最后一行写道：“请不要再等我了。”艾莉森彻底崩溃了。马克消失几周后，艾莉森接到了他的一个前左翼同事的电话。艾莉森同意在一家酒吧与他们的一位领导人会面，那人问了艾莉森一连串的问题，“我们需要通过梳理各种事情来查明他到底是不是个内鬼。”那人告诉艾莉森。

像艾莉森这样毫不知情地与卧底警察交往的女性还有不少。这些女性的经历有引人注目的相似之处。这些卧底警察都有一辆面包车，在集会后用面包车把活动分子挨个送回家，这样一来他就知道这些人的家庭住址了。他们都会编造关于自己家庭的糟糕故事，这样一来自己的伴侣就不会想着去见他们的家人。他们突然消失时都会留下一些纸条，甚至连上面的内容都惊人的相似。对于伦敦大都市警察局前高级警官布莱恩·帕迪克来说，这一条线“对于我们了解游行示威者的情况、预估他们要做什么，以及很好地控制他们是非常重要的。这一招很奏效”。

艾莉森坚定地认为这是一种“制度性的性别歧视”。他们以虚假的身份与女性建立关系，进而发生性关系。他们到女性的家里住，可以使用她们所有的财产。他们共享生活，却保守着至关重要的秘密。“对此我想说的是，警察在那些方面已经彻底失控了，”为卷入这类事件的女性伸张正义的绿党议员卡络琳·卢卡斯这样说，“如果你认为电话窃听就已经够令人愤怒的了，那么如果一些人不只是窃听你的电话，而是从本质上介入你的生活，那是多么令人愤怒？想想看吧，这些人与你睡在一张床上，与你共享所有的东西达六年之久，还与你有了小孩。”

与卧底警察鲍勃·兰伯特生了一个孩子的那位抗议者在描述自己经历时显得非常平静。她是“被国家强奸了”，她说：“我不是自愿与鲍勃·兰伯特睡到一起的，我根本不知道鲍勃·兰伯特是谁。我与一个间谍一起生活，一起睡觉，一起组建家庭，我所做的所有事情都不值得。”[16]难怪皇室法律顾问、工党副检察长维拉·贝尔德认为，卧底警察的此类行为符合强奸的标准。[17]

这些受害者联合到一起，要求弥补精神、心理和财产损失。并且揭露政府为抑制政治异见能把事情做到什么程度。但是，更令卡洛琳·卢卡斯震惊的是，2013年1月一位法官判决说，这些案子中的一些必须闭门审理，这无异于伤口上撒盐。在被政府“性侵”后，她们甚至不被允许去旁听她们自己的案子。

此外还有一些爆料，数十名警察间谍盗取了至少42名已去世儿童的身份。随后一些调查对象逐步浮现。1993年当十几岁的黑人儿童史蒂芬·劳伦斯被种族主义暴徒谋杀后，伦敦大都市警察局不抱任何希望地开展调查，结果自然是失败的。1999年麦克弗森报告表示，警察实际是“制度性的种族主义者”。2013年6月，前卧底警察彼得·弗朗西斯承认他被命令到劳伦斯家族做卧底，目的是试图通过发现一些“肮脏的事情”来搞臭这一家族。他帮助拘捕了杜韦恩·布鲁克斯，他曾是史蒂芬·劳伦斯的好朋友，劳伦斯被杀害那天，布鲁克斯正与劳伦斯在一起，当时针对他的指控被法官驳回。[18]直到事情过了近20年后，谋杀史蒂芬·劳伦斯的五位凶手中才有两位落网。警方看起来是为史蒂夫·劳伦斯家庭伸张正义，但实际上是在利用资源败坏这一家族的名声。

新的威权主义的权贵为打击极端异见分子而赋予警察横扫一切的权力。此举导致的结果是英国警察行事风格越来越像东德警察。在这一新版的威权主义影响下，遭殃的可就不只是那些抗议者了。

1983年，玛格丽特·撒切尔的保守党扫除了长期处于分裂状态的反对派的阻碍，以压倒性优势获得胜利。布莱恩·帕迪克当时还是布里克斯顿的一名警司，布里克斯顿是南伦敦一个种族混杂的社区。“当时刚刚引入目标导向的治安理念，”帕迪克回忆说，“警察开始制定行动计划，制定工作目标。这在之前从未出现过。”当时有一种观念遍布公共服务领域，那就是所谓的“物有所值”，尽管允许警察们高额的支出上涨，但也没能免于这一公共部门的“指导原则”。不过，就像帕迪克所言，这也导致了一些不正常的后果。警察如果开展抓捕行动，他们就不得不经常加班。“他们不得不出去拘捕那些吸食大麻的青年人，这很容易做到，因此他经常加班。”他回忆说，同时，这些青年人中黑人略多。

政策转向威权主义也并非瞬间完成的事情。1981年，政府接受了一项修正案，成立跨党派的国内事务特别委员会，废除所谓嫌疑犯拘捕法。根据这一法案，警察可以拦下甚至拘捕任何他们认为可能涉嫌犯罪的公民。这一法律的受害者中有大量黑人，这种骚扰导致了1981年英国的城市骚乱。

政府非常明确地转向威权主义。1979年，法律和命令构成了保守党竞选平台的关键部分。工党明确指出托利党的竞选纲领严重破坏了“法治”原则。在保守党治下，刑事司法法案被强行加入许多严苛条款。撒切尔的接任者约翰·梅耶1994年引入刑事司法和公共秩序法案，该法案给予警察更多权力，以制止和搜查在帕迪克看来“没有什么嫌疑可言的平民”。一种新的嫌疑犯拘捕法就这样被引进了。在新权贵这里，政客们应该把自己定位到与战后英国所谓“宽容的社会”相对立的立场上。撒切尔的得力助手诺曼·泰比特在1985年的一场报告中对所谓“宽容”进行了概括总结，他描绘说，在这样的社会里，“犯罪分子与受害者获得了同样多的同情。”撒切尔同时也极力谴责所谓“寻找开脱理由的文化”。

这一信条在接下来的近20年被托尼·布莱尔所效仿。他声称，“不同类型生活方式构成的社会”已经“孕育出一群没有在父母的规训下长大的年轻人”。“今天的人们拥有类似1960年代的足够多的共识。”布莱尔断定，并极力呼吁“规则、秩序以及恰当行为”。在1993至2012年间，英国监狱人口几乎上涨了一倍，超过86 000人。[19]这在西欧国家占比是最高的。种族问题遍布监狱牢房，黑人被捕入狱的概率是白人的五倍之高。[20]至少说，新威权主义的行为是有选择性的，他们的目标人群是社会底层大众而非社会上层人士。

21岁的约翰内斯·斯嘉里和我一样，从来没有被捕过，更别说被指控犯罪了。不过我和他也有明显不同，我从来没有被警察突然拦下搜身的经历，这种经历对我而言就像外星人一样少见，但对约翰内斯而言却几乎是生活的自然组成部分。他12岁时，有一次与小伙伴一块从住所附近的足球场溜达回家时被拦住搜查，那是他第一次遇到这样的事情。从那之后，他已经被拦截有大概 50 次了，平均两个月一次。

约翰内斯出生于一个牙买加移民家庭，如今即将完成大学学业。他的梦想是成为一名记者。他因天资聪慧被《伦敦标准晚报》从一个青少年俱乐部选去做实习生。他低声细语却又极为雄辩，他为人低调却又充满魅力，整个人显得极其可爱。他的穿着与英国城市里的很多年轻人一样，连帽衫、牛仔裤、运动鞋和一顶帽子。一位警察在把他拦下来检查时告诉他，他的这一打扮“很像犯罪分子穿的制服”。

约翰内斯有许多非同寻常的经历。一些警察非常礼貌，他们会对他说，“告诉你的小伙伴们，并不是所有的警察都那么坏”。而在一些糟糕的案例中，警察甚至没有停下来检查。就在我采访他的几天前，他在叼着烟走路回家途中又被警察拦下。当时，一辆警车在他身边减速，然后尾随他慢慢开。他说：“这种行为感觉就像是恐吓和欺凌。”在停下盘查期间，约翰内斯感觉自己被剥夺了“无罪推定权”，再也不像一位拥有权利的公民。“他们可以在你面前来个急刹车，跳出来厉声喝道‘站在墙边去!’随后开始大吼大叫，我不知道发生了什么，我只是在走路回家而已。”他说，警察“基本上相当于把你推来推去。先把你推到墙边，然后让你转身。他们搜查时动作非常粗野，如果你有任何反抗，他们就会变本加厉，甚至做得很过头。如果你显示了哪怕一点点的抵制情绪，他们就恨不得把你打翻在地。一旦你开始反唇相讥，他们就会请求支援，把事情闹大。”

对从未有过被搜查经历的人来说，很难体会到这种经历有多不爽。“我感到害怕，感到极其害怕，”约翰内斯说，“我不知道我做了什么，但感觉很丢脸。就在街道中央，所有的人都在围观。你没有任何能力反抗。世界上最让人烦躁的事情就是被人控制住、一动不能动。”这样的公共演出实在有辱人格。约翰内斯感觉好像在被路人审判似的。在他们看来，警察正在调查一个青年黑人。“还有那些从自家窗户往外看的人们，他们看你的眼神似乎在说‘瞧那些熊孩子’。”

对约翰内斯而言，种族主义的幽灵难以避免地经常出没。他回忆起一次被拦下搜查的经历。那时他大概十五六岁的样子，和朋友们正在踢足球。“我们都被搜查了，除了两个白人男孩和一个混血男孩，”他回忆说，“警察说他们没有足够的警力去搜查其他人，但很明显对待我们存有种族差异。所有的黑人男孩在一边接受搜查，而两个白人男孩和一个混血男孩则站在足球旁边等着我们。”

所有这些都并非是约翰内斯偏执的直觉。2012 年，受政府资助的平等与人权委员会在一项报告中表示，黑人被拦下盘查的概率是白人的六倍，亚裔人群被拦下的概率是白人的两倍。[21] 1994 年公共秩序法案第 60 条开始实施后，情况变得更为糟糕，根据这一条的规定，警察可以在没有任何犯罪嫌疑的情况下随意将人拦下搜查。根据平等与人权委员会的数据，2010 至 2011 年间，黑人被伦敦大都市警察局警察拦下的概率是白人的 11 倍之多。在西米德兰兹郡，这一比率甚至达到惊人的 28 倍。[22]

如今警方在减少使用拦截搜查方面已经作出一些努力，取得一些进步。不过这也证明这一办法在降低犯罪率问题上并没起到多大作用。根据平等与人权委员会的数据，到 2013 年 6 月，五家警局把拦截搜查行为降低了 50%，犯罪率甚至持续降低。[23] 只有 9% 的拦截搜查对象最终被捕，导致保守党内政大臣特蕾莎·梅都承认，这激发她“思考拦截搜查工作是否通常都是适当的”。警察督察局2013年7月发布的一项报告显示，在27%的案例中，警察要么不能给出盘查的理由，要么给出一个无效的理由。这项报告最后的结论是，2/3以上的英格兰和威尔士警察不知道该如何有效使用手中的权力，也不知道这种行为会给社会群体带来何种影响。

在新工党执政时期，随着任务指标制度的实施，这一问题进一步加剧。正如霍华德刑法改革联盟主任弗朗西斯·克鲁克所言，考虑到国内暴力、儿童色情以及其他一些事情处理起来很复杂，政府“迫使警察抓捕尽可能多的孩子，因为这些小孩可能帮助他们完成指标任务。只要感觉不顺眼，你可以抓捕12岁的儿童，也可以抓捕大量其他人群。”换句话说，重压之下的警察为完成上级下达的指标，就会去找那些唾手可得的目标，比如街上那些孩子们。

西米恩·布朗是托特纳姆（Tottenham）地区一个青少年团体的领导人，托特纳姆位于北伦敦地区，黑人人口很多。西米恩·布朗发现，警方对黑人青年的拦截搜查给这一群体带来深刻的心理影响。“你会感觉自己是外人，”他说，“你会感觉自己似乎被看作国家的敌人。他们认为你很危险，很像是犯罪分子，很像是无业游民，并且这都是你自己的过错。”

新威权主义也延伸到了毒品犯罪领域，并且带有深远的种族主义内涵。1986年，警方为毒品问题实施了32 500次拦截搜查。而到2008年，这一数字爆炸式增长到40. 5万次。[24]毒品慈善机构2013年发布的一项研究显示，为检查是否拥有毒品，伦敦警方对白人的搜查比例仅为7‰，对混血人群的搜查比率为14‰，对亚裔人群的搜查比率为18‰，而对黑种人的搜查比率则高达45‰。黑人被拦下盘查的可能性是白人的六倍。这一比率不能简单归因于黑人吸毒可能性的大小。就像这家慈善机构所指出的，实际上，黑人吸毒的比例大概是白人的一半。

搜查后所发生的事情足以证明白人与黑人的待遇是何等的不同。同样是私藏大麻，黑人被起诉的比率是白人的五倍。同样是私藏可卡因，白人被起诉的比率为44%，而黑人被起诉的可能性为78%。因私藏少量毒品获罪对这些人的未来生活会有不利影响，他们未来可能不容易找工作，并且这件事情本身也是不公平的。不过黑人确实更容易遭遇这样的命运，这是一个事实，反映的是英国司法系统内特有的种族歧视。

在2011年警方给英国城市造成混乱、破坏和恐惧的那场防暴行动后，伦敦政治经济学院和《卫报》共同发起了一项调查，结果显示，许多动乱参与者对警察充满怨恨。脱衣搜身、言辞粗鲁、肤色歧视等各类报道逐步呈现。这场防暴行动发生一年后，我在托特纳姆的一家咖啡馆里采访了经验丰富的反种族主义宣传工作者斯塔福德·斯科特。在他看来，把这种委屈感一代一代传下去很要命，年轻人在警察那里感受到的不公平，与他们从父母和祖父母那里继承下来的怨恨混合到了一起。作为一个年轻人，斯科特曾经被拘捕罚款，警方的依据是所谓“嫌疑犯拘捕法”，这是两个世纪前实施的流浪法案的一部分，而这一法案直到1981年才被废除。这一法案允许警察对有可能犯刑事罪的人实施拘捕。许多黑人因此莫名入狱。同时，在1970年代和1980年代，大量十几岁的黑人青少年被逐出学校。哈林盖拦截搜查监视工作组主席肯·海因兹告诉我说：“你们（白人）已经让三代黑人群体遭受同种形式的拦截盘查了。

也就是说，我 35 年前经历的事情如今还在我孙子的身上发生。”[25]

接受我采访的黑人青年中有一种共同的情绪，他们认为警察是“这里最大的帮派”。令人不安的是，警察自己也用这一称呼。2012 年年初，恩菲尔德（Enfield）警察总监伊恩·吉布怀特警告帮派成员说：“你们帮派有 100 人，但我们帮派有 3.2 万人。我们帮派的名字叫大都市警察局。”布莱恩·帕迪克对他一些老同事的言行反省说：“他们同辈人中有些成为罪犯，有些成为警察。他们最后到了篱笆那一边其实只是一念之差。”他推测其中的原因：“是因为安全问题吗？是因为人们感到自己太脆弱吗？是因为人们看到周围不断有暴力事件发生，想要安全，想通过加入合法帮派来保护自己吗？如今犯罪团伙能够给青年提供安全感，或许警察选择这一职业也是因为觉得警局可以为他们提供安全吧。”

我与伦敦大都市警察局前侦缉总督察彼得·柯卡姆聊天时，他对警察角色恰恰也用了相同的描述。“在一块地盘上有一些人就是想当家说了算，”他说，“你要向别人传递一个强烈的信号，告诉他们，‘不，你他妈不是’。这样一来你就可以撼动他们的地位，你也会感到自己是这一块地盘上最大的帮派，并且你们不会去恐吓当地老百姓。”

这一观点在英国警察中颇为流行，而且备受推崇。通过把自己当作一个大帮派，而不仅仅是捍卫法律的卫士，警察就自动与敌对帮派站到了冲突对立的立场上。“帮派”这个词含有各种令人忧虑的内涵——护卫领地，扩展权力，寻求地位、尊重和荣耀，寻求摧毁敌人、赢得服从。这一定位使得警察的自我辩解变得更容易，支撑了他们那种咄咄逼人的心态，并认为只有做坏事的人会遭受警察的管制。问题是，像黑人青年这样的群体会被预设为做坏事的人，被预设为敌对帮派的人，进而以此为依据来对待他们。

如今伦敦大都市警察局的标语非常霸道。在前警察局长伊恩·布莱尔时期，警局曾经使用一句颇具交互感的标语——“为了一个更安全的伦敦而一起努力”。但是2011年9月伯纳德·霍根－豪成为局长后，这一标语变成了“警察总动员”，听起来像是《机械战警》里面的用语。1999年，麦克弗森报告明确表示，警察是一种“制度性的种族主义”，许多人说，今天仍旧如此。“在种族主义这一点上，警察没有什么改变，”该报告的四位撰稿人之一理查德博士2012年说，“尽管人们为此付出了大量努力，但遗憾的是并没有什么实质性改变。”[26]在接下来的一年里，他的观点被都市黑人警察协会引用，该协会表示，他们“仍然认为警察是一种制度性种族主义”。当英国黑人遭受警察的不公正待遇时，他们的经历往往无人知晓。不过随着技术的进步，原来被掩盖起来的一些种族主义的案例如今可以曝光了。2011年，21岁的毛罗·德梅特里奥录了一段录音，并泄露给《卫报》，内容是巡警亚力克斯·麦克法兰对他说：“你的问题在于你永远是个黑鬼。”大小陪审团认为，虽然麦克法兰的行为严重违反了大都市警察局内部的相关规定，但并不构成严重的蓄意种族骚扰罪行。此事发生后，引发了针对伦敦警察种族主义行为的一波调查和起诉浪潮。

但是，直至麦克弗森报告发布十多年后，明目张胆的种族歧视依然故我，更别说那些莫可名状的心理歧视了。这一点在独立警察投诉委员会2013年的一份报告中也得到了强调。“很多时候，投诉经常被驳回，他们根本不进行调查，也不给解决。他们不认真对待投诉，也不吸取教训，”独立警察投诉委员会专员詹妮弗·艾泽柯在结论中严肃指出，“关于种族主义的投诉，如果种族因素没有得到恰当处理，可能会加剧警察的负面印象。这同时也说明警察没有承担责任，或者说并没有从他们的行为中吸取教训。”[27]这是一种双重的不公正：先是因为种族原因遭受不公正待遇，而后当你鼓起勇气和决心把这件事说出来时，又得不到认真对待。

“我不是说完全没有种族主义，或许确实会有一些，”彼得·柯卡姆承认，“但我不认为存在明显的种族主义，因为我不认为谁能够逃脱得掉……人们对警察还留有大量刻板的印象，因为我们的相关训练确实还跟不上。”在柯卡姆看来，是整个社会出了问题，而不是警察出了问题。“如果你到一个穆斯林国家，相关制度规则就会尽量有利于穆斯林宗教，”他暗示说，“既然你在这里，相关制度规则就是围绕基督教制定的，这是个基督教国家，到处都是英格兰教堂……我们当然要通过我们的眼睛来看这个世界，西欧白人、盎格鲁－撒克逊、英国历史等。这个国家是为这些人的利益而建立的，因此整个制度设计对于不是这一背景的人来讲，就会或多或少带有种族主义的色彩。”这种合理化论调令人担忧，按照这一逻辑，所有国家都不可避免是为满足主流种族群体的需要而建立的。其实这种说法转移了话题的焦点，我们所关注的问题是，制度性的种族主义已经变得越来越危险，警察因拥有横扫一切的强大权力，而在很大程度上剥夺了民众的自由。

这种独裁心态与种族歧视的结合会导致致命的后果。英国慈善机构“询问”（Inquest）开展了一项关于拘留期间死亡案例的调查，调查结果显示，“黑人和少数族裔人群因过度使用武力、约束以及严重的医疗不作为而死亡的比例明显要更高，我们相信这是刑事司法系统中制度种族主义的表现。”他们统计的数字非常惊人：自1990年以来，已经有500多位黑人和少数族裔人在监狱、警方拘留或安全培训中心死亡。[28]

警方拘留致人死亡的问题引起举国关注源自肖恩·里格的案子。肖恩·里格是一位40岁的英国黑人音乐家，他有偏执型分裂症。“肖恩是一个非常出色的人，非常有艺术气质，作为一个舞蹈家和音乐家，他用艺术记录自己的生活和旅行，”肖恩的妹妹玛西娅·里格在布里克斯顿明媚的阳光下告诉我，“肖恩在成长过程中是一个爱说爱闹的逍遥自在的家伙。他在十几岁时并没有精神疾病，1988年，20岁的他被警察逮捕并极其恶劣地注射了致幻剂之后，他就患上了这一精神疾病。”玛西娅·里格坚定地认为，他在一家警局里被注射了一种抗精神病药物，并被诊断说有偏执型精神分裂症。玛西娅认为他从此陷入了一种漩涡，再也没有恢复。她对如此多的黑人遭受这一痛苦而深感不安，眼睁睁地看着自己的哥哥离不开药物。如果不服用药物，他就会出现间歇性精神失常。尽管这样，肖恩仍然继续自己的生活，继续到处旅游。他的生命最终结束于布里克斯顿（Brixton）的一家旅馆。这间旅馆是专为受精神疾病困扰的人开设的小客栈。他愿意来就来，愿意走就走，他在旅馆安全防护设施较差的单元有自己一间住处。

2008年8月21日，玛西娅早晨起床后，突然决定到伯明翰为父亲扫墓。当她在伯明翰宗亲家里坐着聊天时，电话声响了。电话是她妹妹萨曼莎打来的。警察联系萨曼莎表示想立即见她一面，警方表示这件事情不便在电话里说。萨曼莎和玛西娅立即明白，一定是她们的哥哥死了。当警方联络官抵达后，萨曼莎又给玛西娅打电话，确认了她们的担心。肖恩暴毙于拘留所，至少她们是被这样告知的。警察承诺向她们提供了所有信息。但玛西娅的弟弟韦恩从一开始就很愤怒，并对警方所言持怀疑态度，并拒绝向警方透露肖恩的健康状况信息。警方告诉这家人，独立警察投诉委员会将就此展开调查，递给她们一张这一警察监督机构的简介，并告诉她们调查员的名字是克里斯多夫·帕特里奇。萨曼莎问警察，她们什么时候可以辨认尸体。“他们说尸体已经被封闭进了尸体袋里，只能通过护照来辨认，”玛西娅说，“我们对这一解释感到无法理解。”警察还递给了萨曼莎一打活页，其中一页是慈善调查机构“询问”的简介。萨曼莎在绝望中联系了他们，“询问”回复说将于8月22日上午进行验尸。

玛西娅当天回到了伦敦，在那间旅舍里与家人会合，她的家人正在询问护理团队各种各样的问题。克里斯多夫·帕特里奇代表独立警察投诉委员会告诉他们尸检结果和损伤情况：“脸颊有点刮伤，戴手铐导致了一些伤痕，膝盖和肘部有一些擦伤，就这些。我们好像没有什么理由怀疑警方的结论。”

但是，当这家人8月23日上午去辨认尸体时，眼前的情景让他们始料未及。肖恩脸部一侧的太阳穴有明显伤痕。他们哭泣着为他祷告。她们的弟弟韦恩转身愤怒地离开，并大喊着：“他们谋杀了我的哥哥！”

当局声称在肖恩·里格濒临死亡时，他们维护了他的基本尊严。但如此看来，肖恩在最后的时刻显然没有任何尊严可言。“我们自己变成了侦探”，玛西娅表示。她们家人决定把各种线索搜集到一起，查个究竟。两周后，她们到独立警察调查委员会，看监视器录下的肖恩临死前的镜头。“我和弟弟韦恩一起痛苦地看监控录像。并且在拿到这些影像资料后，我们反复看了无数遍，看着肖恩死在他们脚下，看他们当时都做了什么，我们把这些都记录下来。”

8月21号，肖恩·里格的精神健康状况突然恶化，他所住的旅馆反复给警察局打电话，却没人理睬。肖恩后来离开了旅馆，走到街道上。周围民众拨打了 999，警察作出了反应。他们在街上抓住里格，把他铐起来，面朝地撂倒至少八分钟。他被逮捕的理由是袭击警察、扰乱公共秩序以及盗窃一本失效护照等。而后来证明，那本护照实际是他自己的。

随后，里格被关在警车的一块巴掌大的囚笼里，双腿弯曲、全身呈“V”字形地被转移到布里克斯顿警局。在布里克斯顿警局的停车场，他被铐在车厢囚笼里大概 11 分钟，这时他的状况不断恶化。但是警察对此不屑一顾，监控录像显示，当时一位警察还表示里格完全是装出来的。当里格被带到警局拘留室外时，他又双手被铐，扔在警局院子里达 10 分钟。之后警方才叫了医生。此时里格已经在警局里待了大约 20 分钟。一位警察还对医生说里格是“假装昏迷”。大概 10 分钟后，医生发现里格停止了呼吸，心脏也停止了跳动。随后他们把里格送到萨瑟克区的国王学院医院，医生在那里宣布了里格的死亡。

独立警察调查委员会对里格死亡事件进行了调查，但是，他们 2010 年 2 月发布的调查报告认为，警察在这个过程中没有疏忽和过失，他们甚至认为，警察的所作所为都非常理性和恰到好处。对独立警察调查委员会的批评者们而言，这份报告的结论非常好笑，尽管他们得出这一结论并不让人感到意外。2008 年时，有 100 多名律师从他们的咨询委员会中辞职，以此表达对“独立警察调查委员会各层级决策质量一直以来都那么低下”的“沮丧和失望”。

2013 年 2 月，下议院内政事务委员会发布一份报告，猛烈抨击独立警察调查委员会“对既定目标的完成非常不力，当警方的正直廉洁遭受质疑时，独立警察调查委员会既缺乏权力又缺乏资源，因而对此无计可施。”[29]

在很大程度上，问题的关键不在于独立警察调查委员会缺乏权力或能力，而在于独立警察调查委员会的人员构成。这种人员构成让人不得不怀疑它的独立性到底有多大。“事实是，他们不愿行使手中的权力，因为这些人之前都干过警察，”迈克尔·曼斯菲尔德这样说，“这些前警官们如今有一种下意识的偏爱，希望保护警察，因此也就不会那么尽职地进行调查。”警察从新权贵那里得到授权，而检查和制衡就变得非常虚弱和易于妥协。

与独立警察调查委员会的报告相比，萨瑟克区死因裁判法庭陪审团在2012年8月1日的一项反馈意见认为，警察的行为对于里格的死亡具有“超过最低限度”的影响。警察使用了不合适的、不必要的强制手段，没能尊重里格的基本权利。陪审团认为，尽管里格在被拘捕时进行过挣扎和反抗，但并没有暴力行为。里格的家人坚持认为，警察在被询问时提供的证据表明他们在撒谎捏造。

里格死了五年后，两位拘留里格的警察和一位警察联合会官员因作伪证和妨碍司法公正被拘捕，又过了一年后，皇家检察署考虑对其中的两位采取法律诉讼。独立警察调查委员会再次对里格案的逮捕、控制、拘留过程进行调查，四名参与拘捕的警察和一名小队长配合了调查。

2013年5月，一份针对独立警察调查委员会的调查报告发布，这实际是对警察监管机构的一份起诉书。独立警察调查委员会接受了警察们的“令人难以置信”的资金支持，他们没有检查与警察陈述不符的监控录像，在打算作出“不得体行为”的结论时受到警察联合会的干涉。涉案警察可以彼此协商、交换意见。[30]独立警察调查委员会的调查简直就是一场笑话、故弄玄虚和滑稽表演，目的无非就是想掩盖事实。

“肖恩不是一个动物，”玛西娅说，“他是一个人，自然应该被作为一个人来对待，无论他是黑人还是白人，印度人还是中国人，无论是谁，都应被公平对待。”

警察从政治精英那里获得更大权力，变得越来越大胆。这些权力没能得到一视同仁地运用。一些族群被认为地位低于其他族群，其结果自然是悲剧性的。社会底层民众深受警察威权主义所害。而那些有权有势的人却没有什么畏惧感。

1999 年，针对史蒂芬·劳伦斯之死的麦克弗森调查报告发布后，布莱恩·帕迪克表示，“警察对他们的声誉变得近乎偏执。”这一点不仅是关于“高级官员因做错事而脸红”，他解释说，“掩盖一些事情是为了维护警察的声誉，以便与公众更好地合作。”警方为此采取的一项举措是成立公共关系机构，与报纸编辑们拉近关系。此举导致了帕迪克所说的“不恰当的举措”。比如，“通过拍报纸主编的马屁，与他们一块喝酒吃饭，来保证他们不报道有关警察的负面消息。”警察和媒体因此走得越来越近。

这就不难理解伦敦大都市警察局对始于 2005 年的电话窃听事件展开调查时的表现了。事情卡在了关于电话窃听的定义这一非常技术性的问题上。警方坚称，只有窃听受害者本人尚未听的信息才构成非法行为，按照警方的这一标准，受害者数目很少。而且，伦敦大都市警察局故意忽略掉了那些引人注目的证据。

格伦·穆尔凯尔是一名私家侦探，做过很多窃听电话的事情。早在 2006 年，他的家就被搜查过，证实他曾窃听过几千人的电话。在这些文档之中，有一个的名称是“给内维尔的副本”。这一线索指向了《世界新闻报》的记者内维尔·瑟贝克。然而，包括瑟贝克在内的《世界新闻报》记者及高管们并没有被伦敦大都市警察局叫去询问。根据《纽约时报》的一项调查，大都会警察局警察没能为皇家检察署提供什么有力证据，警察们也没能“与高级别检察官讨论这些证据，包括一些可能牵涉其他记者的线索”。[31]大量英国媒体对这一逐渐浮现的丑闻保持沉默，反而是一些外媒开始对这件事情进行深挖报道。当穆尔凯尔和《世界新闻报》前王室事务记者克莱夫·古德曼因2007年非法窃听皇家电话被捕入狱后，伦敦警察局还硬说这些只是个案，没有其他需要进一步调查的了。

“我想，警察总是会抱怨缺乏资源。”帕迪克表示。然而这很难解释他们的行为。他们可以告诉高层政客他们是电话窃听的受害者，毕竟这是非常重要的安全问题，但他们从来没有这么做。而与此同时，警察却告诉《星期日邮报》记者，国际新闻集团窃听了他们的电话。“所以，那些应该被告知的人们并未被告知，而那些被同行监听的记者却被告知了此事，”帕迪克表示，“这充分说明了警察和媒体的关系，或者说警察认为自己有多重要。”刑警部门实际有充足的资源，但令人费解的是这些信息从未被移交给他们。

当然也有其他因素。在伦敦大都市警察局公共事务部门的45位新闻官中，有10位此前曾在国际新闻集团工作。大都市警察局的头目们一直以来都欣然接受来自默多克帝国人士的招待。2006至2011年间，伦敦大都市警察局专员保罗·斯蒂芬森与新闻集团重要人物共进晚餐的次数不少于80次。伦敦大都市警察局指派安迪·海曼负责特种行动，从2005年开始调查记者针对王室开展的电话窃听活动。然而，海曼本人却沉浸于与《世界新闻报》重要人物的晚餐和香槟之中。包括2006年4月，他自己的手下们在为质询整理证据时，他还在与《世界新闻报》方面的人共进晚餐。海曼一年后离开了这一职位，在默多克旗下报纸《泰晤士报》拿到一个专栏。前伦敦大都市警察局专员约翰·史蒂文斯在警方和默多克帝国之间建立了非常紧密的关系。前《世界新闻报》副主编和执行主编尼尔·沃利斯 2012 年 4 月炫耀其为帮史蒂文斯保住在大都市警察局中的职位专门开展了莱韦森调查，而史蒂文斯则鼓励警察与记者们分享信息。2005 年退休后，他也在默多克旗下报纸《世界新闻报》拿到了一个专栏。

尼尔·沃利斯身材矮小，蓄着胡子，说话带有沙哑的林肯郡口音。因所谓窃听电话而被捕的经历，对他而言是一个严重的创伤。在他看来，那就是一场“受政治因素驱动的国家迫害行为，完全夸大其实了”。他生动地描绘 2011 年 7 月 14 日早上不到 6 点警察破门而入的场景。“他们搜查我家，就好像我家是违禁药物窝点或者有组织犯罪团伙的窝点似的，”他说，“他们把我家翻了个底儿朝天。这可真是太可怕了！”在被保释的 20 个月里，他认为那“对孩子们而言简直就是地狱般的生活。我失去了工作，失去了两年最低六位数的工资，失去了婚姻。”2013 年 2 月他被告知不需要承担责任了，但八个月后又被传唤了一次。他认为，整件事情就是工党为报复默多克帝国而制造的，也是那些薪酬开销被媒体曝光的议员们所推动的。

沃利斯对他与警察的联系感到问心无愧。“对我所联系的警方人员来说，我们之间是一种共生关系。我们都从案子中挖料，我也不介意在沃尔斯利与他们共进晚餐，”他笑着说，“他们将得到他们想要的，他们能获得报道，能获得支持，能获得点拨。”伦敦大都市警察局助理专员约翰·耶茨告诉莱韦森调查机构，他是沃利斯的

“好朋友”，会一起去看足球赛。沃利斯后来成立了自己的公关公司，名叫沙米传媒（Chamg Media）。他们从国际新闻集团那里得到大量的资金，而他们需要做的只是基于大都市大警察局的调查来报道一些犯罪新闻事件。“我好多年来扮演着大都市警察局专员和高级官员的非官方新闻官的角色，因为他们信任我，”他说，“我靠给他们提供建议获得收益，坦率说金额并不是太多。”大都市警察局社会沟通部主管迪克·费多齐奥与国际新闻集团保持着亲密的关系，甚至允许《世界新闻报》犯罪新闻主编用警局的电脑写新闻稿。他聘用沃利斯的公司为警局提供公关建议，在 2009 年 10 月至 2010 年 9 月之间支付给他 2.4 万英镑。后来费多齐奥被迫辞职。费多齐奥并非个案，在道勒窃听案引发的风暴中，斯蒂芬森和耶茨都被辞退了。不过，除了这些备受瞩目的主儿，就没有多少其他人被暂停职务，更别说逮捕了。

作为伦敦大都市警察局与默多克旗下精英们良好关系的一部分，警察也获得一些非法收益，克里斯·布莱恩特在 2003 年的一项质询中就提到了这一点，但后来这一事件被媒体故意忽略掉了。2011 年 7 月，《卫报》又得到一些材料，说《世界新闻报》给了五位警察大约 10 万英镑。大都市警察局的副助理专员苏埃克斯负责调查警局与默多克丑闻间的纠葛，她告诉莱韦森调查机构，这似乎已经成为一种文化，《太阳报》也会提供非法报酬，每个记者手里有 15 万英镑，专门用来交换信息。她强调说，记者看起来完全知道“他们的所作所为是非法的”。

警察与政治、媒体精英的关系已经变得如此之近，但最近发生的一些事情则预示着他们在新权贵中的地位不像过去那么稳固了。他们已经帮助扼杀了新权贵价值理念的反对者们。但当这些价值理念用到警察身上时，就会引发痛苦的复仇。

下面的这一场景引发了政治反抗者们怪异的微笑。2012 年 5 月，几千名休班警察走上伦敦街头，举行大型示威游行活动，抗议减支、私有化和重组。社会媒体则呼吁说应该把他们围困控制起来。

实际上，参加抗议的警察怒气暗流涌动。抗议活动发生后不久，保守党内政大臣特蕾莎·梅在伯恩茅斯（Bournemouth）的警察联合会年会上发表演讲时就被嘘下台。“我想，在一些人们的眼里，我们就是勒德分子（Luddites），抵制改变，但我不认为那是事实，”警察联合会主席史蒂夫·威廉姆斯说，他强调需要与政治家们深度接触。“在内政部制造这些起哄和嘘声导致我们的行动失去了许多政治和公众支持。实际上只有少数听众发出嘘声，但媒体的报道方式导致人们对于这一年会只记住了这一点，其他什么都没记住。”近一年后，在警察联合会 2013 年 3 月组织的一场投票中，81% 的警察投票支持游说政府允许工业部门举行罢工。但是这一动议最终失败了，因为按照相关规定，需要英国全体警察中的多数同意才行，而不能仅仅是参加这一活动的多数警察同意。

事情的发展似乎已经到了一个转折点。在 1980 年代中期，警察已经帮忙挫败了煤矿工人大罢工。煤矿工人罢工的目标是抵制新权贵，以及与之相伴的新理念，即让市场主宰一切，政府从经济生活中退出。这一意识形态对煤矿业以及靠这一产业生存的群体造成了毁灭性的影响。为了维持警察对新权贵的忠诚，政府决定警察暂时免于受这些政策的影响。在政治评论和政府大臣们的描述中，“这是公共部门中最后一块未改革的领域”已经成为一种陈词滥调。

但是，由于如今权贵们对自己的地位已经非常自信，相信反对派已经被彻底击败，再把警察区别对待已经不再像过去那么必要。2013年11月，联合政府主持削减了一万个警察岗位后，伦敦大都市警察局宣布把价值五亿英镑的公共服务进行私有化改革。减支和私有化此前是其他工人经历的命运，而如今又姗姗来迟地摊到了警察的头上。他们憎恨这一改革。但是，尽管为巩固新权贵的地位如此卖命，他们自己任新权贵宰割的这一天还是不可避免地到来了。

政府的另一项重要改革是在英格兰和威尔士引入警察选举和犯罪事务专员制度，目的是加强地方警察的问责制。但是当2012年11月举行投票时，投票率少得可怜，还不到15%。这是和平时期国家层面投票的最低纪录。很显然，想加强警察群体各部门的问责制是不可能的。相反，这导致了警察进一步政治化，这一点得到广泛表达，且毫无疑问成为低投票率的原因之一。

警察对政府的愤怒不断积蓄。2012年秋天，警察过去经常对抗议者和少数族群成员采用的办法被用在了一位社会顶层人士的身上。

安德鲁·米切尔洋溢着权力和权威。我们在他下议院办公室会面时，他直视着我，让我深感惊恐。他随口对手下研究人员进行评点，那种颐指气使的语气，就好像呼吸一样自然。他出生于北伦敦繁华的汉普斯特德（Hampstead）一个前托利党大臣和王国骑士家庭。他在拉格比高端私立学校接受教育，那时他的绰号是“脱粒机”，从这一线索就能知道他十几岁时的举止行为了。在剑桥期间，他很自然地成为工会及学生会主席，毕业后，他先是为全球投资银行拉扎德银行工作，随后进入议会，成为托利党议员。尽管他曾是大卫·戴维斯的竞选经理人，而戴维斯在保守党党魁竞选中输给了大卫·卡梅伦，但米切尔还是进入了内阁，并最终成为卡梅伦在议会的关键支持者、首席党鞭。在这一点上，米切尔发现自己与警察及警察联合会存在冲突，并导致了戏剧性的政治后果。

米切尔曾经是警察的坚定支持者，实际上，他曾经一度扮演影子警察大臣的角色。他与史蒂夫·威廉姆斯的继任者简·贝里过从甚密。“在警察的努力工作下，我的选区成为全英国第二安全的小镇，”米切尔引以为豪地说，“我曾经深夜与警察一起出门，看他们处理一些情况，所以我对警察的工作非常了解，并且高度钦佩他们的工作。”

作为党鞭，米切尔是在唐宁街工作的三位高级大臣之一。他回忆说，警察曾经拒绝让他进入唐宁街去参加首相组织的紧急内阁会议。不过误解很快就消除了。“我曾经向安全主管抱怨，后来问题就解决了，所以我可以自由出入后门，不再有任何问题。”他偶尔也会遇到麻烦，有时值班警察不太愿意开门。“我会告诉他们，‘请打开门，我在里面工作’，听我这样一说，他们也就会让我进入了。”

但是，在2012年9月19日晚上，值班警察拒绝让他通过。米切尔对值班警察说，“我在这里工作，我是执政党党鞭，让我出去。”但是值班警察托比·罗兰仍然不肯变通，回答了三次“不可以”。米切尔的脾气猛然爆发，他回忆道：“我说，‘我想你们这些家伙应该帮助我们，’事实本来就是如此，随后我离开时告诉他，‘这件事儿不算完，咱明天早上再说。’”

然而，警察官方记录里却不是这么说的。按照警方的说法，米切尔当时大喊：“你最好搞清楚自己是干什么的。别把自己当成操控政府的人……你就是平头老百姓而已。”米切尔极力否认他曾经说过这些词句，而罗兰以此控诉米切尔诽谤，罗兰得到警察联合会的资助，并获得了成功。一天后，副党鞭约翰·兰德尔收到一封电子邮件，发件人声称自己是当时的一位旁观群众。他在信中说，自己和当时在现场的其他看上去很震惊的旁观者都非常清楚地听到了这些脏话。

当警方把这份记录透露给《太阳报》后，引起了全国一片哗然。由于民众对百万富翁把控的政府普遍存有怨气，这一“平民门”事件引起了广泛讨论。在这件事情上，有确凿的证据表明，确实有一些纨绔子弟非常傲慢，并且对下层社会充满蔑视。印有“平民”字样的T恤、纽扣、徽章成为表达对托利党蔑视普通民众这一做法严重不满的重要表达方式。这些话对米切尔几乎不起什么作用。“这就像1920年代那种‘亨利万岁’的漫画，是一个上流社会的愚笨行为。”他说。

对于《太阳报》而言，当时正值莱韦森调查机构对电话窃听事件调查后，政府提议进行媒体改革，报纸内部的讨论正日趋白热化，这个时候发生这么一件事，可是他们不可错过的胁迫政府的好机会。“《太阳报》开展了针对我的反对活动。”米切尔说。这家报纸把米切尔对警方记录的否认置于头版。这件事情发生后不久，《太阳报》政治主编汤姆·牛顿－邓恩在保守党大会期间参加了会场周围的“平民”衫游行活动。米切尔表示，那时的自己就像“被围猎的野生动物”。“我家房子后面的田地尽头有一片树林，夜深人静的时候，我感觉自己就像被困在那里的一个动物，被这些人穷追不舍。”

即使对“脱粒机”而言，这样的媒体漩涡也是一个让人深受创伤的经历。“我的情况与阿拉斯泰尔·坎贝尔（托尼·布莱尔的前通讯部主管）非常类似，他说个人和政府在媒体风暴中最多能坚持8天，”他说，“戴维·凯利6天后选择了割腕，而我们却坚持忍耐了28天。”米切尔体重下降了14英磅。他描述自己当时如行尸走肉，与妻子待在一起，吃不进睡不着。人们在街上见到他会对他乱喊乱叫。他的孩子们也受此连累。

28天后，米切尔辞职了。如此多的负面报道让他无法继续从事原来的工作。不过这种冲他来的劲头儿不久就开始分化。

2012年10月19日，西米德兰兹郡警察联合会派三名警察与他会面，讨论这一事件的处理。他断言说，“这就像某种形式的‘重启’。”那场会面后，警方或许计划宣称米切尔拒绝告诉他们那天晚上他到底说了什么。他们没有意识到，一位保守党的新闻官把整个对话过程录制了下来，这场对话证明了警方实际在撒谎。

然后，事情发生三个月后，记录下事情发生过程的监控录像被公之于众。这份录像只显示了简短的互动，几乎没有对话内容，更不用说那些激烈言辞了。关键的是，与指控陈词明显相悖的是，当时周围根本没有游客和旁观者。随后，最确凿的证据也出现了。那位给副党鞭写邮件的所谓“公众”根本就不是什么普通公众。那其实是一名叫基思·沃利斯的负责外交安保的警察干的。沃利斯随后承认他当时确实没在现场，他的邮件完全是在撒谎。

事情变得越来越清楚。一个简单的发脾气的事件被渲染成一场戏剧性事件。当时，米切尔已经向那些警察道歉了，并且他们也接受了他的道歉。该事件值得关注的地方在于，为什么这么简短的几句口角能够升级为影响这么大的“平民门”事件？

据称警察联合会的不满情绪和对政府政策的回应正在逐渐上

涨。“突然，警察联合会很想抓住这一机会来反抗政府，”米切尔表示，“那些高层大臣经常称他们为平民，他们平时就这么做。”工党前大臣克里斯·马林在危机最严重的时候表示，米切尔向警察道歉之后，警察联合会其实已经卷进来了，“我们当时根本不知道，警察联合会已经联系了那几个警察，并劝说他们把工作记录拿出来。后来那些内容在《太阳报》头版公布，后来又在《每日电讯报》公布……警察联合会就是一霸。他们没少干败坏大臣、记者及其他人名声的勾当。”[32]警察联合会迫使米切尔辞职，而他们的西米德兰郡分支机构则试图进一步陷害这位前党鞭。

那么这件事到底有没有阴谋呢？“我个人认为没有。”史蒂夫·威廉姆斯说。他在“平民门”事件后接管了警察联合会。根据独立警察调查委员会的说法（当然，该委员会的独立性经常受人诟病），不存在有组织的阴谋。不过，警察之间确实有串通，米切尔说这种串通的程度与有组织的阴谋也差不多了。这种串通“不仅给米切尔先生带来不公，而且给警察造成耻辱。”伦敦大都市警察局的调查显示，提供关键“证据”的沃利斯和其他两位警察之间确实互有联系。米切尔当然不会相信给他副手写信的警察只是一匹“独狼”。“咱现实一点吧，不可能只是他一个人的阴谋，那是绝对不可能的。”警方为此发起了一场调查。但米切尔认为这样的调查“不过是为给他们的老板——大都市警察局局长拉个垫背的而已，他曾态度不友善地在国家电台说100%地信任自己手下的警察。”不过，确实有几个警察被捕了，罪名包括未经授权向媒体披露信息。2014年2月，基思·沃利斯和另外一个叫詹姆斯·格兰维尔的警察被解雇了。沃利斯因公务行为不端被判监禁12个月。

“如果这件事发生在埃塞俄比亚，英国媒体肯定会攻击说那里缺乏人权，”米切尔表示，“你所看到的是守卫权力城堡的武装警察用老套的方式收拾一位位高权重的党鞭，而他们没有被追责。我们国家给了警察太多的权力，他们有权剥夺你的自由。”

米切尔认为他的案子非常值得关注，因为这是一个有权势的人经历了一般只有无权无势的人才会经历的遭遇。他说，“既然这样的事情能够发生在一位内阁大臣身上，那就能发生在你们、你们的孩子，以及你们的孙子孙女儿身上。我无所谓，我可以驳回去，揭发他们。想想那些在汉兹沃斯或布里克斯顿的贫苦的青年人吧。如果他们遇到类似的事情，他们还有还击的机会吗？”米切尔的妻子是一位全科医生，事情发生后她惊恐万分地去上班。她到单位时，大家的反应很大。“加勒比黑人护士会走上前给她一个拥抱，告诉她，‘现在你就能理解我们和我们的孩子们的处境了。’”经历这一创伤后，米切尔开始支持黑色精神健康组织，这家慈善机构专门帮助那些在监狱里忍受精神苦闷煎熬的人们。他说，有些人证明了自己的清白，拒绝接受罪名，而这一斗争的过程经常会对他们的心理健康造成深刻的影响。

不过，2014 年 11 月，米切尔戏剧性地在罗兰控告他诽谤的案子中败北。法官说罗兰对这一事件的描述是正确的，导致米切尔面临巨大的损失，也导致他政治生命的终结。不过就像罗兰的同事、当时也在场并且出庭作证的伊恩·理查德森在结案后所言，这不过是一件“琐碎无意义的事件”，结果如何“根本不重要”。他坦诚地替米切尔感到非常难过，并表示说：“这其实就是一件小事，只是披露给媒体报纸了。让我们继续看吧。当然我们也不用继续看了，过去这两周我们已经在高等法院了结了这一案子。这是一个巨大的遗憾，给这么多人造成这么大的损失。”最有趣的是他对警察联合会角色的评价，他说这一机构需要进行“严肃的改革”“我想他们需要更明确代表成员的利益。这一机构不能只是展示警察们的委屈和不满的机构。”[33]

安德鲁·米切尔的这一案子之所以引发如此多的关注，主要是因为他是一位有权、有影响的白人上层托利党人。监控录像可以被调出来，媒体可以对引起公共重大关注的事件进行调查。就像我们看到的，许多争议较大的案子，都与警察较少受到审查监督有关。他们经常置若罔闻，采取过分行动时毫不犹豫，如果所作所为被发现就辞职。这就难怪那些黑人护士会主动上前拥抱米切尔的妻子了。

安德鲁·米切尔这个奇怪的案子说明警察在权贵中的地位有些不稳。他们在帮助权贵巩固地位、击溃对手过程中扮演了非常关键的角色，也是威权心态的重要工具。不过，随着权贵不再面临能撼动其地位的有组织运动的威胁，他们逐步疏远警察也就不再有什么风险了。

这一插曲也深刻揭示了警察中普遍存在的一种心态：不管怎么说，米切尔遭受了一般只有社会底层才会经历的煎熬。警察的威权主义反映了国家权力的分布。他们利用法律规则打击贫穷人群的不端行为，进而保护有权人。警察的威权主义行为违背了权贵们所主张的政府在公共事务中逐步退出的理念。实际上，政府是在权贵塑造的环境中生存，毫无疑问，他们是权贵的利益代言人。

# / 第五章　中饱私囊 /

马克·里托伍德酷爱抽烟，这从他的脸和牙都看得出来。他平均一天要干掉 20 根烟，把自己的嗓子都抽哑了。他温文尔雅，很有范儿，谈起政治来颇具激情，语速快，但不妨碍语气的抑扬顿挫。要是碰上对手不肯让步，他就更来劲了。身为 IEA（经济事务研究所）所长的他观点鲜明：经济必须摆脱政府，政府最好别插手经济，人越自由越好。我们坐在 IEA 的会议室里闲谈。IEA 大楼是典型的乔治时代风格的建筑，板板正正，优雅严肃。这里离下议院不到 400 米，却很宁静，街道两旁都是联排别墅。不少名人在这里住过，包括工党前首相哈罗德·威尔逊。

里托伍德解释说，他坚决反对政府禁止在公共场所吸烟。禁烟令是对公民选择权的侵犯，是不容接受的。他的哲理依据就是反对政府干预公民生活。昔日，里托伍德是前自由民主党的媒体掌门人。他老是强调自己不是保守党。他支持将“所有的毒品”合法化，很可能“要废除君主制”“对民族国家很怀疑”，在移民问题上是个“极端自由派，说不定要开放边界”。他本质上是个自由主义者。但里托伍德哲学的核心是要削减政府职能。“我们做了一大堆研究，结论就是要大刀阔斧砍税，”里托伍德回忆道，“政府的做法太微不足道了，我们要求把公共开支至少减一半。”甚至他承认这是很显然的路径。

里托伍德坚定不移地捍卫自由市场理论，以至到了登峰造极的地步。事实上，他是一个急先锋，尽可能地把政府的边界往回推。他的极端主义得到了西蒙·沃克的响应，后者是董事长研究所的所长，这是一个让英国的公司董事们有机会聚到一起的机构。从出身来看，沃克并非根深蒂固的右翼。但和许多人一样，在 1980 年代，他转向了右翼。他 18 岁那年，逃离了种族隔离的南非，来到了牛津，掌管该大学的工党俱乐部。1984 年新西兰大选时，他竞选工党通讯部部长。当时工党已经开始了私有化和减税政策。1989 年他回到了英国，随即为游说集团工作，后来又进了约翰·梅杰的保守党政府的政策机构，不久又跳槽了。他做过英国航空公司的公司事务主管、女王通讯秘书、路透社公司通讯和市场营销部主管。他在英国风险投资协会（BVCA）做了四年的首席执行官，主管私募基金和风险投资业务，随后又在 2011 年 10 月接管了董事长研究所。从经历看，他没少在权贵圈里混迹。

沃克有着改变别人信仰的激情。“我认为应该压缩政府，给企业和公司更多的自由，这才是正确的方向。”他在董事长研究所位于伦敦蓓尔美尔街的总部里对我说。“我毫不怀疑的确有必要把政府留下一点，来执行法律、维护秩序。政府也就是做这个的。”这让人想起了“守夜人式的政府”，这是 19 世纪德国社会主义者费迪南·拉塞尔描述当时的“放任政策”时发明的字眼。政府的职能越少越好。

虽然在程度上有缓有急，英国权力层的意识形态却是一贯的：政府不好，净碍企业家们的事，自由市场有利于增长和进步。实业界和商业界是财富的真正创造者。这种观点得到了形形色色的政客们的认同。当 2007 年尼克·克莱格成为自由民主党领导人时，在金融危机爆发前几个月，他发誓要“用自由主义政府来替换声名狼藉的大政府”。在别的场合，他还批评教育、医疗、福利都由国家来包办，这些领域实际上是由僵化的、中央集权的垄断机构来掌管。保守党领导人戴维·卡梅伦为自由市场说话，赞扬它为“能想象出来的、创造财富和幸福的最好方式”。他还说“开放的市场和自由的经济实际上有助于提升道德”，呼吁“结束政府对公共服务的垄断”。2010 年，大卫·米利班德竞选工党领导人时，他批评自己的政党“在为政府揽权，而实际上我们应该给个人、社区和企业更多的权利”。

这种观点为权力层广泛接受，任何人若是稍有质疑，就会被视为政治上的离经叛道者。然而，整个自由市场资本主义的意识形态建立在一个骗局之上：英国资本主义完全依靠政府的宽松放任。此外，权力层的自由市场意识形态通常不过是一个幌子而已，公共资产实则落入私人之手，公众吃了亏却浑然不觉。

这种政府主义源自政府保护财产权，且由庞大昂贵的警察队伍和司法体系来维系。政府不仅仅直接保护公司财产不受侵占或盗窃。《专利法》保护公司产品不被竞争对手剽窃。2013 年该法案被修改，在整个欧盟内，注册一项发明专利只须缴纳 600 镑。[1]与之相似，政府使用《商标法案》来保护企业的知识产权。

由于实施的是有限责任法，股东个人无须偿付公司的债务。换句话说，他们只须对自己所拥有的股份负责，而公司的损失则由债权人承担。资本主义意识形态的教父亚当·斯密反对有限责任制，因为如果没有有限责任制，股东就会直接面对他们投资的公司所作的决定，所以也就会积极参与到决定中，而非坐等红利滚滚而来，即“每一个合伙人都应以个人财务为限对公司的债务负责”。一些极端自由主义自由市场派人士也反对有限责任制，将其视作是政府对经济生活的一种不可接受的干预，认为应由股东而不是政府来承担风险。“这些东西在资本主义早期并不存在。”剑桥大学教授张夏准解释说。张是一个活泼开朗的异见经济学家，他经常著文批评大家习以为常的经济学共识，非常受欢迎。“它们给投资者兜了底，要是没有这些规则，他们挣不了这么多钱。”在 18 世纪，要是一个生意人欠了债，他必须变卖家产还债。要是还不上，那就等着坐牢吧。但是现在，破产法给了生意人重整业务偿还债务的机会，让他们可以不用坐牢，洗白诚信记录，重新再来。

政府也帮忙降低企业的研发成本。虽然私营企业也出钱搞研发，但政府每年出 90 ~ 100 亿英镑用于研发。企业界精英还是嫌少，依旧乞求政府出更多的钱来资助研发。2012 年，代表企业声音的英国工业协会鼓掌欢呼政府出钱资助"科学基础设施"，称此举为"研究与创新基础设施注入了新资金"，必将"保持英国的吸引力，让企业相信英国是投资、创新、发明的好去处"。

正如经济学教授马丽娅娜·马祖卡托发现的，私营企业直接从政府的慷慨中受益。例如，英国医学研究理事会自 1970 年代研发出了单克隆抗体，该理事会夸耀说："这是生物医学研究的革命性进步，催生了数十亿英镑的国际生物技术产业，以及各类药物，能治疗从癌症到哮喘等各种疾病。"[2] 而互联网源自美国政府的研发，万维网则是由英国工程师蒂姆·伯纳斯－李创造的，他所在的研究机构欧洲核心研究中心（CERN）也是由欧洲公共资金资助的。要是没有核心算法，谷歌的搜索引擎就无从谈起，该算法是美国国家科学基金会慷慨提供的。苹果公司的 iPhone 也集政府资助的一系列发明于一身，从触摸显示屏、微电子到全球定位系统。类似的政府资助公司的案例数不胜数。[3]

如果没有政府支持建设公路、机场、铁路之类的基础设施，公司也无法正常运转。以 CBI（英国工业联合会）为例，只要政府开支花到它希望的领域，该机构就鼎力支持政府削减开支。CBI 公开宣称，它全力支持政府减少财政赤字，以便"保持国际市场的信心"，而且减少赤字会确保利率达到创纪录的低点，有利于政府和公司借贷。针对2012年政府开支，CBI欢迎对在职者和失业者的福利进行实际项目削减，这类措施对穷人打击很大。CBI呼吁将公司税削减到18%（2010年时，如同与企业联姻般的政府把税率降到了20%，此前是28%）。但CBI强烈要求政府把钱花到对公司有利的地方，比如路网系统升级改造。“基础设施对公司至关重要。”CBI理事长约翰·克里德兰说道。在CBI看来，要让经济复苏，把路网升级改造是优先选项之一。克里德兰甚至还呼吁“搞一场工业奥林匹克，来点大动作，出点大变化”。[4]

而且，CBI还会呼吁削减最穷人口享有的福利，省出钱来资助公司。2012年乔治·奥斯本作出秋季声明后，CBI建议把削减政府部门开支和劳动福利省出来的钱用到路网升级改造上，以便减少交通拥堵。次年6月，政府承诺拿出280亿英镑，用于维护和改造公路设施，称此举是“1970年代以来在公路设施上最大的投资”。不过，CBI又想让每一个开车人来承担这笔花销的大头，呼吁英国的公路要收费，以便筹集资金修路。这就将公司直接税转化成了间接个人税。

与之相类似，CBI又想要政府花钱修建机场。在2013年发布的一份报告中，CBI警告说：“英国比不上欧洲的主要竞争对手们，不能跟中国、俄罗斯、巴西等国建立新型直接联系，这大大损害了出口潜力，损害了竞争力，妨碍了外国对英投资。”除了对“公路、铁路、机场进行紧急投资外”，CBI还建议政府提升交通枢纽的运营能力。中期计划包括南部的几个机场（如希斯罗和盖特维克）新建跑道。除了CBI之外，也许还会有人认为把钱用在公路和机场上是明智的投资。不过，CBI的建议表明大公司对政府依赖到了什么程度，CBI大谈特谈紧缩，只要不涉及它喜欢的项目就行。

铁路系统已经私有化，但事实上也是由纳税人补贴的。这是一个典型例子，表明私营企业对政府多么依赖。2013年，英国工会联盟委托社会文化研究中心发布了一份关于铁路系统的研究报告。该报告表明，政府在铁路上的实际开支比1990年代刚私有化时高出六倍。报告总结说，铁路运营公司“从2001年以来急剧增加的政府开支中受益，政府硬着头皮大规模投资基础设施，来弥补私有化之后基础设施方面的缺口”。运营铁路网的私营公司投资乏力，缺口得由政府来填补。

由于私有化没能给铁路和列车带来承诺的私人投资，铁路的吞吐能力下降，车厢空间有限，而旅客人数在增加，列车越来越挤。正如报告指出的，私有化的结果是“私营公司不愿投资，不想承担风险，只等从公众提供的补贴中捞好处。”纳税人又一次来承担风险，而利润被私营公司捞走了，“左右都是它们赢”。2007年至2011年间，英国最大的五家铁路公司拿到了30亿英镑的政府补贴。对政府的这种依赖，这些公司是有利可图的。在这四年间，这五家公司营业利润超过10亿英镑，这些钱几乎都以红利的形式发给了股东。

回应批评时，这些铁路公司一个劲儿地老生常谈，称旅客数量不断增加，表明他们对铁路很满意。但实际情况是，旅客数增加完全是由于别的原因，比如经济结构变化、工作情况变化、更多的年轻人上大学，等等。私营经济成分对技术革新和进步的贡献很小，纳税人在这方面着实出了不少的钱。尽管公众提供了大量的补贴，一个个的乘客却依旧被盘剥。英国的火车票在欧洲是最贵的，票价上涨超过了通胀率，而同时人们的工资却在下降。相比之下，法国的铁路则几乎是完全公有的。法国的火车票便宜得多——法国政府也花数额差不多的公共资金用于铁路运力建设，但这些资金没有被私营公司吸走。[5]

政府资助的私营铁路运营失败，这集中体现在2009年一家铁路公司被收归国有。铁路管理办公室透露，2013年公有的东海岸干线铁路是效率最高的铁路公司，拿到的公共资金远远少于15家私营铁路公司。东海岸干线铁路只有1%的收入来自政府补贴，而私营铁路公司则有36%的收入来自政府补贴。[6]东海岸干线铁路在国有化之后大踏步前进，旅客投诉也大幅下降。[7]但权贵的自由市场原教旨主义并不认为这有什么用。2015年1月，东海岸干线铁路被一家合资企业接管。这家合资企业是逃税大亨理查德·布兰森的维珍航空公司和驿站巴士公司合作组建的。驿站巴士公司的董事会主席布里安·索特因反对同性恋者权益而著称。公有制已经令人尴尬地成功，私有化必须终结。工党的汤姆·华生跟我讲起了一位前运输大臣的观点，这位大臣曾对他说："这些铁路运营公司简直就是商业上的流氓和流浪汉，而我们的监管手段严重不足。"

政府不光帮私营铁路公司的忙，许多以前的公有制公司也从政府的慷慨中获益。2013年9月，下议院公共账户委员会批评政府实际上给了英国电信12亿英镑的补贴来建设农村宽带。该委员会称，英国电信一边收着巨额公共资金，一边"利用其准垄断地位限制其他公司进入电信批发和零售市场，损害消费者权益"。

其他从政府补贴中受益的公司则在损害地球环境。2005年，意气风发的卡梅伦成为保守党领袖，当时有声音说他有望成为让地球远离毒物的领导人。他发起了一场环保运动，敦促选民投票支持"蓝天绿地"，在北极地区跟哈士奇合影，来吸引民众对气候变化问题的关注，他还把保守党的Logo变成一棵树。五年后，保守党入主唐宁街10号，而他的态度则发生显著的变化。财政大臣乔治·奥斯本声称："我们不可能为了保护地球而让国家工商业停摆。"在执政联盟任期内，对可再生能源进行补贴受到批评，结果奥斯本在2012年7月把海岸风能发电补贴削减了10%，向一批保守党议员低头，这帮议员反对在"我们家后院"搞风能发电设施。

另一方面，化石燃料产业继续在拿政府的高额补贴。消费汽油、天然气和煤的增值税从20%减少到5%，让这些产业大受裨益，能省几十亿英镑。除此之外，化石燃料公司还享受税收减免，包括生产汽油和天然气的税款补贴，每年能省2.8亿英镑。[8]在2012财年，奥斯本给北海石油公司增加了小油气田补贴，并同意为设得兰群岛（Shetland）钻探而提供30亿英镑的补贴。[9]

化石燃料会给环境带来昂贵的代价。正因如此，国际货币基金组织建议，如果这种代价不计算到化石燃料的成本中，那它事实上也就成为一种补贴。[10]总体来看，这种国家支持和补贴是巨大的。根据OECD（经济合作与发展组织）的统计，仅对天然气的国家补贴就达36亿英镑。[11]

英国原子能业是政府补贴的另一个受益者。尽管政府拒绝接受"补贴"这个标签，2013年4月，英国议会环境审查委员会估算，英国原子能业每年拿到23亿英镑的政府补贴。核电运营商受到有限责任制度的保护。如果出了核事故，他们只须拿出4000万英镑来处理事故和善后就行。政府曾辩论过把数额提高到10亿英镑，但还没有定论。善后所需要的余额就只好由公众来掏腰包了，这就大大降低了核电运营商的保险成本。此外，政府承担了关闭核电站和清理核废料的绝大部分成本，这笔钱已从2005年预计的560亿英镑增长到今天估算的1000亿英镑。难怪自由民主党人无论是在野还是执政，都反对扩大核电。除了“安全和环境风险”，自由民主党能源和气候变化秘书艾德·戴维称核电“只有在纳税人拿出巨额补贴时或在被操纵的市场上才有可能”。2012 年，他又声称“只有在没有公众资助的情况下才有可能建造新的核电设施，这一点是不容商量的”。

但是核能工业今天的状况是现代资本主义的一个真实写照：纳税人最终来买单。2013 年，执政联盟跟法国和中国的公司达成协议，在英格兰的索莫赛特郡（Somerset）的欣克利角建造核电站。根据协议，政府将资助该项目 35 年，保证电价是现有价格的两倍。根据 CFP 公司（Corporate Finance Partners）的分析，建造核电站时，补贴会达到每年大约 7.2 亿英镑（考虑到通胀因素）。[12]这表明英国政府并不反对国家所有制，只要是别国政府而非英国政府负责就行。

英国的军工产业最能概括政府资助的资本主义。作为“反军火交易运动”（CAAT）的一部分，瑞典斯德哥尔摩和平研究所在 2011 年发布一份报告。报告称，即使非常保守地估计，英国政府每年补贴军火出口约 6.989 亿英镑，这笔钱里有 1580 万英镑给了英国贸易投资部门的保卫及安全机构，该机构监管军火贸易。5.5 万英国人直接从事军火出口工作，平均每个工作岗位得到 1.2707 万英镑的补贴。[13]

尽管从事军工的劳动者人数已从 1980 年代初的 50 万下降到今天的 20 万，整个军工产业依旧享受政府的慷慨补贴。[14]“这是最大的制造业板块，雇用着大量技术人才”，“反军火运动”的安·菲尔萨姆在该机构位于芬思伯里（Finsbury）公园昏暗的总部里对我讲道，“就是因为它受到了政府的资助和支持，而好多别的制造业工厂都关闭了。所以这是一个循环。”权力层对其他产业放任不管，任凭其消失，对靠它们生活的社区和群体造成长期的破坏。可轮到武器生产，尽管牵扯到人命，情形却大不同了。大笔的补贴都花到保卫国家安全上去了，这是让你无法辩驳的理由。许多武器最终都到了英国海外客户的手中，这些国家的政府都是地球上最无视人权的。2011 年，价值 18.5 亿英镑的军火获得军方许可出口到沙特。[15]

但大企业大公司并不只是从政府的直接补贴中受益，它们还从政府在其他地方的开支中获益。英国社会中最富有的人大多不到国有教育机构中受教育。他们把孩子送到私立学校，而政府把这些私立学校定位成慈善机构，每年给它们减免 8800 万英镑的税，这也让富人们间接受益。这就是政府在补贴阶层特权和支持社会隔离。如果将这些私立学校培养的学生的社会经济背景考虑在内，私立学校的学术表现并不比公立学校强。[16]但正如历史学家戴维·凯纳斯通指出的，这些“私立学校有令人望而生畏的考核标准，学生有着复杂的社交网络，即便你再笨再懒，学校也不至于让你在考核时掉队。”[17]在这一点上私立学校做得很成功，但外界浑然不觉。

不管他们把孩子送到什么学校去，这些商业精英们在培训员工时确实高度依赖政府资助的教育系统。毕竟，雇主们需要员工能算数、会读写、会解决问题，当然还得有专业技能。在基础教育和中等教育上，英国政府每年的花销着实不菲，接近 530 亿英镑。高等教育的年预算为 280 亿英镑，实际数额有削减。大学学费涨到以前的三倍，这给学生带来很大的负担，使每人负债超过 5.3 万英镑。大学生成了高等教育的消费者，而没有这些受过大学教育的劳动者，工商业是无法运转的。企业和公司不停地呼吁政府对各级各类教育根据雇主需求来量身定制。在一份关于学校的详细报告中，

CBI将“改善教育”称作英国“长远发展战略的最重要部分”，称“教育对于未来经济增长作用巨大”。但他们提出的一个解决办法就是争取让营利性机构接管教育体系的大部分。该政策得到保守党高层人士的支持，尽管它必将导致教育经费落入这些公司的股东之手，而不是花到学生的教育上。公司和企业还依赖政府把大量资源投入到学徒培训中。根据2011年CBI对英国工商业的一份调查报告，将近2/3的雇主认为学徒培训应该成为政府开支的一个优先选项。每年中央政府资助学徒培训将近14亿英镑。教育和培训不仅关乎千万人的未来，对整个社会也至关重要。经过培训的医生、技术人员、教师、汽车制造工人、机械师、科学家、律师等都会造福社会。学校教育和学徒培训也是工商界必需的政府补贴的公共服务。如果没有政府出钱资助这些公共服务，英国公司企业的竞争力会大打折扣，甚至连运转都成问题。

公司和企业依靠它们的雇员来干活，但给雇员的工资却越来越少。的确，自维多利亚时代以来，平均工资缩水时间还不算很长。决议基金会是一家专注生活水平研究的中左翼智库，根据该智库的调查，在2009年，将近340万英国工人拿到的工资低于政府设定的“基本生活工资”——每小时7.2英镑，这是伦敦以外地区的标准。到了2012年，这一数字达到480万人，这里面包括了1/4的有工作的女性，而2009年的数字只有18%。为了确保这些挣得少的工人能达到基本生活标准，政府给他们减税，以便让他们拿回家的工资不至于显得太寒酸。当然，这笔钱最终都得由纳税人来出。例如，2009~2010年，政府花了237亿英镑来抵消工商业雇员少缴的税款，从此举中直接获益的绝大多数是工人家庭。2003~2004年和2010~2011年，抵免税款金额则高达1766.4亿英镑。现在，税款抵免已经成了数百万工人的生命线，否则，他们就得在赤贫中挣扎了。

这种做法并不能掩盖这样一个事实，那就是税款抵免实际上是向那些给工人低工资的老板们发放补贴。老板雇工人干活，却不给他们足够的工资，搞得他们没法按照最基本的生活标准生活，让政府来贴补劳动者的生活。

同样的原则也适用于240亿英镑的住房福利上。2002年，伦敦的10万私人租户被迫申请住房补贴。到了新工党执政的末期，由于租金上涨，这个数字涨到了25万。另外，这是一个征兆，表明历届政府未能提供足够多的老百姓能租得起的公租房。租房户不得不去租价格更高的私人租住房，租房补贴实际上就成了对要高价的私人房东的补贴。而从另一个角度来看，住房补贴的直接受益者也是低收入群体。建筑与社会住房基金会2012年的一份研究表明，在执政联盟头两年的执政期内，9/10的新增住房补贴给了工作家庭而非失业者。[18]申请补贴的人大多是低收入工人，他们根本交不起私人房东索要的天文数字般的房租。除了私人个体房东，租房公司也拿到了住房补贴，有的房屋租借公司甚至每年收到总计100多万英镑的纳税人的钱，比如格润格（Grainger）住宅管理公司和卡瑞东（Caridon）房地产服务公司。[19]

下面看看所有补贴之母——英国政府在2008年对银行的救市之举。这些银行都是私营企业和公司，它们不仅使自己陷入窘境，也把世界上其他一些地方带进了经济灾难中。正是这些银行现在完全指望着纳税人来买单。最适合这么说的莫过于英国。英国政府拿出一万多亿英镑纳税人的钱来救这些银行。英国的金融系统现在成了一个由政府出钱维系生命的机器，包括银行在内的私营企业和公司全都指望这台机器救命。

权贵珍视的“自由市场”，从根本上讲是由政府撑着的。甚至可以说社会主义在现代英国如火如荼，但这是一个对富人和公司有利的社会主义。政府支持着公司和富人，如有需要时，还会去救他们。而绝大多数老百姓则生活在水深火热的资本主义的泥沼中，要么学会游泳，要么坐等覆灭。

批评英国的当权者“要么在搞社会主义，要么在为富人服务的”不光有自称是左翼的人士，一些自由派右翼人士也认识到这一点。道格拉斯·卡斯韦尔是一个不入俗套的、自称为“自由”的保守党议员。我们一同坐在议会大厦波特库里斯厅的拱形玻璃穹顶下。他告诉我，他是从 17 世纪英国的极端平均派那里找到了灵感。“我环顾左右，思考着 17 世纪的那些辩论。我们今天依旧在和一群傲慢而又无能的精英做斗争，他们擅自揽权，寄生在我们身上。”他说话的语气很凝重，断断续续的。“我怀疑这回要出问题了。我说这话时有点痛心，因为我是一个狂热的撒切尔主义者，至少在 1980 年代是这样。当时发生的很多事情都不错，有利于推动自由市场的发展。我们当时也做了很多事情，自以为是在推动自由市场，但结果适得其反。”在卡斯韦尔看来，英国已经成了一个寡头控制的社会，或称“政商主义”，即公司和权力相互勾结，任人唯亲大行其道，典型表现就是大公司可以利用极其不合理的国防装备采购制度把国防预算吸走。对于卡斯韦尔这样的一个右翼乌托邦人士，这种现象不是资本主义，而是“公司主义”，即大公司、大企业、大政府勾结起来，切掉大块大块的经济蛋糕，喂肥自己。

要想驳倒卡斯韦尔的分析还真不容易，不过他的解决方案有点极端：把政府的权力往回推，让丝毫不受限制的市场来接管英国。

但卡斯韦尔这样的人倒是触及了英国政治的一些现实情况。风险和债务已经国家化了，由民众来承担，而利润却归了一小部分人。尽管英国权贵的意识形态跟“国家主义”格格不入，公司企业的精英们却利用政府的慷慨中饱私囊。政府是现代资本主义的坚强后盾和有力支撑：保护大公司、帮它们培训员工、补贴低收入劳动者的工资、危机时救市来挽救金融、银行亏本时直接给它们补贴。

然而，像“揩油者”这样的词几乎专门用来描述最穷的人们，而不是那些私营企业和公司。我们下面会看到，正是这些利益集团在谋取私利，甚至连收入税都不想缴纳。不管怎么说，“揩油者”是一个饱含贬义的词汇，专指那些占英国福利制度便宜的人们。具有讽刺意味的是，那些私营公司恰恰是再贴切不过的“揩油者”，它们受人雇用，来把那些一般看来是孱弱、不爱干活的失业者赶进劳动力市场。

57 岁的布瑞安·麦克阿德勒曾经是苏格兰拉纳克郡（Lanarkshire）的一名保安。他左眼半失明，一次中风后半身不遂，说话有点吃力，吃饭穿衣也很麻烦。你也许会想，这是一个悲情的典型例证，说明英国的福利制度多么有必要。但麦克阿德勒先生有一次忽然发现一家名叫阿托斯（Atos）的法国公司能指导他参加“工作能力评估”。阿托斯受雇来搞这种评估，目的是减少申请残疾福利的人数，最终减少福利开支。在参加评估的前两天，他又中了一次风，但他还是强挺着去了。评估结果是他适合工作，2012 年 9 月 26 日，他得到通知，说他的福利必须被停掉。第二天，他突发心脏病，一头栽倒在街上，永别了人世。

他 13 岁的儿子基然说：“阿托斯给我爸爸造成了很大的心理压

力和不必要的痛苦，使得他落到这般田地。”《每日记录报》（*Daily Record*）替麦克阿德勒的儿子把一封信提交给了工作与退休金大臣伊安·邓肯·史密斯。得到的答复没有多少同情之意。“我知道我说什么都不能缓解你的丧父之痛，但我想向你解释，政府的病残福利制度改革有多么重要，我们也在竭尽全力使改革尽可能公平。”邓肯·史密斯（或极有可能是他的某个秘书或顾问）这样写道。接下来他又建议“如果麦克阿德勒家想讨论一下申请福利的结果”，他们可以在当地的职介中心安排一次会面。麦克阿德勒的儿子痛心地说：“我希望他们因为这样对待我父亲而道歉，也为这样恶心地对待成千上万其他残疾人而道歉。”[20]2012年11月，我在BBC的《问题时间》（Question Time）节目中和邓肯·史密斯见面，我提到了这件事，并请他可以不管别的，但应该记住布瑞安·麦克阿德勒的名字。这位大臣勃然大怒，指着我咆哮：“我们没少听你讲这些。”

阿托斯评估体系是权贵意识形态的必然结果。随着国家越来越私有化，政府就成了资助私营企业和公司的钱袋子。为百姓服务不是这些公司的核心目的，挣钱才是。阿托斯于2005年被当时的工党政府聘用来进行工作能力评估。2010年11月执政联盟续签了合同，这回的业务覆盖范围更大了，因为政府启动了一项全面的“福利改革”计划。为期五年的合同价值五亿英镑，或者说是每年一亿英镑的公共资金。2012年，国家审计局批评政府同阿托斯签的合同纯属乱花钱。审计局的报告指出，阿托斯“未能满足合同明确的服务标准”，它实现目标的记录“糟糕”，而政府“没能因阿托斯的不良表现索回资金”，对合同的“管理缺乏力度，不够严格”。[21]然而，还要这样过上一年半——在越来越大的反对声浪中——阿托斯才不得不放弃合同。这个案例表明，把政府的某项核心职能——如评估、如何帮助社会最脆弱的群体——外包给私营公司，把公众的钱换成糟糕的服务，这是权贵的一种惊人之举。

麦克阿德勒绝不是跟阿托斯有关的唯一一起悲剧事件。还有39岁的伊兰诺·泰顿的事。她是三个孩子的母亲，尽管她患有顽固的脑瘤，2013年阿托斯还是把她的福利剥夺了。[22]刚开始她还申诉，后来就病倒了，住进了收容所，不久就去世了。与此同时，凯伦·舍洛克的推特账户仍然保持在线，上面简短的自我介绍写着："准备透析。每天都是要命的……"尽管她患有肾衰竭，阿托斯还是鉴定她能干一些工作，把她放进了"只能享受部分福利"的类别里。凯伦·舍洛克在2012年6月去世。她的朋友、积极维护残疾人权益的苏·玛驰这样说道："舍洛克在病痛和恐惧中死去，因为福利制度不想救她，残忍的人对她不闻不问，有权的人不作为。"[23]

2012年4月的一份"信息自由调查"表明，在2011年的头八个月内，近1100名残疾人和病人在被列入"有部分工作能力"后死去，每周平均32人。[24]

露易丝·威特有着直接同阿托斯打交道的经历。在电话中，她小心翼翼地讲述了自己的遭遇。她患有严重的抑郁症，2011年夏天曾被列入"就业和救助津贴"领取人范畴。不久，她就收到一封信，通知她必须接受工作能力评估。阿托斯后来又告诉她，原来约定的评估推迟了，因为"没有足够的医生"。她最终见到医生时，"那景象、那经历简直是超现实。我记得房间不透气，没有自然光，憋闷得很。我见到了一个男护士，他说自己只是一个普通护士，在精神健康方面没有受过培训，就是个一般的护士。我们之间没有眼神交流，护士只盯着电脑，毫无感情地读着上面那些过分的问题，我感觉太没人情味了。”露易丝说道。

这是用电脑审问。跟所有的申请者一样，她会被阿托斯的工作人员根据他们自己的判断来打分，总分值是 18 分，她得了零分。得知这个结果后，她开始申诉。这回的经历大不相同。她带上了福利顾问托尼。这次是一个不属于阿托斯的医生对她进行了评估，问了她更多的细节问题，似乎想了解得更全面。这名医生推翻了阿托斯的鉴定，给了她 18 分，让她有权享受福利。这个案例表明前后两重天：人们可能会被错误地、制度性地剥夺福利，而这些糟糕的决定也有可能被推翻。但是，被阿托斯的系统羞辱过之后，即便申请者有力气去申诉，他们也得忍受几个月的煎熬，没有福利，鲜有支持，这都给最弱势的群体造成了极大的心理压力。

终于有人站出来，控告阿托斯把事情搞得令人痛心。格瑞格·伍德医生曾长期为海军工作，鉴定水兵是否适合服役，直到他在 2010 年 9 月加入阿托斯。“我对医疗鉴定的看法很明确，而有时有的医生则太倾向于随手签字，认定某某人有资格享受某项福利。这并不是说他们在作假，但毕竟有些情况没有严重到对簿公堂的地步，而是说他们的境况还没有严重到必须去救济的地步。”但当伍德医生开始在阿托斯承担工作能力评估业务时，他以前的想法动摇了。阿托斯的评估体系在许多事情上让他惊愕。申请者要想获得享受福利的资格，就必须能够“排除任何合理质疑”。鉴定员在接受培训时就已经被误导。比如，在鉴定手的敏捷程度时，接受培训的鉴定员被告知：如果申请者能按按钮，那他（她）就不能在申请资格上得分。但伍德医生认为，这项鉴定的起点应该是看申请者是否能用钢笔和电脑，即科目应该比“按按钮要复杂得多”。

但申请者所面临的麻烦还不仅限于这些。申请者提供的书面证明通常不被阿托斯采纳。唯一能被认可的书面证明是申请者居住地的全科医生写的说明申请者病情的一封信，但很少有医生这么做。申请者只好自己想办法去搞这封信，但"要搞清什么样的病情有助于鉴定，这对大多数人来说简直是难上加难"。伍德医生继续解释说：更糟糕的是，鉴定报告还要经阿托斯的其他医生改造，以便"让这些报告符合工作和退休金部的期待"。本来这项严格的鉴定要找出谁是真正能劳动的，但到了阿托斯这里，竟是要把尽可能多的人赶出福利队伍。正如伍德医生讲的，阿托斯在"竭力抬高门槛，把更多的人拒之门外。不管是故意还是粗心大意，结果是一样的：许多人本应享有的福利被拿走了。"对申请人来说，整个过程令人感到"有损尊严、压迫身心"，对那些精神抑郁的人尤为如此。

难怪在申请人上诉后，阿托斯的许多鉴定都被推翻了。2012 年的三个月内，42% 的关于工作能力鉴定的上诉都成功了。那些有福利顾问的上诉者获胜的比例更高。[25]经历了数月的痛苦和压力，合法权益终于得以恢复。这么一折腾，纳税人的负担又多了一项：上诉费从 2009 ~ 2010 年度的 2100 万英镑增加到了 2012 ~ 2013 年度的 6600 万英镑。甚至连政府的一份总结报告都称阿托斯的鉴定结果"糟糕得令人无法接受"。"阿托斯要命"成了家喻户晓的标语，出现在抗议旗帜上和临街的墙上。2013 年 10 月，工党后排议员丹尼斯·斯金纳按捺不住怒气，称阿托斯为"残忍的魔鬼"。[26]由于民怨沸腾，2014 年 3 月，阿托斯宣布退出合同，但早已赚走了大笔的公共资金。2014 年 10 月，有报道称，美国公司麦克西莫斯（Maximus）将接管阿托斯退出的合同。麦克西莫斯公司曾卷入过不少官司，从欺诈到歧视残疾人到开支作假，不胜枚举。[27]迈克尔·欧登奈尔教授是麦克西莫斯公司的一位高层人士，曾在阿托斯担任医学主管。他的从业经历让工党有理由说，麦克西莫斯公司实际上将延续阿托斯的失败。[28]

具有讽刺意味的是：英国媒体往往把福利申请者抹黑为“揩国家油”的群体。根据2012年残疾人慈善会联盟的数据，残疾人在街头遭嘲弄的案例越来越多，因为他们被看成是在沾福利制度的光。然而，一家公司却可以堂而皇之地从英国纳税人身上揩油，拿着几亿英镑的公共资金，服务很不人道，还把真正应该享受福利的人踢出福利圈子。

政府设立的各种“从福利到工作”项目也是在做类似的事情。这些例证再次表明：权贵资助私营公司，而这些公司的核心目的就是挣钱，而不是帮助人民。从2011年6月政府设立50亿英镑的主打项目以来，110多万人已被转荐到该项目。这个名为“工作计划”的项目实则是由纳税人资助的私营公司在运作。结果一塌糊涂。根据工作和退休金部自己的数据，没有被转荐到“工作计划”的失业人口实际上更容易找到工作。向这个计划求助还不如什么也不干。根据2012年6月的数字，在申请疾病补贴并被转荐到该计划的人群里，只有1/20找到了工作，而官方宣布的预期目标是1/6。[29]

一个主要的承包商是A4e，这是艾玛·哈里森曾担任董事长的一家公司。艾玛·哈里森自诩是一名企业家，九岁时就开始创业，在学校里开了家秘密点心店。“我们得自己想办法，这就是创业的核心，自谋生路。”在2010年董事长研究所年会上，她在介绍创业动机的演说中这样讲道。但哈里森在A4e的经历并不能表明她所说的企业家精神，或“自己想办法”的那股闯劲。她20多岁时，父亲就让她执掌A4e的前身，这是他移民德国之前创建的一家公司。哈里森的A4e是一家依靠公共资金的公司。

1997年新工党选举获胜后，哈里森的公司开始大肆竞标政府的外包项目。到2004年，A4e已经经营着价值两亿英镑的公共事业项目。“A4e能搞到合同，简直让竞争对手摸不清路数，”A4e的昔日承包商安·高登在电话里这样对我讲，“对手们看不出A4e的投标条款比他们的好在哪里。”在新工党执政期内，A4e成长为“新政计划”的最大承包商。“新政计划”是政府为失业青年设立的资助计划。2010年10月，新上台的执政联盟叫停了“新政计划”，从纳税人的钱中拿出6300万给了A4e，作为“合同终止费”。但2010年5月卡梅伦当选首相时，他曾称哈里森为“灵感”，据说A4e帮助12万问题家庭找到了工作。2012年，A4e的首席执行官安德鲁·杜顿承认，公司在英国的所有业务额——每年将近1.8亿英镑——都来自公共资金。在这之前的一年，哈里森给自己发了860万英镑的红利，外加36万英镑的工资，还不算公司给她的房产租金。她把自己家有着20间住房的、富丽堂皇的索恩布里奇厅租给了公司，几乎所有的租金都是来自公共资金。难怪有些员工将公司名字A4e解读为“All for Emma（全为艾玛）”。

这么多钱都给了A4e，换来的却是差得令人惊愕的服务（要是A4e干的事还能算是“服务”的话）。下面再看一个例子，看看权贵的私有化教条是如何让政府慷慨资助公司的，尽管这些公司对待纳税人是那么差劲。26岁的凯特·沃瓦尔德在2012年前后曾失业18个月，直到她被转荐到A4e。“我见到个公司就去申请，到处碰壁”，她对我说道，“我得到的回绝比别人多。有些人甚至连一个‘不’都没听到过。职介中心说我这种情况没什么问题。很长一段时间里我就一个劲儿地去应聘，职介中心说我尽全力了就好。”最后，她被转荐到了A4e。她先填表，说明想干什么工作，详细说明自己的资格、能力和经历。

沃瓦尔德第一次到 A4e 时，A4e 的“职业顾问上下打量我，那吓人的表情我还从未见过。从我刚进屋那一刻，就能感受到她把我看成废物了，因为我这么久没找到工作。”她被告知要把工作意向聚焦到某一类工作上，这跟职介中心的建议正好相反，职介中心建议她什么工作都可以找，只要她能干就行。她说她三个月前曾志愿到领地军（TA）工作，顾问不懂领地军是干什么的。沃瓦尔德说自己不能告诉顾问领地军的情况，因为签了保密协议。顾问冲她发火了。沃瓦尔德还被指责瞒报申请工作岗位的数量，随即又被派去学“面试技巧”。这门课实际上根本没人授课，就是让六七个求职者在一个房间里对着几台电脑找工作。同时“上课”的学友告诉她，他们已经被迫把大学学位从个人简历中撤掉，否则就会因学历过高而降低了求职的成功率。他们的个人简历都由 A4e 改写，上面还留有不少语法错误和拼写错误。

沃瓦尔德又被叫去见顾问，顾问夸她学习上很努力。她得到一个到会议服务公司面试的机会，这家公司恰巧跟 A4e 在同一座楼，同一层，负责给别的公司的活动卖票。“他们好像彼此都认识。”沃瓦尔德回忆说。她只在公司登记处的网站上找到了这家公司的名字，除此之外在互联网上根本找不到这家公司的任何蛛丝马迹，她的疑虑就来了。她去面试时，情况就更糟了。一个穿着帽衫和牛仔的年轻人搞了一场滑稽的面试，面试官几乎不看她，全程都在接电话。最后，他给了沃瓦尔德一份工作，可工资低于法定最低工资。她呆住了。A4e 后来给她打电话，批评她不该不接受这份工作。这么说她是不符合实际情况的，她只是要求对方书面确认工资和工作时间。她又被迫参加一场 A4e 的三个顾问在场的会议。“他们围住我，轮番吓唬我，让我接受这份服务工作。”他们告诉她先工作一周，不要告诉职介中心。这是彻头彻尾的福利欺诈。经过40分钟的较量，她告诉他们，她要正式投诉。“他们当着我的面哈哈大笑，说爱怎么告怎么告，没有人听你讲。”权贵的教条把公司的私利置于百姓的需求之上，沃瓦尔德是又一个受害者。

受到A4e瞎折腾的不只是失业群体。丹·杰米森（化名）在2013年1月之前曾在格拉斯哥作为A4e的合同工工作过三个月。在此之前的几年内，他还曾经受雇于其他一些“以工代赈”项目。“A4e对员工说得头头是道。说当你接触到需要帮助的顾客，了解他们的能力和需求，你就能改变他们的生活，”杰米森说道，“恰恰就是这个时候，问题来了。”他讲述了一次“农活锻炼”经历。在这次活动中，简单的活儿都由A4e事先挑好的人来做，剩下的人留下来。“我面对的是那些最难摆弄的人，比方说酗酒的、吸毒的、精神有问题的、生活一团糟的人，这些是真正需要帮助的人。但他们的起点不应该向‘工作计划’提及，以便强迫他们找那些根本就不存在的工作。”

权力层到处宣扬的是私营公司能比公共机构提供更好更高效的服务。但由于公司以逐利为本，服务质量总是大打折扣。工作计划的一项承诺就是失业群体能跟顾问们进行接触，能得到为其量身定制的帮助。但这些顾问们通常得应对300个失业者，远远超出承诺的80~100名。像杰米森这样的顾问根本就没有接受过培训，没有专业知识去应对那些问题缠身的失业者。原因就在于只知道逐利的公司不愿出钱提供必要的培训。杰米森解释说：“我虽然有最良好的意愿，可干社会工作实在不是我的专长。”公司逐利不仅表现在不给顾问们提供必要的培训，还表现在给他们过重的工作担子，从而减少员工开支。A4e 就是个典型。杰米森说：“我们在给这些承包商大把大把地挣钱，可它们却没有什么作为。”这就是权贵所宣称的“私营好，国营差”造成的后果。

A4e 的糟糕表现最终令政府不得不削减转荐数量，可这时该公司已经捞走了大笔的公共资金。在 2011～2012 年，即“工作计划”实施的第一年，A4e 就拿到了 4590 万英镑。在那一年，A4e 为 9.4 万人找到了临时工作。但四个月后，这些申请者当中只有不到 4% 还在工作。这就意味着公众在每个工作上平均花费 13 498 英镑。[30] 关于 A4e 欺诈行为的指控不断出现，最终导致九名 A4e 员工在 2013 年 9 月被判共计 60 项罪名。他们还被指控伪造文件来证明自己成功地将无工作人员送入工作大军，从而骗取政府奖励。这些指控透露：A4e 提及的这些无工作人员根本就未曾被转荐到 A4e，或者 A4e 根本就没帮他们找到工作。2015 年 1 月，四名前 A4e 员工被判欺诈罪。

但不管有多少公共资金被 A4e 分走了，不管它的表现有多差，不管针对 A4e 的指控有多么严厉，A4e 仍旧是政府的客户。“这些都是私营公司，它们存在的意义就在于赚钱，给股东分红，”曾在 A4e 工作的珍妮·沃克说道，“但这钱可全是从政府流出的，而且他们拿这些钱干了些什么呢？不管它们干得有多差，离目标有多远，它们总能拿到下一个合同。”

政府对私营公司的支持还不仅表现在钱上。政府还给公司提供免费的劳动力。所谓的“工作福利制”指的是政府规定的可怜的最低工资（每周 56.8 英镑），雇主可以不用多花一分钱。这是在新工党时期出现的现象，在执政联盟时期情况更差了。这种做法受到公众关注，是因为一位找不到工作的地质学研究生凯特·雷利。她在找工作期间在当地的博物馆当志愿者，职介中心转荐她到一家日间零售店。许多跟她一同申请失业救济的人被告知，如果给他们推荐了活但他们不去干，那他们的失业救济就会被取消。也有人被告知这是一个机会，没有别的附加条件。她就是后一种情形。给她提供的培训根本就算不上培训，就是在两家零售店一英镑店（Poundland）和一英镑超值购店（Poundstretcher）的连锁店里进行“店内培训”。只有那些想在零售业谋发展的人才愿意去试试，雷利不想白白劳动。可当她跟顾问说出自己的想法时，顾问说她必须去干。如果她拒绝，她的失业救济会被立即叫停。[31]

政府辩称，工作福利制能为那些努力找工作的失业人口提供培训机会，尽管连政府自己的研究结果都显示此类培训项目无济于事。2008 年，工作和退休金部（DWP）的一份报告对比了美国、加拿大和澳大利亚的类似计划，得出以下结论：“几乎很难找到证据来证明工作福利制能提升找到工作的可能性。工作福利制计划甚至还会减少就业机会，因为它限制了找工作的时间，且不能提供相应的技能和经历，而恰恰是这些技能和经历才能使劳动者挣到工资。”[32]工作和退休金部的另一份报告评估了执政联盟的“必须参加劳动（MWA）”计划，该计划迫使成千上万的无工作者每周无报酬工作 30 个小时。结果发现，参加该计划的人跟没参加的人几乎同样倾向于申请长期救济，其就业机会也没有任何增加。报告总结说：“转荐到‘必须参加劳动’计划丝毫不能增加找到工作的机会。”[33]对其他类似计划的调查也同样得到了令人沮丧的发现：“社区行动”计划强迫长期失业者为社区工作六个月，以挣得自己的福利。一家名为“经济与社会包容中心”的智库告诉《卫报》，如果该计划在各地展开，那将是一个“昂贵的失败”。与此同时，来自保守党的伦敦市长鲍里斯·约翰逊也为年轻人制订了自己的“13周无报酬劳动”计划。2014年底，一份政府报告透露：参加该计划的人比不参加或退出的人得到工作的机会少了一半。[34]这些“工作福利制”——低报酬或无报酬劳动计划——已经自证是失败的了。

抵制“工作福利制”的运动人士发起了大规模的草根运动，许多公司在羞愧之下被迫放弃“工作福利制”计划。但“工作福利制”计划业已蔓延开来。根据国家统计局的数据，2012年新增工作职位中，有1/5实际上是“工作福利制”计划推出的工作，而这些工作绝大多数是无报酬的。[35]此外，参与到这些计划当中的人，绝大多数仍旧在申请福利，尽管他们没有被官方失业数字算在内。更多的证据显示，这些“工作福利制”计划正在取代有报酬的工作。2013年4月，汤姆·普莱德的博客上发布了一个帖子，这个帖子曾经在伦敦北部哈灵顿地区的总部店（Homebase）的经理室里张贴过。这个帖子先是亮出了10个所谓的“工作经历”岗位，然后写道：“工作经历计划将让你的商店获益。750个小时无工资的劳动能帮助你的商店吧？”[36]

在新工党任期内，政府资源被用来支持私营公司牟利的情形已经很广泛了。于是，政府给了一个委婉的表述——公共领域改革。这类政策为新工党的继任者在掌权期间的行为打下了基础，使之得以对公共服务发起更为雄心勃勃的攻击。2011年2月，戴维·卡梅伦宣布“对公共服务的政府垄断已经终结”。于是就进入了竞相争夺公共服务业务的阶段。从司法系统到国防，所有公共服务业务都交给了G4S、赛克罗（Secro）和索迪斯（Sodexo）这样唯利是图的公司。来自纳税人的大把大把的钱等着它们呢。G4S在英国的一半利润来自政府合同。2012年，40亿英镑的纳税人的钱进入了私营大公司的账户，包括赛克罗、G4S、阿托斯和卡皮塔（Capita）。国家审计局就此作出一份评估报告，公共账户委员会主席玛格丽特·霍奇择要讲述了报告结论：这种服务外包造成了公共服务领域的“准垄断”“阻隔了举报渠道”，用冗杂的合同骗了纳税人的钱，且“许多合同都避开了应有的竞争”。

权贵的意识形态根深蒂固，对许多严酷的情形无动于衷，其基本论断丝毫没有变化。到2013年年底，严重欺诈稽查局对赛克罗和G4S进行了调查，这两家公司被指控骗取了数千万英镑的公共资金。这两家公司得到一项任务：对释放的犯罪分子进行电子监控，它们监控的犯罪人越多，拿到的公共资金就越多。但它们把有些犯罪人（如跑到国外的或者死掉的）也算在内，从而多收了政府5000万英镑。这就表明这些公司的目的不是提供像样的服务，而是牟利。

私营公司更有效率，政府花钱给它们是值得的，这样的论调仍然存在。2012年伦敦要举办奥运会，牟利的机会当然是大把。G4S成了奥运会官方指定的“安保服务商”。根据总值一亿英镑的合同，G4S将提供一万名安保人员，确保赛事顺利进行。远在奥运会准备工作进入高潮之前，情况就很明朗了：纳税人就等着往G4S的账户里砸钱吧。2011年年底，G4S的管理费就从730万英镑一跃而至6000万英镑，大头都进了公司的“项目管理办公室”。[37]

在奥运会前夕，G4S宣布它提供不了那么多的安保人员。可以预见的是，政府得进来助阵：动用了3500名士兵。即便是权贵意识形态最坚定的捍卫者也不得不说句公道话。国防大臣菲利普·哈蒙德说：“以前我走进国防部时总是在想，我们应该学学私营企业的办事风格，才能知道政府该怎么办事。但G4S搞安保工作还要我们动用士兵这事告诉我们许多道理。”哈蒙德实际上简明扼要地道出了私营公司提供公共服务和政府机构提供公共服务的区别：G4S这样的私营公司就是拎着一个大口袋要钱，而提供的服务却尴尬得要命；军队则完全是另一种风格，那就是“有啥活？我来干！”。[38]

这样的尴尬事并没有妨碍私营公司把公共资金揣进自家腰包。根据国家审计局的数据，公共服务领域每年开支1870亿英镑购买产品和服务，其中一半的钱用在了外包上，足见政府在私有化道路上走得有多远。[39]

在倡导自由市场的自由主义者看来，除了国内安全和国防之外，政府最好啥都不管。但新自由主义信条已经远远超越了所谓的“守夜人式的政府”，甚至连英国警察的职责也要外包才好。2012年，林肯郡的警察机构同G4S签订了价值两亿英镑的合同，把民事警察一半的业务包给了这家公司。2013年年底，安文和萨摩赛特郡警察拿监禁室和运送犯人的业务来招标，五家公司（包括G4S）前来竞标。直到G4S在奥运会服务中丢人现眼并最终放弃这场竞标，中西部和萨里地区警察机构已经给了G4S 15亿英镑的标。要不是G4S弃标，私营公司就要在街上巡逻和调查犯罪案件了。但有足够的理由相信，G4S的总裁戴维·泰勒－史密斯2012年6月暗示的事情是真的，他说私营公司将在五年内接管大批的警察业务。从一开始，英国警察存在的理由就是“在大家许可的情况下巡察”。现在，英国警察面对这样的前景：在股东的许可而不是在社区的许可下巡察。

权贵的信条最终必然导致这样的结果：服务质量越来越差，劳动者的权益越来越被漠视。私营公司大块大块地切走公共服务业务，可它们只是为了获利。要想利益最大化，没有太多的好办法，最实用的是压低工人工资，把工作条件和合同条款搞得更苛刻。和其他的合同工一样，在谈论自己的工作时，特里·威廉姆斯不敢说出自己的真名。否则，他就很有可能会失去工作。离开军队后，威廉姆斯在南威尔士的一家监狱里担任狱警，当时这家监狱由斯克里康（Securicor）公司掌管。后来他又为赛克罗监控罪犯。他说："我想没人能对赛克罗满意。"他最近还在劳工法庭目睹了一场控告管理层粗鲁行为的官司。当合同需要续签时，赛克罗就尽量裁员来压过竞争对手。威廉姆斯解释说："要赢得合同，公司想的不是装备质量，不是服务质量，也不是服务标准。公司想的是裁员和削减大家的工资。"在他所在的地区，6 名工人被解雇，剩下 14 个人干 20 个人的活。"这搞得我们在南威尔士的山谷里像无头鸡一样疯跑，降低人力成本的目的就是投标时的报价尽可能低一些，好把 G4S 和卡皮塔干倒。"他的一位女同事跟年轻人相处很好，有一次跟他们讲"公司就是想要这个效果"，结果被管理层收拾了一顿。管理层让她"一会跑这儿，一会跑那儿，忙完这事忙那事"。尽量减少人力资源开支，这就是私营公司在承包警察业务时的做法。

戴维·莫发特曾在索迪斯防卫公司经营的军队招待所当过行李员，他也讲述了类似的故事。"我在过去三年间发现，他们的服务一个劲儿地缩水。工人的工时数在减少，厨师和保洁人员的干活时间越来越少。大家都害怕，怕工作时间越来越少，直到彻底取消。"20 多年前，国防部经营招待所时，工资几乎是现在的两倍，还有带薪休假，可现在戴维休病假了就拿不到工资。"要是一个一周干 18 个小时的清洁工不干了，再招工时就说要一周干 16 个小时。这样就给剩下干活的人加了任务，我们就得去补位，大家就开始糊弄。我们都想为军人们提供像样的服务，因为他们很棒。看到他们得不到应得的服务，我们觉得挺灰心泄气的。”

公共资产就这样抖落给了私营公司，却并没有换来优质服务或高效率，钱花得很不值。可权力层却对这种公共服务外包深信不疑，好像公共服务就应该这么做。由于服务是由私营公司而非政府来提供的，民主制度当中的问责意识就缺失了，而工作条款对于劳动者来讲也就越来越苛刻了。一项全欧调查表明，“公共服务的自由化和私营化对就业和劳动状况产生了极大的负面影响。”[40]一心想着赚钱的承包商能省就省。但出卖公共资产至少是一件很赚钱的买卖，几十亿英镑的公帑任由私营公司去抢夺。这是国家主义的一种表现形式，即政府往私营公司的银行账户里塞钱。于是，现代资本主义的本质就暴露出来了：这是政府拿着公众的钱去补贴的一场骗局，真正“揩国家油”的不是社会底层，而是上层。对国有资产的亏本大甩卖还包括一项机制，该机制被保守党财政大臣尼格尔·劳森描述为“仅次于宗教”，它就是 NHS。

工党前医疗卫生事务秘书弗兰克·道博森指出：“政府一直都在否认它正在把 NHS 私营化。但它的所作所为已经暴露出了这一点，医疗服务被外包给私营公司，后者把业务转包给私人医院。”道博森写这些话时还不是保守党领导的执政联盟在执政，而是在 2006 年托尼·布莱尔的新工党掌权时。新工党政策就开始把公共资金塞进私营公司的银行账户，而不是放在治疗和照看病人上，这还不是从卡梅伦领导的保守党开始的。

权贵的信条是应该把公共资产转为私营，人们原本期待 NHS 能让他们悬崖勒马。2013 年的一项民调显示，NHS 比任何其他机制（包括武装力量和君主立宪）都让英国人自豪。[41]美国的私营医疗体系是一个鲜明的例证，告诉人们如果医疗退出公共服务体系，社会将是什么样子。即便奥巴马总统竭力改革，数百万美国人仍旧没有医保。按 GDP 占比来衡量，美国在医疗上的开支是英国的两倍。2013 年美国《公共健康》杂志的一份研究表明，美国的医疗体系是西方国家中效率最低的之一。2013 年 10 月“舆观”调查发现，84% 的英国人希望 NHS 仍旧留在公共服务体系，只有 7% 的人支持将 NHS 私营化；77% 的保守党选民支持 NHS 留在公共服务体系。[42]2015 年年初“舆观”调查发现，将近一半的英国人认为“若是卡梅伦再干五年，NHS 肯定难逃厄运”。[43]尽管医疗私营化失败的例证就在眼前，公共舆论也倾向 NHS 留在公共服务体系，但权贵仍不会放过 NHS。

的确，NHS 从未完全公有化。1947 年 NHS 诞生时，英国大部分的医疗服务（从医院到社区服务）是国有的。当 NHS 计划最初交给首相克莱门特·艾德礼时，NHS 的国有化程度还着实让他惊讶了一番。可当工党的安奈林·贝文试图让议会通过创建 NHS 的法案时，英国的全科医生们不干了。贝文没有把这些全科医生转成政府工作人员，而是把他们变成和医疗体系签有合同的小型医疗公司的从业人员。贝文事后肯定会忏悔：“是我用金子堵住了他们的嘴。”全科医生凯来什·昌得是英国医疗协会副主席，他对我讲：“从 NHS 创建的那一天，市场化的种子就种下了。我们现在就是在承受近几年的所有麻烦。”

就连玛格丽特·撒切尔也不敢把 NHS 私营化。但 1991 年时在她的继任者约翰·梅杰的任期内，情况开始有变，医院信托基金出台。这些信托基金不再是当地医疗体系的一个组成部分，而是独立的实体，它们相互争病人。服务的购买者和提供者之间就形成了一个市场机制。政府向私营医保公司提供减税。NHS 原本要用于建设医院和维护医院运营的基建预算资金短缺，医院凋敝。NHS 愈发碎片化。

保守党统治下的 NHS 私营化的第一次大潮始自 1989 年及以后的“医护在社区”计划。政府宣传该计划的目的是把精神有问题和身体残疾的人搬出医院，放在家中照看。但立法机构的目标是打破可恶的“政府垄断”，把服务向私营提供者开放。艾莉森·珀洛克是为数不多的几个关注这一问题的人之一，她是公共健康研究方面的教授，长期从事反 NHS 私营化活动。她说几名工党头面人物曾经激烈反对过她，而现在则支持她的研究。她如今在伦敦东区白教堂地区的基本医疗与公共健康研究中心工作，我们坐在她的研究中心附近的咖啡屋里闲聊。她说：“‘医护在社区’计划是私营化进程的早期阶段。人们一开始没有觉察，因为它影响到的都是最弱势的群体，正如老年人和学习成绩不好的学生一样，没有人听到他们的呼声。‘医护在社区’就带来了一个问题——谁来做护理的再提供。实际上逐利的私营公司悄悄进入这一领域。”

护理院是一个大产业。南十字医护公司成长为最大的护理提供商，1996 ~ 2011 年间，它开办了 750 家护理院。它成了私募股权公司和资产玩家的玩偶，他们买进卖出公司，赚个不停。靠买卖公司获利的私募股权公司黑石（Blackstone）于 2004 年买入南十字医护公司，三年后高价卖出。此间的劳动成本自然大幅削减，工人们拿着可怜的工资，服务水平也低得可怜。南十字医护公司急剧扩张，大肆买入护理院然后再卖给租房公司。这一生意战略最终让南十字医护公司陷入窘境，因为它支付不起房租。2011 年公司破产，导致 3.1 万需要护理的人不知何去何从。[44] 2014 年年中，一项调查表明，南十字医护公司的财务问题成堆，公司“对医护不关心”，给“弱势者”的生命安全带来风险，导致六名老人死亡。[45]看来连护理老人也能成为资产玩家暴富的机会。

在新工党执政早期，托尼·布莱尔派弗兰克·道博森——首任医疗与公共健康秘书，被视为NHS私营化的障碍——去竞选伦敦市长。这是一场道博森肯定不会赢的竞选，而布莱尔趁机让阿兰·米尔本取代了道博森的职务。米尔本大力鼓吹提升私营公司在NHS中的地位，包括转荐病人到私营医院而用公费开支来接受治疗。道博森指出：“私营医院的诊断和治疗比NHS医院的费用同比多出11%。要是真花钱少，那外包也就罢了。花钱多，还外包，实在说不通。市场化政策造就了更多的官僚程序。结果，NHS的行政开支翻了一番。”[46]

最要命的一项私营化措施是PFI（私人主动融资），这是最初由约翰·梅杰的保守党政府炮制的一项账目管理骗局。私营承包商拿到一笔年费，用来建设和管理医院或学校，然后再把这些机构租给政府。很巧妙地，这笔开支不被计入国家公共借贷账目表。银行和建筑商串通一气，组建被称作“特定目的投资机构”的临时有限公司。艾莉森·珀洛克教授解释说：“这一措施带来了史无前例的资产管理业务。一大批新兴的业务将律师、会计师、管理咨询师纠集成财团，因为要拆国家的台，还真需要专业的技术班子。”从最初开始，PFI就注定要花掉更多的钱，私营公司的借贷成本比国有机构的要高，因为后者不大可能破产。在现代英国，广为人知的故事再次上演，那就是纳税人承担风险。2011年，财政部特选委员会认为PFI能使纳税人免受风险一说纯属“虚幻”。2012年，政府宣布出资15亿英镑回购PFI项目内的医院。大笔的利润又进入了私营公司的钱袋子。

在过去的20年左右，PFI已经成为一个超级套钱把戏，这么说一点也不过分。外包的项目总额共计547亿英镑，而当PFI在未来的几十年最终还清那些财团的各项费用时，纳税人至少得搭上3010亿英镑。政府把自己捆到了为期30年的合同上，在未来的日子里一个劲儿地往私营公司手里砸钱。维护医院的服务合同滑稽透顶，所需的花销荒唐至极。仅举一例，一家医院要装一个新灯泡，得花333英镑。公共资金再次从病人身上跑到了私营公司手里。医院面临的将是破产的困境。到2012年，南伦敦NHS医护信托基金接管了医护服务，其他的医护机构风雨飘摇。凯来什·昌得医生说："这简直是把好几代人的医护给抵押了。"

苏格兰和威尔士的医护服务由各自的地方政府来管理，而英格兰的NHS则是不断受到牟利之徒的逡巡。不过，整个英格兰的NHS面临彻底解体，那还是执政联盟上台以后的事。在2010年的选举宣言中，保守党承诺不再对NHS"从上到下进行重组"。但保守党掌权不久，便出台了自1947年NHS创建以来最大的从上到下的重组方案。它的"医疗和社会护理法案"比最初创建NHS的法案要长三倍。原来有着长远意义的医疗机构和医护信托是国家医疗体系的支柱，于是这些机构设置全都土崩瓦解了。600亿英镑的NHS开支全都交由新设立的CCGs（临床服务授权机构）支配。据说这些机构将由全科医生们来经营，但这纯粹是胡说八道：没有几个当医生的愿意干这些管理和经营的官僚事务。2013年3月的一份调查显示，全科医生没有感觉到CCGs设立之后他们更多地介入临床授权事务。[47]倒是私营公司更被CCGs看好。

问题的根源在于这项法案的第75节，它以竞争的名义要求所有的 NHS 服务都得拿出来招标，直至 CCGs 认为某个服务提供商有资格中标。实际上，这是一个几近不可能迈过的坎儿。正如皇家全科医生理事会一位前主席在《英国医学期刊》上所言："如果只面向一家招标，没有其他竞争者，CCGs 怎么能保证价格合理?"

在这项法案被议会通过并成为法律之前，大量的 NHS 业务已经被私营公司侵吞。第一个被私营化的医院是欣清布鲁克（Hinchingbrooke）医院。2011 年与 Circle 公司的这笔交易价值 10 亿英镑。之前的一次 PFI 令这家医院债台高筑。这次的私营化由《每日邮报》这样的媒体和保守党政客们来助阵。[48]但在 2015 年 1 月医护质量委员会发布一份报告的前夕——该报告称这家医院运转不良，有待特别处理——Circle 公司突然宣布放弃这笔合同。Circle 公司声称，由于政府削减开支，还有事故和紧急情况服务压力不断增加，Circle 公司别无选择，只好放弃这家医院。这是一个典型的私营化案例：它的失败是对亲市场化信条的控诉。另一家医院——沃威克郡的乔治·艾略特医院——也面临私营化，Circle 公司、医护英国、赛克罗这样的公司等着接管。工党甚至警告说 NHS 已经被"标价出售"了。但工党领导层自己的反对也踽踽不前，工党的执政记录显示，是工党自己开始接受了权贵的信条——私营化。

在萨里地区，社区医护服务在 2012 年交给了维珍医护（Virgin Care），这笔交易价值五亿英镑。这类合同烦琐得吓人：以刚才说的交易为例，合同共计 1320 页，[49]让人简直没法详细审阅。萨里的这笔私营化交易与一年后的一笔交易相比则黯然失色。剑桥和彼得巴洛的 CCGs 把自己地区的医护服务交给了私营医护公司，交易额共计 11 亿英镑。工党的影子卫生大臣安迪·伯纳姆将其称为"到目前为止最大胆的抛售"。[50]在康沃尔郡，赛克罗拿到了工作时段外的护理业务，下议院公共账户管理委员会曾批评该公司提供的服务“不够标准”，并且在工作表现方面还有252次数字作假。还有一笔交易把患有脑瘤的NHS患者交给了私营医护巨擘美洲国际医院（公司）。该公司是保守党的捐资方之一。在米德兰（英格兰中部）地区，价值7.7亿英镑的病理学服务被拿出拍卖。在布里斯托，一笔价值2.1亿英镑的合同把成人精神健康服务交给了私营机构。正如珀洛克教授所言，英格兰的NHS“仅剩一个LOGO而已，它完全成了私营公司的筹资渠道”。

私营化已呈雪崩之势。政府的法案通过后的6个月内，24个临床合同中只有4个给了NHS的提供商。[51]像秃鹫一样在NHS上空盘旋的私营公司有足够的鲜肉可分。政府现在允许NHS医院收入的50%可以从病人身上赚取。2013年7月，《英国医学期刊》的一份调查表明，1/6的NHS医院正拓展他们的私营医护业务。

根据触媒（Catalyst，一家财务咨询公司）2012年的一份报告，956亿英镑的英格兰NHS预算当中有200亿英镑拿出来供私营公司分抢。这份报告的标题是“200亿英镑的机会在等着私营公司”，非常有气势。“尽管有许多挑战，私营公司正提供越来越多的医护服务，要么是由纳税人支付，要么是由消费者在使用这些服务时直接支付。”报告透露着牛市氛围，预言2020年私营公司提供初级或二级医护服务的份额将跃升到40%。[52]但这种私营化通常是在公众视线之外进行的。现在有100多项NHS服务是由维珍集团提供的。但病人看到的不是“维珍医护”的图标：不管哪块医疗服务业务被接管，NHS这三个让人放心的字母总是要留下来的。伴随这场抛售的是服务资源被掠走。在执政联盟执政的头三年里，8000个病床被削减，[53]皇家护理学院估算，NHS至少缺少护士两万名，[54]而NHS则期待着2015年“因提高效率而节约200亿英镑”。[55]

这些情形绝非偶然，而是经过精心设计的。2005年，卫生大臣杰雷米·亨特与人合写了一本小册子，名为《直接民主：新型政党日程》。他在书中建议把NHS非国营化，代之以国民保险形式。令人匪夷所思的是，身为大臣的亨特居然私下里呼吁在2012年奥运会开幕式上取消NHS的亮相。[56]对公共医疗健康缺乏关心，这还不止体现在对NHS负责的内阁大臣身上。2012年，戴维·本奈特被任命为永久首席监督官，即NHS的最高监管员。他曾在名叫迈金希的管理咨询公司担任高级合作专员，这家公司在私营化和服务外包领域有着丰富的国际经验和专业知识。事实上，政府的NHS私营化法案在一定程度上就是由该公司起草的。2013年10月，西蒙·史蒂芬斯被任命为NHS的首席执行官。他曾是布莱尔首相的顾问，亲市场化，在私营医护企业“联合健康”担任过十年的要职。NHS就这样任由自由市场主义者控制。

如此大肆瓜分NHS是对病人健康和生命的威胁。特伦斯·史蒂芬森是皇家医学科学院的教授，他说：“无谓的竞争只会搅乱复杂的、内在关联的当地医护事业，特别是干扰医院工作，给病人带来潜在的负面影响。”[57]如果医护事业以获利为核心动机，后果将十分严重。“市场就是要挣钱、牟利。这就是市场的哲学，这一点再明白不过了，”凯来什·昌得医生说道，“如果不能带来利润，公司就不想干。比如，对于择期手术，就存在一个选择的问题。这就会造成两层皮的医护体系，择期手术之类的就会由私营领域来做。”那些为NHS治疗付费的人已经可以插队了，那些急于挣钱的医院正忙不迭地要接活呢。那些想不花钱的，就只好老实排队等着吧。2012年，超过5.2万人被迫放弃排队等候，只能另想办法。[58]

私营化有时被宣传为给患者提供机会。但这一进程跟机会毫不相关。不是病人来拍卖 NHS 服务，是那些老百姓从未选举、甚至叫不出名字的人，切走了大块的公共医护服务，然后把钱转给私营公司。公众不喜欢也得忍着。例如，康沃尔郡的病人们要是需要非工作时间全科医生服务，那就只有选择赛克罗了。其实，即使不是如此，他们也只能选赛克罗。

私营化代价奇高。目前所谓的"重组"花费 30 亿英镑。市场化原则在 NHS 内蔓延意味着要在竞争法的繁文缛节中穿行，这可造成不菲的成本。NHS 主席戴维·尼克森勋爵在退任时对议员们讲："我们陷进了竞争法的泥沼，竞争法律师处处提醒我们该干这干那，添了不少难题。"私营化还带来别的问题。凯来什·昌得说："我们从来就没有健康服务，我们有的是医疗服务。"NHS 不是关注预防，不是推动健康的生活方式，不是让花大钱的病患从根本上少出现，而是忙于治已经很严重的病。对于大的药品企业来说，这样做极为有利可图，因为治病要的是出钱买药。而推动健康的生活方式则会使它们的利益受损。随着英国人口不断老龄化，越来越多的钱将被用来治病。对那些渴望把 NHS 解体拍卖的私营公司来说，这不啻为利好消息。

但这些暴露了英国权贵的问题。权贵的意识形态是讨厌国有的，声称要把个人从国家和政府的束缚中解放出来。最贫困的阶层被视为严重依赖政府福利，他们常被称为"揩油者"或"耍滑的"。但实际上，在英国所推行的现代资本主义中，政府在到处撒钱。政府不仅给私营企业提供保护，提供基础设施，还提供劳动力。政府成为了一个利益流。政府已经私有化了，变形为抛撒纳税人钱财的机器，且越来越不负责任。公共服务已经不再是为了公益了，它服务的是利益，而不是民众。在掌权的政治家、记者和智库看来，支持私营化是明智之举，但私营化从来没有赢得民众的心。

大公司自然非常愿意从政府掌握的财富和资源中多捞多得，可它们却很不情愿给予什么。在权贵的意识中，政府的合法性有点不足，政府是企业家创业的绊脚石，政府不配拿公司企业的钱来运转。即便是在紧缩时期，公众节衣缩食，英国的富人们却大肆逃税。这足以证明这个国家是为谁服务的。

# / 第六章　逃 税 大 亨 /

如果现代英国资本主义需要一个公关大使，史蒂夫·瓦利应该是一个非常棒的人选。他是四大会计师事务所之一——年营业额240亿英镑的安永（Ernst & Young）会计师事务所的董事会主席。在干这个职务的人里他还算相对年轻，跟那些俗套的、乏味的、私立学校毕业的英式董事会主席们迥然不同，说话时还带有英格兰北部特有的欢快语气。他出生在约克郡的哈罗盖特（Harrogate）。他开玩笑地问："哈罗盖特很潮，是不是？"他后来在贝里的一家联排别墅里长大，离吉格里球场（Gigg Lane）有200米远，那里是贝里足球俱乐部的主场。他爱笑，很务实，很有亲和力，似乎很快就能让你跟他一块儿喝一杯。他笑着说："当我回家时，大家就说'他会先请一轮酒'。我出去跟他们踢球，过了20分钟，我们就成了好伙伴。"

被瓦利的魅力迷倒是很容易的事。他很和蔼，很平易近人，让你感觉权贵也不算怎么坏。伴随他长大的是他对足球的酷爱，他大学毕业时还不知道人生应该干什么。"我花了一年时间来旅行，做的是标准的旅行图书《孤独星球》（*Lonely Planet*）上记录的事。"他说。回到英国时他已经债务缠身。"那时候，你要么进银行要么做专业服务。我不太想当银行家。"后来他进入一家咨询公司，2005年被安永挖走，在安永他干得很出色。六年后，恰好赶上挑选新董事会主席，榜上有他的名字。"神秘的过程就这样开始了，"他笑着解释道，"虽然不是选新教皇，但也差不多。"他当选了，是惊喜也是荣耀。瓦利比同侪们都年轻，没有干过审计，而且刚进公司几年。他有种迷迷糊糊的感觉。用他自己的话说，是"掐自己一把来醒醒神"的幸运感。这是为数不多的从圈外挤入掌权精英圈的人们常有的幸运感。"真够走运的！能跟首相的贸易代表团出访。能到巴西总统的办公室里两次。妙极了。”

瓦利热衷于呈现给世人一个讲道德的、人性化资本主义的面孔。他走进位于安永伦敦总部顶层的、能看首都全景的办公室时，抱怨昨天夜里参加由同性恋和双性人运动组织“石墙”（Stonewall）举办的活动，熬得太晚，太累了。安永在2012年被“石墙”称作是最善待同性恋的公司，一年后它又成为“伦敦骄傲”活动的广为人知的赞助商，这是全英最大的一场争取LGBT平等权益的盛会。瓦利还是社会企业信托的成员，该机构支持社会企业：他特别自豪的一项事业就是资助“自行车作坊”（BikeWorks），该活动把蹲过监狱的人组织起来，把他们培养成自行车机械师。他支持的另一家机构帮助产后妇女重返工作岗位或者找到兼职工作。“他们都是很给力的女性，我从她们那里学到很多。”

这些都不可能不给你留下深刻印象。有足够的证据表明，“仁爱资本主义”在英国正在蓬勃发展。安永这样的公司包藏着英国权贵某些最坏的心态和做法：永无休止地把财富集中到越来越少的人的手中，消弭私人利益和国家利益的界限，从意识形态上拒绝国家和政府的作用，从而不再维护其基本服务和职能。

安永参与了现代资本主义的一大丑事：当公共开支面临急剧削减时，富人和公司却在系统性地逃税。根据注册会计师理查德·墨菲为英国工会联盟做的一个研究，英国的富人每年逃掉了250亿英镑的税。2014年，国家审计局透露，1/5的英国大公司在上一年度未缴公司税，一半以上缴了不到1000万英镑。[1]许多大公司排斥政府，尽管它们依靠政府。这些公司对于向政府缴税耿耿于怀。它们觉得自己对政府的贡献已经不小了，仅凭提供就业一项，政府就应对公司不胜感激。

但逃税一项就足以表明英国在财富和权力分配上有多么不公平。法律对穷人严惩不贷，却怂恿甚至纵容富人的更具破坏性的行为。每年逃缴的税款以几十亿英镑计，福利诈骗的损失是12亿英镑。大小报纸往往对后者大提特提、怒言斥责。2013年10月，32岁的维也纳·米歇尔·伊兹瑞尔被判处一年监禁，因为她谎称孩子仍和她住在一起，从而骗取了共计2.36万英镑的税款抵免、收入补贴和儿童福利。[2]这种诈骗行为没人会原谅，但跟大公司逃税相比，算是小巫见大巫了。

有人会油嘴滑舌地申辩：逃税和福利诈骗的区别在于前者是合法的，而后者是非法的。这种言论本身就表明法律已被严重扭曲，让富人沾光得利，尽管他们的行为对社会非常具有破坏性。富人们雇用了大量的会计师和律师，成功逃避议会立法想要收取的税款。会计师事务所帮助起草税法，然后又给公司出谋划策，建议它们如何避税。这些避税精英对民主构成了真正威胁，因为他们系统性地缩减了国家的财力，使得政府在提供服务和实施政策时财力不足，这些富人还暗中跟国家机器勾搭在一起。这一合谋的核心策划者就是所谓的“四大”会计师事务所——安永、普华永道（PWC）、德勤（Deloitte）、毕马威（KPMG）。

有很长一段时间，这四大事务所的业务都是低调无声的。一直到了2013年1月，直言不讳的工党财政大臣玛格丽特·霍奇把它们揪到下议院公共账目委员会时，它们的业务才引起了公众的瞩目。霍奇毫不客气地批评它们：“逃税已经成为一种牟利手段。在我看来，你们做业务的主要目的就是帮助富人或公司尽可能地少缴税。”这些事务所还从没被这样毫不留情地公开质询过，这下它们就难以招架了。霍奇举例提到了普华永道在卢森堡和泽西岛这样的低税收地区“搞了相当复杂的公司架构”。搞这么复杂，就有一个目的，“你们说是为了减少税额，我说这是逃税。”当霍奇想搞清楚它们在低税收国家和地区设立复杂的公司架构是不是为了逃税时，普华永道的税务主管、温和的凯文·尼克森承认：“这是其中的一个因素。”[3]

四大会计师事务所对于这场议会审判愤恨不平。头发灰白、着装讲究的德勤事务所公共关系部长戴维·巴恩斯在舰队街附近的办公室里对我说道：“辩论变得越来越情绪化。玛格丽特·霍奇还有公共账户委员会就是在哗众取宠。”这不足为奇。许多年来，英国富人们逃税达到了工业规模，可这个问题只是政策专家和税务专家们在忧心。在新工党治理下，至少是截止到2008年，英国经济似乎在尽享永不停息的增长。当时的财政大臣戈登·布朗令人瞠目地声称“繁荣和崩溃的周期律”已经扔进了故纸堆。税款源源不断地流进财政部，公共服务开支稳步增长。现在的反逃税先锋玛格丽特·霍奇当时是工党的一位大臣。她告诉我：“当时钱一点也不紧，但工党还是有点不敢疏远大公司。”2008年秋，雷曼兄弟公司垮台时，优哉游哉的日子也随之而去。税收直线下降，2010年5月保守党和自由民主党执政联盟上台后，实施了影响深远的削减开支计划。公共服务大幅缩减，成为自1870年代以来生活水平下降持续时间最长的时期。这回时机成熟了，该拷问一下大公司拒绝缴纳应缴税款的事了。

在大公司逃税成为一个惹人注目的政治问题之前，严肃看待这一问题的人不多，注册会计师理查德·墨菲是其中一个。上大学时他视自己为左翼社会民主党人，但他对做生意十分着迷。1980年代中期，他加入了一家事务所，后来被并入毕马威。这家公司告诉他：如果他埋头苦干，差不多十年后他就会成为公司的合伙人。雄心勃勃的墨菲果断作出反应——辞职自己干。他在英国和其他国家帮人设立公司，26岁时帮人把经典的棋盘式问答游戏“打破砂锅问到底”（Trivial Pursuit）引进英国。在八月的一个明媚的日子里，墨菲和我坐在伦敦东区的一个咖啡屋外。他对我说：“没有人认为逃税天堂有什么危害。没有几个人知道这些逃税天堂，学术界对他们也没有研究。但我目睹了逃税天堂的所作所为，我觉得这些做法触犯了我的道德准则。”墨菲和两个合伙人创办了自己的会计师事务所。这个事务所跟别的有点不一样：它不把人们的涉税业务往海外转移，也不设立信托或参与其他形式的避税。他自豪地说：“从商业角度看，这是一种非常成功的模式。”

当墨菲决定下一步卖掉事务所搬到诺伐克安静地生活时，他开始思考这样一件事：“我想利用我了解的东西，来让这个世界多多少少变得更美好。”他与人合作创立了“税务公正网络”（Tax Justice Network）来应对逃税行为和逃税天堂，细致入微地披露法律如何纵容精英们钻制度的空子。这就开启了一个令人敬畏的专家和打击逃税倡议者的联盟。

在伦敦的天使地铁站附近的一个安静的、颇具艺术气息的后街咖啡馆里，我遇见了两个反逃税人士：穆瑞·沃西和凯特·布拉格耶维奇。两人都是二十多岁，面有稚气，很容易被看成是大学生。但交谈几分钟之后，我被他们的坚定和顽强所打动。他俩都曾跟“气候阵营”之类的环保组织一起做事，紧缩政策在2010年降临英国，他俩和一群伙伴下定决心：这回该采取行动了。在2010年《综合支出审查》中，财政大臣乔治·奥斯本出台了超过60亿英镑的削减开支计划。《第三只眼》（*Private Eye*）杂志此前刚刚披露移动电话巨擘沃达丰（Vodafone）获得了英国皇家税收与关税局（HMRC）的首肯，得以少缴60亿英镑，恰好跟政府预算减掉的金额一样。凯特说："这下子人们聚集在一起，把这两件事联系起来，60多人在周三早上到沃达丰静坐。消息传开，第二天人们在利兹也这么干，忽然间席卷整个英国，人们都准备在周六这么干。"于是，一场新运动诞生了——"英国不削减"（UK Uncut）。这是全国性的直接行动小组，通过和平占领犯事企业，把公司逃税问题逼上议事日程。

马修·科克是沃达丰的外事主任，他实际上是公司的"外交部长"，熟谙权贵的路数。在公司位于伦敦帕丁顿地区的办公室里，马修·科克周围坐着公司的官员们。他自豪地指着一张照片，照片里他父亲站在玛格丽特·撒切尔身旁。他先父彼得·迈克尔·科克勋爵当时是保守党的一位亲欧的大臣。他笑着说："这张照片很独特，这是我知道的唯一的'保守党向欧洲说是'的照片。"他夸耀说自己的父亲劝服了撒切尔在1975年英国加入欧共体时的全民公投中呼吁"加入"。马修·科克本人是一位职业外交官，最初在联合国参加过国际谈判，包括苏联解体后的军控协议谈判。马修·科克在芬兰当大使时，沃达丰邀请他加入公司业务。"找我的是阿伦·萨林，当时的首席执行官，他说的意思就是沃达丰感觉到公司在处理业务环境方面遇到困难。"跟世界各地的管理者打交道很复杂，且科克补充说，沃达丰感到各国政治家在电信方面的"决策越发政治化"。

说到驳斥逃税指控，科克真是外交大师。他用平静的、实事求是的口气说道："这种争辩由来已久。我们和皇家税收与关税局达成一致，我们想坐下来解决问题，因为这事情已经争了很久了。"

科克称，就是在那个时候，沃达丰和皇家税收与关税局达成协议，解决所有有可能出现的欠税——沃达丰将最终支付 12.5 亿英镑。“此后不久，《第三只眼》杂志就发了一篇文章，说这个数字应该是60 亿，而非 12.5 亿英镑。皇家税收与关税局反驳说60 亿纯属无稽之谈。沃达丰只不过是用数字宣泄情绪的牺牲品。60 亿英镑是政府从高等教育预算经费砍掉的金额，学费上涨由此而来，这就催生了‘英国不削减’运动。‘要是沃达丰交了税，大学学费就不会涨。’这是一个很有诱惑力的口号。”而实际上，他声称退休法官安德鲁·帕克勋爵发现，如果沃达丰公司走上法庭，那它还有可能胜诉，一分钱也不用补缴。

尽管科克自己说得有诱惑力。现实情况却大不同。2001 年，通过一家位于逃税天堂卢森堡的公司，沃达丰以 1800 亿欧元购买了德国一家名为麦内斯曼的工程公司。为了避免因这笔交易而在国内交税，沃达丰精心设计了一项财务计划接管麦内斯曼公司。《第三只眼》披露，“沃达丰拒绝让税务官员获取这笔交易的全部信息，并在法庭上辩称，英国法律不准这笔交易享有税款优惠，但这项法律在欧盟法律前失效，因为欧盟法律准许公司在欧盟的任何地区（包括最能避税的地方）设立公司而不必缴税。”案子久拖不决，皇家税收与关税局局长戴伏·哈内特把这个案子交到了一个较为随和的部门。最后的裁决是：沃达丰先交 8 亿英镑，然后再在五年内交 4.5 亿英镑。这个决定是在没有跟皇家税收与关税局法律顾问和税收法专家磋商的情况下作出的。

向《第三只眼》提供这个故事的是理查德·布鲁克斯，他是皇家税收与关税局的税收监察员，专门从事公司法和国际税务业务，在工作 15 年后于 2005 年辞职。布鲁克斯回忆，在同沃达丰的这场官司中，皇家税收与关税局曾占上风，沃达丰开始让步了，决定“最好了结此事，因为知道赢不了了”。可当双方准备确定一个清算金额时，皇家税收与关税局没有听取专家关于己方获胜概率的建议。“皇家税收与关税局没有咨询自己的律师，”布鲁克斯说道，尽管该机构有自己的专家，“它有专家班子和顾问团队。这些人帮皇家税收与关税局打官司。如果你卷入一场大的官司，你最想知道的一件事就是：拿到那60亿美元的概率有多大？”60亿美元这个数字是这么算出来的：2001年以来的欠款加上利息。不过，布鲁克斯指出，这个数字实际上少算了，因为这里面没有加上沃达丰在美国电信公司威瑞森（Verizon）持有的股权。威瑞森跟麦内斯曼一样，在卢森堡藏匿着25亿美元的利润。后来沃达丰把在威瑞森的股权卖掉，轻而易举地赚了840亿英镑。这又引起了轩然大波，因为有人披露这一大笔钱也不用向英国缴税。

“皇家税收与关税局以前赢了跟沃达丰打的每一个官司”，理查德·墨菲说，“2010年7月的这场官司，结局令人大吃一惊”。裁决公布一星期后，在率贸易代表团访问印度时乔治·奥斯本表示，在沃达丰的另一笔官司中，他支持沃达丰。这笔官司是印度政府诉沃达丰的，涉及金额27亿美元。沃达丰在同皇家税收与关税局打官司时就曾准备了20亿英镑，准备应对可能的税款偿付。墨菲说：“从账目上看，沃达丰这下子可赚了。在我看来，公司行政高层花大气力笼络感情，这次得到了回报。”

沃达丰引发的争议成了反逃税运动的导火索。从2010年夏天起，“英国不削减”运动发起了一系列对犯事公司的和平占领。与此同时，逃税者也采取了行动。他们的说辞和他们的账目一样能创新。沃达丰的马修·科克和声细语地说：“难题就在于人们仅是盯着公司税不放，而跟我们对英国和任何相关国家的财政贡献相比，这点儿事太小了。我们每年对英国财政贡献大约七亿英镑，这可不是一个小数。”

科克的说辞也是四大会计师事务所广泛兜售的。毕马威的总部未来主义气息浓厚，位于查林十字街，可以俯瞰泰晤士河及整个南岸。公司副总裁理查德·塞克思通滔滔不绝地讲起了公司的行事之道，流露出自信和业务精通。“越来越多地，我们鼓励人们关注‘整体税’，也就是公司的整体贡献。我们对自己也是这么做。作为公司，我们缴税。我们雇员工，他们也在缴税。我们还为税务部门创造其他收入来源，比如增值税或者其他什么税种。你得把这些都算上。”

科克和塞克思通都是在编制精巧的说辞，就像是在足球比赛中试图挪动球门门柱，好让自己得分。这些公司百般努力费尽心思，就是不想缴纳公司税。可当面对无法抵赖的事实时，它们又说缴纳这笔税意义不大，因为它们在交整体税。“整体税赋贡献”的理念是2005年约翰·怀亭推出的，[4]他曾在毕马威干过税务方面的相关业务。因其在税务领域的贡献，怀亭后来又得到了大英帝国勋章。他现在是皇家税收与关税局的一位非执行主任。

正如理查德·墨菲所言，“整体税赋贡献”是“完全简单化的税务计算方法”。“整体税赋贡献”所做的就是把公司给政府的所有东西都加在一起，包括电视许可费、车辆使用税、燃油税、机场税和保险费等。但这些所谓的税实际上几乎都是服务费，而不是真正的税。你要上路，就得交车辆使用税；你要坐飞机，就要交机场税，凡此等等。除了这些服务费，公司还算上了员工的所得税和保险费。可这些根本不是公司交的税，而是员工因为自己的收入而交的税。剩下的就是公司为员工缴纳的保险费了。关于这笔钱到底算不算是税，目前尚有疑问。从源头讲，公司给每个员工投了保险，从而承担了保险成本。墨菲指出："如果我们没有'雇主国民保险贡献'，而是有'雇员国民保险贡献'，那么工资总额将会上升。你的雇主会想，我想花 1.5 万镑雇这个人。从这里得出 1400 镑的保险，好的，你就只好拿 1.36 万镑了。大多数公司真正缴纳的税是公司税，这是公司无可争议应该缴纳的税，是对资本征收的税。"

但显然，商界的精英们根本不把公司税视为政府对公司的合法要求。约翰·朗沃斯是英国商会主席，2013 年夏我们在他位于威斯敏斯特的办公室里见面时，他对我解释道："我们在给财政大臣的呈送件中说得很明白。如果到今年秋季我们不能实现增长，或者见不到增长的前景，那么财政部就应考虑大幅降低公司税。"换言之，这些商界游说家们正企图利用经济危机来赢得减税。并且还有人走得更远。

董事长研究所主任西蒙·沃克说："我们不喜欢公司税，这个税种不好，因为它经常造成双重征税。"沃克呼吁彻底废除公司税。"我认为公司税效果不佳，于事无补。"这种说辞可真是有想象力，比"大公司不喜欢被征税，想尽可能多地保留利润"要高明得多。为了换取同情，沃克之类的人必须发挥想象力。但他的观点暴露出这样一种倾向，那就是董事长们笃信自由市场观念，拒绝接受"利润应该被征税"这一理念。

整个皇家税收与关税局也到处弥漫着自由市场观念。理查德·布鲁克斯说："1990 年代以来，这里的态度确实大大地变了。监管者和调查者们从原来的怀疑大公司转向了不言不语地相信大公司。皇家税收与关税局跟大公司打交道时没有了戒心，建立了伙伴关系，把自己变成了大公司的客户，而不是主管机构。”布鲁克斯言简意赅地总结这种态度：“大公司说啥，皇家税收与关税局都信。”

这种态度跟权贵笃信且奉行的放任政策一脉相承。布鲁克斯说：“这种态度跟宽松监管的理念如出一辙。皇家税收与关税局把宽松监管搞到了极致。在皇家税收与关税局里，谁若是反对这种做法，就会被排斥出局，就像权贵的对手们被排挤掉一样。你要是挑战他们，你就成了‘史前动物’，你是现代化的反对者。皇家税收与关税局有一套路数，可以让你表示你认同这一新理念，不妨叫管理层话语吧。要是你不按他们那一套来，那你就靠边站吧。真够阴的。”

最重要的是，英国的大公司有着四大会计师事务所来帮它们少缴税。而这些事务所当然都称自己没错。安永的史蒂夫·瓦利说：“我们从来不容忍、也不支持逃税行为。从根儿上讲，议会想看到什么情形，就朝着那个情形立法就行了。政府也要拿出具体的战略来，根据经济运行的状况来制定规则。我们这些人就会根据这些法规，向我们的客户提出建议。”

他说的倒是很有道理。但是，瓦利真正想说的是这个：要是有人说我们逃税，那政府就应该修改法律，打击逃税行为。安永之类的事务所只不过是遵照法律来行事罢了。它们只是在不偏不倚地向客户提建议，确保他们的行为符合法律规范，该缴多少税就缴多少税。

瓦利没有提及的是：最初是安永这样的事务所帮助设计法律，然后它们又抽身而去，告诉它们的客户如何规避法律条文。2013 年 4 月，下议院公共账户委员会宣布：“我们看到的情形很像盗猎者摇身一变成了护林员，转而又变成了盗猎者。这些事务所的从业人员一边给政府提建议，一边又建议他们的客户如何利用法律少缴税。”这一发现令人惊愕。资深议员们认识到：这些会计师不仅是在给政府提供专业知识，帮政府制定税收法。他们还在帮助客户如何绕开这些法律。对四大会计师事务所来说，这是一笔大生意，每年仅在英国就价值20亿英镑。正如公共账户委员会所指出的，皇家税收与关税局根本没法同这四大会计师事务所较量，因为皇家税收与关税局自己还得依靠它们的专业知识。这四大会计师事务所拿出四倍于皇家税收与关税局的人力资源来搞“转移定价”。这是会计学使用的委婉用语，指的是把利润转移到低税地区。

除了向大公司提供税务咨询，这四大会计师事务所还把人员派到财政部挂职。公务人员管理部门十分推崇挂职，说“这能让来自不同机构的人相互学习，交流经验，也能让公务机构之外的人们深入了解中央政府如何运作。”[5]挂职这一机制是权贵设计出来的，表明他们想把私营领域和公共领域之间的界限搞模糊，好让大公司在国家机器中有更大的影响力。他们这么干，是因为在他们看来，公共领域效率低、懒散，应该学习私营领域，即市场驱动下对利益的追求让人们工作起来更有效率。1980年代，玛格丽特·撒切尔曾鼓励这种做法：在她任首相期间，公务和私营领域之间交叉挂职将近1000人次。同时，她的政府把零售大亨德雷克·雷纳之类的公司执行官召入公务人员行列。[6]今天，这一做法比以往更普遍：现任首相力推的“公务改革计划”的目的就是“增强公务体制的动态性和灵活性，让各级公务人员更容易在公务和私营领域之间流动”。[7]但这四大会计师事务所的从业人员来挂职，不是为了提供专业知识，而是能“深入了解中央政府如何运作”，从而能更好地帮助他们的客户绕开税法。其中的利益冲突显而易见。

正如公共账户委员会的报告指出的，考虑到没有几个议员对税务有多少了解，皇家税收与关税局别无选择，只好依靠外部会计专家。四大会计师事务所为自己辩护说，它们只不过是向财政部官员提供“技术性建议”，而不是起草税法。但安永告诉议员们，“安永的会计师还从工作过程中洞察了政府的思维和思路，从而获益。”这样一种安排使得大事务所的会计师们能进入权力的中心，洞悉英国税法的本质，这给了他们巨大的优势，让他们更有底气地建议客户如何避开税法。当被议员们问询时，毕马威还“承认业内有种感觉，就是大公司借助同大会计师事务所的关系，得以熟谙税务政策的制定与实施，而小公司则不能”。情况的确如此。

2010年执政联盟执政以来，毕马威把员工派到财政部去挂职，参与设计管理“受控外国公司”和“专利盒”税制两项法规。向财政部提供建议后，毕马威又做了些关于这些法规的小册子，炫耀自己向政府提供了政策咨询。[8]公共账户委员会的报告举出一个例子，就是2012年出版的《“专利盒”税制：其中哪些跟你有关?》这本小册子。[9]小册子称：这项法案意味着一个业务机会，可以减少税款，而毕马威可以帮助客户“准备经得住推敲的开支分配方法”。公共账户委员会的报告解释说，“大会计师事务所在税务领域呼风唤雨”，而且“熟知皇家税收与关税局怎样实施税法。这样它们就能提醒客户皇家税收与关税局有可能在哪些方面提出问题。通过建议政府修改法案，它们详细了解英国税法，很快就能找到新法案的漏洞。”皇家税收与关税局的报告总结道：值得担忧的是，四大会计师事务所对税法“知根知底”，看来它们是在利用这一点来把如何利用法律漏洞少缴税的信息卖给客户。[10]

四大会计师事务所并不讳言它们同政治精英的亲密关系。普华永道的理查德·塞克斯通说：“在政治上，我们从不明确地跟哪边站在一起。我们和政党交往，是为了确保它们在思考和制定政策时尽可能地了解各方面的情况。”要是从表面上看这类说辞，你肯定会觉得四大会计师事务所不过是扮演中立顾问的角色，出于善心和利他主义而提供专业技术知识。你根本不会想到它们是逐利的公司，其利润来自如何巧妙地绕开政府制定的法律条文。2014 年 11 月，有人披露：工党前座议员——包括影子财长艾德·鲍尔斯、影子商务大臣楚克·乌曼那、影子教育大臣特里斯特拉姆·亨特——从毕马威那里拿了 60 万英镑的咨询费。[11]要是工党重新掌权，毕马威无疑会占便宜。

塞克斯通补充说：“由于我们有关系网，我们有能力让政府和政治家们跟各领域的选民接触。”他举了一个例子：“我们举办了业务务虚会，联络了几乎所有主要政党的领袖。我们还邀请各个部门的大臣参加，一同谈论我们对现行法律的某些条款的看法。”他坚持说，这不是帮官员们起草法律，而是“测试官员对他们的建议作何反应”。这也暗示出了四大会计师事务所的影响力有多大。它们充当了大公司老总和资深政治家沟通的渠道，能让他们见面并讨论政策。

其他制度安排也给了四大事务所直接影响政府的能力。2010 年掌权后，戴维·卡梅伦设立了“商务顾问小组”。其官方网站称，“该小组由对英国有重大战略意义的工商领域的领军人物组成”。这些人每个季度“向首相提供高水平的政策建议，以应对国家面临的重大商务和经济问题。”在该小组的 16 名成员中，不乏臭名昭著的逃税公司的头头们，如谷歌主席埃里克·施密特和沃达丰首席执行官维托里奥·科劳。还有一位是詹姆斯·戴森勋爵，他把制造业的业务于 2002 年从英国搬到了远东，致使英国损失了 800 个工作机会。当然，这里边没有工会和消费者权益组织的代表：这是一个让大亨们直接对首相和他的关键同僚施加政治影响的机会。

财政部也有关于税务的工作小组，而且——在保守党入主唐宁街10号以前——甚至还有一个工会代表。理查德·墨菲也是一名成员。但新的小组排除了这类人员。现在，该小组完全由四大会计师事务所人员、公司律师和大公司代表构成。理查德·墨菲说："全球金融精英实际上已经左右了纳税方，而现在他们又开始左右立法方。"关于修改税法的咨询完全偏向有钱有权的人，这不难理解，因为搞这种活动需要动用大量资源，比如需要金钱和专业知识才能做研究并出具翔实的咨询报告。但政府、公务部门和四大会计师事务所的关系实际上还要深得多。

皇家税收与关税局前任领导戴伏·哈内特常被反逃税人士称为逃税公司的"托儿"，因为他曾为大公司谈妥了许许多多的"甜心交易"。2001年，哈内特为皇家税收与关税局拟就了一份影响深远的文件，即《同大公司关系报告》，后来被广泛称作《哈内特报告》。理查德·布鲁斯说："该报告说大多数大公司不逃税。这是谎话，他们也深知这是谎话。我在内部场合提过抗议。我给他们展示了证据，证据都来自皇家税收与关税局自己的数据库。在报告考察的大公司当中，一半以上有逃税方案。我们调查的结果跟其他方面所做的普查相吻合。"布鲁斯的担忧被皇家税收与关税局的高层官员以"天真"为由当成了耳旁风。

2012年，为抗议哈内特对大公司的态度太温和，一群反逃税人士冲进了牛津大学举行的一场人均收费854英磅的黑领结辩论①，

① "黑领结辩论"是牛津辩论社（The Oxford Union）每周组织的社会议题辩论，也会邀请名人来演讲。

他们给哈内特颁发了一个讽刺奖项，“表彰”他为沃达丰和高盛这类大公司做的“好事”。反逃税人士后来被哈内特的同僚们赶走，律师罗伯特·维内博在其中帮腔。有录像记录了他大喊的神态：“你们是渣滓，竟敢非法闯入会场。你们是有预谋的。快点走开，否则我们就用狗赶你们走。”[12]

哈内特离开皇家税收与关税局后到了四大会计师事务所之一的德勤，为外国政府在税收体系方面出谋划策。反逃税人士的“非法闯入”被哈内特的这一举动证明是有道理的。哈内特是在公职和大公司之间自由切换的“旋转门”的一个典型例证。但他绝不是唯一的例证。根据《金融时报》的一项研究，在过去的十年间，18位前部长和前高级公务员转身进入四大会计师事务所，其中包括两位新工党的前内政大臣、一位皇家税收与关税局的前局长、一位唐宁街10号政策班子的前领导、一位金融服务局的公务员、一位副首相的前顾问。正如《金融时报》所言，“这是一个迹象，它表明政府和那些饱受争议的逃税大公司的关系。”[13]

会计师事务所和税务部门的关系远不止于挂职和“旋转门”。皇家税收与关税局每天都和四大会计师事务所密切合作。根据“信息自由”的一项信息，2007～2011年间，哈内特同德勤（英国）的高级合伙人柯睿尚会晤了48次。理查德·布鲁克斯说：“柯睿尚和哈内特一直有很多交易，这是一种无间道行为。大公司深知，要想和皇家税收与关税局达成有利的交易，就去找柯睿尚：他会和哈内特坐一坐，交易就搞定了。”

“英国不削减”运动拼命揭露的就是这种关系。抗议人士让逃税不再被公众舆论忽视，但他们决心走得更远。2011年，一次“在一个美好世界里的某个地方”的战略谋划会议上，抗议运动的积极分子们下定决心：把皇家税收与关税局拉到高等法院。他们本能地瞄准了沃达丰交易，但司法审查须在沃达丰交易进入公众舆论三个月内进行。“英国不削减”运动的穆雷·沃西说：“这太可耻了，因为上亿英镑就这样处于风险之中。”但麻烦还不仅这点。抗议人士得把“英国不削减诉讼行动”同别的类似运动区分开来。“英国不削减”运动的凯特这样分析：“如果法官们认为你们是一帮乱糟糟、闹哄哄的占领商店的示威者，他们肯定不喜欢你们。”

另一笔“甜心交易”被曝光，这次涉及的是高盛投资公司。在1990年代，高盛银行采用了一种熟知的逃税方案：在英属维京群岛设立离岸信托，把公司的账目和工资细节都严格保密。2005年，在数年的司法角力后，一家法院接受了皇家税收与关税局关于这类信托非法逃税的控告。但高盛仍然拒绝赔付，当时的赔付额为3081万英镑。五年后，随着利率积累，高盛欠税务部门4000万英镑。

尽管高盛很顽固，但它正一步步走向败局。2010年春，一家法院裁定：高盛关于其真正雇主在英属维京群岛的声明不成立。马尔科姆·伽米是皇家税收与关税局的皇室法律顾问（QC），他在7月提出极为正面的建议：政府将赢得高盛所欠的所有税款。但皇家税收与关税局负责和高盛这样的强势投行打交道的人员在2010年11月30日得到了令人震惊的消息。哈内特已经同高盛的税务主管接触并达成交易，戴伏·哈内特和高盛握手言和。1000万英镑从高盛欠款中刨除，而且——根据向公共账目委员会的通报——这笔钱本来会高达2000万英镑的。这个消息让皇家税收与关税局的高级官员很恐慌，私下里大家把这交易描述为“栽跟头”。[14]

“英国不削减”运动坚信这是一个重要案例，足以暴露税务部门同逃税公司的交易。“英国不削减”运动的积极分子们找到了总部设在伦敦的律师事务所利天公司（Leigh Day & Co.），得到了律师事务所的支持。皇家税收与关税局的举报人把举报信发在了《卫报》上，这下交易进入了公众舆论，“英国不削减”运动得赶快行动。举报信登出来之后两天内，“英国不削减诉讼行动”成立了，后来又在英国公司注册处和皇家税收与关税局完成了登记。2011年12月，“英国不削减诉讼行动”把案子交到了法院。

对“英国不削减诉讼行动”参加者来说，这是一场大卫和巨人歌利亚的搏斗，要想获胜看似是不可能的。皇家税收与关税局对于征税享有合法的垄断，法官在裁决时也顺理成章地关照税务部门。但这个案件却是要让皇家税收与关税局栽跟头的。在他的裁决中，法官尼克尔称“这在皇家税收与关税局的历史上不是什么光彩的事”，因为皇家税收与关税局的官员们“没有咨询律师”，也“忽略了自己有不同意的权力”。但真正把税务部门和大公司之间不寻常的关系和盘托出的是审判期间公布的一批电子邮件。戴伏·哈内特的一封邮件解释了为什么皇家税收与关税局忽视了律师建议、自己的办事原则和内部审查。安东尼·英格莱斯是皇家税收与关税局的律师和顾问，他曾建议哈内特：根据法律，皇家税收与关税局应该要求高盛赔付欠款的利息。

如裁决所示，哈内特强行让皇家税收与关税局接受这笔交易后，皇家税收与关税局高风险公司管理委员会曾试图推翻他的交易。据哈内特讲，高盛听说委员会的决定后“勃然大怒”，威胁说要退出政府新颁布的税务行为准则。尽管这一准则是自愿加入的，其规范是不具执行力的，公司也不需要额外多缴一分钱的税，哈内特用这一威胁来挫败追回高盛欠款的企图。哈内特写道：“一旦高盛撤出税务行为准则，这当中的风险会让大家很尴尬，财长奥斯本、皇家税收与关税局会感到尴尬，皇家税收与关税局的大公司服务处还有你、我也都会尴尬。”此外，他还担心毁约会“大大伤害皇家税收与关税局和高盛的关系”。正如法官尼克尔所言，哈内特考虑到了“高盛退出税务行为准则会给财长造成的尴尬。皇家税收与关税局认为这是一个不相关的考虑，不应进入他的决策过程”。[15]

这件事暴露了税务机构在强势的大公司面前是多么软弱。“英国不削减”运动的凯特·布拉格耶维奇就此表示：“可以看到高盛欺负、挤兑、呵斥政府和皇家税收与关税局，而皇家税收与关税局只是低三下四地说，‘好的，好的，请别冲我喊了’。这里可没有什么温馨，这里有的只是生意，投行飞扬跋扈，对政府发出威胁，实实在在的威胁。”在这个案例里，我们看到的不是哈内特如何被奉若上宾，而是被高盛骑在脖子上。

难怪在 2011 年 2 月下议院公共账户委员会痛批皇家税收与关税局在与大公司的税务纠纷中处事不当，指责税务部门遮遮掩掩，“对自己跟大公司的特别安排守口如瓶”，以至于“让公众猜测皇家税收与关税局同大公司的关系过于密切”。[16]

许多税务官员从意识形态上本能地和逃税者往一块儿想。2013 年 9 月，戴维·希顿成为皇家税收与关税局应对猖狂逃税顾问后不久，就被 BBC 秘密拍摄到他参加“101 个帮你做个人税务规划的建议”的会议。在演讲中，戴维·希顿提出各种建议，好让听众的钱“别被财长脏兮兮的手指头拿走”。他提的一个建议就是安排好发红利的时间，确保多拿产假工资返款，把缴税税率从 41.8% 减到 8.4%。希顿的话被公开后，他被迫辞职，但这事让人清楚地看到高层官员都在干些什么，他们的工作任务可是要尽量增加政府的税收收入的啊。

会计师事务所、大公司和税务部门的这种关系充分显示了大公司的政治权力。私人利益越来越向国家机器的中心渗透，权力和财富越来越向高层倾斜。事实上大公司和富人们在英国政府的核心里安插了说客，表面上是在帮政府立法，实际上是在帮大公司和富人们制造法律漏洞，以备日后钻空子。政府和税务部门的高级官员们最后都到四大会计师事务所效力拿薪水，利用他们执掌公权的经历帮公司钻法律空子。大公司则吓唬、忽悠公务人员，直到逃税的企图得逞。具有讽刺意味的是皇家税收与关税局合谋剥减自己的税赋收入。例如，2013 年，财长宣布财政部自己的预算将削减 5%。这是彻头彻尾虚假的节俭。法律事务所品诚梅森（Pinsent Masons）的一项研究发现，去年皇家税收与关税局在大公司税务监管上每花 1 英镑就收回 97 英镑。[17]但依然有人为四大会计师事务所及其同类辩护——说它们不过是中立的守法者——这简直就是瞎扯。

不过，安永的史蒂夫·瓦利一个劲儿地坚持说逃税是必要的：公司实际上是被法律逼得不得不逃税。作为受托人，公司的董事们有“一种法定的受托责任”，必须想方设法改善公司的“财政状况”。他说：“现在界限模糊了，是不是？因为你们整天想的是什么是道德的、公正的、公平的社会。我想这很难说清楚。你怎么能搞清什么是道德的、公正的税？你要是公司的董事长，你就有受托责任，为公司做正确的事，公司法里没有说你要为社会做正确的事。”

但这根本不是对法律的确切阐述。2006 年《公司法》根本没有说让公司利润最大化，而是呼吁董事长们“为增进公司所有成员的福利而推动公司成功兴旺”，包括“考虑公司员工的利益”，并且还要考虑“公司的运转对社区和环境的影响”。合谋剥减财政部赖以维护公共服务的资金，这显然会对社区（当然也包括公司员工）造成不良影响。躲在法律后面只能表明自己胆怯心虚，根本不能为逃税开脱。

这些会计师异常聪明，善于利用法律的复杂琐碎。他们创造各种各样虚假的花销，把不该减税的给减了税；把收入变成资本收益，可以少缴税；把实际上的贷款说成是股份；如此等等。

普华永道的理查德·塞克斯通向我表示："这些人在灰色地带活动，我们姑且称之为不断挤压法律的边界。但我们不是这样。"虽然塞克斯通矢口否认，但仔细一查看便知分晓。埃塞克斯大学会计学专业教授普莱姆·席卡揭露了四大会计师事务所的几种伎俩，让人们看清它们是怎样利用法律的灰色地带的。例如，普华永道设计了一项方案，可以让一位富人对一笔 1070 万英镑的利润免交资本收益税。这个方案被交到税务法庭，法庭发现该方案制造了一笔 1100 万英镑的亏损。具体操作是"利用一系列循环和自我取消的交易制造资产并随即处置资产"。法官裁定这一方案无效，认为"根本就没有资产，也没有对资产的处置，也没有损失"。但 200 名企业家此前已经签字认可了这一方案。这一方案若是真的获准，那财政部将会损失将近 10 亿英镑。

毕马威也有举动。它创造了一个聪明的方案，可以让一家开娱乐场的公司免交增值税。即使毕马威认识到皇家税收与关税局将视该方案为"无法接受的逃税行为"，但它还是坚持推行这个方案，直到欧洲法院将其封杀。德勤有自己的举动，它的方案几乎涉及了 300 名银行家，让他们得以对 9100 万英镑红利免交收入税和国民保险费，直到一位法官将其封杀，因为"这一方案从整体到局部纯粹都是为逃税而制定的"。[18]

随着"英国不削减"运动迫使逃税问题进入议事日程，人们已经不可能假装不知道英国有钱人大肆逃税的事了。尽管公众（包括右翼选民）反对，财长奥斯本还是在2012年3月把最高税率从50%降到了45%。这引起了公众愤怒，因为这时候英国普通民众正经历1870年代以来最长时间的生活水平缩减。为了转移公愤，奥斯本声称“吃惊地看到英国有些最富的人这样安排自己的税务，以至于不交收入税成了家常便饭”。根据一项递交给他的秘密研究，富商巨贾们正采取疯狂的逃税计划，把他们的收入税降到平均10%，比最高税率低35个百分点。[19]

保守党意识到自己别无选择，只有利用民众对富人逃税日益增长的愤怒。喜剧演员吉米·卡尔是1000个利用泽西岛逃税的富人之一。这事被披露后，首相卡梅伦批评他“道德上不老实”。菲利普·格林勋爵是阿卡迪亚（Arcadia）公司老总，拥有顶店（Topshop）和多萝西·帕金斯（Dorothy Perkins）等高端商店。对于他就没有这么严厉的斥责了。卡尔毕竟不过是个喜剧演员，而格林则是议会的台柱子，所以得“看人下菜碟”。格林无可否认地是个英国人，可他的公司却注册在妻子的名下。她居住在避税天堂摩纳哥，根本就不为阿卡迪亚做任何工作。下面看看他的逃税方案——他称为税务效率——是怎么运作的。2005年，格林给自己开了一笔12亿英镑的红利，这是英国公司史上最大的一笔。通过一套复杂的离岸账户网络，并借助泽西岛的避税便利，这笔钱到了他妻子在摩纳哥的银行账户。通过这个聪明的伎俩，格林给自己省了2.85亿英镑，吃亏的是英国纳税人。正如“英国不削减”运动所言，这笔钱足够给两万名护士发工资。

格林的举动自然招致反逃税人士的抗议。2010年冬，“英国不削减”运动对他位于伦敦牛津街的顶店旗舰店进行了和平占领。格林根本就没有惊慌失措，当时他正在巴巴多斯的一个每天花费1.6万英镑的豪华别墅式酒店里晒太阳呢。政府非但没有指责他逃税，反而请他做顾问，来建议如何削减公共开支。

其他的大公司发现自己被反逃税人士拉到了公众面前接受审查。价值400亿美元的美国公司星巴克成为众矢之的。1999～2012年该公司在英国销售额达31亿英镑，而只缴纳了860万英镑的税。星巴克的说辞是：尽管它在英国有735家门店，但年年亏损，所以不用缴纳公司税。2009～2013年间，它没有缴纳任何公司税。星巴克私下里告诉投资人和分析师，它在英国是赚钱的，而且值得美国本土的门店效仿。

事实上，星巴克利用离岸许可和转移定价把利润转移到了荷兰和瑞士。它的30家瑞士门店利润率为20%。星巴克向每个英国门店收取销售额6%的"知识产权"使用费。星巴克跟荷兰政府有一个秘密的很划算的税务安排，在瑞士只交税率为12%的公司税。这可太高明了：公司对自己征税，并把利润转移到税率划算的国家。[20]

再看看英国亚马逊（Amazon UK）。这是一家英国公司，从名字上能看出来。它的主库房在东米德兰的儒日利（Rugeley），工人们在这里长时间地工作，很少休息，上厕所要计时，工时不定。尽管公司机构设在英国，该公司2012年只交了240万英镑的公司税，而销售额却高达420亿英镑。公司主要通过卢森堡实现销售，凭此逃掉了海量的税款。

谷歌有类似的伎俩。用董事会主席埃里克·施密特的话，谷歌"一直都在立志做正确的事"。用词很讲究：毕竟"立志"暗含的多是雄心勃勃的和遥不可及的目标。但谷歌离"做正确的事"相去甚远。2006～2011年，谷歌收入120亿英镑，可缴税只有区区的

1000 万英镑。[21]公司把其英国分公司办成一个营销部，作为其爱尔兰总部的助手。这样一来，它在英国的销售都转由爱尔兰来实现。[22]又是一场聪明但合法的骗局。玛格丽特·霍奇称谷歌“实际在作恶”，用以驳斥谷歌的座右铭“不作恶”。

逃税公司还可以包括那些从公共服务外包中获益的公司，它们的利润是直接由政府来补贴的。20 亿英镑的公共资金在 2012 年流进了阿托斯和 G4S，但二者都没有缴纳任何公司税，而塞克罗和卡皮塔只缴纳了可怜兮兮的一点公司税。从 NHS 私营化当中受益的公司（如医护合营公司等）也在逃税者之列。尽管这些公司急于从国家税收中分一杯羹，它们自己对国库的贡献却少得可怜。

当然，逃税大行其道也不能简单地归咎于英国税务部门。公司为逃税而耍的花招越来越复杂，鼓动它们逃税的是这样一种心态：税收是一种不合法的负担。世界各地的避税天堂允许富人和公司系统性地囤积钱财，使其逃开收税官员的眼睛。2013 年春，200 万份秘密材料——大多来自避税天堂英属维京群岛——泄露，曝料有 21 万亿英镑的富人资产被藏匿并逃税，其中不乏英国富豪。[23]

正如理查德·墨菲所言，英国法律体系和开曼群岛（Cayman Island）的法律体系之间的互动创造出了二者都没想到的结果。“公司和法律体系对着干。法律体系也和公司对着来。当他们说什么是合法的，他们其实非常谨慎，并不界定在哪里是合法的，也不说法律体系之间的相互作用。”泽西岛或许是个避税天堂，但它的税法 134A 这一节对当地居民来说是一个严苛的反滥用条款，要求他们支付欠下的所有税款。泽西岛这样的避税天堂的高明之处在于他们允许外国富人利用它来记录交易，给富人提供机会和途径来破坏本国的税法。最要紧的是，他们可以在绝对保密的情况下做这些事情。跨国公司在不同的避税天堂里来回鼓捣子公司的利润。它们的成本落在了高税率的国家，这些成本最终抵扣税款；它们的利润最终落到了泽西岛这样的避税天堂。

这就是为什么运动人士强烈要求建立一个跨国税务透明体系，他们称之为“逐国报告制度”。该制度可以迫使每家公司报告它在哪些国家有业务、它在其中的每一个国家有哪些公司、这些公司的财务表现如何——从销售额到税前利润。理查德·墨菲说：“为透明而战，就是跟全球的精英做斗争，跟他们的秘密交易做斗争。”

逃税者们提出的一种说辞是打击他们只会让富人们从高税率国家出逃。史蒂夫·瓦利说：“假设你想去度假，有的地方吃顿饭不交税，有的地方缴40%的税，这会影响你的选择。”德勤的戴维·巴恩斯也支持这种说法。“打压公司肯定是不得人心的。公司老总们肯定会说，‘好吧，我带上东西走人，换个地方接着玩。’”然而，一项学术研究对这种逃税言论提出质疑。根据美国智库“预算与政策优先选项研究中心”的一份报告，几乎没有证据能表明提高税收会让富人们出走。报告称：“低税收会使政府无法维持高质量的公共服务，而潜在的移民很看重这些服务，如文化设施、休闲机会和其他公共服务。”[24]俄罗斯的最高收入税率为13%，但几乎没有见到英国的亿万富翁们疯狂奔赴莫斯科或西伯利亚（最高收入税率为15%）。富人们还得考虑别的因素：亲朋好友愿意去、社会和文化生活丰富、感觉像到家一样、感觉安全稳定。

大公司已经习惯用关门闭店或把工作撤到别处来要挟政府。但这是虚张声势。理查德·墨菲的一项研究表明，一些跨国公司因担心2008年税法有变而迁址别处，但由于它们压根儿就没交什么税，所以国库损失可以忽略不计。目前似乎没有哪个大公司考虑搬出英国，这里有全球最大最吸引人的市场，即使民众真心想打击逃税。毕竟，这个国家有许多优势：世界顶级的教育、优良的基础设施、高效的法律体系、官方语言碰巧是国际商务用语。

逃税还伤害了当地的小企业。比如，独立经营的小咖啡店雇不起那些擅长钻法律空子的会计师，不能从海外子公司进口成本消减利润减免税款，不能把利润转移到避税天堂。它们只能乖乖地交税。这样一来，在跟那些钻法律空子的公司竞争时，小企业就处于不利地位。

逃税者还另有说辞：等一等，也许确有富人或大公司千方百计逃税，但绝大多数大公司和富人还是承担了英国税收的绝大部分。经常提及的一个数字是1%的挣钱最多者交了英国1/3的收入税，这其实忽略了这样一个事实：政府收入的1/4来自收入税，其余部分大多来自国民保险和国民支付的间接税。

对于逃税说辞，还有几项关键的反驳论据。首先，被征税的巨大财富可不只是大公司的董事长们凭着企业家精神创造出来的，其中相当大一部分是体力劳动者通过劳动创造出来的，而这些劳动者挣到的钱尚不能让他们过上舒服的生活。还有其他人的劳动，如培养下一代的教师们，还有创造新技术的人员。其次，如果公司董事对自己的纳税比例不满意，他们可以给自己少发点公司利润，而给工人多发点工资。这就意味着工人挣得多了，他们对国家税收的贡献也就越大。

但最厚颜无耻的辩词同时也流露出了大公司的心理。普华永道的理查德·塞克斯通说道："如果不全面地看一个人做的事，而只是盯着一个方面，那就有点危险了。毕竟菲利普·格林勋爵通过有效运作的零售连锁为英国创造了大量财富。你也许不知道哪家店是他的，但你可以在里面购物。甚至连我也在里面购物。我不知道他经营掌管哪些品牌，但他创造了工作机会，创造了财富。”

这样说来，大公司的老总们是高尚的、乐善好施的富人，他们创造了工作和财富。这听起来是在说大公司有点像慈善机构。它们已经对社会有巨大贡献了，少交点税有啥大不了的？然而，这些大公司已经从政府的慷慨中占尽了好处，从基础设施到银行援助，到低收入者税收抵免，到培养劳动力的教育系统，它们都沾了政府的光。

史蒂夫·瓦利爱吹嘘安永的善举，如帮助“弱势女性”找到工作。但是，由于英国福利制度已经捉襟见肘，女子收容所平均每天都得婉拒230名逃离家庭暴力的妇女，这在相当程度上是瓦利的公司帮助逃税造成的。他自己在良心上也许过得去，觉得自己的公司帮女性找到了工作。但他所言的善举规模太小了，彻底被他助长的逃税造成的后果给冲淡了。福利制度就是要驱散支离破碎的、杯水车薪的、基本全靠富人乐善好施的贫困救济体制。弗朗西斯·贝克特是战后工党首相克莱门特·艾德礼的传记作家，他这样讲到：“慈善是一种冷冰冰的、苍白无爱的东西。如果一个富人想帮助穷人，他就应该欣然纳税，而不是心情好时才捐点钱。”

巨富们系统性地逃税，这也显示出大公司和亿万富豪们对民选政府能施加多大的影响，要么在高层有自己的代理人，要么干脆就恐吓要挟政府。普通公民就只好乖乖地守规矩，而且他们要守的规矩和精英不同，精英的规矩是他们自己协助政府制定的。这也暴露了政府如何被公司挖了墙角，这些公司想方设法不缴纳政府赖以提供公共服务的税金。

这也显示出权贵根深蒂固的心态：公司认为政府妨碍企业家精

神的施展，企业不必完全依赖政府的慷慨，企业向政府缴税是说不通的。企业家们已经对历届政府向企业和公司让渡权力和财富习以为常，只要对其地位稍有挑战，他们就会近乎歇斯底里。

伴随着权贵越来越得势，大公司得到的好处也一发不可收拾，逃税仅是一个征兆而已。向私营领域转移公共资产、削减公司税、让公司说客进入权力中心、任由全球化蔓延、打压工会，这些都助长了大公司那种应得的地位感和胜利感。与此同时，财富分配也越来越不公平。

2013 年 9 月，工党领袖艾德·米利班德宣布：如果他当选，将暂时冻结能源价格。这种措施根本算不上是经典的马克思列宁主义的做法。毕竟，民调显示大多数英国人支持对能源彻底实施再国有化。但右翼的反应却是歇斯底里。

"如果我们不考虑这种措施的彻底程度，工党的建议切中要害了吗？是的。"英国能源公司首席执行官安瑞拉·奈特承认。她曾是保守党议员和财政部经济事务官。1997 年工党大胜，她被迫离开议会，有许多公司给她提供非执行董事的职位，后来她选择了银行家协会的首席执行董事职位，一直到现在的英国能源公司首席执行官。仿佛奈特是存心要成为英国资本主义默剧里最大的恶棍代言人似的。她也恰在其位地目睹了工党建议对大能源公司的影响："我们感到强烈的震荡，这种震荡一直都在。"

六大能源公司的反应称得上是恐吓与叫嚣的大放送。苏格兰电力（Scottish Power）的公司事务部首席官员凯斯·安德森威胁要撤销 150 亿英镑的投资，4500 个工作岗位也将化为泡影。英国能源——英国所有能源公司的喉舌——威胁说要"冻结 60 万个就业机会”，把“能源紧缺变为现实”。最大的能源企业森特理克集团（Centrica）更是直言不讳地宣布：“如果在成本上扬的情况下还控制价格，那么森特理克将难以为继，任何其他能源供应商也都难以运转。”[25]彼得·阿瑟顿是伦敦城证券经纪人和能源分析师，他用大白话讲出了六大能源公司威胁要干啥：断油加断电。[26]

如果是工会发布这样的威胁，右翼报纸早就大批特批了。可这回根本就没有哪个小报跳出来登载“能源大亨们绑架国家”或“内部的敌人”之类的头条消息。媒体只是一个劲儿地登载发布六大能源公司的声明，来证明工党原本很谦和的建议是行不通的。可英国选民们并不这么想，“舆观”的一份民调显示：十个人里有六人认为能源公司在耍横。[27]而欧盟中有一半国家已经采取措施来抑制能源价格，它们并未遭受断电之扰。法电（EDF）实际上由法国政府控制，在法国境内必须遵守限价令。

这一情形跟逃税一样暴露了公司企业的心态。在新的权贵治理下，本应成为公共产品的基本公共服务被外包给了私营企业：这些公共服务现在被用来赚钱，而不是满足人民的需求。在今天的英国，500 万家庭被定级为“能源贫困”，这个数字超过了其他任何西欧国家。能源贫困顾问小组警告说，2016 年这个数字会达到 900 万。这些家庭得在取暖和吃饭之间取舍：2013 年上半年的一份民调显示，1/4 的家庭落入这种窘境。每年冬天，两万或更多的老人因家中太冷而死去。根据慈善机构“英国老年”的调查，在可以防范的死因范畴里，家中过冷的老人比家中暖和的老人的死亡率高出三倍，NHS 每年拿出 13.6 亿英镑来治疗在家中因挨冻而得病的人。[28]

同贫困、痛苦和因冻死亡形成鲜明对照的是能源卡特尔兴旺发达。2012 年，六大能源公司赚了 37 亿英镑，比三年前增长 73%。

这些钱有一半以上以红利形式落入股东们的腰包，而对大规模清洁能源的投资从72亿下降到了30亿英镑。[29]这是能源公司的蓬勃时代，而数百万家庭则在上涨的能源价格面前苦苦挣扎。就像许多大公司一样，能源公司也是厚脸皮的逃税者。比如，恩能公司（nPower）在2009～2011年间没交公司税，尽管它挣了7.66亿英镑。没有什么证据表明英国的能源市场有多少竞争。自由保守党议员道格拉斯·卡斯韦尔提到一种现象：现行的税收制度使得纳税人不得不给公司掏钱，而公司成了政府的附属，操纵市场来方便自己，利用政府来封杀竞争。

在跟米利班德的斗争中，能源卡特尔有着强大的盟友。2013年秋，保守党能源大臣麦克·法伦这样说道：英国能源的“游说力量数一数二”。能源公司已经把说客安插到了权力中心。[30]2013年5月，森特理克的公共事务主管塔拉·辛格成了卡梅伦的能源和气候变化私人顾问。森特理克的董事会主席罗杰·卡尔勋爵在卡梅伦的工商顾问小组工作。在他之前，森特理克的首席执行官萨姆·赖德劳在这个小组干了两年。菲奥娜·奈维西从森特理克过来挂职能源和气候变化部电网管理战略主管直到2014年。该部的科学与政策小组前任政策顾问来自法国电力集团。[31]在卡梅伦政府的前10个月内，政府大臣们跟六大能源公司及其说客开会195次，而同环保组织仅会见17次。

能源公司进入权力的心脏，这给了它们强大的平台跟米利班德展开全面较量。《观察家报》获得的信息表明，这正是能源公司做的。它们利用“在权力心脏地带挂职的雇员和数十名公共事务专家来强化这样的认识：‘我们是不可或缺的。’”六大能源公司的一位公共关系顾问明确表示，事情后来也的确是这样演变的，“如果大肆抨击米利班德的建议，那将会是一个大的错误，这只会让它们本来就有的恶棍形象变本加厉。六大公司会另有策略，它们会悄悄地做工作，拉默多克的媒体来助阵，确保工党不能掌权。”[32]换句话说，大公司已经把自己的人放进了政府要害部门，拉到了媒体的支持，左右权力结构的其他环节，来对付民选的政府首脑。

这就是1980年代撒切尔主义大规模私有化的后遗症。卖掉公共资产被标榜为创造了新的“民众资本主义”，结果却适得其反。六大能源公司当中的四个为外国公司所有。唯一的国营能源供应商是法国电力集团，而它是法国政府所有。英国的“民众资本主义”实际上处于一种长期衰退的状态。1963年，伦敦证交所50%以上的股票为英国人所有，但今天的数字只有10%多一点。到2013年，53.2%的英国股票为外国投资者所有。

当然了，撒切尔主义宣扬的是好战和爱国。私营化的英国航空公司的新logo放弃了英国国徽，撒切尔十分恼怒，有一次甚至用手帕把logo盖上。但是，撒切尔主义帮助成长起来的政治精英们留下了这样的政治遗产：英国的企业精英们越来越不“英国”了。根据国家统计局的数字，1973年，英国大公司只有7%为外国拥有，1998年的数字为31%，2012年为41%。十项英国专利中有四项为外国所有，而在美国，比例不到12%。

外资购买英国公司的速度极快。2011年，价值330亿英镑的英国公司被外国人买走。大多数的英国机场为西班牙建筑公司法罗里奥（Ferrovial）所有。具有标志性意义的化学公司ICI现在为荷兰公司阿克索诺贝尔（AkzoNobel）所有。高端药店博姿在2007年被卖给了美国私营公司科尔伯格·克拉维斯·罗伯茨和意大利商人史迪凡诺·派西纳。2009年，美国公司克拉福特食品（Kraft Food）

接管了巧克力制造商吉百利（Cadbury）。外国政权甚至也加入抢购队伍：卡塔尔是森斯伯瑞（Sainsbury）的主要投资方，还拥有哈罗兹（Harrods）商场、伦敦的沙德（Shard）大厦、希斯罗机场20%的股份、金丝雀码头（Canary Wharf）商业区的部分股份，还有伦敦证券交易所的一大部分。

英国——特别是伦敦——越来越成为外国寡头的游乐场。每年，《星期日时报》富豪榜都审视一下在英国的最富有的1000人。2013年排名最靠前的英国出生的人是威斯敏斯特公爵，他排名第八；排名第一的是俄罗斯寡头阿里舍·乌斯马诺夫，紧接着是乌克兰的列昂纳德·布拉瓦特尼克。在一定程度上，这些亿万富豪——他们可以跻身世界上最富者的行列——被英国“适合居住的避税天堂”这一雅号所吸引，这是美国经济学家泰勒·考恩描述英国时用的字眼。外国亿万富豪买下的不仅是英国的公司和资产。2011年上半年，伦敦中心区60%的新建住房被外国投资者买下。2011年外国投资者一掷千金，在伦敦住宅上花掉了52亿英镑，远远超过英国政府在整个英格兰“买得起的住房”计划上的投资。[33]英国现代经济制度无论如何也算不上是“民众资本主义”，因为小业主、持股人和有房产的人占不到多数。

自由市场信条失败了，这并没有让卡梅伦政府望而却步，尽管他渴望结束撒切尔主义做得过火的事情。即便撒切尔本人也对卖掉皇家邮政迟疑不决，明确表示：她不想“把女王的头像私营化”。但2013年下半年，皇家邮政还是被私营化了，这符合英国权贵的意识形态：把所有的公共资产卖掉，风险国有化、利润私有化。退休金基金——皇家邮政的债务——依然由公众负责，而公司利润却卖掉了。而对皇家邮政的估价却低得离奇，比实际价值少数亿英镑，纳税人又亏了一大笔钱。

民众资本主义谈起钱来一点也不遮掩。投资人必须得有至少750英镑才能买股份。“这很让人失望，因为大量的股份都留给了国际基金和投机者，普通英国人购买股份的权利被剥夺了。”马尔科姆·赫斯通这样抱怨。他是伊索中心（Esop Center）主任，该机构支持工人持股。[34]皇家邮政的2/3被金融城里的投资机构买走了。大的股东里不乏主权投资基金，包括科威特的独裁政权。其中一个投资商是兰斯唐恩投资基金（Lansdowne Partners），它是世界上最大的对冲基金之一。皇家邮政在伦敦证交所上市第一天就赚了1800万英镑。兰斯唐恩投资基金的一位高级雇员是彼得·戴维斯，财长的贴身跟班。[35]这是把有着497年历史的机构贱卖了，卖给了金融城的投机者和外国独裁者。现在皇家邮政的运营目的是赚钱，而不是满足消费者需求。纳税人不仅亏了钱，还得承担皇家邮政的债务。这是又一个“富人社会主义”的鲜活例证，权贵就是要把英国现代社会搞成这个样子。

公共资产被贱卖只是大笔财富落入富人手中的一个原因。现代权贵出现后，财富的再分配也助长了富人聚敛财富。撒切尔1975年上台时，国民收入的6%归了最富的1%的人。今天，14%的国民收入归了最富的1%。2013年“高工资中心”的一份报告显示：在千禧年之初，《金融时报》证券部统计的100家上市公司首席执行官的平均工资比普通工人多40倍。到了2011年，则多出185倍，尽管股票价格下来了。报告发现：巴克莱银行有400余人年薪超过100万英镑，而在整个日本拿到这么高工资的所有公司高管人数也不到300人。有时这些人的薪酬涨幅十分惊人：2011年英国石油老总的薪酬比1979年老总的上涨了3006%。巴克莱老总的薪酬则同比增长了4899%。

国家可能陷入经济危机，但英国公司却掌控着数千亿英镑的财富，投资能力势头不减。性格乐观的董事长研究所主任西蒙·沃克说："我希望看到这笔钱用于投资，我想它们会这样的。"这也就是为什么英国政府把公司税削减到西方国家最低水平只是徒劳无益。公司有大把大把的钱，进一步减税只会白送给公司更多的钱，而公司却不愿意把钱投到本国经济上。

相比之下，即使在金融危机之前，工人们的工资维持在原位不动甚至在下滑。从2003年开始，除伦敦之外的所有地区，家庭实际可支配收入都在下降。从2004年开始，社会中下阶层的工资原地踏步，而对于最底层那1/3人口来说，工资则在下降。[36]而与此同时，大公司却在获得创纪录的利润。执政联盟上台后（2010年）的三年内，英国工人工资严重下降，平均下降5.5%，下降幅度在欧盟27个国家里排名第四。[37]这个趋势很具破坏性。富人们越来越倾向于把捞取的钱放进银行账户或避税天堂，而生活在底层的人们却不得不把挣得的每一个英镑花掉。[38]工人生活水平的下降意味着英国经济中的消费和需求越来越乏力。

即便是工人的工资在下降，财富却继续被精英吸走。2014年《星期日泰晤士报》富豪榜显示：最富有的1000个英国人的财富在五年内翻了一番，而同时普通英国人的生活水平则在下降。2010年，政府开始削减公共开支，而最富的1000人的财富却增长了30%，第二年又增长了20%。2013年，这些人的财富又在原有的4500亿英镑基础上增加了350亿英镑。现在，前1000名富豪的财富——按相对数字计算——比1989年富豪榜首次发布时增长了八倍。

2009年，戈登·布朗在工党政府苟延残喘的日子里实施了新的

50%边际税阶，征税对象是每年收入超过15万英镑的人，即挣钱最多的1%人口。民众广泛赞同这一措施。民调显示，七成英国人支持这一政策。而大公司则暴怒，发起了一项抗议运动来捣毁这一政策。抗议逐步升级，直到同情大公司的执政联盟上台。537名公司老总在2012年2月底把一封共同签名的信交给了《每日电讯报》，敦促下调税收门槛，强调政策要"考虑到目前英国的经济形势"。他们说，这项税只会"减少政府收入、破坏经济、有损公共服务和慈善事业"。这封信结尾呼吁："作为生意人，我们希望看到我们的工业、我们的经济和第三产业兴旺。取消50%的税率能表明财长鼓励英国的企业家精神，愿意刺激产业发展，这也有利于政府的保增长计划。"

这里，武断被打扮成了事实，好让英国民众相信富人少缴税对民众有利。但风险投资家伊琳·博比跟我讲述了税率从50%下调到45%以后出现的情况。她说，同她打交道的年轻企业家们对最高税率没有丝毫兴趣。她解释说："他们不在那个范围内，那项税收政策对他们没有影响。他们只关心有没有人支持他们想做的事情。"她补充说，达到收入税起征点"对他们当中大多数人来说是一个好事"，因为那意味着他们将享有自己从未奢想过的财富。[39]

这是玛莎·雷恩·福克斯赞同的观点。玛莎是英国最著名的企业家之一，在网络经济蓬勃兴起之际她与人合作开创了"最后一刻"网店（Lastminute. com）。她干得很好，住在伦敦超级阔绰的马里波恩（Marylebone）地区，她戏称自己的住址是"新权贵宫"。我采访她之后不久，她被选任为上议院议员。一个女仆端上来咖啡和饼干，我们坐在她装修华美的房间里聊天。41岁的雷恩·福克斯魅力很足，也很会自嘲。2004年在摩洛哥度假出车祸之后，她在自己屋里走动都得借助拐杖。她说："没几个企业家总是关注个人财富。现实情况是，创业者往往住在地下室里，手里拿着张纸，上面是计划草稿，或者想办法拿到银行贷款，或者筹集资金。勇敢的企业家和平常那些坐拥千万英镑的富豪毕竟是两个概念。"

政府压低最高税率的一个关键理由是最高税率适得其反，它让政府拿到的钱会更少，因为富人们总是能想出迂回之策不吐钱出来。但如果英国不是一个按照富人的意愿和利益来进行政治辩论的国度，那么这种持续的逃税必将招致民众打击逃税的呼声。政府的说辞无论怎么看都是很误导人的，因为那些受到上涨影响的人会使用一种一次性的被称作"抢先"的策略来逃避新税。在实践中，这意味着他们把收入计算到新税收政策开始实施的前一年：根据皇家税收与关税局的数字，180 亿英镑的收入被以这种方式提前。在新税收政策实施的第一年，关于政府收到的税得不出什么结论，因为避开新税的花招不能二次使用。

当戈登·布朗实施新税后，媒体——那些会受新税法影响的人经营着这些媒体——将其宣传为对中产阶层的打击。《每日电讯报》的一个标题是"对英格兰中产阶层的野蛮而毫无意义的攻击"。这种说法很奇怪，因为英国人的中位年薪是 2.1 万镑，仅相当于 50% 税门槛的 1/7。《每日邮报》称这是"嫉妒政治"的回归，而《太阳报》则把该税法称为"对财富创造者的袭击"。

这种说辞也是建立在一种武断之上，即那些富人们都是完全靠着能力和决心才出人头地的，那政府凭什么要惩罚有能力又能干的人呢？有些企业家坦言自己如何依赖他人和机会。玛莎·雷恩·福克斯坦诚地说："我觉得盲目尊崇创业者或企业家是很危险的事。没有哪个异常成功的企业是靠一个人创造出来的。我个人认为，如果某个企业仅靠一个人，那它就称不上是成功的。”她强调说自己的公司是集体努力的结果：“这是真正的团队精神，参与其中的人们都很有才干。我们有明智的做法，也有过糟糕的做法。”她还指出了她信赖并依靠的有利条件，“我很幸运受过教育，也很幸运能有信心把一个主意付诸实施。我很幸运有一套公寓房，我可以把它租出去，这样我就不至于急着要公司赚钱。这些全都是运气而非才能。所以，我希望人们不要忘记，特权在许多时候都起着根本性的作用。”

但还有另一个因素对于上层聚敛财富至关重要：没有来自下面的势均力敌的压力。这是工会运动遭受失败后留下的后果之一。40年前，处于弗朗西斯·奥格拉蒂位置上的人可以名正言顺地称自己是权力结构的一部分。弗朗西斯·奥格拉蒂当时是工会联盟秘书长，也是担任这一职务的第一个女性。早在1968年，工会联盟出版了一个小册子来庆祝成立100周年。小册子夸耀说：“一个小的辩论会成长为英国工会事业的全国性代表机构，参与政府政策的制定，参与主要社会服务的提供，以平等身份同资方代表进行会谈。”

今天，工会很难说有这些权力了。会员人数已经比高峰时（1979年）下降了将近一半。2013年倒是的确增加了5.9万人，但这也只是十年内的第一次。在私营领域，情况就更糟了。仅有14%的工人是有组织的，且其中绝大多数还是以前公有领域的工人。他们的部门后来被私有化或外包给了私营部门。在撒切尔主义大行其道前夕，有八成工人的工资和工作条款是由集体谈判达成协议的。但这个数字现已降至不到三成。弗朗西斯·奥格拉蒂说：“我认为我们在那一阶段没能有效应对权力缩水问题，部分原因在于经济增长。我们代表的人口比例实际上在减少，但这一事实被经济蛋糕在变大这一事实掩盖了，所以我们感觉不到问题的严重性。”

工会影响力下降的原因有很多。反工会法的实施，正如托尼·布莱尔一次吹嘘的，是“西方世界对工会最严厉的限制”。反工会法搞得工会无法为它们所代表的劳动者维护权益。全日制就业的终结是另一个关键因素：在工作不保准的日子里，工会的声音越来越弱，因为许多工人宁可忍气吞声，任由工资缩水和工作条件变差，但求能保住工作。在1980年代中期，大工会遭受失败，矿工工会是典型例证，它以前被看成是近乎无敌的。工会失败让人们感到工人抗争是徒劳的。而英国工商业精英的本质发生了转变，这也妨碍了工会代表工人利益。

外国人控制越来越多的英国公司股份，股份易手的速率也越来越快。“资本的性质发生了深刻变化”，奥格拉蒂辩称道，“从工会的视角看，资本市场已经割据化了。越来越长的供应链和人力资源部门是最快被外包出去的。坐在房间里跟你谈判的就是实际掌权的人们，这很难办。所以，我认为我们制造出了一系列的人盾，保护越来越集中的资本，而工人们无论如何努力，都难以讨回应得的股份”。富人阶层的组成越来越复杂，工会也越来越难以使用集体权力来为工人们争得更大的权益。

缺乏来自底层的压力使得权力越来越向工商精英们偏移，不论是在工商界还是在社会上。权力可以轻而易举地从劳动者手中拿走。工会联盟的一份研究表明，550万英国工人签了零工时合同，[40]这意味着他们没有固定的工作时间，也缺乏退休金和带薪假这样的基本权利。这仿佛回到了20世纪初的日子。当时的船坞工人每天一大早就赶到船坞，在近乎绝望中等待有人找他们干活。劳动者被当成可以随意使用和抛弃的商品，他们的基本权利很容易被剥夺。

其他劳动者则以“个体”身份注册，他们的数量在2000～2004年间增加了100万。但他们缺乏稳定的有体面收入的工作。根据决议基金会的数据，英国个体劳动者的收入在2006年后下降了1/5。经济危机后成为个体劳动者的英国人中有九成每周工作不到30个小时。[41]这些劳动者缺乏其他劳动者享有的权利，如病假、带薪假和退休金等。

在经合组织（OECD）国家中，只有美国的就业保护记录比英国糟糕。但当卡梅伦的执政联盟2010年上台时，工商精英们看到了把权力拉向己方的新机会。作为剥夺工人权力的新一轮攻势的一部分，保守党雇用了阿德里安·毕克罗夫特。毕克罗夫特远非超然事外。他是私募基金大亨，其投资包括合法的高利贷公司万卡，他还向保守党捐助了50多万英镑。《毕克罗夫特报告》建议剥夺在一份工作的头两年内被解雇的工人诉称不公正解雇的权利。报告还进一步建议应该允许雇主随时给工人一笔钱打发走了事，而不需要提供任何理由。政府不仅提高了诉称不公平解雇的资格时段，还提高了工人起诉雇主的起诉费。改革再次被包装成国家利益，并声称这有利于创造就业，尽管约翰·菲尔伯特人力与发展研究所所长认为“这只会在经济周期内使就业更不稳定。”[42]

但对董事长研究所所长西蒙·沃克来说，《毕克罗夫特报告》是“有道理的，不管它多么不受欢迎，我都要说，它是有道理的”。他提倡将现有的保护工人的法律压低到标准水平，因为他相信不可能“为坏老板制定规则”。他的观点是市场能决定一切。他辩称：“我想如果一家公司名声不好，那就会越来越难招到人愿去这家公司工作。”沃克显然是在虚幻地认为数百万工人被充足的就业机会惯坏了，或者觉得工人们能判断哪个老板更仁慈，然后决定到他的公司去上班。这种狂想只能说明，上层人士离广大工人的现实生活实在是太远了。

卡梅伦政府（2012年10月）采纳的另一项政策是让工人们出让工作权，把它换成股份。即便是一些工商精英也认为这有点太过分了。“这简直是欺人太甚。”英国商会主席约翰·朗沃斯说道。他批评财长的政策班子是一群“狂吠的家伙”。这实际上是一个信手拈来的逃税花招：如果股份赚钱了，公司就可以免缴资本收益税。[43]

但是，这些“狂吠”的建议能被采纳和实施。这足以让人们看清今天的权贵是什么货色。昭然若揭的是，越来越多的财富和权力被转移给工商精英，不管他们要还是没要。高高在上的阶层可以凌驾于法律之上，可以不必缴税，而民选的政客是应该敦促这些人缴税的。如有必要，他们会合伙使用权力，让自己想干什么就干什么：要么是从民众那边赢得更多的让步，要么制衡对其地位的挑战。

财富和权力越来越集中，这里面有很多原因。统治者的意识形态是霸权性的，无人能挑战的，以至于被认为是常识。这种默认的常识是没有人敢背离的，除非你是偏执乖张的家伙，或者是一个政治史前动物。它有自己的逻辑：对富人减税、私营化、剥夺工人的权利既是手段，更是目的。智库和公司化运作的媒体不停地为其提供思想支持，把公司精英们的利益描述为同国家利益相一致。大公司不仅资助政党和智库，还在某些领域跟国家机器打成一片。由于没有一个势均力敌的有组织的力量——如被急剧削弱的工会，权力和财富就会越来越转移到上层手中，且制衡越来越少。

如果没有什么力量能挑战权贵的意识形态，还有大公司及其帮凶对政治的主导，这一进程还将继续。当英国的金融精英们把国家抛入经济灾难后，这一进程又变本加厉了。但英国的权贵们很清楚：最终为危机买单的是劳动者，而非制造危机的人。下面还有更让人难以相信的情形，帮助我们看清在这个国家权力是怎样运作的。

# / 第七章　宇宙主宰 /

在伦敦金融城，你可以感受到权贵的心态最纯粹的体现。一方面，英国的金融领域充斥着对政府的反感，以讨厌缴税和仇视任何形式的政府管理为特点。另一方面，金融界又依赖政府，集中体现在政府救市上——那是 2008 年的事，政府拿出公共资金救活了风雨飘摇中的金融城。在这里，人们不仅为财富越来越集中到一小撮人手中而鼓掌欢呼，还以此为荣。金融城随处可见这样的行径：人人为己，残酷的同类相残，跟政治权力勾肩搭背、亲密无间，对淘汰出局者冷漠不理。但是——可能最让人吃惊的莫过于——人们感觉到这里对上层有一套规则，对于其他人则另有一套规则。

2008 年金融崩溃之后，政府出资救助银行，但几乎没有附加什么条件，也没有什么问责。相比之下，在随后的紧缩计划中，政府给社会底层的支持却越来越缩水，即便给救助，也附加了严苛的条件。拿布瑞安为例，他是金融危机后成千上万的失业者之一。跟其他领取失业救济金的人一样，他被要求写一个“求职日记”。每周找工作的补贴是微薄的 71.7 英镑，领了两个星期补贴后，他的日记被送回，随附的一封信告诉他：他的福利将被叫停，即“福利制裁”，而他还得继续按照找工作的规定去做。至于什么原因，信里没提。布瑞安拨打通知里的电话，对方也没有解释，只是说已经把他的情况交给了“管事的”，让他等消息。

最后，理由来了。跟其他失业者一样，布瑞安被要求使用政府的全国求职网站，该网站据称能把雇主和求职的人匹配起来，一周五次。他遵循了这些要求，在提供的“求职日记”里写下了他采取的步骤。但他没能在在线日记里留下说明，因为没人告诉他需要这样做。他的顾问认为把福利暂停四周够严厉的，并帮他发了一封上诉信。布瑞安等了两个月也没有得到任何消息。他打电话问时，也只是被告知这项决定将被继续执行。布瑞安说："说句实在话，失业也许是我一辈子最垂头丧气的日子。我从14岁开始送报，后来又到夜总会，有时还干第二份活儿。一直到28岁，我还没失过业。但就业中心办公室的人可不管这些，他们好像根本就不愿看见我。整个过程让你感到抬不起头来。"

布瑞安绝非个案。格林来自曼彻斯特，以前是燃气安装工，他的失业福利在2013年圣诞节前三个月被暂停，一分钱也拿不到。他错过了一个签字日，因为他当时正在通过息汰（Seetec）找工作，息汰是政府雇来的一家负责"从福利到工作"的公司。还有桑德拉，她有残疾，和女儿一起住在格拉斯哥。桑德拉收到一份表格，问她是否和别人住一起。她以为这里指的是生活伴侣，所以就说不是。后来她被叫去参加"守规情况面试"。由于女儿没有接受全日制教育，桑德拉被剥夺了享受每周50英镑严重残疾补贴的资格。丹尼住在伦敦南部，神经出现严重问题后，他曾享受过福利。但后来他的福利被叫停两周，事先也没有人通知他。原因是他错过了一次面试机会，而他的顾问忘了通知他了。他回忆说："这可真是够煎熬的，他们给你施加很大的压力，威胁你类似的情形还会再来。这对我精神打击很大。"

政府对这么多没工作的人实施制裁，以至于这种做法势必受到公众关注。60岁的退伍老兵史蒂芬·泰勒曾志愿为英国皇家军团卖罂粟花标志的纪念徽章，为战友们筹钱。他无数次申请工作，都没成功，其中包括他卖过罂粟花徽章的超市。他被制裁了四周。[1]

玛丽和孤独的父母亲在就业中心工作，在这里代表"公共商业服务"工会的工人们。她告诉我："管理层的霸道行径无处不在。他们之间在竞争，看谁的团队制裁得多。"要是哪个职介中心比其他地方制裁的人多，那他们就会“欢喜开心”。压力不仅来自管理层，还来自小组长们。这里的氛围是：你要是制裁得不够，你就“让大家没面子”。其中的变化可谓大矣：在世纪之初，她在工作和退休金部工作时，制裁被看成最后的办法，是一种失败。可现在越来越依赖制裁了。她说：“根本就没有什么人与人之间的理解可言，纯粹就是存心惩罚没有工作的人。”

数字讲述的是凄凉的故事。根据政府自己的统计，2012 年 6 月至 2013 年 6 月，86 万人被制裁，比工党执政的最后一年增加了 36 万。这对某些群体的打击尤为严重。慈善机构“无家者链接”宣称，将近 1/3 的拿失业补贴的无家可归者被制裁。在紧缩政策期间，将近 100 万英国人接受食物银行的救助：在地球上第六富有的国家里，许多最穷困的公民竟然买不起食品。特拉塞尔信托（Trussel Trust）是英国最大的食物银行，根据它的数据，一半以上的接受救济的人依赖施舍充饥，因为他们的福利要么被削减，要么被叫停。

金融危机没能撼动权力层的根基，而是凸显了他们的价值观。金融界的“喉舌”《金融时报》在危机开始六个月后宣称：“对银行家的惩罚走得太远了。”[2]但是，即便是政府有惩罚银行家的冲动，也没有将它付诸实施。而那些被惩罚的恰恰是社会底层的群体，包括因为危机而失业的工人，而危机恰恰是那些据称处于困境的金融家们造成的。失业者发现自己越来越被视为犯罪的人，其行为稍微被认为是不符合规定，就会立即招致警告。

那些应该对英国的经济灾难承担责任的人却没有受到制裁或惩罚。他们并没有因为危机而贫困，日子也没有不好过，更不用依靠食物银行来填饱肚皮。在很多例子中，他们活得比以前更滋润了。

失业人口要得到政府补贴必须满足不少附加条件，而被救助的银行家却无须面对严格的附加条件，他们得到的公共资金也十分宽裕。金融危机爆发六年后，伦敦金融城开始庆祝重返兴隆时代，一些个性化车牌在彭博（Bloomberg）金融新闻栏目里打广告。$BU_{II}$ MKT 需要 2.5 万英镑，而 $BU_{II}$ ESH 则仅需要 1.5 万英镑。

这场危机表明了法律是站在哪一边的。凯尔·斯达莫是英国的最高检察长，他在 2013 年 9 月提议对骗取福利的惩罚可以延长至 10 年刑期。被骗取的福利仅占英国社保开支中很小的一部分。而法律却任由金融大佬们的贪婪和私利把世界抛入经济混乱之地。下面看看 2012 年年中曝光的操纵伦敦银行同业拆借利率事件。这一丑闻揭露了银行家们肆意调整利率来牟取私利。人们甚至还要辩论这在英国法律体系中是否违法。到 2014 年年中，还没有提起任何公诉。甚至连英国银行业游说团队的一位领军人物都私下跟我说，这有点蹊跷。“要是穷人们在福利补贴上这样搞的话，他们早就下狱了。”剑桥大学经济学家张夏准说道。

但失业者在权力核心里没有自己的说客。没有哪个政党从穷人们手里拿资助金。也没有哪家知名智库或维权人士来替失业者说话。而金融精英们却扼住了权贵的咽喉，他们共有的意识形态毁了英国经济，遭殃的却是别人。

我在苏活区的一家咖啡屋里见到了希达思，他对于和我谈话这件事有些紧张，以至于想让我签一份将他的身份保密的协议。几乎每位跟我谈话的金融城从业者都是这样。不愿透露姓名是因为他们还得在这个行当里干下去。另外，他们好像觉得，一旦站出来透露真相，自己就违反了行规：英国金融界的沉默法则。

希达思的口音比较混杂，印度、英国和美国口音都有，表明他在好几个地方度过了童年。他是印度外交官的儿子，父亲指望他进入外交界，十几岁时，叛逆的他选择了金融领域。2004 年，他参加了巴克莱银行的研究生项目，同学当中不乏跃跃欲试的大学毕业生。当时英国金融界还被四年前互联网泡沫破灭而困扰，这一阴影其实是后来经济和金融危机的前兆。在巴克莱晃荡了几年之后，希达思被一家世界级投资银行猎去。希达思再次请求我不要把这家银行的名字说出来。“我干了几年，你看看我的白头发就知道了，”他做着手势讲，“2008 年，因为世界局势变了，市场糟透了，我有点筋疲力尽了。”

那年秋天，金融危机骤然降临：以前只是雷声滚滚，看似虚张声势，这回却由次贷危机引发，一发不可收拾。雷曼兄弟岌岌可危。“监管部门在周五（2008 年 9 月 12 日）抓起电话打给各大银行，就问一句话：雷曼兄弟撑不到下周一了，你们想买吗？”希达思回忆说。当时他正在一家大银行的并购和购买部工作。在雷曼兄弟崩溃前的那个周末，他跟其他竞争者一样，算计着接管雷曼兄弟是否可行。

这在经济上是行不通的，任何接管或政府救市都不行。2008 年 9 月 15 日，银行家们鱼贯走出雷曼兄弟位于金丝雀码头的伦敦总部，手里提着一箱箱的物品。一个存在了 158 年的美国银行，挺过了美国内战和两次世界大战，最终还是不得不申请破产保护。

希达思目睹了一个新的不确定的时代是如何开始的。他两眼放光地说：“要是看看世界正在发生的变化，那我在的地方可能是最棒的。你会感到肾上腺素在往上蹿。”在随后的一个月里，他每夜只睡两三个小时，有时在办公室里熬夜。“你是靠肾上腺素撑着呢。

这真是令人称奇，甚至是让人害怕，因为你不知道世界会变成啥样，但你身处风云变幻的最紧张时刻。”回头想想，整个风云聚集的过程他其实都看见了。“直到2007年上半年，所有的银行都疯狂地壮大，它们劲头十足，特别是在并购收购这块。谁都想达成并购协议，因为那是壮大业务的最好方式。那时候时兴说：‘好的，你知道，我们想迅速做大，我们想尽快实现增长，咱们立马把谁谁买过来吧。’”但随着美国次贷危机逐渐演进，人们的想法彻底变了。“基本上是在2007年的5~6月间，人们开始后撤，并且说：‘好的，你知道，这回可不是闹着玩的。’然后就是2008年9月的大崩盘，雷曼兄弟先完了。”

事后回头看，人们容易产生错觉：似乎即将发生的这一切有明显的征兆，且不可避免，令人难以置信的是当时人们居然没有看到山雨欲来。“我记得读过美国经济学家约翰·肯尼斯·加尔布雷斯关于1929年大萧条的杰作。当时我就想，哈哈，人们怎么可能没看到这些征兆呢？”当金融危机来袭时，工党财政秘书安吉拉·伊格尔这样说，“我们都身陷其中，谁都没能逃脱。”实际上，金融危机的序幕早在2008年之前就拉开了。

最近几十年，伦敦金融城的主导地位达到了史无前例的地步。但远在1980年代之前，人们就没少批评金融城的地位。经济学家张夏准说：“在19世纪晚期，许多人就说英国工业比德国、美国落后，原因就是金融城的势力太强了。金融界对长期投资不感兴趣，英国的公司发现越来越难以动员资本家到大规模的重工业和化工业投资，而这二者当时正是新兴产业。”一战前夕，英国的工业实力被德国超越。在二战后的几十年里，跟全球主要竞争对手比，英国工业投资严重不足。但英国长期以来一直是全球保险业的中心，金融领域从英国所处的时区中受益：伦敦证券交易所的营业时间处于美国和亚洲各证交所之间。不过，在克莱门特·艾德礼的工党建立的战后新秩序里，伦敦金融城的权力受到了限制和管理。“金融城在一个社会主义国家里，就像是教皇在莫斯科一样怪诞。”艾德礼曾这样宣布。[3]艾德礼政府在1946年将英格兰银行国有化。直到1970年代，英国金融服务的增长率低于经济的其他领域，这在一定程度上是政府管理的结果。

“曾有一段时间，政府对金融业施行了广泛而系统的管制，”常驻伦敦的异见经济学教授科斯塔斯·拉帕维查斯说，“这段长期的繁荣，即1950年代、1960年代和1970年代的大部分时间，跟金融受到压制有关。”由于受到限制，伦敦金融城不是战后共识的核心要素。但在1970年代早期，这种管理架构开始解体。二战以后，发达资本主义国家在所谓的布雷顿森林体系下运作，该体系用固定汇率体系管理商务和金融。各国把自己的货币同美元挂钩，保持汇率长期稳定。但是，美国经济面临持续危机，因为历届政府拒绝为越南战争和国内社会性项目买单。1971年8月15日，美国总统理查德·尼克松突然终结了美元对黄金的自由兑换。布雷顿森林体系瓦解。“布雷顿森林体系保持了汇率的稳定和利率的稳定，”拉帕维查斯教授说，“这对管控金融来说非常重要。现在这种全球管控架构已经不存在了。”一个无政府状态的金融世界悄然而至。

那一年英国还发生了一件重大转变。时任财长的安东尼·巴伯强行通过了一项新的货币政策——竞争与信贷控制条例。该政策实质上是允许银行想放多少贷款就放多少。为了探讨这个问题，我找到了安·派提佛。她是1980年代领导大伦敦理事会（the Greater London Council）的工党议员肯·利文斯通的顾问。她与人合作创办了“福音两千”（Jubilee 2000）第三世界债务减免运动，现在是宏观经济政策研究中心（PRIME）主管。我们在考文特花园的医院俱乐部里见面。来这里的都是很时尚的艺术人士。“从那时起，对信贷的管控就开始瓦解了，银行可以放贷了。”派提佛解释巴伯的货币政策，她的口音告诉我她来自南非。“1971年前，如果你想贷款，你得找银行经理，花上几个小时跟他谈判，他会认真评估给你贷款的风险之后，才有可能答应你。1971年后，银行甚至可以不受管控和限制来创造信贷。”信贷像水一样被注入英国经济，因为市场上钱太多，而产品和服务有限，从而助长了通货膨胀。

随着撒切尔主义帮助塑造了新权贵，金融领域得到了前所未有的鼓舞。在某种意义上，新权贵代表了金融资本对制造业资本的胜利。说起来也许难以置信，英国保守党阵营在历史上曾对伦敦金融城有过疑虑：在20世纪，许多保守党政治家甚至还曾鼓动政府限制金融资本流出金融城。但是，在1979年入主唐宁街的前一年，撒切尔发表了一次演说，赞扬金融领域对经济的贡献，称“这不是政客们的成就，因为金融城提供的服务不需要任何补贴，也不需要政府暗中贴补”。考虑到金融界后来会从耗资巨大的政府救市中受益，这里面的“补贴”压过了政府给其他任何部门的补贴，撒切尔的这番话现在看起来绝非一般的胡诌。它表明，在撒切尔主义的怂恿下，金融城走进了新权贵的内心：颂扬自由放任、反对政府干预的私营主义将成为英国官方事实上的信条。说到金融城，撒切尔称以前所有政府做的就是“给金融城的进步设置障碍”。所有这些障碍都将被撤掉。[4]

在1979年撒切尔大选获胜前夕，伦敦证交所上的股票简直达到创纪录的水平。“股指支持玛格丽特！”《伦敦标准晚报》这样声称。[5]撒切尔没有让支持者失望。她迅速废除了资本管制，或者说取消了资本流动税，意味着资本可以不受限制地自由进出英国。这也意味着金融市场的权力得到进一步巩固，而民选政府对于经济的控制力在减弱，因为市场不欢迎的政策会突然导致资本外逃，这不仅无法遏制，还对经济有害。

撒切尔早期的去通胀政策——使失业人数升至400万——让一部分传统工商业精英们不高兴。特伦斯·贝克特是CBI主席，他的机构是英国工商界的主要“喉舌”。有着制造业背景的贝克特这样表达不满：1980年他呼吁同撒切尔在一系列问题上展开“徒手搏击”，其中一个问题就是英镑坚挺，它让英国制造业日子不好过。但金融城对撒切尔的政策非常满意。正如保守党的一位内阁大臣伊安·吉尔穆尔所言，“严酷的财政挤压”是为了让“金融城满意，向金融城显示撒切尔和她的幕僚们在去通胀问题上很强硬”。[6]“非常感谢您坚决支持政府的政策。”撒切尔的议会私人秘书伊安·高在1980年10月对伦敦证交所主席尼克拉斯·古迪森这样写道。[7]1980年代，金融城很兴旺，而制造业则被高利率和英镑坚挺搞得摇摇欲坠。英国天然气这样的公共服务设施被私营化，这也让金融城受益，因为大银行帮助监管大笔大笔的公司抛售交易。金融领域越来越向权贵的核心地带靠近。

1986年，金融城的崛起又得到了一系列措施的助推，这就是后来所知的金融“大爆炸”。到这时候，撒切尔春风得意、高高在上：她已经赢得了两次大选，还打败了矿工们，让工会运动服了软。作为“大爆炸”的一部分，撒切尔政府撤除了股票经纪人和市场制造者（常被称作“股票定价者”——他们为股票买卖制定价格）之间的障碍。技术上发生了许多巨大变化，包括采用电子交易。在伦敦证交所上市的公司可以为外国人或公司所有。投资银行和大牌银行合并，高盛这样的外国投行开始让英国对手们相形见绌。

跟希达思一样，在“大爆炸”前一年加入金融城的达仁也坚持要求不要透露他的姓名，以防毁了前程。他在老家南安普顿的一家电视购物商店里干够了，决意逃离。幸运的是，他有朋友和亲戚帮忙。他一位同事的妻子在伦敦金融区工作，他父亲在一次宴会上跟几位在伦敦金融城工作的人帮他递了个话。达仁就开始了在伦敦金融城的职业生涯，一开始是做证交所的交易员。他回忆说：“那是一个层级很严格的工作。人们带着各样的标牌，银色牌表示你职位很高，是证交所的成员。蓝色牌表明你是有授权、可以做交易的。黄色牌表明你是实习生，你可以跑动，问问价，但不能交易，且把大量的时间用在取送三明治和接电话上。”当时，主流群体是两类：一类是公立学校的毕业生，另一类是来自伦敦东区的“土孩子”。没几个大学毕业生干这行。“‘大爆炸’改变了一切。”达仁这样讲。他成了衍生品或复杂金融产品交易员。公立学校校友的圈子被打破了，这回形成的新权贵不再靠以前的个人背景来维系了，而是靠共同的思维方式。交易大厅不再像以前那样人头攒动，因为业务都让位给了电子交易。“大爆炸”后的金融城比以前更能迎合高端需求，钱源源不断地涌进了伦敦的金融心脏。

张夏准说：“伦敦成为一个准离岸金融区。”由于制造业无人关照，人们愈发感到财政部依靠金融领域的收入，而金融业的游说能力也就越来越强。来自金融业的收入也正好为权贵们提供了充足的理由，让他们能够保护和巩固金融城的霸权地位。

1990年，撒切尔被保守党同僚们赶下台后，又发生了一件大事，此事再次表明金融市场已经有多强大了。那年，保守党政府让英国进入了欧洲汇率机制（ERM），把英镑的价格和德国马克捆在一起。这一举动的主要支持者是伦敦金融城。金融城相信欧洲汇率机制能降低通胀，并对英国的收支平衡有好处。[8]但欧洲汇率机制的成员身份是越来越难以为继的，部分原因在于欧洲各国的利率和通胀水平差别很大。英国有“双重赤字”：政府有财政赤字，而项目也经常有赤字。1992 年 9 月 16 日，乔治·索罗斯、银行和养老金基金之类的投机者开始抛售英镑，因为他们赌定英国不可能继续满足欧洲汇率机制要求的经济水准。为了支撑英镑价格，防止英国被踢出欧洲汇率机制，英格兰银行每小时拿出价值 20 亿英镑的外汇储备。最后，价值 150 亿英镑的外汇被抛出。在仅仅一天内，利率就从 10% 到 12%，后又到 15%，努力让投资者买入英镑。然而这些都是徒劳。

努力全白费了。保守党政府坚定地支持市场和金融领域，但凭这些都救不了它们。正如当时的内政大臣肯·克拉克所言，“我们无能为力，市场和突发事件左右一切。在那一天里，我们显然就是大海上的漂浮物，被市场上发生的事情抛来抛去。”他这头儿提心吊胆，金融家们在另一头儿却为自己能搅动市场而欣喜若狂。金融城的一位市场交易员马克·克拉克这样说过：“金融城里有一种敬畏的氛围，市场居然能跟中央银行交手，而且还能赢。我简直不敢相信。”[9]英国被羞辱性地逐出了欧洲汇率机制。投机者们跟民选政府作对，而且战而胜之。索罗斯一个人就从英国攫取了 10 亿美元。这是政府与金融界的一场新的较量，教训发人深省。

讨好金融城的不光是保守党。整个政治精英层都前来拜谒英国的金融大咖们。当然，传统上工党对金融家们的态度总是既不喜欢又不敢得罪。1970 年代，尼尔·金诺克成为工党议员时，当时的工党首相哈罗德·威尔逊的政治盟友哈罗德·里威尔对金诺克说："年轻人，你可以轻而易举地爬到工党高层，只要你对金融城或者奶牛们了如指掌。因为如果说工党需要熟知的领域有两个的话，那就是金融城和农业。"

但随着工党被撒切尔主义者把持的保守党挤压得步履维艰时，工党自己也改弦更张了。在1990年代早期，当时的工党领袖约翰·史密斯和工党知名人物莫·摩兰姆开始了一场"大虾鸡尾酒攻势"，讨好金融城里的关键人物，请他们参加私人聚餐或聚会。促使工党高层人士发生这一转变的是一种宿命心理：目前的政治经济现实是金融城颐指气使，工党必须采取新立场。"'大爆炸'确立了这一格局。当一样东西已经被创造出来了，你却想着它没被创造出来该有多好，这样想是没有意义的。要紧的是想办法适应它。"安吉拉·伊格尔这样说。当我问她这是不是后悔的缘由，她的反应很有启发性："有时候想想，是这样。但是现在说这又有什么用呢。我们应该从最初就看出来，就像卡桑德拉①一样。"不管工党的做法和说法是不是有道理，一向就很强势的金融城在新生权贵的呵护和默许下，最终获得了一个谁都拿它没办法的地位。

1997年工党上台后，制造业继续凋敝，而金融城则迎来了前所未有的繁荣。权贵的意识形态为金融领域的主导地位辩护，并确保无人能挑战金融领域。"金融城权力很大，对其他英国权贵，特别是对政治权贵，构成了意识形态上的控制，"安·派提佛说道，"这种权力把控心理、把控社会、把控金融、把控政治。"

这一观点也得到了其他经济学家的赞同。罗伯特·斯基德尔斯

① 希腊神话中的凶事预言者。

基勋爵的政治履历丰富多彩：他曾在上议院任保守党财政部发言人，尽管他在 2001 年离开了保守党。他是经济学家约翰·梅纳德·凯恩斯的传记作者，也是紧缩经济学的一位知名批评人士。我在上议院的一个办公室里见到了他。他头发花白，七十多岁，看上去比实际年龄年轻，爱咧嘴笑。他一边跟两位同事随口聊上几句，一边回答我的问题。"这更像是大家共同持有的某种态度，很难确定是什么东西，但那些东西肯定在公众认可的范围之外。"他这样谈论金融城的权力。"意识形态很重要，我说不清经济学和意识形态的确切关系，但毫无疑问，布朗认同一种意识形态，那就是金融城不需要太多监管。他们认为金融城可以自我监管，认同有效市场理论。于是，政府所要做的就是确立一个通胀目标。"这一意识形态最初是那些呵护金融城的人提出的，他们直到 1970 年代末期还一直被边缘化。1947 年在佩勒兰山会面的知识分子和经济学家们提出的观点，已经成了金融城的交易者、银行家和政治家们的信条："政府不插手，市场最繁荣。"这是他们的口头禅。所以，最好让金融城按部就班地挣大钱。

身为反对党的保守党要求对金融城更少监管，并在 2007 年发布了一份报告《放开英国，让它自由竞争》。但是，时任新工党财长的戈登·布朗对金融城卑躬屈膝，其媚态不输任何保守党政客。"在我担任财长的 10 年内，"危机爆发的前一年，布朗在伦敦金融城市长官邸（Mansion House）跟金融人士的一次晚会上说，"我年复一年地看着伦敦金融城在你们的努力下，凭着机智和创造力成长为世界领袖。"戈登·布朗 2007 年成为首相后——曾担任他助手的达米安·麦克布莱德说——金融大咖和媒体大佬是布朗最愿意见的人，尽管反过来不见得如此。"戈登会被邀请参加宴会，他会坐在巴克莱银行前董事会主席鲍勃·戴蒙德之类的人身边。”这样的聚会是不对外公开的，也没有公务人员记录。“如果你是戴蒙德之类的人，你肯定会想：‘他知道我是谁。’谁也说不清这会有什么影响。”

工党的内在逻辑在一定程度上是这样的：从金融领域来的税收可以用于资助社会项目。“随着经济稳步向前，金融城就成为一项收入来源，”斯基德尔斯基勋爵这样说，“这就可以使他（布朗）能有钱来搞公共服务。所以这是一种腐败关系。你可以称之为布朗的浮士德式交易，就像布莱尔同默多克的浮士德式交易一样。这就是新工党的逻辑基础。”

从这里能看出意识形态理由是怎么回事：有时意识形态上的理由是建立在权宜之计和幻想之上的。曼彻斯特大学的研究人员在2011年的一项研究表明：金融城是一个“顺周期行业”，意思是说它把经济的波动放大。例如：在经济萧条期如果少放贷，危机就会加重。但是，这份报告最重要的作用在于：由于逃税在金融领域十分普遍，它在“繁荣时期提供的税收收入非常少”，而在危机出现时，纳税人却不得不拿出大笔的钱来救助金融领域。2002～2008年间，来自金融领域的税收收入约为1930亿英镑，平均起来，只占税务总收入的6.8%。制造业纳税人数多，逃税少，所以制造业对国家税收的贡献是金融业的两倍。[10]但自从撒切尔时代以来，政治精英在金融界面前俯首帖耳，金融界可以把自己打扮成经济绝对不可或缺的部分，而制造业却永远做不到这一点。制造业雇用更多的人，纳更多的税，却被痴迷金融领域的政治精英们弃置一旁。

政治精英们竞相谄媚金融城，难怪银行家和交易商们无不自信地认为自己是坚不可摧的。在危机爆发前的几年里，金融城里夜夜上演花花世界的场景，天天弥漫着花天酒地的气息。达仁在危机前一直在金融城工作，最终到了苏格兰银行。他回忆说，金融城是“一个离奇的世界。即便在危机期间，你也能听到许许多多的对危机满不在乎的幽默。人们还是很超脱的。这里的人们并不生活在现实世界中，因为他们有大把大把的钱。正常法则在这里不适用。交易所是一个种族歧视、性别歧视、反同性恋的地方，人们在这里的行为规范跟别的地方不见得一样。”尽管他已婚且是个直男，达仁也经常被说成是个同性恋，因为他不做那些炫耀猛男气质的事，也不参加膝上艳舞俱乐部的聚会。“交易所里没几个女的，她们要是从办公桌前走过，人们都会斜着眼瞟一眼。”

思想先锋们所宣扬的意识形态——个人奋斗发财致富是经济增长的关键——被金融领域推崇备至。“贪欲是第一动力，”达仁说，“人们就盯着红利，你天天都跟钱打交道；你每天都用钱来衡量你的成功程度，也就是说今天你挣了多少，这周挣了多少，然后是这年挣了多少。你想的是钱，谈的也是钱。这里的人们觉得大饼是他们做的，他们就有权来吃块大的。”

作为一个不出柜的同性恋男子和“一个不情愿的投资银行家”，工人背景出身、来自埃赛克斯郡罗姆福德的吉姆也有同样的感受，他发现自己的行当里充斥着各种形式的歧视。“在交易所里，你仿佛置身于一个游乐场。性别歧视、性取向歧视和种族歧视令人瞠目。”最要命的是，他发现自己在由贪欲构成的泡沫里工作。“这里人们以自我为中心，这一点总是让我吃惊不已。”他回忆说。1987年，撒切尔的财长尼格尔·劳森把最高收入税率从60%削减到40%时，金融城里欣喜若狂。“这是彻头彻尾的贪欲，对外面的世界不闻不问。人们只想着如何少缴税，比如把红利早点发出来，等等。”

银行的结构设置助长了这种贪欲的机制化。“成本飙升的原因之一在于人们提拔自己下面的人，给自己下面的人加薪，因为这样他们自己也就可以多拿钱了，”英国一家大银行的副总裁詹姆斯说，“例如，如果我想得到更高的工资级别，我就提拔我底下的人，让他们拿到更多的工资。多提拔人，多涨工资，这符合每个人的利益。”

2000～2009年，美国银行系统充斥着热钱，因为中国的银行买了大量的美国国债。这些热钱不断涌入，“不差钱”的美国银行向穷人们卖出了大量的“次贷按揭”，尽管知道这些穷客户根本就还不上借款。有些交易甚至还有“资金偿还假”，就是说客户三年不用还贷。这让许多人期待着房价会很快上涨，他们把房子一卖就赚钱了。

美国的银行突然间来了大量的“次贷按揭”业务，让它们应接不暇。于是，评级公司发明了一套公式，在假定能收回成本的前提下，评估如何进行“次贷按揭”业务。那些收回成本的实际概率很低的客户都被评估为具有99%的偿还可能性，只要他们按照一定的结构来申请并使用合法实体来申请。实际上是垃圾的按揭书被评为AAA级，这样做符合信用评级公司的利益：每多发一个好的评级，它们拿到的评级费就比正常情况高出好多。大的投资银行培训自己的员工操纵公式来造假。这看似一个双赢安排。信用评级公司拿到了优厚的报酬，银行总裁们很高兴，因为利润大涨。在这场争夺“次贷按揭”业务的狂奔中也有英国银行加入。新权贵们把银行变成了巨大的赌场，用别人的钱来疯狂押宝，只想赚更多的钱。但当低收入的美国人开始大批大批地债务违约时，多米诺骨牌便开始一张张倒下。

英国经济学家戴维·布兰奇弗劳尔是为数不多的几个看到危机将至的精英人士之一。但是，由于跟权贵的行事方式不一致，他被边缘化了、被忽视了。2006 年 6 月，他被任命到英格兰银行的货币政策委员会。自 1997 年起，该机构一直负责制定利率。布兰奇弗劳尔的与众不同之处在于，绝大多数委员来自牛（津）剑（桥），而他不是。“每次参加会议，我就会听见人们说：‘我在牛津时如何如何，我在剑桥时如何如何’”，他回忆说，“我就回应说‘我在伯格诺时如何如何’。不管我是去伯格诺、去牛津还是去剑桥读书，你都应该同样重视我。我从最初那一刻就感到自己是个局外人。”从一开始，布兰奇弗劳尔就明白英格兰银行的行长莫文·金不想让他在委员会干。“我从最初就感到不受尊敬，”他说，尽管他自己的简历——美国常青藤大学的教授——比金子还更闪亮，“我感觉他们在想‘你怎么敢进我们的圈子？’这样持续了很长一段时间。”关于经济该如何运作，布兰奇弗劳尔从最初就跟金意见不同。布兰奇弗劳尔被人嘲笑，因为他的研究包括幸福经济学。“从第一天，我们就开战了。”

1981 年时，金是给《泰晤士报》署名发表公开信的 364 个经济学家之一。他们写这封信指责当时的财长杰弗里·豪的经济政策讨好金融城、去通胀措施过于生猛。但是，就跟许多同时代的人一样，金渐渐变得拥护思想先锋们所宣扬的经济学，相信放任政策，任由市场自行运作。金是“典型的理论家，这类人对世界的真实情况关心甚少，”布兰奇弗劳尔说，“于是就有一种很强的意识形态偏向。这些经济学家们正是金想要的。”有了金这样的意识形态偏向强烈的人在领导位置上，那些跟他意见相左的人肯定是会被悄悄地边缘化。

银行没有派专家去美国考察主要金融机构，理由是“市场自己就能运行，别干扰它”。布兰奇弗劳尔说。金认为美国经济不足为例，因为英国和美国早就“脱钩”了。他还犯了另一个致命错误，他相信即将发生一轮工资暴增，因为工会将动员工人们要求大幅度涨工资。“没有资料预示这个。”布兰奇弗劳尔说。在布兰奇弗劳尔看来，金的失败有一部分原因在于他很享受身为权贵的一员。“我时常想起的事就是：最让金欣喜的莫过于坐在温布尔顿体育场的皇家看台上。权力和特殊待遇是他的一切。”

那时布兰奇弗劳尔在美国工作，到伦敦来参加英格兰银行的月度会议。“我那时候太讨人厌了，”布兰奇弗劳尔回忆，“从2007年10月开始，我从美国一飞过来就对别人说：‘我在美国看到的情形一夜之间就会在英国出现。’别人都跟我说：‘你疯了，你自己都不知道自己在说啥。最怕的是通货膨胀。’”布兰奇弗劳尔被金孤立起来了。英格兰银行的职员们都不和他说话。他回忆说自己“简直就被当成了头脑不正常的人。我被当成弃儿，甚至一直到2008年9月，正如2008年9月4日（雷曼兄弟破产前11天）的一大段会议纪要显示，他们还在讨论为什么英格兰银行需要加息。”布兰奇弗劳尔坚持认为英国已经陷入萧条，他的判断随后得到了验证。威胁不是来自通货膨胀，但金却不这么想。金认为：如果物价的确在上涨，那在经济学上就有足够的理由来提高利率，从而遏制信贷。真正的威胁来自严重的经济下行，所以必须紧急削减利率，来鼓励人们消费。

“从2008年3月开始，我们进入了1930年代以来英国经济史上最具破坏性的三个季度。但没有人看到这一点，”布兰奇弗劳尔说，“他们当中没有一个人发现英国经济连续三个季度下行3%。

他们没有看到百年间宏观经济学上最大的事件。他们应该对此负责，但从来没有人负责。”在布兰奇弗劳尔看来，这简直是“丢人现眼，无能至极”。但是，他也很清楚：自己必将被打入冷宫，因为他不认同英格兰银行的所思所做。

当雷曼兄弟崩溃时，仿佛冲击波将冲垮整个全球金融体系。在英国，政府人士相信，如不采取紧急措施，提取现金的网点即将突然停止发钞。很具苦涩讽刺意味的是，在新自由市场时代，最大规模的国有化在全球展开。正如布兰奇弗劳尔所言，“私营领域失败了，必须由公共领域救助，别无选择”。这是宏大规模的富人社会主义。救助这些银行的不是自由市场信条，而是政府。

英国银行家协会主席安东尼·布朗是资深的银行业说客之一。“我生下来时，没想到自己会成为银行说客。”他笑着对我讲。我们在英国银行家协会位于英国金融区心脏地带极其小的办公室里见面。论背景，布朗更像是思想先锋：他当过“政策交流”的主任，该智库由保守党资深成员创建，由右翼私营机构资助。他的职业生涯是“旋转门”的典型代表。他在摩根士丹利投资银行的政府关系部门当过领导，当过伦敦市长鲍里斯·约翰逊的高级顾问，在BBC、《观察家报》和《泰晤士报》当过记者。布朗对政府救助银行这事颇为坦诚。“正面我赢，反面你输。这根本不是资本主义，”他说：“这里有个道德问题，银行基本上是由纳税人来保底的。它们挣钱时，股东和员工跟着挣钱。它们赔钱或倒闭时，股东和员工稍微赔点，银行破产，它们却没事。但纳税人得买单到底。这是个大问题。”

根据国家审计局的数据，政府救助银行的规模在高峰时达到1.162万亿英镑。[11]但这些银行并不对救助它们的人负责：纳税人在它们的董事局里没有代表。政府总是跟纳税人若即若离，而让银行为所欲为。关于这类救助举措，最令人吃惊的评论或许是英国一家大银行的副总裁詹姆斯的话（为了保全职业生涯，他也要求对身份严格保密）："这是工业级的公司骗局，且得到了政府的批准。"

詹姆斯的观点值得好好品品。对英国穷人来说，生活就是"不会游泳就得淹死"。如果每月都依赖万卡这样的合法高利贷商的百万家庭无法偿付债务，政府是不会出面救助的。恰恰相反，政府会派出行政管理人员砸他们的门，警告他们不还债就拿东西抵。穷人必须遵守弱肉强食的资本主义规律，而把世界抛入灾难的大银行则不用。它们有个安全网：政府会出来救驾。

政府对银行慷慨解囊，还不仅限于出资救助。由于迫切需要复苏经济，英格兰银行在 2009 年 3 月把利率下调到 0.5%。这措施来得有点晚。但它有一个副作用：银行可以按高利率放贷，赚更多的钱。钱还以另一种形式注入金融领域：量化宽松（QE）。

量化宽松并不是人们有时说的"印钱"，因为它实际上根本就不需要启动印钞机，而是由英格兰银行创造"电子钱"，然后再用电子钱来购买政府债券。然后金融机构可以卖掉这些债券，把钱存入它们的资产收支表。到 2013 年，英格兰银行已经用量化宽松法把 3750 亿英镑注入了金融系统。量化宽松是对富人的超级补贴，对那些有金融资产的富人尤其如此。英格兰银行估算，英国人口当中最穷的那 1/10 里的每个人因量化宽松损失 779 英镑，最富的那 1/10 人均资产增值 32.2 万英镑。[12]英国宏观经济学家克里斯·马丁发现，尽管量化宽松"为金融领域带来了有限的暂时的收益，但它对更广泛的经济领域没有丝毫帮助，对广大跟通胀和失业抗争的个人和家庭来说更是如此"。[13]根据绿色新政（一个反紧缩环保运动组织）的估算，量化宽松“肥了银行和富人”。2015 年 1 月，这群人提出，他们支持“绿色基础设施量化宽松计划”，以刺激经济、保护环境。[14]

在 1970 年代，那时工会被错误地指责为英国经济问题的罪魁祸首，并面临着极为严厉的惩罚措施。一系列的立法强行推行反工会法案，这些反工会法案比几乎任何其他西方民主国家都严厉。在 2008 年之后，却没有任何类似法案来打击银行，尽管这些大银行把英国抛入了大萧条以来最严重的经济灾难。一个独立的银行业委员会直到 2010 年 6 月才建立起来，第二年 9 月才拿出一份报告，这时金融危机已经发生三年了。当执政联盟承诺要基于报告的调查结果制定法案时，各大银行还被允许在 2019 年前实施一项建议，对高端银行和投资银行进行隔离，这样投资银行就不能再用普通消费者的钱来投资风险产品。在雷曼兄弟破产十年内，投资银行仍享有这种宽限。保守党议员安德鲁·泰利称政府的修正案实施了隔离，但削减了金融监管机构的权力。作为反对派的自由民主党党员，温斯·凯博呼吁彻底隔离高端银行和投资银行。但这一要求被执政联盟抛弃了。报告的许多建议被泼了冷水或被抛弃，包括限制各大银行运营风险的建议。

帮助崩溃的经济起死回生是银行的作用，向公司和企业贷款是银行发挥这一作用的一个很好例证。但是，各大银行并不给公司和企业贷款，而是用它们的新钱来重建收支平衡。2013 年秋，银行向非金融公司的贷款出现了两年半之内的大降，下降了 47 亿英镑。[15] 2011 ~ 2013 年，在英国的 120 个邮域（postcode areas）内，80% 以上的邮域贷款下降。银行继续给经济复苏断炊。[16]

执政联盟为紧缩政策辩护，理由是英国深陷债务，削减开支是减少债务的关键。政府的意图是想说，过多的公共开支才是罪魁祸首。“乔治·奥斯本跟我亲口说，所有这一切都是有政治用意的。”戴维·布兰奇弗劳尔说。他特别想说的是政府对危机的反应是用心良苦的。但不要忘记，占GDP81%的公共债务实际上是政府债务，在2010年公共债务的占比高于战后平均值，但大大低于七大主要工业化国家的平均值（105%）。但是，私人债务——包括公司的和个人的——却多得多。到2008年，私人债务已达GDP的487%。在这个数字里，金融机构的债务占了很大的比例。1987年“大爆炸”之后它们的债务为47%，2000年时攀升到122%，目前为219%，远远高于七大工业经济体当中的任何其他成员。这么高的私人债务制约了英国的增长前景。[17]尽管执政联盟声称其紧缩措施在偿还债务，但它在四年内给国家带来的债务比工党十三年还多。[18]

执政联盟允许银行像危机前一样行事，基本不予干预。这些银行“无所不赌，从利率变动、原油和小麦等大宗商品价格到外汇价格，等等。它们的赌博工具就是各种名目的金融衍生品。”埃塞克斯大学的会计学教授普莱姆·西卡说道。亿万富翁沃伦·巴菲特预言家般地把这些金融衍生品描述为“大规模金融杀伤性武器”，那是在这些武器在全球金融系统的心脏地带爆炸前五年。[19]

英国工人的工资在缩水，发放食品救济款的食物银行在激增。绝望的终极指标——英国的自杀率——随之上升。但金融城里却没有丝毫的愧疚和羞耻。希达思这样总结人们的心态：“我觉得金融城是一只谁都想抽一鞭子的替罪羊。”他说，“每个人都恨不得自己的信用卡能得到零利率。每个人都想花实际上不属于他们的钱。”的确，工人们远在金融危机爆发之前，就已经感受到实际生活水平下降，却被迫用廉价信用来补充他们越来越微薄的收入。

在金融城里，即便你提一提紧缩给人们生活带来的影响，也要冒被取笑的风险。“如果我跟人们谈起政府削减开支的事，我就成了取笑对象，”金融城前交易员达仁说，“如果你跟别人说这类事，你就会被解雇，或者被喝止，或者被无视。人们生活在一堆泡沫里，他们对你说的事漠不关心，即便那事确实存在。”达仁把这归咎于交易员们“弱肉强食、适者生存”的心态，“不管是对还是错，他们感到自己是成功的，而且配得上这种成功。这是达尔文主义。”他痛斥自己以前的同事们，“那里的人大多可鄙、贪财、贪婪。在金融城干得越久，他们就越狭隘，跟外面的世界愈发隔绝。任何同情心或者对外面世界的一丝理解都被封杀。也许金融城并不想这么干，但实际情况就是这样。”

金融城能够有效地维护自己的权力，哪怕是在经济动荡时期，这要归功于它复杂严密的公关体系和游说集团。公关公司精心打造和管理主要金融机构的形象，主要路径是经营和改善它们在投资者、政府或公众心目中的地位。在过去的30年里，公关公司如雨后春笋般激增：到2009年，金融危机爆发后不久，就有至少86家金融公关公司在运营。正如《每日邮报》金融城新闻前主编伊安·莱奥所言，在金融崩溃期间，公关公司“妨碍记者、投资者和监管者，不让他们搞清哪些银行破落到无药可治，哪些还有救。”[20]今天，顶级的金融公关公司是博然思维（Brunswick），它的客户包括巴克莱银行、苏格兰哈里法克斯银行（HBOS）、英国第三大开放式房产基金标准生活（Standard Life）。富思博睿（RLM Finsbury）和21家其他公关公司紧随其后。[21]对于一个报道工商界的记者来说，在这样强大的公关攻势面前，你如果站错队，那就别想得到关于绝大部分工商精英们的相关消息。

一位资深金融记者告诉我（他的身份严格保密），这些公关公司给大公司提供“集体保护”。比如，博然思维和富思博睿二者合起来代表了金融时报100指数（FTSE 100）和金融时报250指数（FTSE 250）的将近一半的公司。这样一来，“记者们拿到消息的路径就被控制住了”。如果让一家公关公司成为消息的唯一出口，大公司们就知道，没有对手能抖落他们的糗事。一有不利消息出现在报端，公关公司就会打电话给编辑，狠狠训斥一顿。尴尬的是这还不算完：在宴会或别的公开场合，大公司和公关公司还会就这事向这位编辑发难。“公关公司的办事人员薪酬很高，他们魅力十足，言语很强势，”这位金融记者说，“这台机器冲你开来的时候，你的日子就不好过了。”

这些公关公司是当前权贵圈子里的重要组成部分。当博然思维的创始人阿兰·帕克2007年结婚时，参加他婚礼的就有当时的首相戈登·布朗（他的妻子萨拉是博然思维的合伙人）和戴维·卡梅伦。[22]布朗是帕克儿子的教父，而次年3月帕克和卡梅伦就一同在南非休假。2008年年初——金融危机爆发之前几个月——布朗任命博然思维的首席执行官史蒂芬·卡特为自己的幕僚长。帕克的姐姐露西·帕克是博然思维的一位合伙人，她在卡梅伦入住唐宁街10号后当上了政府人才与企业工作组的组长。博然思维还在默多克帝国里挖人才，它的一位高级合伙人戴维·叶兰德是《太阳报》的前任编辑。[23]帕克以回避媒体关注闻名，这就使他的行动愈发神秘：正如公关杂志《品牌共和国》（*BrandRepublic*）所言，博然思维“既是一支主要力量也是一个谜团”。[24]

富思博睿的创始人罗纳德·鲁德是另一个权贵大咖。2013年他连续第三年被金融记者评为最具影响力的金融公关公司执行官。他的强项是跟生意人、银行家和政界精英编织关系网。[25]1998 年电视公司卡尔顿电信使用了富思博睿的服务，该公关公司直接对卡尔顿的公司事务主管卡梅伦负责。这个卡梅伦就是后来的英国首相戴维·卡梅伦。[26]鲁德是欧盟的热情支持者，他跟新工党的要员彼得·曼德尔森关系密切，后者是他一个儿子的教父。他还跟埃德·鲍尔斯过从甚密，并为首相托尼·布莱尔担任非正式顾问。难怪 2006 年布莱尔的儿子尤安在富思博睿干上了一份工作。[27]

除了跟默多克帝国关系密切并且代表英国天空广播公司利益，鲁德还有一些其他的媒体密友，尤其是 BBC 的经济学栏目编辑罗伯特·派斯通。二人在 1990 年代早期是《金融时报》的同事。[28]他的姐姐安波·鲁德曾在摩根大通投资银行工作。2010 年她被选为保守党议员，曾为财长乔治·奥斯本担任过一次议会活动私人秘书。在同一次选举中，富思博睿的另一个合作伙伴鲁宾·沃克也被选为保守党议员。旋转门还可以反着转：戴维·亨德森曾在唐宁街工作四年，为布朗和卡梅伦准备“首相问答”的经济方面的问题，2012 年加入了富思博睿。[29]

通过这些公关公司，大的金融公司很快就接入了庞大的政治关系网和媒体关系网。但公关只是诸项战略中的一项。根据英国新闻调查局（BIJ）的调查，金融城每年花 9300 万英镑来游说。通过这些努力，金融城从政府那里赢得了大把好处，如削减公司税、削减公司海外分公司的税、减少对国家非盈利退休金计划的投入，而数百万的低收入工人还指望退休金度日。[30]

被新闻调查局提名为英国最强大的银行业说客的是马克·波利特。波利特以前是思想先锋。在 1970 年代，他曾为宝弓集团（Bow Group，一家保守派智库）写宣传册，跟保守党的要员们一起工作，其中就有后来的财长尼格尔·劳森、撒切尔的得力助手基斯·约瑟夫和保守党右翼、当过一任国家社会保障部部长的彼得·利雷。他和后者一直是好友。这段日子里，波利特是伦敦城公司（City of London Corporation）政策和资源委员会主席，或者说实际上的领导。“关于游说的有些评论是荒唐的，”他在行会厅的会议室里说，然后他又嘿嘿一笑，接着说，“除了说我是伦敦最强的说客。这话我爱听。”跟别的能力强的说客一样，波利特彬彬有礼、魅力十足。他的个人履历很出众：他领导建筑社团协会七年，又领导英国保险业协会六年。“我愿意把某件工作干上一段时间，”他解释说。快50岁时，他又开始寻找职业生涯的新阶段，希望能把领导工作和咨询工作结合起来。当被邀请领导伦敦城公司时，他甚至不知这是什么差事。但他当上了伦敦城公司的头，就开始了说客生涯。

伦敦城公司是抗拒民主的一个顽固堡垒。这个机构的历史可以追溯到12世纪。作为一个经济和贸易的动力室，早期的伦敦城意义重大，因而享有一定的自治。在现代社会，这些根深蒂固的特权和做法并没有褪尽。从16世纪开始，伦敦城公司成为贸易和金融中心。它在议会的法令之外运作，甚至还有坐在下议院议长对面的说客。在金融城的25个小选区里，有21个投票支持工商界，而且绝大部分是金融界。[31]每个公司得票多少取决于公司有多大。波利特强调说并不是大公司有权投票，小公司也可以利用授权经营的模式挂靠到大公司。“我们得说服公司首先去注册，然后让它们任命选举人，我们希望它们指定的选举人能代表劳动者。所有这一切都很难。”但实际情况是：是公司而不是劳动者指定了选举人。我问他这是不是民主。“这是民主吗？没有一招治百病的灵丹妙药，也不存在没有问题的制度。目前我们的制度让我感到很舒服，因为我想不出更好的。对我来说，这是最关键的。什么是更好的制度？我们正在考虑如何改进现有制度，我对公司任命选举人的方式也不大满意。”“一人一票”制也许太不现实，他相信。这就是民主与金融矛盾的一个很具象征意义的表现。

波利特的工作就是在金融危机发生后稳住金融领域的阵脚。他解释说：“监管通常出现这样的情形，要是监管太松，事情就会出错。然后你就把钟摆往回拨拨，监管很严，又会让人受不了。”他不喜欢让英国经济多样化的想法，也不喜欢把英国经济的重点从金融转向制造业。“是否相信计划经济，这得看情况。这种模式已经在几年前就过时了，即便是在计划经济国家里它都过时了。仿佛在英国我们能决定市场该干什么似的。”这是一种很奇怪的说辞，因为要知道，是政府而不是市场挽救了英国的金融领域。

作为为大金融公司效劳的一部分，波利特给政客们安排非常有排场的宴会。他声称：“这不是游说，这是各方代表见面做工作的机会。我们不是为了娱乐和美食才搞的。每次结束时，我都说桌上的饭菜都剩下了，葡萄酒瓶子都没开。因为我们实际上是来辩论的，不管参加的人是谁，如工党的影子商务大臣楚克·乌姆那、工党的影子财长艾德·鲍尔斯或其他的大臣级人物，我们都按照查塔姆规则行事。”查塔姆规则指会议成果不提及发言者的身份及其所属机构。查塔姆规则当然能确保谈话更坦诚，但它也剥夺了透明度，也就是说，代表英国民众说的话、做的承诺或达成的协议也就不为民众所知。“通常，大臣会说几件事”，波利特说，“但他更有可能说：‘金融城里给你们添麻烦的是什么事？目前有什么问题？’”

在宴会上，波利特曾坐在内阁秘书长（英国资格最高的公务员之一）旁边。媒体认为这样有点欠妥。他对此很不以为然。“他对我说：‘马克，现在金融城里人们都在议论什么？我们听说过这个，你怎么看？’这些都是政策制定过程的一部分。制定政策就得让人们谈话磋商，而不是说怕有什么不当影响。”再强调一次，谈话是在没有监督没有记录的场合进行。

实际发生的是：波利特之流在许多问题上让自己的想法得以实现。以金融交易税为例，欧盟委员会建议在2016年实施金融交易税，该税是对金融交易征收的一小笔税，以防投机行为造成泡沫。收到的钱将专门用于发展或气候变化等领域。调查显示，广大民众支持该税，但在金融城里这可成了火急火燎的问题。“真是不可思议，英国民众居然支持对自己征税，而税款却落入欧盟之手，”波利特说，“这可够让人费解的”。英国不仅不采纳该计划，还发起了一场法律诉讼，称这场欧洲范围内的机制会损害英国的利益，不论英国政府是否签署该计划。强烈反对此税的不仅是执政联盟，工党的影子财长、公然表示亲金融城的艾德·鲍尔斯也强烈反对。政治精英们合起伙来保卫金融界。

金融危机的一个重要诱因是银行家们大肆冒险，而回报却是极高的工资和红利。危机爆发后，超市工人和护士这样的群体遭遇了实际的工资削减，而银行业则继续兴旺。2012年，英国的2714名银行家每人拿到了100万欧元以上，人数是任何其他欧盟国家的12倍。平均下来，这些银行家们拿到的红利接近其工资的四倍，最高层比前年多拿了35%。可当欧盟在2012年建议银行家的红利收入不得超过一年的工资，或经股东同意不超过两年的工资时，金融城怒不可遏。幸运的是，他们身居高位的朋友们来救他们了：英国政府不顾纳税人的利益，把这项建议告到了欧洲法院。整个英国政府在向外界表明——这已不是第一次了——它是金融城的强大游说力量。

金融城在2008年危机后屹立不倒，还要感谢一些其他势力。共有134名保守党党员和贵族曾在金融领域从业，现在依然有人这样干。[32]一个例子是马特·里德利，他是一名科普作家，自称是“理性乐观主义者”，他从父亲那里继承了英国北岩银行（Northern Rock）董事会主席职务。他的理性乐观主义没有派上什么用场，在他的带领下，银行破产了，还得由纳税人出钱救助。在2013年年初，他从父亲那里继承了子爵身份，成为一位保守党贵族。

给保守党捐献的资金有将近一半来自金融城。保守党的一位金主就是理查德·夏普，[33]在2010年大选前的几年内，他捐了402 420英镑给保守党。他曾是摩根大通银行债务资本市场和交换组的合伙领导之一，在1985~2007年间为高盛工作，干到总经理和欧洲私募股权的老总。夏普是CPS的主任。[34]这又一次表明了金融领域界和思想先锋间有千丝万缕的联系。2013年，乔治·奥斯本任命夏普进入英格兰银行的金融政策委员会。这个金融大咖进入的政策机构原本是要避免金融危机的。任命他的就是他慷慨资助的那个党的财长。权贵内部的旋转门再次运转了。

还有蒂姆·卢克，2011年7月被任命为卡梅伦的“工商、贸易和发明”事务高级顾问。卢克曾经帮助工商秘书温斯·凯博抵制对工商业适当监管的企图。卢克在雷曼兄弟工作了16年，直到其垮台，后又进入巴克莱银行。[35]伊万·罗杰斯在花旗银行和巴克莱资本（Barclays Capital）任过高级职务，后在2011年成为卡梅伦的欧洲和全球事务顾问，2013年11月又成为英国驻欧盟永久代表。布里坦勋爵曾任保守党内政大臣，他现在是瑞银集团（UBS AG）的副主席，还就贸易事务向政府提出建议。

危机后，金融界的触角深入政界。于是，对金融城的地位进行有效挑战几乎是不可能的。金融大佬们可以高枕无忧的是：他们的许多同行现在已经在政界呼风唤雨，威斯敏斯特的精英们将继续代表他们的利益，即便公众对银行家们早已生了一肚子气。这足以证明，民主已经被一小撮精英颠覆了，而这些精英的利益跟广大国民的利益是有着根本冲突的。

金融系统应该滋养工商业，并为其提供好的成长条件。但英国的金融系统已经越来越背离这一核心功能，转而像赌场般运转，鼓励投机和复杂的衍生产品。“金融服务领域和金融城应该是为经济服务的，”基金管理人弗兰克（他也要求匿名）说，“可现在，我觉得它们只为自己服务。”正如拉帕维查斯教授所言，现代资本主义已经彻底“金融化”了。现代的公司和企业把持收入和没有分给股东的钱，痴迷于金融投资。随着更多的人想自己买房并依赖信贷来维持生活水平不下降，各家各户对金融也越来越依赖。现代权贵们的“金融化”已经到了前所未有的程度。

最令人警醒的是，金融领域已经对英国民主构成了威胁。政府把管理经济的权力交了出去，要么是放弃对汇率的控制，要么是逐渐对经济放手不管。通过游说、政治献金，或让金融城的从业者进入权力中心，金融领域的权力令人生畏。这表明了一种现象：对精英是一套规则，对别人是另一套规则。反对金融界主导地位的人则被边缘化和嘲弄。伦敦金融城就是权贵最精粹的代表。

# / 第八章　虚幻主权 /

思想先锋的雄心绝不止于英国的境内。在英国之外，总有一些意识形态说教者，他们的思想和大公司老总们的构想不谋而合，他们的利益覆盖全球。跟英国一起，美国是他们思想的心脏地带。英国对美国的服帖顺从已经有几十年了。就像共同的思想把英国的新精英捆绑在了一起，英国权贵和美国精英共有的新意识形态把温斯顿·丘吉尔所称的“特殊关系”重新做实。这种意识形态鼓吹支持资助巡航导弹、炸弹和坦克。人力成本极大。

在两次大战之间，大英帝国仍旧势盖全球，英美关系明显很冷淡。二战期间，大批美军士兵来到英国，在希特勒倒台后仍留驻英国。在这个过程中，美英之间的现代联盟缔造起来了。今天，70 年过去了，成千上万的美军驻扎在英国本土成网状分布的军事设施里。两国军事和情报机构之间也在战后一直保持密切关系。艾德礼的工党政府 1949 年加入北约，让英国牢牢嵌入美国领导的势力范围。在丘吉尔时代和保守党任内，英国于 1952 年成为核武国家。英国的“三叉戟”核武库继续依赖美国的技术。当执政联盟 2010 年上台后开始削减英国的防务预算时，美国前国防部长罗伯特·盖茨警告说，这意味着英国“不具备全频谱作战能力，也不会像以前那样作为一个全面的合作伙伴”。

但盲目支持美国的军力还算一个相对较近的现象。1956 年，英国和法国、以色列联合出兵，在纳赛尔将军把苏伊士运河收归国有之后对埃及作战。在美国的压力下，这三个国家被迫撤军，这一屈辱正式标志英国的帝国霸权衰落。在 1960 年代，大多数英国左派对工党首相哈罗德·威尔逊愤恨不已，因为他对美国在越南开战提供外交支持。美军轰炸越南城市之后，威尔逊告诉约翰逊总统：“我们对这次行动持保留意见，但这不会影响我们对美国对越政策的支持。”不过，他并没有把英军投入这场冲突，尽管美国极力施压。这让华盛顿方面大为沮丧。[1]当威尔逊在1965年2月私下里表达对战争升级的关切时，约翰逊总统——暗指英国在马来西亚的平叛行动——冷言相对：“我不会告诉你怎样治理马来西亚，你也不要告诉我怎样在越南行事。如果你想在越南帮我们，那就派人来跟我们一起对付游击队，并且向媒体表达你们将支持我们。”[2]

1980年，在撒切尔赢得英国大选后几乎刚好一年，罗纳德·里根当选。这是一个历史转折点。如果说撒切尔主义对打造英国今日之权贵发挥了关键作用，里根在两届任期内为美国启动了类似进程。在很大程度上，里根主义是两种意识形态的融合：新保守主义和新自由主义。新保守主义最初源于1960年代末期的民主党，反映了政界精英和知识分子认为美国在衰落，并为此感到担忧。这些人包括理查德·珀尔、保罗·沃尔福威茨和珍妮·柯克帕特里克。在里根任内，这些人呼吁对苏联进行强硬对抗，特别是在军事上。美国的军力和美国力量是不容撼动的。

同时，美国的自由市场论者组织了强大的智库，让英国同行相形见绌。他们也想颠覆美国自己的政治共识，这次是挑战一个既成的政治经济架构，此架构由1930年代罗斯福总统的干涉主义新政经济学创建，又由1960年代约翰逊总统的大社会计划来巩固。就像保守党接受了艾德礼的福利资本主义的基本要素，共和党也大体上认同了当时的美国政治共识：尼克松总统甚至在1970年宣布“现在我们都是凯恩斯主义者了”。[3]传统基金会（Heritage Foundation）——跟亚当·斯密研究所属性一样，但资源丰富得多——在1973年创建，旨在推动自由市场经济学。传统基金会得到了公司和私人的巨大支持。第一笔献金是25万美元，来自酿酒业大亨约瑟夫·库尔斯。此后，传统基金会拿到了许多献金，1977 年的年度预算已达 200 万美元，1989 年达到 1750 万美元。传统基金会在里根第一次大选获胜的前夕出版了一套丛书，名为《领袖职责》，被广泛认为是新政府的思想基础，传统基金会从此广受关注。[4]其他的鼓动机构有胡佛基金会和美国企业研究所。他们共同为里根的执政计划奠定思想基础。

这也就难怪撒切尔和里根的关系如此密切。但即便那时，紧张和冲突也是有的。1982 年英国不惜动武把福克兰群岛（Falkland Island）从阿根廷手里夺过来，里根最初立场含糊，因为统治阿根廷的是一个美国支持的、反共的军事集团。第二年，里根下令入侵加勒比岛国格林纳达（Grenada）时，遭到了撒切尔的反对。“这场行动将被视为是一个西方国家对一个独立小国内政的干涉，不管这个国家的执政当局多么不讨人喜欢。”撒切尔给里根发电说道。她补充说，她对里根在这一问题上的言辞“深感烦忧”。[5]尽管有这些不快，1980 年代依旧见证了英国权贵和美国精英之间形成新的意识形态纽带。

这种新关系并不是所有的政治精英都认可。在迈克尔·富特和尼尔·金诺克的领导下，工党在 1980 年代推行的国防战略包括了核裁军。华盛顿方面认为这是不可接受的。当我问金诺克，美国的反应是否干涉了英国内政时，他毫不含糊地说：“是的，丝毫不用怀疑。这是有组织的，我听说是撒切尔的人或保守党总部办公室。但肯定是有组织的。”

金诺克回忆起了他感受到华盛顿方面对他的敌意。“我第一次到那的时候，并没有如临大敌的感觉，”金诺克苦笑着说，“里根的私人秘书和新闻秘书说交谈非常有意思，是交流哲学思想，没有丝毫的敌对。当我第二次到那里时，气氛完全变了。有一次我不得不叫美国大使到我的办公室来，把他训斥一通，因为在他的一份声明里，他不仅暗示说我是一个单边主义者，还说我们缺乏爱国主义，当然那是完全不同的一套事情。我把他叫过来向我正式道歉。”

布莱尔和克林顿分别在英美上台，进一步加强了英国权贵和美国精英之间的思想联系。克林顿在1992年美国大选获胜，他的“新民主党人”立场为1997年当选的布莱尔的新工党政府提供了很多灵感。二者都拥抱他们的对手所信奉的根本纲领：1996年，在对新政的一番批评言论中，克林顿宣称“大政府的时代已经过去”。布莱尔和克林顿都追捧他们所称的“第三条道路”，这是新自由主义和两个国家各自的战后安排之间的一种调和。新工党的崛起意味着放弃任何对美国外交政策的批评态度，也造就了英国权贵的共同立场。1997年，克里斯托弗·梅耶被派驻华盛顿任大使时，布莱尔的幕僚长乔纳森·鲍威尔对他说：“我们希望你能讨白宫的喜欢，最好常待在那里。”[6]联合军事行动进一步巩固了这种关系，这些军事行动（包括1998年在伊拉克作战）得到了大部分英国权贵的支持。

但是在1990年代后期，新一波的新保守主义在美国抬头。他们当中的领军人物1997年创立了“新美国世纪计划”（PNAC），旋即发表了《目标声明》。在这份《目标声明》中，他们发问：“美国有意志去塑造一个符合美国利益的新世纪吗?”“我们需要在海外推动政治自由和经济自由。”它宣称。它还称“美国有独特的地位来保卫和扩展对美国的安全、繁荣和原则有利的国际秩序。”这是一个昭然若揭的声明：“新美国世纪计划”公然要求按照思想先锋的构想建立全球秩序，这个秩序需要美国军力来维护。1998年，

“新美国世纪计划”的领军任务——如唐纳德·拉姆斯菲尔德、保罗·沃尔福威茨、罗伯特·佐利克——发表一份声明，要求克林顿把萨达姆·侯赛因赶下台。2001年，他们成了乔治·W. 布什的共和党政府的重要人物。

共和党人入主白宫对英美联盟没有丝毫影响。在意识形态上，新权贵比以前任何时候都唯美国马首是瞻，不管是在哪个总统任上。一些灾难性的冲突让这种关系更牢固。2001年“9·11”事件后，英国加入了美国率领的联军入侵阿富汗，意在推翻塔利班政权。所有主要政党和几乎全部媒体都支持这场干涉。最初，这场战争取得了惨烈的胜利，“持久自由”行动几周之内就把喀布尔的神权统治者们拿下了。但这只是一场漫长战争的开始，贯穿始终的是血腥的叛乱与反叛乱攻势。截至2014年6月，3374名以美军为主的联军士兵阵亡，其中包括453名英军。数千名士兵受伤或致残，数万名阿富汗安全部队和反叛分子死亡，成千上万不计其数的平民死于战乱。哈米德·卡扎伊领导的阿富汗新政府腐败、缺乏正当性、人权记录糟糕。尽管民调一再显示，民众希望英军撤出这场赢不了且毫无意义的冲突，英国的权贵却执意和美国的外交政策捆绑在一起，致使英军长期留在阿富汗。

乔·格兰顿参加英军时刚22岁。他出身英国工人家庭，就业前景不是很好，他去参军主要是出于经济原因。“有的人信奉权贵们的宣传，觉得军人是‘英雄’，认为军队有‘崇高的使命’，”他说，“但绝大多数还是出于经济考虑。许多士兵来自英格兰东北部、苏格兰、伦敦的一些地方，还有别的什么贫困地区。但权贵们用精巧的手段把军队宣传得很光鲜。要是你拿着小册子走进陆军工作办公室，没有谁会提到杀人和死亡。说的净是‘更多的尊重、更多的朋友、更多的钱'，还有就是很抽象、很积极向上地说是为了保卫国家。" 2006 年，他被送到阿富汗，正赶上他所称的"大举反攻阿富汗南部"，他是首批登上飞机的士兵之一。

在阿富汗的七个月里，格兰顿发现以前的幻想逐个破灭。"来之前别人告诉我们，说我们来这里是为了能让阿富汗的小女孩们上学，重建基础设施。在阿富汗到各地一转，我就感觉这些都是假的，"他说，"是我们自己制造了叛乱，我们有点骄傲自大。"格兰顿说，在一定程度上，英军血腥介入阿富汗赫尔曼德省（Helmand）是为了补偿英军在伊拉克城市巴士拉蒙受的耻辱，叛乱分子在 2007 年逼迫英军撤出巴士拉，英美两国的将军称此为失败。"我们到阿富汗的主要原因不是为了英国或阿富汗的安全，"格兰顿说，"而是因为英军感到在美国人眼里我们打了败仗。"在格兰顿看来，赫尔曼德省的军事行动纯粹是在巴士拉蒙羞后，英国政府要向美国人证明英军的价值。

在回到英国后，格兰顿关于阿富汗的看法才"结晶升华"。在阿富汗服役期间，他没有时间思考。他有很多问题要问，但没有机会。"我决定我不再回军队了，"他说，"我不准备签署退役协议，退役协议就像离开工作时给雇主个通知。但在军队里，要离开还要一年时间。我不得不接受重新调遣，我告诉上司我不想回去了。我甚至不知道当一名主动反战者的流程，他们不给我这个权利。"他擅自离队两年，2010 年被判九个月监禁。

英国权贵们醉心于屈从美国的外交政策，结果遇到了强烈反对。2003 年，英国加入了美国领导的对伊拉克的入侵，得到了两大主要政党的领导层和大多数媒体的支持。但全国爆发了最大规模的抗议示威，2003 年 2 月 15 日，近 200 万人走上街头。法律界资深人士，如外交部法律顾问迈克尔·伍德一贯坚持认为，如果没有联合国决议的授权，这场战争就是非法的。他的助手伊丽莎白·维姆舍斯特辞职了，而他却没有。

英国酝酿介入伊拉克战争的过程充满了欺骗和导向极强的宣传。在这个过程中，权贵——尤其是政治精英和媒体精英——发挥了主要作用。他们找来借口，称（曾经由西方支持的）独裁政权拥有大规模杀伤性武器，尽管事后发现这是假的。结果，这场战争导致了成千上万平民死亡，伊拉克被教派民兵和恐怖分子蹂躏，179名英军士兵阵亡。当时政府称如果伊拉克不遵守国际法，战争是最后的办法。但后来人们发现，早在战争爆发前九个月，布莱尔告诉布什："不管你决定做什么，我都跟你站在一起。"战争爆发前夕，英国政府和它的助阵媒体声称不得不放弃寻求联合国第二个决议的努力，因为法国和俄罗斯政府拒不妥协。但还有一个情况：入侵伊拉克之前的几个月，布什和布莱尔决意要按照他们的想法干下去，不管伊拉克执政当局有没有违反联合国的规定或协议。[7]

这次灾难性的干预源于权贵对美国强权的忠诚。在酝酿这次战争的时候，布莱尔表现出了他的忠诚有多深。他宣称英国必须付出"血的代价"来确保英美的"特殊关系"。换言之，英国人必须献出生命来捍卫同华盛顿的联盟。"他们（美国人）想知道：你准备庄严承诺吗？战争打响时，你准备好冲上去了吗？"布莱尔说道。

很自然地，人们期待着：把国家卷入这场灾难性战争的决策者们应该予以问责，至少应该被迫承担责任。但是，尽管伊拉克战争导致了有人辞职，但都是批评这场战争的人被逐出了办公室。权贵合兵一处，一致对付反对这场战争的人士。前外交大臣鲁宾·库克在战争前夕辞职，他就此事在上议院做的演讲堪称近现代史上最精彩的演讲之一。紧随其后的是内政大臣约翰·邓海姆。辞职稍晚的是国际发展大臣克莱尔·肖特，她在英军入侵伊拉克的作战行动结束后辞职。

糟糕的还在后面。2003 年 7 月 18 日，联合国前武器核查员戴维·凯利在野外被发现时已经死亡，不久前他被认定为 BBC 记者安德鲁·吉里甘撰写报告提供素材。一个半月以前，吉里甘在 BBC 第四台的《今天》栏目里称布莱尔政府——特别是移花接木的大师阿拉斯泰尔·坎贝尔——“乱搞”了一份关于伊拉克武器能力的关键报告。这让新工党勃然大怒。凯利和吉里甘都不断受到高层政客和敌意媒体的压力。在死亡的前几天，凯利还在上议院受到折磨和讯问。凯利的尸体被发现后——一位记者当众质问布莱尔是否与此事有关——政府宣布此案由北爱尔兰前任大法官哈顿勋爵主持调查。BBC 主任格莱格·戴克后来称，布莱尔的密友菲利普·古尔德夸耀说：“我们任命了正确的法官”。

今天，安德鲁·吉里甘狂热批评左派人士（如工党政治家肯·利文斯通），他还在右翼报纸《每日电讯报》当记者，还受雇于伦敦市长、保守党政客鲍里斯·约翰逊。但在 2003 年，他感受到了英国权贵对他施加的强大压力。他谢顶，戴着眼镜，很温和，举止很优雅，让人完全感受不到他的苦涩经历。“这事从根本上改变了我对英国政治的看法。”他承认并认为伊拉克战争的前前后后“永久损害了英国政府的可信度和权威”。他由此而联想起《观察家报》在 1956 年因苏伊士运河争端英国进行军事干预后所说的话，“我们没有意识到我们的政府能干这种蠢事，能这么不诚实。”

“我发现，可怕的是在英国这样一个成熟的民主国家，其国家机器竟然被这样使用，”他说，“公务活动被腐蚀了，司法权力被乱用，议会也被阿拉斯泰尔·坎贝尔用来攻击我和戴维·凯利。”同开支丑闻一起，他相信因伊拉克战争而起的风波“永远改变了民众对英国政府的态度”。许多媒体和政府串通一气来整他。他的垃圾箱都被人检查过。“《太阳报》和《泰晤士报》不惜一切地把我和BBC搞臭。”他说。他还回忆起《太阳报》在头版把他的头像涂上墨迹，标题上写着“你这只老鼠”。“那绝对是我一生中最糟糕的经历，一搞就是八个月。”他说。尽管政府对他很敌视，公众却很支持他，他回忆说：“出租车司机不收他车费，餐馆不要他饭钱。”

当哈顿调查组2004年公布结论时，哈顿勋爵洗清了布莱尔政府，反倒是狠狠整了整BBC。吉里甘被迫辞职，辞职的还有格莱格·戴克和BBC的董事会主席盖文·戴维斯。“哈顿勋爵，司法部门的一员，被特地选中来做这件事，”他说，“来搞一份滑稽的偏向的报告。如果阿拉斯泰尔·坎贝尔来写这份报告的话，他会让报告对布莱尔政府的批评要再严厉一些，这样好让它更具可信度。我欠哈顿很多，话又说回来，这也是这份报告没有可信度的原因。”吉里甘觉得整他的人都得到了报应，“事情都演变得很好，我不得不说。”尽管布莱尔和坎贝尔都没有正式受到惩罚，吉里甘还是认为，他们“要在公共舆论的法庭里受到终身监禁”，而吉里甘则继续干他的记者行当，还获了奖。

这份报告是明显的粉饰，英国公众肯定不能放过。参战的借口——伊拉克执政当局拥有大规模杀伤性武器——被戳穿，伊拉克也变成了一个冲突四起的烂泥潭。在这样的背景下，英国政府抗拒调查实际上已经是不可能了。调查终于在2009年6月启动——自从入侵伊拉克后六年多过去了。主持调查的是前公务员约翰·奇尔科特勋爵。五年后，调查组还没有发布报告。此外，执政联盟拒绝披露任何关键文件，包括发兵前夕的内阁会议纪要。戈登·布朗最初想组织秘密调查，但这个计划被推翻了。公共证据对政府很不利，表明政府从一开始就企图参战。

高层官员们给奇尔科特调查组提供的证据显示：甚至连内阁——更不用说议会或英国民众——都无法了解战前暗箱操作的真相。特恩布尔勋爵是英国政府最高层级的公务员，他告诉调查组：在2002年9月23日他的第一次内阁会议上，“有确切消息称，什么决定都还没有做，就是在搞一个最后通牒”，会议产生了另一个“确信”：内阁将考虑军事行动。一个月后，一次内阁会议再次郑重宣称：“在适当的时候，军事行动将会被大臣们讨论，在那之后，”特恩布尔回忆说，“什么也没有发生。”2002年12月19日，内阁得到通知——英国的军事动员已经开始，这已经是在国防秘书杰奥夫·胡恩向议会发表声明一天之后了。特恩布尔告诉约翰·奇尔科特勋爵：“所以你可以看到，内阁被拉入这件事，要比想象的晚很久。”2003年1月，内阁大臣们被告知关于军事行动还没有作出任何决定，下周有可能讨论此事。“这里面有一个模式，”特恩布尔说，“内阁总是被告知‘下周将讨论’。当托尼·布莱尔说‘我们心中有数’时，事实往往并非如此。”他们说的和实际发生的不一致。”特恩布尔勋爵认为，布莱尔在入侵前几个月的立场“已经非常明确，决意要采取军事行动。他期待着军事介入，期待着美国领导这场军事行动，期待着我们也参与其中”。[8]

有这样一项事实：大多数的内阁成员、国家机器和媒体——它们当中的相当一部分人鼓吹入侵伊拉克——被排除出了决策圈。但这一事实对事态没啥太大影响。权贵彻底对美国俯首帖耳，这就足够保持美英团结一致了——哪怕公众全面反对——以至于导致了一场战争，一场被科菲·安南称为“非法的”战争。[9]

当布莱尔说要以“血的代价”来维系“特殊关系”时，他当然不是指自己的血，也不是他子女的血。绝大多数参军的都是工人阶级子弟，他们来自没有稳定工作的地区，要流血的是他们。

入侵伊拉克进一步展示了以前遭冷遇的思想先锋们有多强大。有世界上最强大的军队撑腰，他们把伊拉克变成了自由市场主题公园。“布什政府已经起草了全面计划，要按美国的模式重塑伊拉克经济。”《华盛顿邮报》在2003年入侵伊拉克后这样评论，暗指大规模私有化计划。这一计划的蓝图在开战前一个月已经在金融咨询家圈子里发布了，名为“大规模私有化计划”。[10]在占领伊拉克的头几个月里，美国占领军控制的临时联合权力机构主席保罗·布莱默发布了第39号令，废除了对外国人拥有伊拉克公司企业的限制，取消了必须将利润用于伊拉克境内再投资的要求。在头几个月里，数十家公司被私有化，最高税率从45%削减到15%。这再次表明了英国权贵和美国精英之间意识形态的联系：他们的联合行动将把他们征服的国家变成思想先锋们想要的样子。

英国权贵忠于美国的强权，这意味着个人自由受到越来越大的威胁。杰奥福里·罗伯特逊是英国最有影响的人权律师之一。从他说话的口音可以听出他是在澳大利亚长大的。我在他位于伦敦中心区的道迪街律师事务所里见到了他，这里街道两旁的树木掩映着乔治时代的房子。罗伯特逊说：“我发现，今天英国的安全力量欠美国的债太多太多。”他已经接手过几起状告军情五处和军情六处的案子。“我们的资产，如皇家空军小西湾监听站和英国政府通讯总部（GCHQ），它们都是美国人资助的。”事实上，根据美国国家安全局前分析员爱德华·斯诺登透露的情况，英国政府通讯总部是美英关系的基石。他透露说，美国国家安全局在三年内向英国政府通讯总部提供了近一亿英镑，这是美英联合大范围秘密侦查计划的一部分。根据2014年1月人权律师给议员们提供的法律建议，这种侦查相当大一部分是非法的。

对个人自由最大的威胁来自“反恐战争”，这是“9·11”后美国发起的战事，得到了英国权贵的鼎力支持。这意味着民权在英国受到打压，如果美国一声令下，英国公民的自由也可以被剥夺。

拿塔哈·阿山为例。他十多岁，住在南伦敦，是个穆斯林，喜欢“涅槃”和“狂躁者”之类的摇滚乐队，直到他觉得他们变得太商业化和主流化。他读的书大多是来自这类乐队专辑唱片的插页上推荐的。他读过英国作家扎迪·史密斯和谢默斯·西尼等人的作品。他读的书还留在卧室的书架上，按照内容和字母顺序整齐排列着。他是父母的骄傲。塔哈获得了一个在私立德威学院（Dulwich College）的学习资格。尽管偶尔会在学校和同学们发生点不愉快，也让老师担忧，但他表现出了强烈的学习愿望和雄心，16岁时，他自学了阿拉伯语。后来他又获得了伦敦大学亚非学院的学位，他的努力得到了回报：他毕业时拿到的是一级证书。他现在是获奖诗人，无疑是个才华横溢的年轻人。

塔哈的弟弟哈姆扎有些腼腆，有时不善跟人打交道。但他实际上已经为性格内向的人写了一本关于政治的书。他为塔哈而感到非常自豪。我们坐在他们位于伦敦西南的图亭区的摆满书的房子里。我们谈话时，他们身有残疾的母亲非要给我们准备印度点心不可。哈姆扎讲述了自家的故事：他们在1960年代中期——在塔哈和哈姆扎出生前数十年——离开南亚次大陆来到英国。他们的父亲最终搞起了运输业。哈姆扎还和慈爱的父母住在一起。但是，现在塔哈住在5000公里之外，囚禁在美国康涅狄格州的一家监狱里。

哈姆扎还清楚地记得2006年他家被警察搜查的情形。当时他还是艺术学校的一年级学生，那天塔哈参加了一份图书管理员工作的面试。哈姆扎正躺在床上，几名警官破门而入，把房子翻了个底朝天。他的电话和日记被没收了，还有他收藏的CD、DVD、一张PlayStation 2的存储卡和他的学校作业。警官还要求他说出有没有《古兰经》。警察把每个屋角都拍了照，哈姆扎穿衣服时，他们也站在一旁。

这只是漫长梦魇的开始。2006年7月19日上午，伦敦在热浪中炙烤。警方根据美国的引渡请求，逮捕了哈姆扎的哥哥。哈姆扎下楼时，他的母亲在啜泣。“他们刚把哥哥带走了。”母亲告诉哈姆扎。塔哈被指在1997（他18岁那年）到2004年间共犯了四桩罪：合谋为恐怖分子提供物质支持；为恐怖分子提供物质支持；合谋在外国谋杀、绑架、伤害他人或破坏他人财物；资助和教唆他人犯罪。但在英国他没有受到这类指控，却在英国的监狱里蹲了六年。对他的指控主要是基于一个网站的内容，这个网站在警察冲入他家之前四年就被关闭了。这个网站叫Azzam Publication。据称，该网站推动了波斯尼亚、车臣和阿富汗的恐怖主义活动。“它有点像另类媒体网站，”哈姆扎说，“它的主要关注点是车臣独立战争。”塔哈跟该网站的联系是很边缘的，网站是由另一个住在图亭的人巴巴尔·艾哈迈德经营的，此人于2003年被警方逮捕。在整个过程中，警方对他拳打脚踢，还勒他脖子，结果弄得他尿血。五年后，伦敦警方同意赔偿艾哈迈德六万英镑，承认艾哈迈德是一次“严重的、无谓的、过长的攻击”的受害者。[11]

塔哈的案例被著名的人权律师嘉蕾丝·皮尔斯接手，她以为弱势群体伸张正义而闻名。艾玛·汤普森在电影《因父之名》中再现了她如何为1975年爱尔兰共和军制造的酒馆爆炸案中被错误监禁的四名爱尔兰人讨回公道，即有名的“基尔福四人案”（Guildford Four）。“他的情况总是感觉有点不对，这绝对令人印象深刻，”她轻声而又含着同情心地说道，根本不像想象中的说话很冲的律师们，“怎么会这样呢？这是一起严重的罪案，他在这里被逮捕了，也讯问了，但为什么却不在这里起诉和审判呢？他们说塔哈帮助运营这个网站，而且这个网站一直都是在这里运营的。但当艾哈迈德最初被捕并被引渡时，塔哈甚至没有被逮捕。”引渡的依据是该网站碰巧有一部分使用美国的一家服务器。

皮尔斯相信这次逮捕完全跟美国对英国的影响有关。“所有这些都不止一次地印证了一个模式，那就是英国警察好像只是充当美国检察官的代理人，美国权贵则试图把他们的司法权扩展到世界的每个地方。”正如皮尔斯指出的，不仅塔哈·阿山不认为他的行为构成犯罪，甚至连皇家诉讼服务机构都“告诉他，在他们看来，没有足够的证据在英国起诉他。针对他的诉讼能启动，这着实令人吃惊”。

哥哥被捕之后，哈姆扎竭力让自己吃得下饭睡得着觉。但面对漫长的法律斗争，他精力充沛、意志坚定地发起了一场运动，争取哥哥能被释放。之后的六年里，塔哈·阿山被关在英国的监狱里，既没有受到指控也没受到审判。与此同时，几方就引渡问题展开较量。有一次，哈姆扎在贝尔马什监狱探望哥哥，一位警官主动跟他搭讪并把他拉到一个房间里，冲他喊道：“你讲英语吗？”哈姆扎回忆，“他说，你全家都别想再见到他，要是你身上有东西的话——他是在指我身上有毒品。”对于一个滴酒不沾的素食主义者来说，这真是一次很不愉快的经历。警官这样指责他，是出于偏见，而非基于证据。

跟塔哈·阿山的案件一同进行的，还有另一桩引渡案，后者成了著名的讼案。这就是盖瑞·麦金农案。盖瑞·麦金农是格拉斯哥出生的伦敦人，他作为一名黑客入侵了美国的计算机，声称自己想找关于 UFO 的信息。麦金农和阿山都被诊断患有阿斯伯格综合征，一种孤独谱系障碍。2012 年，经过十年的法庭博弈后，引渡麦金农的请求被内政大臣驳回。但塔哈的案子却很少受到关注。不难得出这样的结论，如果他不是穆斯林而是个白人的话，他就很有可能得到在法庭申辩的机会。在六年里，塔哈一家在当地议员萨迪克·汗（从 2010 年起任工党的影子司法大臣）等人的支持下，争取让塔哈在英国法院受审。但在英国法院和欧洲人权法院的申诉被驳回，2012 年 10 月 5 日，塔哈被带到了皇家空军在萨福克的空军基地，然后被送到美国康涅狄格州。同机被引渡的还有阿布·哈姆扎，他是一位埃及裔的英国人，是一位声名狼藉的教士，他被指控支持恐怖主义。几天后，内政大臣特丽莎·梅在保守党的一次会议上宣称：“上周五，我们终于能够跟阿布·哈姆扎和另外四个恐怖主义嫌犯说再见了，难道不是很好吗？”

塔哈·阿山被锁在臭名昭著的“超级监狱”里。这里囚禁着最凶残的犯人，包括那些注定要被判处死刑的犯人。囚犯们都要面临长时间的单独监禁。“他所在的环境在美国人眼里不算什么，但那里确实很阴森很严酷，”嘉蕾丝·皮尔斯说，“囚徒们穿着连衣裤，戴着枷锁。在我们这个人性有限的国度看来，即便是动物也不应该受到这种对待。太令人震惊了。”塔哈跟许多其他囚犯不一样，他找到了办法来应对自己的遭遇。“他是一个很与众不同的人，他有股韧劲，在脆弱的人看来，他的境遇是难以忍受的，但他能挺住，”皮尔斯解释道，“他有一股内力，这种内在的力量给了他创造力和精神动力，这就是他的世界。不管是在监狱还是获得自由，他的世界都是这样。有讽刺意味的是，尽管他看起来明显比别人脆弱，但他总是有办法不让自己被美国的监狱系统搞垮。”

最初，塔哈辩称自己无罪，但是这样下去，他几乎不会有任何希望。如果在声明自己无罪后被发现有罪，那他将面临数十年的刑期，或许再也回不了家。囚徒们面临一个严峻的选择：要么承认有罪，要么死在超级监狱里。难怪 2012 年美国 97% 的联邦法院案件涉案人员递交认罪申请，这种“辩诉交易”是为了减刑。塔哈·阿山在 2013 年年底递交了认罪申请。这样，他的刑期最长为 15 年，包括他已经在监狱里待的时间。

阿山和艾哈迈德等人被遣送到美国，这里遵照的是 2003 年《引渡法案》。该法案允许美国把人从英国引渡，不需要任何明确的证据。正如下议院内政特别委员会 2012 年所称：“美国引渡英国公民比英国引渡美国公民容易。”戴维·布伦基特是当时的内政大臣，他推动议会通过《引渡法案》。但几年后他对 BBC 讲：“理论上，我想目前还有争论——我愿意承认这一点，关于我们是否让出的太多了。”但这事表明，权贵对美国利益史无前例的忠诚还带来一个副产品，那就是自己公民的许多基本自由都被他们大笔一挥签掉了。

权贵毫不动摇地支持美国的外交政策，如今面临着前所未有的挑战。美国力量正相对衰落。它在全球经济产值中的占比从 1991 年的 1/4 降到今天的 1/5。中国是一个迅速壮大的经济体，还有印度和巴西这样的新兴经济体。2008 年金融危机在一定程度上加速了全球经济实力东移。美国以前在拉美独享霸权，1823 年“门罗主义”确立了这一霸权地位，后来的所谓“华盛顿共识”进一步巩固了这一地位。但在 2000～2009 年，一系列的左翼政党在拉美国家掌权，这些国家走上独立自主的路线。灾难性的伊拉克战争损害了美国的军事威望和国内对军事干预的支持，却助长了它的死敌伊朗在中东地区的影响力。

随着美国力量衰落，英国权贵对英美“特殊关系”的热衷程度也会弱化，正如最近一场最终未果的军事行动所表明的。从 2011 年开始，中东许多国家都面临一场革命的挑战，这场革命被很快命名为“阿拉伯之春”。叙利亚民众起来反对政府，但这场革命很快蜕变成一场教派流血冲突。伊朗支持巴沙尔·阿萨德政权，沙特和卡塔尔政权资助反叛武装。西方国家支持推翻阿萨德。2013 年夏，数百名叙利亚平民被毒气毒死，几乎可以肯定这是政府军所为。西方出兵打击看来不可避免，英国政府重新召集议会寻求对军事行动的支持。但是，出乎意料的是，工党领袖同保守党领导的执政联盟意见不合。就权贵的思想信条和行动准则而言，这回工党没按剧本演。执政联盟出兵干预的动议没被通过。在开战问题上，政府的立场被否决，这样的先例还着实难找。

这次投票在权贵圈里激起很大愤恨。《太阳报》头版刊登了大标题《死亡通知》，下面的内容则是：“特殊关系——2013 年 8 月 29 日星期四不治而亡。温斯顿·丘吉尔和富兰克林·罗斯福的挚爱结晶宠儿。”然而，民调再次显示，英国民众离权贵们的信条有多远。绝大多数选民对于统治者把他们拉入阿富汗、伊拉克和利比亚战争越来越厌烦，在英国出兵干涉叙利亚这一问题上投了反对票。不仅 72% 的选民不同意说“特殊关系”遭到损害，67% 的选民还表示，特殊关系“在现代社会是不相关的，我们不应担心这会伤害美国人的感情。”

尽管如此，对美国力量的支持依然是权贵们不证自明的、不可动摇的信条。同任何其他权力集团的关系都无法这样讲。事实上，同欧盟的关系是为数不多的几组引起英国权贵内在分歧的关系之一。

很少能听到英国主流政治家谈论来自大西洋彼岸的对英国主权的威胁。但是，据称还有一种威胁，它来自英吉利海峡对面。这个威胁成了议会一部分人痴迷的关注点。英国在欧盟的成员身份导致了英国议会的分裂，因为这里面涉及心态的冲突。毕竟，权贵的呵护者在战后很长一段时间里在英国算是意识形态上的贱民，但他们的思想现在成了英国权贵的主流思想。尽管这种意识形态大举进入了欧盟的机制和条约，欧盟的其他方面还是体现为处境困难的福利资本主义模式。这些方面跟英国权贵的信条相冲突，由此产生了裂痕。

1973年，英国加入欧洲经济共同体时，绝大多数的政治精英强烈支持。大英帝国已经瓦解，整个国家正转向欧洲市场。当爱德华·希斯的保守党政府把英国带入欧共体时，撒切尔这样的右翼人士支持这一决定。1974年，工党的哈罗德·威尔逊击败希斯后，他把这个问题提交全民公投，还允许托尼·本这样的内阁大臣们反对英国的欧共体成员身份。但工党队伍的绝大多数支持英国的欧共体成员身份。公投结果也是这样，尽管工人运动的主体和左翼这次普遍反对英国的欧共体成员身份。他们担心这种身份夹杂着亲市场的政策，阻碍产业干预和国有化政策。1983年的工党宣言甚至呼吁英国从欧共体撤出。

但随着欧共体演变成欧盟以及左翼的批评减弱，所谓的“疑欧”情绪在英国右翼群体中滋长。到1980年代后期，撒切尔主义者的影响上升已有数年，英国社会普遍感觉到，要想有社会进步倾向的立法，那就只能期待欧盟了。但撒切尔甚至把欧盟视为对她的政治安排的威胁。“在英国，我们没能成功地恢复国界，”她1988年在布鲁日宣称，“而在欧洲范围内，我们看见政府的权力重新得到强化，一个超国家的机构在布鲁塞尔对各国发号施令。”英国权贵中的一部分继续认为欧盟是英国贸易的坚强支柱，而另一部分则坚持认为欧盟是对英国新权贵意识形态的威胁。对有些左翼人士和工人运动人士来说，欧盟则似乎能为他们提供一些保护，使之少受英国新权贵的挤压。

1980年代后期，欧盟委员会提出了一份共同体章程，包括保护工会、劳资双方就工资等问题集体谈判、性别平等、劳动者的健康标准和安全标准。撒切尔将其斥责为“社会主义宪章”，英国保守党政府设法为成员国赢得了退出该章程的后续版本《社会章程》的权利。毕竟，这类建议是对英国权贵信条的直接挑战。直到1997年新工党掌权后，英国才签署这一章程。欧盟的《工作时间条例》为工人每年享有假期定出下限，为每周工作时间定出了48小时的上限。新工党没有接受工时限制。这些措施以及其他一些措施——如2011年的一份欧盟法案给了临时工人更多的权利，还有“人权法案”——把《欧洲人权条约》融入具体法律。这都招致了英国权贵的愤恨和不满。保守党后排议员和右翼报纸（如《每日电讯报》《每日邮报》）激情满怀地谈论其对主权的威胁；“国家利益”是卡梅伦和其他资深政客们喜欢提及的字眼。但很明显的是，“国家利益”是“英国权贵利益”的代名词。

2011 年年底，这一现象更为凸显：卡梅伦否决了欧盟在欧元区应对危机的一项条约。此举得到保守党的盛赞，大多数主流媒体赞誉他的“牛头犬精神”。但是，这种“牛头犬精神”是用来保卫金融城的利益的，这些人的利益和国家利益融为一体。欧盟的建议包括改革对冲基金的有害行为（如做空等），还包括征收金融交易税。这些措施不仅增加收入，还有助于经济稳定。跟这一举动类似的是财长乔治·奥斯本起诉欧盟，以免对银行家的红利封顶。爱国主义被用来保护有权人和有钱人的利益。英国跟欧盟之间屡起纠葛，只是因为政府担心欧盟的某些方面对英国权贵的信条和做法构成威胁。

英国政府有时选择不跟欧盟吵架，但这也同样说明问题。欧盟的某些组成部分就像英国自己的权贵结构一样，在机制上存在漏洞，可以被操纵，结果让私人获利。英国的政治精英对这些毫不在乎。欧盟条约尊崇资本的自由流动，宣称“对成员国之间或成员国和第三国之间资本流动的所有限制都应禁止”。政府资助通常被禁止，理由是对竞争对手不利。私营化也写入了欧盟法律。例如，欧盟 91/410 法案就把铁路私营渐渐制度化了。但这类法案不会被英国权贵否决，他们也不会发出警告，说什么对主权或国家利益的威胁。毕竟，这些思想本来就是思想先锋长期倡导的，现在欧盟提出来了，正好可以迫使英国政府这样干，这也有利于巩固权贵宣扬的思想。

在这方面有一个比较恰当的例子，那就是有一个很平淡听起来很技术的条约。2013 年年末，欧美之间的 TTIP（跨大西洋贸易投资协定）实际未受到任何媒体关注，也就没受到任何政治批评。它包括所谓的“投资国争议解决”条款，此项安排允许跨国公司起诉有关国家的政府，以达到自己的目的，起诉过程由公司律师来实施，并可以绕开当地的司法体系。据民主中心讲，此项安排“实际上是为全球性的公司量身定制了一套司法体系。”此项安排在别处已经生效，结果是数十起诉讼“已由大公司发起，它们控告政府，问题涉及矿山开采、水资源到核能等领域”。[12]

“这的确是一个严峻的威胁。”参加抗议的记者乔治·蒙标特说。他是为数不多的几个发出警告的媒体人之一。“它排除了大量的政治选项，封杀了英国的许多民众期盼着的许多政策。例如，如果条约按照现在的版本实施，NHS 的商业化和私营化就不可避免了，英国民众不想看到 NHS 私营化。”

政治精英保持沉默，他们不发声肯定是有缘由的。650 名议员中，只有 38 人签了《早期提案》——实际上是议会的请求——这不足为奇，TTIP 给了私营公司更多的权力，而非给它们带来挑战。只有当金融城和大公司感觉到它们的利益受到威胁时，英国的政治精英才会坐立不安了。

尤其令人惊讶的是右翼政党英国独立党（UKIP）的立场。该党 1993 年成立，据称是为了从布鲁塞尔那里讨回英国的主权。这样看来，英国独立党在 TTIP 上的立场有点出乎意料。“我想说清楚，省得被误解，”英国独立党的欧洲议会议员罗杰·海尔莫在他的博客上写道，“我更希望英国和美国有自己的自贸区协议。如果我们是一个自由和独立的国家，我猜我们和美国之间的类似协议，没有二十年也得有十年历史了。考虑到我们已经把自己的贸易政策让渡给了布鲁塞尔，我想我们别无选择，只有支持这个协议，尽管我们更希望自己和美国有这个协议。”[13]这里面没说保卫英国主权之类的话，也没提布鲁塞尔侵犯英国的民主。需要动真格的时候，英国独立党的真正利益在于保卫私营公司的利益，而不是国家的独立，它对符合自己目标的欧盟政策甚感满意。

很诡异的是，一些右翼评论家们甚至说欧盟等于是一道保险，防止英国政府背离政治共识。在他们看来，欧盟圈住了英国权贵们的思想和行动。无可否认，艾德·米利班德的社会民主实验具有“选举效力”，保守派作家弗雷泽·纳尔逊写道。在《每日电讯报》的一篇题为《欧盟或许能让英国摆脱艾德·米利班德的经济日程》的文章里，纳尔逊说米利班德“完全属于左翼民粹主义，这一思潮促使比尔·德·白思豪当选为纽约市长、弗朗索瓦·奥朗德成了法国总统。”纳尔逊说欧洲法院允许 NHS 的患者排队等候由政府出钱在欧洲接受私营医院的治疗，但欧盟法律却反对政府援助，以便阻止政府救助汽车业或将铁路重新国家化。“当然，如果英国要是离开欧盟，”他说，“所有的赌注都白搭了。艾德·米利班德也就能得到他所需要的权力，摧毁保守党的诸项实验，终结许多合同。所以保守党应该谨慎行事。欧盟或许是唯一能提醒艾德·米利班德的东西，让他知道英国的公司不是让他拿着玩的。”[14]

正如纳尔逊指出的，欧盟不是社会主义的温床，而是为大公司带来了游说机会。“我们在金融领域的谈判中已经看到，金融领域的资源很多很多。”欧文·都铎承认。欧文·都铎掌管着英国工会联盟的外部关系。“我不想装作不知道它们对各种各样的机制有多大的影响，它们可以从委员会招人，人们从工业联合会进入委员会，等等。”

“欧洲公司观察”是一家研究和运动发起机构，它全面分析了欧洲的官僚机构和公司之间的“旋转门”。欧盟委员会主管竞争的高级办公室的官员后来到了阿威萨公司（Avisa Partners）工作，这些人都是公司说客，他们擅长帮助公司“于充满挑战的日子里，在布鲁塞尔玄妙的官僚网络中顺利穿行”。伊莎贝尔·奥尔蒂兹曾在欧盟委员会的食品工业主管部门工作，后加盟一家名为“欧洲食品饮料”的游说集团。帕维兹·汗是英国在布鲁塞尔常驻使团的金融参赞，他后来加入了游说集团“G+欧洲”，该机构代表皇家苏格兰银行这样的大银行。类似的例子还有很多，暴露的尽是公司拉拢招募欧盟官员来拓展自己利益的事。[15]

公司利益甚至还能影响欧盟法律的起草。2013年2月，有消息曝光，几个欧洲议会议员提交给《欧盟数据保护法》的修正案是由避税大户网上零售巨星亚马逊帮助起草的。游说集团博然思维在幕后负责此事，亚马逊为此给了博然思维15万欧元的酬劳。显然，亚马逊认为这笔钱花得值，最终肯定能捞回来。[16]2013年11月，比利时的欧洲议会议员和前欧盟专员路易·米歇尔被发现为大公司说客提交了158个针对数据保护规定的修正案，他却指责这是一个“过度热情的雇员所为”。值得注意的是，他居然没受到追究。由于在欧盟游说是自愿和不计报酬的，外界几乎搞不清公司在做什么，以及它们去游说哪些欧盟政客和官僚。

由于缺乏透明和民主问责，大公司从中大捞好处。保守党的欧洲议会议员和铁杆疑欧主义者丹尼尔·汉南可以说是狂热支持权贵们的信条，他对欧盟的批评是撒切尔式的，但他关于民主赤字的一些观点值得注意。“如果欧盟自己是一个国家，申请成为（欧盟的）一个成员的话，那它是不够格的，因为它民主程度不够，”他说，“欧盟委员会是它的执行机构，但同时也是唯一能提出法案的机构。学究们可以对这种说法底气不足地辩驳一番，但我敢说我说的有90%是正确的”。有些权力确实已经转给了欧洲议会，包括采纳或修正来自欧盟委员会的建议的权力。但欧盟委员会不是欧洲人民选举的，却一直是欧盟的权力核心。[17]2014年，只有43.1%的有资格选举的欧洲人参加了欧洲议会选举。这是对欧盟的正当性的又一打击。从1979年第一次议会选举至今，投票率几乎一次比一次低。

与之相类似的是，尽管卡梅伦否决了2011年对欧盟条约的修改，担心它对金融城构成威胁，这并不意味着他找不到别的听起来正当的理由。当时是BBC记者的保罗·梅森这样评述：“通过在国内法和国际法中声称要维护预算平衡和接近零的结构性赤字，欧元区国家把扩张性财政政策视为非法的。”欧元区国家的财政预算必须提交欧盟委员会通过。这实际上就废止了凯恩斯主义、干预主义经济学，禁止在经济危机期间进行财政刺激。与此同时，欧洲央行是一台影响欧洲大陆的紧缩政策机器，但由于缺乏问责机制，欧洲央行甚至都不用发表其会议纪要。欧元区经济被金融崩溃拖入危机，而金融崩溃主要是由冒失的德国银行借贷给希腊这样的国家引发的。强加给西班牙、葡萄牙特别是希腊的政策，搞得欧洲许多年轻人失去了工作，有些地区的失业率高达50%，公共服务崩溃，贫困现象越来越严重。

难怪欧盟在英国权贵们当中造成这么大的矛盾。有些精英人物，如弗雷泽·纳尔逊，认为欧盟实际上有助于限制权贵们的政策和思想，消除了对他们的潜在威胁。有些精英则反对欧盟，倒不是他们想保护英国的主权，而是因为他们认为欧盟对权贵们的信条构成了威胁。

这种争论应该让我们思考主权到底是什么。主权是在权力或权威方面的一种优先权。在现代英国，主权并不是在民众手中。欧盟或其他欧盟机构都没有剥夺英国民众的主权，是英国的权贵们高高在上统治着一切。这些权贵们操纵国家机器，让它为一小撮醉心于增加自己的权力和财富的精英们服务。如果这种状况不改变，英国的民主就会受到威胁。

# / 结论　英国需要一场民主革命 /

对于现状，人们已经是习以为常了，但后人会带着惊讶和蔑视来看待今天的英国社会：最富有的1000人占有5200亿英镑，[1]而成千上万的人却不得不排队等候食品救济。金融精英们把英国抛入了经济漩涡，而他们自己却中饱私囊。政府拿出一万亿英镑的公共资金来救银行业，并让它像以前一样运转。占统治地位的信条把政府视作经济发展的绊脚石，应该剔除或规避政府干预，但事实上政府充当了私营公司的靠山。公司和企业的精英们依赖政府的慷慨，却不想给政府交税。媒体不说实话、不辨是非、不挑战权贵，却为一小撮富人提供平台，让他们尽情施展自己的野心、偏见和私欲。更让我们的后人惊诧的是，这些居然成了正常的、合理的。精英把持的媒体竭力把公众的愤怒引向社会底层群体，而且做得还挺成功。

这种现状——既缺乏理性又缺乏公正——得到了权贵们的保护。掌权并不能说明权贵们做得对：他们在英国掌权不是因为他们能最有效、最理性地将社会组织起来。他们掌权是因为在一个民主国家里，财富精英们需要机制和思想工具来保护自己的利益。只不过以前的做法更直白些。1918年以前，财产资格限制了工人阶级的选举权，在议会迫于民众压力（1832、1867和1884年）施行普遍选举权之前，只有少数特权人物可以投票。由于没有财产的人没权投票，政治是精英们的玩物，仅为精英的利益服务。当然，也有一些限制因素，如害怕暴动或革命。但总的来说，英国的统治阶级并不用怎么考虑民众的需求。民主把事情搞复杂了：由于实际上任何成年人都可以投票或参选，政治家不再赤裸裸地充当富人的代理人了。普选权开启了诸多的妥协，如提高对富人的税收、创建福利国家为所有人提供社会保障，等等。

一场民主革命——通过和平手段重新讨回被权贵们吞并的民主

权力和权利——早就该开始了。这场革命要想成功，就必须先学学权贵们成功的经验。大肆推进思想界斗争是权贵们成功的关键。权贵们从来没有真正赢得英国民众的心。正如民调一再表明的，大多数人赞同对富人收更高的税，反对通过公共服务和设施牟利。例如，把公共服务和设施交付给几个关键机构是最不得人心的。但是，一个劲儿地宣扬“别无选择”——这也是权贵们的非官方口号——是意识形态上的一大胜利，得到了广泛接受，让民众愈发无奈，消磨了民众抗拒的意志。

在一定程度上，思想先锋们起了至关重要的作用。这是一群信念坚定的男人（或女人），总体上来说他们坚信自己开出来的药方是为了整个社会的福祉。但他们的信念同富人和大公司的利益相一致，这就导致了他们这些人异乎寻常地因共同利益而凑到一起。一个更广泛的联合形成了，包括持类似观点的媒体和相当大一部分政治精英。

这群人一同改变了可接受的政治辩论的条款，即“奥沃顿窗口”的大小。“奥沃顿窗口”描述的是政治上可以接受的政策边界，窗口之内的东西被认为是主流的、合乎常理的、中枢的、情理之中的，等等。窗口之外的思想被认为是极端的、危险的、不可能的、来自外星球的。思想先锋们的所作所为表明，“奥沃顿窗口”不是静止不动的：过去被看作是窗口之外的思想可以变成政治常理，过去被政治精英们认为理所当然的思想可以被视作“疯狂”而被一笔勾销。思想先锋们不遗余力地宣传一些思想，这些思想还不会偏激到极端的程度，因而不会被立即勾销，但它们还是偏激到足够帮助有类似想法的政客，并催生更多有类似想法的政客，为其进入主流政治创造机会。在危机中，当求变心理愈发普遍，急剧变革越来越有市场时，这种策略就可以乘势而起了。1970 年代的经济危机——当代英国的权贵们就是那时候开始形成的——和 2008 年前后的经济危机被用来有效地变更“奥沃顿窗口”。但这一策略总是依赖持续重复一套说辞，也就是说，用各种各样的人物和机构，来一次又一次地宣扬同一个观点。

思想先锋们的哲学还有另一个重要作用。不论是在智库、大学院校，还是在报纸的观点栏目里，这些思想先锋都能编制一套连贯的思想，把权贵们维系在一起。今天的权贵们比以前的执政精英更讲究意识形态。这种意识形态被以各种形式灌输：不受政府束缚的自由市场，自由主义文化、经济运作效率，等等。在实际中，这种意识形态为许多观念提供了理由，这些观念则把少数人集中权力和财富视为合情合理的事，欧莱雅广告语“你值得拥有”就是这样的一种心态。贪欲——尽管没有人如实承认是贪欲——被赞扬为解放个人潜能、推动繁荣、造福所有人的重要手段。而实际上，是这些权贵们捞取了绝大部分的好处：政客利用职业经历最终进入大公司的董事会、私营企业被政府给予了大量公共资产或被纳税人直接补贴、大公司得以免缴大额税款、英国的银行家赚得比别的欧洲国家的银行家加起来还多的红利。

权贵们洋溢着胜利的优越感。他们战胜了对手，1980 年代和 1990 年代的胜利尤其具有决定性意义。冷战的结束被聪明地宣传为自由市场资本主义之外的选项都已死掉，这更坚定了权贵们的信念。全球化让市场必胜的信念深入人心。新工党拥抱权贵，这让权贵们更是觉得自己的思想不可战胜。顺从的媒体也乐滋滋地按照权贵们设定的日程走，维护富人们的利益，营造一种氛围，仿佛谁要是反对他们就是头脑不正常似的。那些挑战权贵的政策则被视为毁灭之策：大公司会撤离、资本会抽逃、税收会下降，等等。反对权贵立场的人们被忽视，被斥为危险、愚蠢或极端——如有需要——还会被羞辱。权贵们的自信还可以从一项事实中看出来：他们甚至准备跟警察翻脸。警察曾为击败反权贵者效犬马之劳，但现在不被看成不可或缺了，因为现在权贵感觉，没有什么势力能对其霸权构成威胁了。

权贵们还得以躲在一旁，看着公众的愤怒转向社会底层而不是上层。低收入工人被媒体和政客们怂恿去嫉妒拿着福利过阔绰日子的失业群体，而不是去痛恨不给他们足够工资的雇主。私营企业没有退休金的工人被鼓动去嫉妒能拿到退休金的国营领域的工人。政府拒绝建造廉租房，形形色色的政客任凭稳定的工作从经济中流失。这样，拿不到廉租房、找不到稳定工作的人就被鼓动去忌恨移民们，觉得是移民们拿走了本属于他们的东西。

这种转移愤怒的做法还称不上是有组织的预谋，媒体大腕、大企业主和政客们还没有躲在暗室里，抽着雪茄密谋着如何把穷人碾入地沟，然后鼓动他们去恨自己的邻居。愤怒转移是权贵们一系列说教的自然结果：在上层的人们配得上他们的地位；有才干、有技能、有毅力的人士应该在社会之梯上爬得更高；没能爬上去的人只能从自身找原因。媒体人不愿意批评社会精英，因为他们自己就是社会精英的一部分。政客不会批评跟他们交往的私营企业，因为在很多情况下，他们得靠这些企业挣钱。即便是对这些公司精英稍有微词，你都会被冠上“反公司”和“极端”等恶名。工党领袖米利班德 2013 年建议暂时冻结能源价格后，就陷入了这种境地。同时，没有一种强大的社会运动来鼓动民众把愤怒转向上层。无权无势者的行为总是受到严苛的审查，而有权有势者却不受审查，这大大保护了权贵们。

在那些零星的反现状的人士们看来，2008年的金融危机最初似乎为打破权贵们的主导地位提供了某种可能。自由市场资本主义的实验再次把世界抛入了可怕的混乱，就像1930年代发生的那样。“资本主义怎么会失败呢?”《泰晤士报》问道。据《新闻周刊》讲，当选总统奥巴马的任务就是“领导一场思想上的反向革命，来反对一种自冷战结束以来就主导全球，但现已进入尾声的思想：自由市场绝对主义”。《时代周刊》把应对危机的西方国家政府描述为“资本主义危机联盟”。权贵的批评者们有理由相信，他们的时机终于到了。“有一点是肯定的：自由市场模式的资本主义统治世界二十多年，现在就要终结了。”《卫报》的专栏作家舒马斯·米尔尼写道。

但这场危机没有为思想先锋们敲响意识形态的丧钟，而是让它获得了新生。权贵的反对者们拿不出现成的言之有物的替代方案，而资源丰厚的思想先锋并没有在危机前乱了方寸。不仅如此，他们还抓住这次危机，把它变成了机会，正如1970年代他们所做的。他们依旧满怀激情和活力，编织自己的一套理论，说危机是由过度开支引起的，为重新回推国家权力鼓与呼。

在新时代里，最成功的反权贵力量来自右翼民粹主义。蓬勃发展的是英国独立党，该党由前大宗商品交易商尼格尔·法拉奇领导。法拉奇走到哪里都带上他那朴素的魅力，几乎每次照相都端着他的品脱杯和爱尔啤酒。独立党最初关注的是让英国退出欧盟，现在它已经开始传递更广泛的不满。法拉奇反复宣讲，自己是代表民众反对精英的。“权贵、现状、大公司、高级欧洲官僚，还有我们所谓的三大政党，他们都被独立党吓傻了。”他宣称。2014年3月，法拉奇和自由民主党副首相尼克·克莱格参加了一场电视辩论，他指责克雷格妄图加入欧洲货币，就是因为“他的团伙（大公司）”要他这么做。

独立党帮助把移民问题推到了英国政治日程的顶端。这样，对英国多年社会问题的责任由从高层责任者那里转移到了替罪羊（外国人）身上。“在欧洲有2600万人在找工作，”独立党遍布全国的一份宣传单里写道，“他们在盯着谁的工作？”伴随这句话的是一幅画，画面里有一只手正指着一个过路人。独立党的做法带来了丰厚的政治回报。2014年5月的欧洲议会选举期间，独立党在英国民调中的支持率最高，108年间首次有工党和保守党之外的政党得到这么高的支持率。

独立党的策略是聪明之举。尽管独立党的宣传充满民粹思想，但它代表的恰恰是纯粹的权贵们的思想。它把民众的愤恨引向移民，而不是金融城、给员工低工资的雇主和逃税的大公司老板们。同时，它支持那些只让富人受益的政策。直到2014年，独立党一直建议实行平直的收入税，这就可以削减富人缴税的金额，让亿万富豪和呼叫中心里的工人在同一个纳税范畴里。尽管后来独立党在此项政策上来了个180度转弯，但它一直鼓吹削减最高税率。独立党想消除员工国民保险缴纳金，这就会白送老板们500亿英镑。独立党宣称要裁掉200万个公共部门职位，好多社区将因此而遭受灭顶之灾。

在把NHS解体和私营化方面，独立党甚至比保守党做得更甚。“NHS的存在就窒息着竞争。”独立党的二把手保罗·纳陶说道。他还声称：“只要NHS还是英国政治的圣牛，英国人民就只能长期忍受二流的医疗服务。”2014年11月，独立党发布了一部短片，法拉奇在片中呼吁用私营保险体系取代 NHS。尽管最初曾被迫撤回这类言论，2015 年初法拉奇还是对 BBC 讲，私营医疗保险可能会在 10 年内取代 NHS。[2]独立党呼吁摧毁工人的权利，包括废除关于遣散费、假期工资和加班工资的法律。[3]

但绝大多数独立党的支持者除了知道它反对欧盟和移民外，对于独立党真正代表什么一无所知或知之甚少。支持独立党的选民绝大多数当然不是过度信奉撒切尔主义的失宠的保守党人。实际上，民调显示，跟保守党相比，他们不大可能支持紧缩政策或削减福利。但令人惊奇的是，在许多问题上，独立党的支持者比普通英国公众更偏激。“舆观”的一项民调表明，78% 的独立党支持者赞成对能源公司实行公有制（平均数是 68%）；73% 的独立党支持者赞成铁路重新国有化（平均数是 66%）；50% 的独立党支持者赞成对租金实施控制（平均数是 45%）；更令人吃惊的是，40% 的独立党支持者赞成控制食品和蔬菜的价格（平均数是 35%）。[4]

这告诉我们什么呢？一方面，权贵派获得的支持甚至比很右的政党还少。在经济问题上，右翼政党比权贵还要左。另一方面，这对工党很偏激地反对权贵的人士来说，也是一个很糟糕的征兆。他们没能利用好日益增长的不满和失望，只好任由右翼民粹主义者去填充留下的真空。

对于在英国的其他人来说，政治是无关紧要的事，完全抽象且跟生活脱离。投票在许多人看来是徒劳。在英国的城市和乡镇，人们不投票的理由几乎是一致的：“什么都不会改变”“政客们就顾他们自己”“政客们在中饱私囊”“政客们都一样”“政客们总是食言”，等等。没技术的工人比中产阶层和专业人士的投票率低 20 个百分点。2012 年的一项民意调查中，选民们被问到“想到外来压力，比如全球化、现代科技、欧盟、大跨国公司、金融市场，下面哪些观点跟你的比较接近？”将近一半人选的是“这些压力这么大，以至于英国政府和议会几乎都丧失了为英国未来作出重大决定的能力”；只有39%的选民不同意。同时，这次调查还发现58%的选民同意“谁赢得大选对我的生活影响不大，这些年来主要政党之间没啥区别了”。[5]权贵把民主权力交给私营利益，建立大同小异的政党，他们对民主的损害是无法估量的。

卡洛琳·卢卡斯是布莱顿（Brighton）的绿党议员和前党主席。她回忆了同当地一位市政官员讨论市政削减低收入工人和失业者福利的不愉快经历。“通常，要做这类变动时，真正去打电话的显然是受过一定训练的人，他们知道如何同生气的人打交道。可以理解，人们当然会生气的。”但是，这次削减福利是强制实施的，市政官员碰到了一种不同的反应。“确实让她吃惊的是，这次人们没有生气，他们被搞得精疲力竭了。感觉就像是他们已经丧失了斗争的意志。当街头不再有定期的大规模游行示威时，我感到有些惊奇。或许部分原因在于，人们已经以某种令人生畏的方式放弃了。”权贵让许许多多的人颓然，不再抱有希望，感到抗拒是没有用的。这当然就助长了权贵的主导地位。

这些并不是说权贵的反对者们近几年已经在战斗中彻底阵亡了。通过采用有着近一个世纪历史的非暴力不合作传统，“英国不削减”运动已经迫使政治和媒体精英至少能修正（如果不是解决）大公司和富人避税这一问题。占领运动在圣保罗大教堂外扎帐篷，呼吁人们关注英国和整个世界如何为1%而不是为99%的人服务。工会已经组织成千上万的人抗议和罢工，显示他们对紧缩政策的不满。“残疾人反对削减”这样的社团已经开始为捍卫社会弱势群体的权益而战。“人民大会”（这是我从一开始就参与的一项倡议）是一项广泛的反紧缩运动，已在全英国举办一些大规模集会。绿党也在寻找紧缩政策的替代选项和环境破坏的解决方案。一些工党议员和活动人士已经组织起来反对保守党，在有些情况下还反对他们自己的党。不管你怎样看苏格兰独立，有一点毫无疑问，那就是亲独立的公投运动（Yes Campaign）利用了苏格兰民众跟掌权者越来越疏远这一事实，认为只有脱离英国，苏格兰才能摆脱掌权者的主导和他们的信条。

民主革命的支持者们可以从上面的范例中汲取灵感。但他们还应从思想先锋们那里汲取勇气和力量。在战后的数十年中，思想先锋们曾被视为失败者、无关紧要的边缘分子、失败思想的宣传者，注定像灰尘一样被滚滚向前的历史甩掉。他们的队伍曾弥漫着消极情绪，人数不断减少。所有这些都使得他们对自己后来的胜利感到惊讶，更不用说外人了。维系他们的，是他们对自己思想的坚定信念。一个充满雄心的长期目标是至关重要的。1979 年上台的自由市场主义者知道，他们筹划的转变绝非立竿见影：转变思想和态度、击败反对者、建立新的难以撼动的机制将是一个漫长艰苦的过程。

民主革命的支持者还需要拥有长远眼光。英国应该是一个由劳动者运转并为劳动者利益运转的国家，而不应是为了最富的一小撮人积聚财富而运转的。这意味着社会应该根据民众的需求，而不是私人的短期利益来组织。这意味着把民主延展到生活的每一个方面：不只是政治和那几年一次的大选，而是更广，广到经济和劳动场所。

建立一个跟民众的经历和意愿产生共鸣的思想体系——正如思想先锋们在表现最好时曾经做到的那样——是成功的关键。这样的思想体系不是抽象的自我陶醉的思辨。如果没有一个言之成理的话语体系，广大民众只能继续默默地忍受。只有当相当一部分民众被这种思想振奋起来，并相信其能够实现时，意义深远的变革才有可能发生。

反对权贵的人们现在渴望得到思想的营养。富人们拿出大量的钱给智库，让它们产出思想来维护富人的经济利益。新右翼的兴起把异见人士从经济学系清洗出去，谁要想爬上学术高位就得循规蹈矩。但还有各种各样的经济学家和其他专家（有些就是我写本书时采访过的），他们拒绝墨守现状。2014 年，法国经济学家托马斯·皮凯蒂出版了《21 世纪资本论》一书，震动了思想界。该书揭露了不平等如何能永远持续下去，呼吁征收更高的收入税，以及在全球范围内对财富征税。

问题是这些异见人士过于零散，各行其是，通常不被有敌意的媒体注意。具有讽刺意味的是，英国权贵的捍卫者宣扬一种放任的自由主义，但他们作为一个群体，却很守纪律、步调一致、分工合作。我们的对手团结应战，而我们却单独行动，各自为战。

如果民主革命的支持者要想成功，就必须把碎片整合起来，创造我们自己的思想先锋。一种形式是思想库，引导我们在敌意的环境中行动。工会是关键的同路人似的机构，它们有足够的资金来创造这样的智库，并且已经开始这样做了。“阶级”（Class）思想库于 2012 年成立，我任顾问，还有新经济学基金会。如果我们不能创造出一套言之成理的、可信的、反映民众心声的话语体系，现状就会一直维持下去。新自由主义思想先锋几十年前就认识到了这一点。

有人这样批评反对权贵的人，说我们就是要搞国家主义，用僵化的官僚主义来替代自由市场。这是不对的，这是一种非此即彼的简单思维。替代放任的资本主义，不见得就是要从上到下实行国家干预。在某种意义上，替代权贵信条，一部分做法就是“找回”国家。所谓“自由市场”实际上是一个骗局，是一个幌子，为的是向富人慷慨提供补贴。为所有人提供社会保障的福利国家已经被扭曲了：它已经成为一个事实上的收入源，给工人低工资的老板和抬高租金的私营房东们借此大捞特捞。把最低工资变为可供生活的工资，就会减少对政府的依赖。控制私营地产的租金也有类似效果。放开对市政部门借贷的限制让它们可以放手建造高质量的社会保障房，这样会创造就业、刺激经济、带来稳定的租金收入。这会让福利国家重拾初心。这样的要求普遍代表民意，会迫使权贵的支持者们不得不让步。

西方世界最具压制性的“反工会法”已经确保权力牢牢掌握在老板们手里。这就是为什么有必要修改《工会法》，来确保英国最大的民主运动能有效代表工人的利益，包括给他们找工作的权利。工会势力弱化导致了工人生活水平比危机前下降，尽管公司已经开始盈利了。生活水平下降致使更多工人申领税款减免或依靠低息贷款，经济生活中的需求减弱。挫败权贵的反工会信条对大家都有好处。

在工厂和公司里的民主也会把权力从老板手中夺回。在德国，工人选举代表参加公司董事会，这叫“共同决定”。如果说这种做法对德国工人有好处，那它当然也会对英国工人有好处，会给超市、服务中心、办公室和其他公共场所的工人更大的发言权，而不是被当成剥削对象。其他一些政策也应到位，确保工人不被雇主当成说雇就雇、说辞就辞的玩物，其中一项政策就是废除零小时合同。官方应推出政策来建立全职雇用制，这一点至关重要，因为它有助于最好地保障劳工的谈判权。老板们不应再是英国工厂和公司里的独裁者了。

私营制已经成为公司接受救济的一种形式，铁路公司之类的企业拿到纳税人的大笔补贴。每家铁路都可以很容易地被收归国有，甚至可以不用花钱。因为私营的合同已经到了续签时间。这并不意味着用官僚替换股东。最重要的服务领域要纳入民主所有制，由运营工人和顾客共同管理。这意味着把合作社的原则（如著名的约翰·路易斯合作社）和传统的公共所有制的原则融合起来。同样的道理也适用于六大能源公司，它们在经济大范围萧条的背景下还抬高能源价格，而自己却挣了个盆满钵满。战后的工党政府以政府债券换股份的方式把私营资产收归国有，使得这些大公司能够摆脱那些只管自己发财不管别人的逐利之徒。

对关键设施实行公有制和民主管理，这会大大挫伤权贵关于市场最有效的信条。首先，民调显示，民众普遍欢迎公有制，甚至连某些保守主义政党的支持者都赞同国有化。但应避免以前国有化的一些问题，如任用了一些不太懂消费者需求的官僚来经营。1980 年代，撒切尔能很容易地把设施和服务私有化，没招致多少民众的反对。这主要是因为民众普遍缺乏所有权意识。对大多数人来说，以前公有制的资产（如英国电信）似乎很遥远，由面无表情的官僚经营，且服务很差。

让劳动者和用户都参与其中的公有制会使经济生活民主化，是跟自由的市场和严苛的国家干预都不一样的替代选项。现在的权贵让社会无休止地为了一小撮精英的利益而运转，这回他们将遭受重创。这样的一场民主革命应该借鉴 1970 年代思想先锋们的经验，他们认为要想让一种新的安排能够持久，就必须把利益集团的支持制度化。要做到这一点，就要让服务的使用者感受到这些服务是他们的，是归他们民主所有的。这种民主所有也不会窒息创新。我们已经看到国家——从互联网到 iPhone 技术——是企业能有所作为的源泉，不论是开发新的技术和产品、提供基础设施还是培养劳动力、资助并推动研发，等等。这再次证明创业不光是百万富翁们的事，公共领域也能推动企业创新。

恢复民主意味着要同金融家们较量。英国对金融城或（更广义上地讲）对金融的依赖程度，并不像金融城的守卫者们声称的那样高。制造业提供的税收收入和工作岗位更多，也没有让政府花几千亿英镑去救。但英国政府的确依靠监管很差的金融领域的献金，而英国的金融领域却往往被外国危机拖垮。金融的权力制约了民主选举的政府的手脚。这迫切需要发展现代新型产业来改变英国对金融的依赖。英国要向德国等国学习，政府要摒弃“甩手不管、胜败全交给市场”的态度和做法。就连保守党前大臣迈克尔·黑塞亭之类的人都呼吁政府培育和推动新产业。如果产业政策有国家积极干预，英国就能建立新一波的“绿色产业”并创造就业，这有助于缓解气候变化，结束对金融毒瘾般的依赖。

没有什么比金融领域更能体现英国是“富人的社会主义”这一点了。危机形成以后，纳税人被迫为救助私营企业来买单。这意味着公众来还债，而利润却留在私人之手。但这里有一个机会。英国政府没有鞭笞那些银行，反而用纳税人的钱救助它们。政府本可以把这些机构变成公共拥有的地区投资银行，让其为建设英国各地区的经济效力。可以给它们专门授命，让它们支持贷款给紧缺的小企业，帮助重振经济，鼓励新产业。

同样，这并不意味着完全复制一个自上而下的政府干预模式。英国的纳税人救助了银行。美国有一句革命口号是“无代表，不纳税”，同样的原则也应用于金融行业。我们作为纳税人，应该在我们救助的银行的董事会里有民主选举的代表，以便确保这些银行关心消费者和社会的要求。

我们还可以用其他的方式来削减金融行业的权力。国际货币基金组织（IMF）充当国际新自由主义的堡垒已经很久了，它迫使各国经济向着全球化力量开放，将产业私营化，取消监管，移除资本流动的障碍。2012 年国际货币基金组织放弃了对控制资本（或限制资本流进流出国境）的全面反对，堪称金融界的一场地震。国际货币基金组织只是声称监管应该是“有针对性的、透明的、暂时的”。在过去的几年内，施加此类限制的新兴经济体包括巴西、韩国、印度和中国，它们到今天仍未取消这些限制。冰岛因金融崩溃而陷入经济危机时，资本管制对于复苏起了根本性的作用。巴西施行了 6% 的金融交易税，政府称之为成功之举，因为它防止了汇率蹿升。马来西亚挺过了 1997 年的金融危机，表现比其他经济体好，就是因为对资本流动实施了管制。

资本管制有助于监控流进流出某个经济体的资金，防范资产泡沫和投资者的短期套利，这些投机行为同整个社会的利益是冲突的。资本可能会大量涌入，推高房地产价格和利率，然后突然撤离，造成经济急剧滑坡。例如，2008 年，总共有 4900 亿英镑撤出了英国。由于金融领域在英国经济中占了很大比重，英国面临着严峻的传染效应：在高度全球化的金融体系里，危机会像闪电一样从一个国家传到另一个国家。正如 1992 年索罗斯之流从“黑色星期三”获取暴利，投机者经常寻机从经济噩梦中捞钱。[6]但其损伤是巨大的：所谓的热钱——大笔资金涌入国境来短期套利——会损害英国的社会和经济基础设施。如果一个民选的政府采取的政策让富人们不高兴，他们就可能突然撤资。“政府会失去它能控制经济的所有杠杆，”经济学家安·派提佛说，“在我看来，最重要的杠杆是利率。不只是央行制定并可以升降的基础利率，还有小业主要想借款开业必须付的利息，当然，大公司要想冒险也可以借贷。总之，利息是很重要的。”

新经济学基金会建议施行一系列的资本控制，来帮助新当选的政府重新找回实施经济政策的能力、吸引更稳定的长期投资、削减金融卡住英国经济喉咙的能力。我们应该对外资拥有的房产进行限制，消除房产泡沫，因为房产泡沫会让英国人买不起房，并使英国经济步履维艰。[7]

这将会把经济主权从公司和私人那里转移到民选政府手里，这将是对权贵地位的沉重打击。民主革命应该把重新分配财富放在事业的核心。富人们的银行账户持续膨胀，即便是萧条导致了生活水平下降。这不仅不公正，还说明大把的钱没用来投资和生产。钱被存了起来，没有交给社会使用。最穷的10%的人口把收入的43%交了税，最富的10%只交了35%的收入。从理性的观点看，这怎么也解释不通。[8]

更富有的国家，如丹麦、瑞典、荷兰、比利时，施行更高的最高税率。甚至连日本的最高税率都是50%。民调显示，绝大多数人支持提高对富人的税收，包括对100万英镑以上的所有收入都征收75%的税。[9]作为开始，对10万英镑以上的所有收入都征收50%的税——换言之，对最富的2%人口课以重税。收上来的钱就可以用来培训和雇用成千上万的年轻人，否则他们就会没有足够的活干或根本就没有活干，那样的话，他们的前景会很糟。此类税收可以用来启动技术培训项目。例如，资助一些国家性项目，给住家和公司的建筑物加装保温层、帮助数百万人摆脱燃料贫困，从而减少能源开支保护环境。但这只应是个开始。考虑到社会顶层聚集了前所未有的财富，更加进步的税收政策还大有空间。之所以把税收负担从劳动人民身上转移到上层人身上，就是要让富人们认识到：他们的繁荣完全依赖政府的慷慨，所以他们也要相应地花点钱。更重要的是，这将有助于把社会的权力平衡向劳动人民一侧转移。

同样的道理也适用于全面打击逃税行为。这不仅会给财政带来急需的资金，还会表明英国社会对富人的力量持何种态度。权贵的理念是大公司和富商们不欠政府和国家什么，而政府则妨碍公司创新和创造利润。注册会计师理查德·墨菲已经起草了一项《反逃税通则》，该草案将有助于堵住大公司和富人们的逃税漏洞。但会计师事务所已经把政府部门变成了他们的殖民地，此类人员应该被逐出权力机关，更不能让他们到财政部挂职，帮助起草税法，然后再告诉他们的客户如何规避。所有参与起草税法的人员都必须严格独立于私营机构及其业务，并务必确保，所有公司和个人不论其多么有钱有权，议会规定的税款一分钱都不能少交。把大公司代理人逐出权力核心是民主革命的中心任务。

现在的执政联盟利用民众对富人的政治权力的关注，通过了所谓的《游说法案》，即通常说的“堵嘴法案”，说明它在打压不同意见。该法案打击公民社会团体和非政府组织，而大公司（它们的游说工作是公司内部的专门人员和机构负责的）却没受到影响。然而，正是公司的游说活动才是最应受到法律管束的。例如，能源大公司只关心挣钱，却不管消费者的利益。所以，在政府部门这样的权力核心地带，不应有这些公司安插的代表。

正如我们看到的，大多数“自由媒体”充当了极富群体的喉舌，他们或多或少有自己的政治意图。我们的媒体机构在政治辩论中意图明显而坚定：它们要么剥夺了挑战权贵的人们和运动讲话的平台，要么诋毁并把他们边缘化。必须改革媒体，同时注意防止损害媒体自由、保护新闻出版业和从业人员独立于国家干预。最起码的，应该对一个人能拥有多少传媒机构设定限度，限制寡头在民主国家的权力和影响。对有事业心的记者设置的限制应该取消，如取消不拿薪的学徒记者政策。毕竟，这样的学徒政策会导致只有富家子弟才能进入媒体。类似问题还存在于如政治、法律等其他方面的职业。应该要求媒体机构在其合同中加入“良心条款”，这就能让记者不去干不道德或非法的事情。加强工会的力量也会把权力从媒体大咖和编辑手里拿走一些，转交给记者。

互联网和社交媒体为打破主流媒体的垄断提供了一些希望。公民做新闻给了受众一个前所未有的平台，使大家可以审视和挑战一些消息，包括富人掌管的媒体兜售的不实之词、歪曲报道和彻头彻尾的谎言。社交媒体越来越为广大活动人士采用，来绕开不配合民众运动、支持权贵的媒体。这样，抗议组织者就可以组织抗议、发布消息，让以前无法被听到的声音有了放送的平台，也可以挑战主流媒体宣扬的故事。随着印刷出版的报纸影响减弱，互联网成了民众获取消息的主要渠道。这就有可能出现集体拥有的、廉价经营的媒体，并能提供另一个视角。要想打破富人对媒体的垄断，就必须好好研究这些新进展。

民主革命应该把超级富豪们的权力从政治中赶走。应该对富人和公司对政党的捐款设定上限。大臣们同政界之外的人的所有聚会都应是公开透明的，任何此类会面都不能搞权钱交易。这样一个起码的事情还得反复地讲，英国的民主政治现状就不言而喻了。不应该允许议员干兼职去挣钱。此外，还应禁止卫生和防务之类行当的前任大臣在这类领域的公司里供职。“旋转门”必须关牢。

政治生活必须全面改革，使之充分反映当代英国的社会状况。政治越来越把工人阶级边缘化，而他们所经历和面临的问题正是政府和社会必须解决的，如越来越多的人收入下降、苦苦支撑、交不起房租和水电账单、支付不起养孩子的费用，等等。工会和地方政府是工人阶级推动政治进步的传统舞台，急须得到加强。议员应该和公共事业领域的人员同步涨工资，这就能让政客们面对自己政策的后果。已经承诺很久的“如果有足够数目的选民签名，就要召回议员重新选举”的权力必须得到实施。智库无疑在政治生活中有一席之地，但考虑到它们在左右政治辩论进程中的角色，它们应该公布所有出资人的名单，以便让社会知晓它们之间的利益关系。

权力应该下放，就像苏格兰设议会和威尔士设公民大会一样。以前的关于在英格兰设地区公民大会的倡议都搁浅了。2004 年，在东北部的一次公投以决定性地否决所谓的“公民大会”而告终。但当时的建议只不过是一个无权无势的机构，没法吸引公众的热情。但至少权力应该从威斯敏斯特下放到地方市政厅，包括住房、教育和健康医疗等领域的权力。

按现在的机构设置，欧盟已经把权贵的某些思想机制化了。这样，在欧盟内挑战权贵的信条和政策几乎是不可能的，即使英国人民投票支持。欧洲国家的一个民主集团，为了葡萄牙、波兰和英国劳动人民的利益而经营，是一件值得期待的事情。这意味着重新就欧盟的设置进行谈判，不是按照英国右翼宣传的方式，而是要除掉跟权贵信条一致的所有元素，确保欧盟不要被操纵来照顾大公司的利益。

只要人民的安全和稳定的生活受到威胁，就需要有一个官方机构来保护。但这并不意味着支持按目前的形式和结构设置的警察。警察队伍中的歧视和腐败已经说明了问题：广泛存在的种族主义、警察办案致人死亡、编造证据陷害保守党的一位大臣、毫无甄别地拦住搜查年轻黑人、骚扰抗议者、编制借口同女性异见人士发生性关系、攻击工会人员、制造希尔斯堡惨案事件，这些都是必须应对的不公正现象。但这意味着要进行深远的机制改革，而且需要一个真正独立的机构来监管警察，而不是现在的卑躬屈膝的所谓独立警察投诉委员会。呼吁成立一个皇家委员会听起来或许荒唐——还有什么比“皇家委员会”听起来更像权贵的呢？但这是一种在英国发起长远的公共调查的必要选择。它应该由一个真正独立的人士来领导，并允许警察不公正行为的受害者出面作证。目的在于建立一个机构来公平对待社会的所有人群。

有人——权贵的支持者和反对者都一样——会辩称，考虑到资本主义制度在全球范围内都存在严重的问题，仅在英国一国进行深远的改革是不可能的。这样的批评是有道理的。1970 年代的思想先锋们的雄心并不止于英国界内，想给目前的权贵找出替代选项的人们也要有同样的国际视野。在整个西方世界，生活水平在下降，公共资产被贱卖给私营机构，一小撮人富了起来，大多数人却给富人买单，工人阶级费尽千辛万苦赢得的东西——社会保障、劳动场所的权利等等——都在被剥夺。这应该是一个共同的事业。有一些明显的障碍，比如语言、文化、民族身份，这些因素的影响力在当下丝毫没有退却的迹象，在有些地方还有走强之势。互联网的兴起，特别是社交媒体为各种运动联合起来提供了新机会。到目前为止，这些运动还没有很好地联合到一起。它们必须联合，可以从围绕相近的要求入手联合起来。在英国，单靠一种运动是改变不了什么的。

这类建议是重建民主的一些基本要求。我们需要重新塑造社会，让它围绕大多数人的利益来运转，而不是为了讨好一小撮不负责任的精英。这些建议会缩窄权贵的“奥沃顿窗口”。这样，各类运动就可以开启更激进的广泛可能。做这类变革肯定会很难，不承认这一点是没有意义的。“没有别的选项”的信条随处可见，有人主张建设不同形式的社会，他们被忽视、被边缘化，甚至遭受疯狂攻击。所有产生深远变革的运动都是如此，但它们最终还是成功了。

权贵要是聪明的话，就会从历史中看出道理来。每一个时代都虚幻地认为自己是永恒的。反对者有时被认为可笑、无足轻重、分崩离析，但有时也会时来运转。今天公认的道理也会很快就成为过去时，为人所不屑。

“权力寸土不让，除非我们据理力争，”19 世纪的美国黑人奴隶、废奴主义者和社会改良家弗里德里克·道格拉斯这样说道，“过去如此，将来也是如此。”他的话言简意赅，道出了社会进步的永恒真谛。变革不会因民众的善意和宽宏大量而自行发生，而是要靠斗争和牺牲换来。历史不是一个大型肥皂剧，而是伟大的民众（包括广大男男女女）的人生故事，尽管他们几乎总是被从历史书上抹去。有着共同利益的人们，不管表面上看起来多么不同，能利用集体的力量赢得社会公正。这一规律应该让变革者充满希望，让注定失败的被变革者心怀恐慌。

# 注　释

## 平装版序言

1. http://blogs. telegraph. co. uk/news/peteroborne/100108299/labour-party-conference-like-it-or-not-ed-miliband-has-redefined-the-future-of-politics/.

2. https://www. gov. uk. /government/speeches/home-secretarys-police-federation – 2014 – speech.

3. http://www. theguardian. com/commentisfree/2014/aug/06/prison-does-not-work-glen-parva-shambles.

4. https://www. marxists. org/archive/marx/works/1854/german-ideology/ch01b. htm.

5. http://www. newstatesmen. com/politics/2013/10/russell-brand-on-revolution.

6. http://www. politics. co. uk/comment-analysis/2014/06/17/the-coalition-will-leave-more-debt-than-all-labour-government.

7. http://www. theguardian. com/commentisfree/2014/oct/27/green-party – 2015 – ukip-protest-vote-general-election? CMP = twt_gu.

## 导　言

1. http://www. publications. parliament. uk/pa/cm201213/cmhansrd/cm121129/debtext/121129 – 0003. htm.

2. https://archive.org/stream/marquisofsalisbuooelliuoft/marquisofsalisbuooelliuoft_djvu.txt.

3. http://archive.spectator.co.uk/article/23rd-september – 1955/5/political-commentary.

4. Henry Fairlie and Jeremy McCarter, *Bite the Hand That Feeds You: Essays and Provocations* (New Haven and London, 2010), pp. 70 – 72.

5. http://www.theguardian.com/uk-news/2014/nov/19/becoming-king-not-silence- prince-charles-allies.

6. http://www.countrylife.co.uk/article/506200/Who-really-owns-Britain –.html.

7. Edward Royle, *Modern Britain: A Social History* 1750 – 2011, 3rd edn (London, 2012), p. 12.

8. http://www.churchofengland.org/about-us/structure/churchcommissioners/assets/property-investments.aspx.

9. http://www.theosthinktank.co.uk/files/files/Reports/Voting%20and%20Values%20in%20Britain%2011%20FINAL%20%282%29.pdf.

10. www.parliament.uk/briefing-papers/SN01250.pdf.

11. http://www.runnymedetrust.org/blog/49/15/Record-number-of-BME-MPS.html.

12. http://www.boardsforum.co.uk/boardwatch.html.

13. http://raceforopportunity.bitc.org.uk/about-race-opportunity/campaign-aims.

14. http://www.civilservice.gov.uk/about/resources/monitoring-diversity.

15. Jon Ronson, *The Psychopath Test: A Journey through the Madness Industry* (London, 2012).

## 第一章 思想先锋

1. F. A. Hayek, *The Road to Serfdom* (London, 1944), p. 10.

2. Richard Cockett, *Thinking the Unthinkable: Think-Tanks and the Economic*

*Counter-Revolution*, 1931 – 1983 (London, 1995), p. 100.

3. R. M. Hartwell, *A History of the Mont Peletin Society* (Indianapolis, 1995), P. 24.

4. George J. Stigler, *Memoirs of an Unregulated Economist* (New York, 1988), pp. 144 – 5.

5. Hayek, *Road to Serfdom*, p. 9.

6. Milton Friedman, *Capitalism and Freedom* (Chicago, 1962), p. 5.

7. Donald Sasson, *One Hundred Years of Socialism*, p. 118.

8. *The Economist*, 23 November 2006.

9. Sassoon, *One Hundred Years of Socialism*, p. 118.

10. TUC, *The History of the TUC*, 1868 – 1968: *A Pictorial Survey of a Social Revolution* (London 1968), p. 5.

11. C. A. R. Crosland, *The Future of Socialism* (London, 1956), pp. 61 – 2.

12. Margaret Thatcher, *Margaret Thatcher: The Downing Street Years* (London, 1995), p. 7.

13. Madsen Pirie, *Think Tank: The Story of the Adam Smith Institute* (London, 2012), p. 50.

14. Ibid., p. 19.

15. 'Who is Behind the Taxpayers' Alliance?', *The Guardian*, 9 October 2009.

16. TUC, 'The Facts about Facility Time for Union Reps', October 2011, p. 5.

17. Robert Halfon, 'Trade Unions are Capitalist, Community-Minded', *The Spectator*, 20 October 2012.

18. http://www.research-live.com/news/news-headlines/guido-fawkes-editor-in-big-data-analysis-venture/4009384.article.

19. http://www.taxpayersallince.com/mattthew_elliott.

20. http://www.powerbase.info/index.php/Taxpayer'_Alliance_Roundtable.

21. 'Secret Tory Fund Helped Win Marginals', *The Guardian*, 10 May 2005.

22. ‘Who is Behind the Taxpayers’ Alliance?’,*The Guardian*,9 May 2013.

23. ‘Controversy over New Tory Health Advisor Nick Seddon who called for NHS Cuts and Charges for GP Visits’,*Evening Standard*,9 May 2013.

24. Mel Kelly,‘What the BBC Conceals on Private Prisons Research’,*Open Democracy*,21 February 2013.

25. http://www.policyexchange.org.uk/media-centre/press-releases/category/item/militant-trade-unionism-blocking-publicc-service-revolution.

26. https://www.gov.uk/government/news/independent-reviewer-of-benefit-sanctions-announced.

27. http://www.insidehousing.co.uk/think-tank-housing-expert-joins-camerons-policy-unit/6529898.article.

28. http://www.conservativehome.com/thinktankcentral/2012/01/camerons-former-head-of-policy-james-oshaughnessy-joins-policy_exchanges-to-work-develop-school-feder.html.

29. http://www.independent.co.uk/life-style/head-and-families/health-news/the-pm-his-prosmoking-aide-and-a-dirty-war-over-cigarette-packaging – 7563261.html.

## 第二章　权力垄断

1. James Kirkup,‘MPs’ Pay Rises: Five Reasons MPs Should be Paid More’,*Daily Telegraph*,11 July 2013.

2. http://www.bbc.co.uk/blogs/nickrobinson/2011/01/why_did_mps_make_false.html.

3. http://www.insidehousing.co.uk/quarter-of-tory-mps-are-landlords-says-research/6524104.article.

4. http://www.gmb.org.uk/newsroom/landlords-hit-housing-benefit-jackpot.

5. http://www.theguardian.com/politics/2013/jun/08/lynton-crosby-tory-strategy-lobbying-firm.

6. http://www.theguardian.com/politics/2013/jul/21/tory-strategist-lynton-crosby-lobbying.

7. http://www.theguardian.com/politics/2013/jun/08/lynton-crosby-tory-strategy-lobbying-firm.

8. http://www.sovereigncapital.co.uk/businesses-we-back/healthcare-services.

9. Kiran Stacey, 'The Explosion of Hedge Fund Donations to the Tories', *Financial Times Westminster Blog*, 8 December 2011.

10. 'Employment Tribunal Claims Fell by More than Half after Introduction of Fees', *The Guardian*, 23 December 2013.

11. http://www.theguardian.com/politics/2012/Dec/07/tory-funds-mansion-tax.

12. http://classonline.org.uk/docs/Class-YouGov_poll_results_28_October_2013.pdf.

13. http://classonline.org.uk/docs/YouGov-Class_Polling_Results_120522_Economic_Policies.pdf.

14. Allister Health, 'There is Sadly Mass Support for Nationalization and Price Controls', *City A. M.*, 5 November 2013.

15. http://www.telegraph.co.uk/finance/newsbysector/retailandconsumer/9270369/Stefano-Pessina-I-want-to-merge-Boots-not-float-it.html.

16. Peter Oborne, *The Triumph of the Political* Class (London, 2007), p. 135.

17. 'The Educational Backgrounds of Members of Parliament in 2010', Sutton Trust (2010), p. 2.

18. See R. Cracknell and F. McGuiness, 'Socila Background of Members of Parliament-Commons Library Standard Note', House of Commons Library (December 2010), and http://www.theguardian.com/politics/2010/may/10/mp-intake-private-sector.

19. 'Membership of UK Political Parties-Commons Library Standard Note', House of Commons Library (2012).

20. Stuart Wilks-Heeg, Andrew Blick and Stephen Crone, *How Democratic is the*

UK?, Democratic Audit(July 2012), p. 290.

21. http://labourlist. org/2013/05/we-need-to-talk-about-south-shields.

22. Richard Heffernan and Mike Marqusee, *Defeat from the Jaws of Victory*: *Inside Kinnock's Labour Party*(London, 1992), p. 13.

23. http://www. unitetheunion. org/new/lord-warners-conflict-of-interest-over – 10 – a-month-nhs-fee-report-says-unite/.

24. http://www. dailymail. co. uk/news/article – 1372597/The-letter-Peter-Mandelson-using-tout-business-despots-dodgy-billionaires. html.

25. http://www. greenpeace. org. uk/blog/forests/timeline-how-you-persuaded-asia-pulp-and-paper-stop-cutting-down-indonesias-rainforests – 20130205.

26. http://www. telegraph. co. uk/news/politics/8963427/Lord-Mandelson-courted-Mubaraks-dying-regime. html.

27. http://www. theguardian. com/politics/2013/nov/08/tony-blair-kazakhstan-human-rights-role.

28. http://www. telegraph. co. uk/news/politics/9796803/Lord-Hill-faces-conflict-of-interest-claim-over-shares. html.

29. http://corporateeurope. org/revolving-doors/2014/09/hill-finance-commissioner-should-be-rejected.

30. Links between government and business: full data, *the Guardian*. http://www. theguardian. com/news/datablog/2011/oct/16/links-government-data-business-data.

31. Philip Parvin, 'Friend or Foe? Lobbying in British Democracy: A Discussion Paper', Hansard Society(2007), p. 10.

32. http://knowhownonprofit. org/leadership/governance/getting-started-in-governance/the-responsibilities-of-charity-trustees.

33. https://bma. org. uk/news-views-analysis/the-bma-blog/2013/august/new-lobbying-rules-could-threaten-free-speech.

34. http://www. ipsos-mori. com/Assets/Docs/Polls/June2013_Trust_Topline. pdf.

## 第三章 媒体"民主"

1. http://d25d2506sfb94s. cloudfront. net/cumulus _ uploads/document/w6h1wni29p/YG-Archive-results-TUC-121212 – welfare-and-benefits/tax-credits/support-benefit-cuts-dependent.

2. http://www. ipsos-mori. com/researchpublications/researcharchive/3188/Perceptions-are-not-reality-the-top – 10 – we-get-wrong. aspx.

3. http://www. publications. parliament. uk/pa/jt200607/jtselect/jtrights/81/7012202. htm.

4. http://www. themediabriefing. com/article/abc-regional-decline.

5. https://www. gov. uk/goernment/uploads/system/uploads/attachment_data/file/347915/Elitist_Britain_-_Final. pdf.

6. Roy Greenslade, *Press Gang*: *How Newspaper Make Profits from Propaganda* (Pan 2004), p. 455.

7. http://www. theguardian. com/politics/2010/apr/22/cleggmania-nick-clegg-newspaper-attacks.

8. Tim Montgomerie, ' Miliband is a Far Worse Leader than Kinnock', *The Times*, 2 January 2014.

9. http://www. politicshome. com/uk/article/36697/who_authored_that_osborne_speech%3F. html.

10.. Peter Oborne, ' A Man of his Times', *The Spectator*, 28 September 2013.

11. Kamal Ahmed, ' We Are in an Anti-Business Funk. It Should Stop', *Sunday Telegraph*, 23 June 2013.

12. https://www. opendemocracy. net/ourbeeb/oliver-huitson/how-bbc-betrayed-nhs-exclusive-report-on-two-years-of-censorship-and-distorti.

13. http://www. bbc. co. uk/blogs/legacy/theeditors/2009/01/bbc_and_the_gaza

_appeal. html.

14. https://theconversation. com/hard-evidence-how-biased-is-the-bbc – 17028.

15. J Lewis, A. Williams, B. Franklin, J. Thomas and N. Mosdell, *The Quality and Independence of British Journalism: Tracking the Changes over 20 Years* (Cardiff, 2008).

## 第四章　警察力量

1. http://www. hse. gov. uk/serbices/police/statistics. htm.

2. Owen Jones, 'The "Spirit of Petrograd"? The 1918 and 1919 Police Strikes', *What Next*, no. 31 (2017).

3. Hillsborough: The Report of the Hillsborough Independent Panel (Sepetmber 2012).

4. http://www. telegraph. co. uk/sport/football/teams/liverpool/9540436/Jack-Straw-expresses-regret-over-failure-of-Hillsborough-review. html.

5. http://www. huffingtonpost. co. uk/peter-g-tatchell/public-order-act-repeal-section – 5_b_1209096. html.

6. 'G20 Protests: Man Who Died during Demonstrations Named as Ian Tomlinson', *Daily Telegraph*, 2 April 2009.

7. http://www. theguardian. com/uk-news/2013/aug/05/ian-tomlinson-family-quest-justice.

8. http://www. ipcc. gov. uk/sites/default/files/Documents/investigation _ commissioner_reports/inv_rep_independent_investigation_into_the_death_of_ian_tomlinson_1. pdf.

9. http://www. tomlinsoninquest. org. uk/NR/rdonlyres/37E43E6 0 – 01ED – 4F3F – 9588 – FD19ACB2B033/0/150411pm. pdf.

10. http://www. inquest. org. uk/pdf/INQUEST _ ian _ tomlinson _ briefing _ jun _ 2009. pdf.

11. 'G20 Assault: How Metropolitan Police Tried to Manage a Death', *The Guard-*

ian, 9 April 2009.

12. http://content. met. police. uk/News/Public-Statement-and-Deputy-Assistant-Commissioner-de-Brunners-apology-to-the-Tomlinson-family/140019013635/1257246745756.

13. http://www. theguardian. com/politics/2009/nov/25/police-g20 – inquiry-report.

14. 'Kettle Tactics Risk Hillsborough-Style Tragedy-Doctor', *The Guardian*, 19 December 2010.

15. http://www. ohchr. org/en/NewsEvents/Pages/Display News. aspx? NewsID = 12945&LangID = E.

16. 'Trauma of Spy's Girlfriend: "like being raped by the state"', *The Guardian*, 24 June 2013.

17. http://www. theguardian. com/commentisfree/2013/jun/28/sexual-behaviour-undercover-police.

18. 'Police "smear" Campaign Targeted Stephen Lawrence's Friends and Family', *The Guardian*, 24 June 2013.

19. Ministry of Justice, 'Story of the Prison Population: 1933 – 2012 England and Wales' (January 2013), p. 1.

20. Equality and Human Rights Commission (EHRC), 'How Fair is Britain? Equality, Human Rights and Good Relations in 2010', https://www. gov. uk/government/publications/how-fair-is-britain-equality-human-rights-and-good-relations-in – 20100 – the-first-triennial-review (2010), p. 162.

21. EHRC, 'Stop and Think: A Critical Review of Stop and Search Powers in England and Wales' (March 2010).

22. EHRC, 'Race Disproportionality in Stops and Searches under Section 60 of the Criminal Justice and Public Order Act 1994', http://www. equalityhumanrights. com/sites/default/files/documents/research/bp_5_final. pdf (Summer 2012)

23. EHRC, 'Stop and Think Again: Towards Race Equality in Police PACE Stop

and Search'(June 2013).

24. http://www. lifeline. org. uk/articles/drug-war-milestone-uk-drug-searches-and-drug-offences-both-reach-record-levels.

25. Owen Jones, 'London Riots-One Year On: Owen Jones Commences a Series of Special Reports', *The Independent*, 23 July 2012.

26. 'Key Macpherson Report Figure Says Met is Still Racist', *The Independent*, 4 January 2012.

27. http://www. ipcc. gov. uk/news/Pages/pr_170713_mps_race_complaints. aspx? auto = True&l1link = pages%2Fdefault. aspx&l1title = Press%20Releases.

28. http://www. inquest. org. uk/statistics/bame-deaths-in-prison; http: www. inquest. org. uk/statistics/bame-deaths-in-police-custody.

29. http://www. publications. parliament. uk/pa/cm201213/cmselect/cmhaff/494/49411. htm.

30. 'Police Watchdog Criticised for Errors in Investigation into Death in Custody', *The Guardian*, 17 May 2013.

31. *The New York Times*, 1 September 2010.

32. Chris Mullin, 'Don't Let Police Bullies Oust Andrew Mitchell', *The Times*, 16 October 2012.

33. http://www. telegraph. co. uk/news/uknews/law-and-order/11259821/Plebgate-Pc-feels-sorry-for-Andrew-Mitchell. html.

## 第五章 中 饱 私 囊

1. http://www. independent. co. uk/news/business/news/new-patent-law-will-help-uk-business – 8498245. html.

2. http://www. rcuk. ac. uk/publications/policy/framework/casestudies/Healthy-Society/.

3. Mariana Mazzucato, *The Entrepreneurial State*(London, 2011).

4. http://www. cbi. org. uk/media-centre/press-releases/2012/10/gear-change-can-accelerate-the-uk = towards-a – 21st-century-road-network/.

5. Andrew Bowman et al. , *The Great Train Robbery: Rail Privatization and After*, CRESC report(Manchester,2013).

6. http://www. ft. com/cms/s/0/fe46ffea-a7f8 – 11e2 – 8e5d – 00144feabdco. html.

7. http://www. blog. rippedoffbritons. com/2014/08/graphs-at-glance-east-coast-mainline. html? utm_content = bufferoe60b&utm_medium = social&utm_source = twitter. com&utm_campaign = buffer#. VLzyOYd3at8.

8. http://blog. abundancegeneration. com/2013/05/how-much-subsidy-do-fossil-fuels – 2013_9789264187610 – en#page368.

9. 按照 IEA 的说法,这样的减税实际相当于一种补贴。

10. http://blog. abundancegeneration. com/2013/05/how-much-subsidy-do-fossil-fuels-get-in-the-uk-and-why-is-it-more-than-renewables – 2/.

11. http://www. keepeek. com/Digital-Asset-Management/oecd/environment/inventory-of-estimated-budgetary-support-and-tax-expenditures-for-fossil-fuels – 2013_9789264187610 – en#page368.

12. http://www. telegraph. co. uk/finance/newsbysector/energy/10394243/Hinkley-Point-good-for-Britain-says-ED-Davey. html.

13. http://www. caat. org. uk/resources/publications/economics/subsidies-sipri – 2011. pdf.

14. https://www. caat. org. uk/issues/jobs-economy/subsidies.

15. http://www. channel4. com/news/government-criticised-over-repressive-regime-arms-exports.

16. http://www. oecd. org/pisa/pisaproducts/pisainfocus/48482894. pdf

17. David Kynaston, 'Private Schools are Blocking Social Mobility', *Daily Telegraph*,29 October 2013.

18. http://www. bshf. org/published-information/publication. cfm? thePubID =

5e017604 – 15C5 – F4C0 – 99F1DFE5F12DBC2A.

19. http://www. gmb. org. uk/newsroom/landlords-hit-housing-benefit-jackpot.

20. 'Tory Hatchet Man Iain Duncan Smith's Weasel-Worded Letter to Boy who Said Atos Test Killed Dad', *Daily Record*, 24 November 2012.

21. Department for Work and Pensions, 'Contract Management of Medical Services' (October 2012), pp. 6 – 7.

22. http://www. dailyrecord. co. uk/news/scottish-news/mum-of-three-elenore-tole-find-job – 2074333.

23. http://diaryofabenefitscrounger. blogspot. co. uk/2012/06/rip-karen-sherlock. html.

24. http://blogs. mirror. co. uk/investigations/2012/04/32-die-a-week-after-failing-in. html.

25. http://www. express. co. uk/news/uk/379841/Rise-in-Atos-rulings-overturned-by-appeals.

26. http://www. bbcc. co. uk/news/uk-politics-24548738.

27. http://www. mirror. co. uk/news/uk-news/fears-disabled-brits-firm-takes – 4611263.

28. http://www. independent. co. uk/news/uk/politics/senior-atos-executive-finds-new-role-at-the-american-company-taking-over-disability-benefit – 9831973. html.

29. http://www. telegraph. co. uk/news/politics/spending-review/10146659/5bn-Work-Programme-worse-than-doing-nothing. html.

30. http://www. channel4. com/news/46m-payout-for-a4e-despite-missing-work-programme-targets.

31. http://www. theguardian. com/news/blog/2013/oct/30/cait-reilly-poundland-readers.

32. Richard Crisp and Del Roy Fletcher, 'A Comparative Review of Workfare Programmes in the United States, Canada and Australia' (Department for Work and Pension, 2008), p. 1.

33. http://www. theguardian. com/society/2012/jun/13/mandatory-work-scheme-government-research.

34. http://www. 24dash. com/news/local_government/2014 - 12 - 10 - Boris-Johnson-s-unpaid-workfare-scheme-halved-chances-of-young-people- finding-work.

35. http://www. theguardian. com/uk/2013/jan/15/statistics-doubt-coalition - 500000 - jobs.

36. http://tompride. wordpress. com/2013/04/05/oops-homebase-let-cat-out-of-the-bag-about-using-workfare-to-reduce-wage-bills.

37. http://www. telegraph. co. uk/finance/newsbysector/supportservices/10070425/Timeline-how-G4Ss-bungled-Olympics-security-contract-unfolded. html.

38. Oliver Wright, 'Philip Hammond: "Games Humanised the face of armed forces"', *The Independent*, 14 August 2012.

39. National Audit Office, 'The Role of Major Contractors in the Delivery of Public Services' (November 2013), p. 6.

40. Christoph Hermann and JÖrg Flecker, 'Privatization of Public Services and the Impact on Quality, Employment and Productivity (PIQUE)-Final Report' (Vienna, 2009), p. 98.

41. http://www. britishfuture. org/wp-content/uploads/2013/01/State-of-the-Nation - 2013. pdf.

42. http://classonline. org. uk/docs/Class-YouGov_poll_results_28_October_2013. pdf.

43. https://yougov. co. uk/news/2015/01/07/poster-wars/.

44. http://www. dailyecho. co. uk/news/9072355. Care_home_firm_to_axe_3_000_jobs/? ref = rl.

45. http://www. theguardian. com/society/2014/jun/09/financial-strategy-southern-cross-care-homes-blamed-deaths-old-people? utm_content = buffer24ef4&utm_medium = socila&utm_source = twitter. com&utm_campaign = buffer.

46. Frank Dobson, 'Exorbitant and Wasteful', *The Guardian*, 1 July 2006.

47. http://www.pulsetoday.co.uk/commissioning/commissioning-topics/ccgs/revealed-majority-of-gps-no-more-involved-with-commissioning-under-ccgs/20002440.article#.U4BZPNzX._wI.

48. https://www.opendemocracy.net/ournhs/alex-nunns/hinchingbrooke-how-disastrous-privatisation-duped-political-class#.VLzfQr1nKws.twitter.

49. 这是艾莉森·珀洛克教授的观点。

50. http://www.politicshome.com/uk/article/82703/rssfeeds.html.

51. https://www.opendemocracy.net/ournhs/paul-evants/race-to-privatise-englands-nhs.

52. http://www.catalystcf.co.uk/uploads/Catalyst_Healthcare_2012.pdf.

53. http://www.england.nhs.uk/statistics/statistical-work-areas/bed-availability-and-occupancy/bade-data-overnight.

54. http://www.theguardian.com/commentisfree/2013/nov/13/nhs-being-destroyed-labour.

55. https://www.gov.uk/government/policies/making-the-nhs-more-efficient-and-less-bureaucratic.

56. Rachel Sylvester, 'Olympic Bandwagon Jumping is a Poor Sport', *The Times*, 24 July 2012.

57. http://www.theguardian.com/society/2013/mar/02/doctors-bemoan-nhs-privatisation-by-stealth.

58. *Daily Mirror*, 20 September 2013.

## 第六章 逃税大亨

1. http://www.ft.com/cms/s/0/46aa42bc-b5d4-11e3-b40e-00144feabdco.html#axzz3KrfpMlxJ.

2. http://www.northantstelegraph.co.uk/news/top-stories/corby-woman-jailed-

for-benefit-fraud - 1 - 558894.

3. http://www. taxjournal. com/tj/articles/big-four-tax-bosses-unmoved-public-accounts-committee-grilling - 31012013.

4. http://www. accountingweb. co. uk/topic/tax/look-business-total-tax-contribution-says-pwc.

5. http://www. civiservice. gov. uk/reform/recruitment/secondments.

6. Derek J. Savoie, *Thatcher, Reagan and Mulroney: In Search of a New Bureaucracy* (Pittsburgh, 2009), p. 252.

7. http://my. civilservice. gov. uk/reform/civil-service-reform-one-year-on/chapter - 4.

8. http://hb. betterregulation. com/external/CFC-Reform-Brochure. pdf.

9. https://www. kpmg. com/IE/en/IssuesAndInsights/ArticlesPublications/Documents/Tax/PatentboxJan13. pdf.

10. Public Accounts Committee, Forty-Fourth Report, 'Tax Avoidance: The Role of Large Accountancy Firms' (London, 2013).

11. http://www. theguardian. com/politics/2014/nov/12/pricewaterhousecoopers-tax-structures-politics-influence.

12. https://www. youtube. com/watch? v = 3w4tcIsaIne.

13. 'Critics Attack Job Moves between Big Four and Government', *The Financial Times*, 28 May 2013.

14. 'Goldman Sachs Let Off Paying £ 10m Internet on Failed Tax Avoidance Scheme', *The Guardian*, 11 October 2011.

15. http://www. judiciary. gov. uk/wp-content/uploads/JCO/Documents/Judgments/uk-uncut-v-hmrc - 16052013. pdf.

16. HM Revenue & Customs 2010 - 11, Accounts: Tax Disputes-Public Accounts Committee.

17. http://www. taxresearch. org. uk/Blog/2015/01/16/hmrc-recovers-up-to - 97

– for-every – 1 – it-spends-on-tax-investigations/.

18. Prem Sikka, ‘The Predatory Practices of Major Accountancy Firms’, *The Guardian*, 8 December 2012.

19. http://www.telegraph.co.uk/news/politics/georgeosborne/9194558/George-Osborne-Im-going-after-the-wealthy-tax-dodgers.html.

20. http://uk.reuters.com/article/2012/10/15/us-britain-starbucks-tax-idUKBRE89E0EX20121015.

21. http://www.telegraph.co.uk/technology/google/10343014/Googles-UK-division-paid – 12m-in-corporation-tax-in – 2012.html.

22. http://www.telegraph.co.uk/technology/google/10343014/Googles-UK-division-paid – 12m-in-corporation-tax-in – 2012.html.

23. http://www.theguardian.com/uk/2013/apr/03/offshore-secrets-offshore-tax-haven.

24. http://www.cbpp.org/cms/? fa = view&id = 3556.

25. http://www.theguardian.com/politics/2013/sep/24/energy-firms-declare-war-ed-miliband-fuel-freeze.

26. http://www.telegraph.co.uk/finance/newsbysector/energy/10332877/Blackouts-could-happen-next-year-following-Ed-Milibands-price-freeze-vow.html.

27. http://yougov.co.uk/news/2013/09/27/voters-energy-companies-bluffing-over-blackouts.

28. http://www.ageuk.org.uk/latest-news/archive/cold-homes-cost-nhs – 1 – point – 36 – billion/.

29. http://www.independent.co.uk/environment/green-living/investment-in-green-energy-falls-to-fouryear-low – 8640849.html.

30. http://www.theguardian.com/business/2013/oct/06/energy-lobby-heat-on-labour.

31. https://www.gov.uk/government/uploads/system/uploads/attachment_data/

file/240404/f0i_13_1175. pdf.

32. David Carrington, ' Energy Lobby Insider Will Lead Cold War against Labour' ,*The Observer*,6 October 2013.

33. Andrew Heywood,' London for Sale? An Assessment of the Private Housing Market in London and the Impact of Growing Overseas Investment' ,The Smith Institute (July 2012) ,p. 3.

34. http://www. esopcentre. com/dont-scale-back-brits-and-rm-emplyees-says-centre-chairman.

35. http://www. telegraph. co. uk/news/uknews/royal-mail/10373868/Hedge-fund-investing-in-Royal-Mail-employs-George-Osbornes-friend. html.

36. http://www. resolutionfoundation. org/media/blog/taking-a-local-look-household-disposable-income.

37. http://www. cipd. co. uk/pm/peoplemanagement/weblog/archive/2013/08/12/fall-in-british-wages-among-worst-in-europe. aspx.

38. 可参见以下网址: http://www. demos. org/publication/retails-hidden-potential-how-raising-wages-would-benefit-workers-industry-and-overall-ec, http://www. economist. com/blogs/democracyinamerica/2010/12/tax _ cuts, http://www. dailyfinance. com/2013/04/05/poor-vs-rich-spending-habits-/, http://www. bloomberg. com/news/2010 – 09 – 13/rich-americans-save-money-from-tax-cuts-instead-of-spending-moody-s-says. html.

39. http://www. independent. co. uk/news/uk/politics/the-champagne-flows-in-the-city – 7580792. html.

40. http://www. unitetheunion. org/news/uk/politics/the-champagne-flows-in-the-city – 7580792. html.

41. http://www. bbc. co. uk/news/business – 26265858.

42. http://www. cipd. co. uk/pressoffice/press-release/questionable-merit-watering. aspx.

43. http://www. ft. com/cms/s/0/cb93fa00 - 1c8b - 11e3 - a8a3 - 00144feab7de. html#axzz3NJaNXWur.

## 第七章 宇宙主宰

1. 媒体曝光的一些制裁案例可见 http://stupidsanctions. tumblr. com.

2. Andrew Hill, 'The Urge to Punish all Bankers has Gone Far Enough', *The Financial Times*, 25 March 2009.

3. David Kynaston, City of London: The History (London, 2011), p. 422.

4. E. H. H. Green, 'The Conservatives and the City', in R. Michie and P. Williamson, The British Government and the City of London in the Twentieth Century (Cambridge, 2011), pp. 171 - 2.

5. Kynaston, City of London, p. 542.

6. Jonathan Kirshner, Appeasing Bankers: Financial Caution on the Road to War (Princeton, NJ, 2007), p. 165.

7. Kynaston, City of London, p. 544.

8. Earl Aaron Reitan, The Thatcher Revolution: Margaret Thatcher, John Major, Tony Blair and the Transformation of Modern Britain (London, 2002), p. 86.

9. Ibid., pp. 587 - 9.

10. Ewald Engelen et al., After the Great Complacence: Financial Crisis and the Politics of Reform (Oxford, 2011), p. 147.

11. http://www. nao. org. uk/highlights/taxpayer-support-for-uk-banks-faqs. /

12. http://blogs. spectator. co. uk/coffeehouse/2012/08/qe-the-ultimate-subsidy-for-the-rich.

13. http://www. bath. ac. uk/news/2012/10/09/quantitative-easing.

14. http://www. theguardian. com/money/2015/jan/17/cheap-petrol-could-push-inflation-below-zero-election? CMP = share_btn_tw.

15. http://www. theguardian. com/business/2014/jan/08/loans-business-cheaper-

available-bank-england.

16. http://www. theguardian. com/business/2013/jul/23/bank-lending-small-business-falls-postcode.

17. James Meadway, Why we Need a New Macroeconomic Strategy (London, 2013), pp. 10 – 12.

18. http://blogs. spectator. co. uk/coffeehouse/2013/11/the-tories-have-piled-on-more-debt-than-labour.

19. Prem Sikka, 'Five Tips for George Osborne on Banking Reform', The Guardian, 26 November 2013.

20. Ian Lyall, The Street-Smart Trader: An Insider's Guide to the City (Kindle, 2011), p. 69.

21. http://www. prweek. com/article/1161511/brunswick-tightens-grip-ftse – 100 – clients.

22. Lyall, The Street-Smart Trader, p. 70.

23. http://www. brunswickgroup. com/people/directory/lucy-parker/.

24. http://www. brandrepublic. com/Feature/login/804439/.

25. http://www. cityam. com/article/revealed-city-s-most-influential-financial-prs.

26. http://www. prweek. com/article/95589/carlton-appoints-finsbury-its-first-financial-pr.

27. Antony Barnett and Jamie Doward, 'The PR Tycoon, a Private Dinner and PM's Meeting with Euro Lobby Group', The Observer, 17 September, 2006.

28. Lucy Kellaway, 'The Networker', Financial Times, 12 August 2011.

29. http://rlmfinsbury. com/people/david-henderson.

30. http://www. thebureauinvestigates. com/2012/07/09/revealed-the – 93m-city-lobby-machine.

31. http://www. theguardian. com/commentisfree/2011/oct/31/corporation-london-city-medieval.

32. 'Conservative Party Links to Fat Cat Bankers Revealed by Daily Mirror Investigation', Daily Mirror, 10 January 2011.

33. http://www.bankofengland.co.uk/about/Pages/people/biographies/sharp.aspx.

34. http://www.cps.org.uk/about/board/richard-sharp.

35. http://www.csap.cam.ac.uk/network/tim-luke.

## 第八章　虚幻主权

1. Sylia Ellis, Britain, *America and the Vietnam War* (Westport, CT, 2004), p. 161.

2. Eugenie M. Blang, *Allies at Odds: America, Europe, and Vietnam*, 1961 – 1968 (Lanham, MD, 2011), pp. 165 – 6.

3. Daniel Bell, *The Radical Right* (New York, 1964), p. 466.

4. Tim Hames and Richard Feasey, 'Anglo-American Think Tanks under Reagan and Thatcher', in A. Adonis and T. Hames, *A Conservative Revolution?: The Thatcher-Reagan Decade in Perspective* (Manchester, 1993), p. 221.

5. http://www.margaretthatcher.org/commentary/displaydocument.asp? docid = 109427.

6. Christopher Meyer, *DC Confidential* (London, 2005), p. 1.

7. 'Blair and Bush Planned Iraq War without Second UN Vote, Letter Shows', *The Guardian*, 29 August 2011.

8. http://www.iraqinquiry.org.uk/media/51794/20110125 – turnbull-final.pdf.

9. 'Annan Says Iraq War Was "Illegal"', *The New York Times*, 16 September 2004.

10. 'Bush Officials Devise a Broad Plan for Free-Market Economy in Iraq', *The Washington Post*, 1 May 2003.

11. http://www.theguardian.com/politics/2009/mar/19/police-brutatlity-racism.

12. http://www.business-humanrights.org/Links/Repository/1019754.

13. http://rogerhelmermep.wordpress.com/2013/03/18/breakfast-at-t-tip-not-tif-

fanys.

14. Fraser Nelson, 'It May Take the EU to Save this Country from Ed Miliband's Economic Agenda', *Daily Telegraph*, 16 January 2014.

15. http://corporateeurope.org/revolving-doors/2011/12/eu-officials-going-through-brussels-revolving-lobby-industry-exposed.

16. http://corporateeurope.org/lobbycracy/2013/11/amazon-lobbying-weaken-data-privacy-rights-refusing-lobby-transparency.

17. http://www.europarl.europa.eu/aboutparliament/en/007c895f4c/Powers-and-procedures.html.

## 结论　英国需要一场民主革命

1. http://www.thesundyatimes.co.uk/sto/public/richlist.

2. http://www.independent.co.uk/news/uk/politics/nigel-farage-nhs-might-have-to-be-replaced-by-private-health-insurance-9988904.html.

3. http://www.hopenothate.org.uk/ukip-business-spokesman-wants-to-abolish-workers-rights-3698.

4. http://classonlin.org.uk/docs/Class-YouGov_poll_results_28_October_2013.pdf.

5. http://cdn.yougov.com/cumulus_uploads/document/ww407wk01q/WebVersion_Democracy%20in%20Britain%20A5.pdf.

6. James Meaday, *Why We Need a New Macroeconomic Strategy* (London, 2013)

7. Ibid., P. 26.

8. http: www.equalitytrust.org.uk/sites/default/files/attachments/resources/Unfair%20and%20Unclear.pdf.

9. http://classonline.org.uk/docs/YouGov-Class_Polling_Results_120522_Economic_Policies.pdf.

## 人名对照表

### A

阿布·哈姆扎，Abu Hamza

安波·鲁德，Amber Rudd

艾登·伯利，Aidan Burley

阿丁顿勋爵，Lord Addington

爱德华·希斯，Edward Heath

安迪·伯纳姆，Andy Burnham

安迪·海曼，Andy Hayman

安迪·库尔森，Andy Coulson

安东尼·艾登，Anthony Eden

安东尼·巴伯，Anthony Barber

安东尼·班福德，Anthony Bamford

安德鲁·蔡尔德，Andrew Child

安德鲁·杜顿，Andrew Dutton

安德鲁·哈尔登比，Andrew Haldenby

安德鲁·吉里甘，Andrew Gilligan

安德鲁·兰斯里，Andrew Lansley

安德鲁·米切尔，Andrew Mitchell

安德鲁·帕克，Andrew Park

安德鲁·泰利，Andrew Tyrie

安德鲁·塞尔斯，Andrew Sells

阿德里安·毕克罗夫特，Adrian Beecroft

安东尼·班福德，Anthony Bamford

安东尼·布朗，Anthony Browne

阿迪蒂亚·查克拉博蒂，Aditya Chakrabortty

艾德·大维，Ed Davey

艾德·鲍尔斯，Ed Balls

艾德·米利班德，Ed Miliband

爱德华·斯诺登，Edward Snowden

安德鲁·尼尔，Andrew Neil

埃德温·佛讷，Edwin Feulner

埃德蒙·戴维斯，Edmund Davies
安·菲尔萨姆，Ann Feltham
安·高登，Ann Godden
安·派提佛，Ann Pettifor
安吉拉·伊格尔，Angela Eagle
埃里克斯·莫顿，Alex Morton
奥列格·德里帕斯卡，Oleg Deripaska
阿莱格拉·斯特拉顿，Allegra Stratton
埃里克·乔伊斯，Eric Joyce
埃里克·施密特，Eric Schmidt
阿兰·米尔本，Alan Milburn
阿兰·帕克，Alan Parker
阿里舍·乌斯马诺夫，Alisher Usmanov
艾莉森·珀洛克，Allyson Pollock
阿里森·麦戈文，Alison McGovern
艾伦·图灵，Alan Turing
阿伦·萨林，Arun Sarin
阿里斯特·西斯 Allister Heath
阿拉斯泰尔·坎贝尔，Alastair Campbell
阿米尔赞·科索诺夫，Amirzhan Kosanov
埃蒙·巴特勒，Eamonn Butler
艾玛·哈里森，Emma Harrison
艾玛·汤普森，Emma Thompson
安奈林·贝文，Aneurin Bevan
安瑞拉·奈特，Angela Knight
阿萨德，Assad
阿瑟·斯卡吉尔，Arthur Scargill

**B**

鲍勃·兰伯特，Bob Lambert
鲍勃·罗伯特，Bob Roberts
巴巴尔·阿赫迈得，Babar Ahmad
彼得·戴维斯，Peter Davies
彼得·埃色，Peter Atherton
彼得·海恩，Peter Hain
彼得·霍罗克斯，Peter Horrocks
彼得·利雷，Peter Lilley
彼得·曼德尔森，Peter Mandelson
彼得·迈克尔·科克，Peter Michael Kirk
彼得·克鲁达斯，Peter Cruddas
彼得·柯卡姆，Peter Kirkham
彼得·希尔，Peter Hill
彼得·希钦斯，Peter Hitchens
比尔·德·白思豪，Bill de Blasio
保罗·艾伦，Paul Allen
保罗·布莱默，Paul Bremmer

保罗·戴克, Paul Dacre
保罗·马修斯, Paul Matthews
保罗·纳陶, Paul Nuttall
保罗·斯坦斯, Paul Staines
保罗·斯蒂芬森, Paul Stephenson
保罗·沃, Paul Waugh
保罗·沃尔夫维茨, Paul Wolfowitz
布莱恩·凯斯卡特, Brian Cathcart
布莱恩·帕迪克, Brian Paddick
布里坦勋爵, Lord Brittan
布鲁斯·卡尔, Bruce Carr
鲍里斯·约翰逊, Boris Johnson
本杰明·迪斯雷利, Benjamin Disraeli
伯尼·埃克莱斯通, Bernie Ecclestone
本尼迪克特·布罗根, Benedict Brogan
博纳·劳, Bonar Law
巴沙尔·阿萨德, Bashar al-Assad
布瑞安, Brian
布瑞安·麦克阿德勒, Brian McArdle
巴特勒, Butler

C

查尔斯王子, Prince Charles
查尔斯·肯尼迪, Charles Kennedy
楚克·乌姆那, Chuka Umunna
查理·布鲁克斯, Charlie Brooks

D

戴伏·哈内特, Dave Hartnett
道格拉斯·卡斯韦尔, Douglas Carswell
丹·汉考克斯, Dan Hancox
德里克·德雷珀, Derek Draper
德雷克·雷纳, Derek Rayner
丹·杰米森, Dan Jamieson
迪克·费多齐奥, Dick Fedorcio
蒂姆·卢克, Tim Luke
达米安·麦克布莱德, Damian McBride
蒂姆·蒙哥马利, Tim Montgomerie
蒂姆·诺克斯, Tim Knox
丹尼·芬克尔斯坦, Danny Finkelstein
丹尼尔·汉南, Daniel Hannan
丹尼尔·马克菲, Daniel McPhee
丹尼斯·斯金纳, Dennis Skinner
达仁, Darren
戴维·卡梅伦, David Cameron
戴维·阿斯特, David Astor

戴维·阿罗诺维奇, David Aaronovitch
戴维·巴恩斯, David Barnes
戴维·布兰奇弗劳尔, David Blanchflower
戴维·布伦基特, David Blunkett
戴维·本奈特, David Bennett
戴维·哈特, David Hart
戴维·亨德森, David Henderson
戴维·凯纳斯通, David Kynaston
戴维·莫发特, David Moffatt
戴维·尼克森 David Nicholson
戴维·希顿, David Heaton
戴维·叶兰德, David Yelland
戴维·凯利, David Kelly
大卫·布伦基特, David Blunkett
大卫·戴维斯, David Davis
大卫·古德哈特, David Goodhart
大卫·达肯菲尔德, David Duckenfield
大卫·罗兰, David Rowland
大卫·米利班德, David Miliband
大卫·伍丁, David Wooding

**F**

福阿德·玛佐米, Fouad Makhzoumi
菲奥娜·奈维西, Fiona Navesey
费迪南·拉塞尔, Ferdinand Lassalle
弗里德里克·道格拉斯, Frederick Douglass
弗里德里希·恩格斯, Friedrich Engels
弗里德里希·哈耶克, Friedrich Hayek
弗兰克·道博森, Frank Dobson
菲利普·格林, Philip Green
菲利普·古尔德, Philip Gould
菲利普·哈蒙德, Philip Hammond
菲利普·柯林斯, Philip Collins
弗朗索瓦·奥朗德, François Hollande
弗朗西斯·奥格拉蒂, Frances O' Grady
弗朗西斯·莫德, Francis Maude
弗朗西斯·福山, Francis Fukuyama
弗朗西斯·克鲁克, Francis Crook
弗雷泽·纳尔逊, Fraser Nelson
弗吉尼亚·博顿利, Virginia Bottomley
福瑞迪·帕特尔, Freddy Patel

**G**

戈登·布朗, Gordon Brown

格雷二世伯爵，the 2nd Earl Grey
格伦·穆尔凯尔，Glenn Mulcaire
格林，Glyn
歌利亚，Goliath
格瑞格·伍德，Greg Wood
盖瑞·麦金农，Gary McKinnon
盖瑞斯·皮尔斯，Gareth Peirce
古托·哈里，Guto Harri
盖伊·伯吉斯，Guy Burgess

H

赫伯特·阿斯奎斯，Herbert Asquith
霍华德·利，Howard Leigh
哈罗德·里威尔，Harold Lever
哈罗德·麦克米伦，Harold Macmillan
哈罗德·威尔逊，Harold Wilson
格洛丽亚·德·皮耶罗，Gloria De Piero
海伦·刘易斯，Helen Lewis
亨利·费尔利，Henry Fairlie
哈利·科尔，Harry Cole
海伦娜·伯翰·卡特，Helena Bonham Carter
惠灵顿一世公爵，Duke of Wellington
霍姆勋爵，Lord Home
哈姆扎，Hamja
哈米德·卡尔扎伊，Hamid Karzai
哈瑞斯勋爵，Lord Harries
胡斯尼·穆巴拉克，Hosni Mubarak

J

简·贝里，Jan Berry
杰奥夫·胡恩，Geoff Hoon
杰奥福里·罗伯特逊，Geoffrey Robertson
杰弗里·豪，Geoffrey Howe
杰克·斯特劳，Jack Straw
吉米，Jimmy
吉米·卡尔，Jimmy Carr
吉姆·拉特克利夫，Jim Ratcliffe
吉姆·墨菲，Jim Murphy
杰克·斯特劳，Jack Straw
杰雷米·亨特，Jeremy Hunt
嘉蕾丝·皮尔斯，Gareth Peirce
简·皮尔格林，Jane Pilgrim
基斯·约瑟夫，Keith Joseph
基思·沃利斯，Keith Wallis
杰西·诺曼，Jesse Norman

K

卡尔·马克思，Karl Marx

卡尔·波普尔，Karl Popper
凯尔·斯达莫，Keir Starmer
肯·克拉克，Ken Clarke
肯·利文斯通，Ken Livingstone
柯睿尚，David Cruickshank
克莱尔·肖特，Clare Short
克莱夫·古德曼，Clive Goodman
克鲁拉·德维尔，Cruella de Vil
克莱门特·艾德礼，Clement Attlee
卡洛琳·卢卡斯，Caroline Lucas
卡桑德拉，Cassandra
克里斯·布莱恩特，Chris Bryant
克里斯多夫·赫德，Christopher Hird
克里斯·格雷林，Chris Grayling
克里斯·马丁，Chris Martin
克里斯·马林，Chris Mullin
克里斯·拉召尼，Chris La Jaunie
克里斯托弗·梅耶，Christopher Mayer
克里斯多夫·帕特里奇，Christopher Partridge
卡迈勒·艾哈迈德，Kamal Ahmed
康纳·伯恩斯，Conor Burns
凯尔·哈迪，Keir Hardie
科菲·安南，Kofi Annan
卡罗琳·卢卡斯，Caroline Lucas
凯莉·米洛，Kylie Minogue
凯伦·舍洛克，Karen Sherlock
凯来什·昌得，Kailash Chand
肯尼斯·贝克，Kenneth Baker
坎特伯雷大主教，Archbishop of Canterbury
凯特·布拉格耶维奇，Kate Blagojevic
凯特·沃瓦尔德，Cat Verwaerde
开特·雷利，Cait Reilly
科斯塔斯·拉帕维查斯，Costas Lapavitsas

L

列昂纳德·布拉瓦特尼克，Leonard Blavatnik
劳埃德·乔治，Lloyd George
丽贝卡·布鲁克斯，Rebekah Brooks
鲁伯特·默多克，Rupert Murdoch
罗伯特·盖茨，Robert Gates
罗伯特·哈尔丰，Robert Halfon
罗伯特·派斯通，Robert Peston
罗伯特·维内博，Robert Venables
罗伯特·斯基德尔斯基，Robert Skidelsky

罗伯特·佐利克，Robert Zoellick
罗比·吉布，Robbie Gibb
鲁宾·库克，Robin Cook
鲁宾·沃克，Robin Walker
罗杰·海尔莫，Roger Helmer
理查德·珀尔，Richard Perle
理查德·布鲁克斯，Richard Brooks
理查德·贝尼昂，Richard Benyon
理查德·里奇，Richard Ritchie
理查德·H. 布里杨斯，Richard H. Briance
理查德·墨菲，Richard Murphy
理查德·尼克松，Richard Nixon
理查德·佩皮亚特，Richard Peppiatt
理查德·赛克斯，Richard Sykes
理查德·塞克思通，Richard Sexton
理查德·夏普，Richard Sharp
林顿·克罗斯比，Lynton Crosby
拉尔夫·米利班德，Ralph Miliband
伦恩·麦克拉斯基，Len McCluskey
罗杰·卡尔，Roger Carr
露西·帕克，Lucy Parker
利亚姆·伯恩，Liam Byrne
罗纳德·鲁德，Roland Rudd
罗纳德·里根，Ronald Reagan
兰斯勋爵，Lord Runcie
罗瑟米尔勋爵，Lord Rothermere
劳森·卢卡斯·门德尔松，Lawson Lucas Mendelsohn
罗文·威廉姆斯，Rowan Williams
路易·米歇尔，Louis Michel
露易丝·威特，Louise Whittle
露西·艾普斯，Lucy Apps
利兹·特拉斯，Liz Truss

**M**

M. 詹纳，M. Jenner
马德森·皮里，Madsen Pirie
墨尔本二世子爵，the 2nd Viscount Melbourne
米尔顿·弗里德曼，Milton Friedman
马尔科姆·赫斯通，Malcolm Hurlston
马尔科姆·麦卡尔平，Malcolm McAlpine
马尔科姆·伽米，Malcolm Gammie
玛格丽特·阿斯皮诺尔，Margaret Aspinall
玛格丽特·霍奇，Margaret Hodge
玛格丽特·撒切尔，Margaret Thatcher
梅兰妮·菲利普斯，Melanie Phillips

迈克尔·欧登奈尔，Michael O'Donnell
迈克尔·富特，Michael Foot
迈克尔·戈夫，Michael Gove
迈克尔·哈里斯，Michael Harris
迈克尔·黑塞亭，Michael Heseltine
迈克尔·曼斯菲尔德，Michael Mansfield
迈克尔·伍德，Michael Wood
毛罗·德梅特里奥，Maura Demetrio
玛丽亚·伊戈尔，Maria Eagle
马丽娅娜·马祖卡托，Mariana Mazzucato
穆雷·沃西，Murray Worth
莫·莫兰，Mo Mowlam
梅·玛佐米，May Makhzoumi
麦克·法伦，Michael Fallon
马克·波利特，Mark Boleat
马克·卡西迪，Mark Cassidy
马克·克拉克，Mark Clark
马克·里托伍德，Mark Littlewood
马克·欧坦，Mark Oaten
马克·汤普森，Mark Thompson
米奇·德克特，Midge Decter
穆瑞·沃西，Murray Worthy
玛莎·雷恩·福克斯，Martha Lane Fox
马特·里德利，Matt Ridley
莫文·金，Mervyn King
马修·艾略特，Matthew Elliott
马修·奥克利，Matthew Oakley
马修·科克，Matthew Kirk
马修·帕里斯，Matthew Parris
米歇尔·斯塔尼斯特里特，Michelle Stanistreet
玛西娅·里格，Marcia Rigg

**N**

纳德希姆·扎哈维，Nadhim Zahawi
尼尔·金诺克，Neil Kinnock
尼尔·沃利斯，Neil Wallis
尼尔·奥布莱恩，Neil O' Brien
尼古拉斯·博尔斯，Nicholas Boles
尼古拉斯·霍顿，Nicholas Houghton
尼格尔·劳森，Nigel Lawson
尼格尔·法拉奇，Nigel Farage
尼克·戴维斯，Nick Davies
尼克·赫伯特，Nick Herbert
尼克·克莱格，Nick Clegg
尼克·科恩，Nick Cohen
尼克·皮尔斯，Nick Pearce
尼克·塞登，Nick Seddon

尼克拉斯·古迪森，Nicholas Goodison
诺曼·泰比特，Norman Tebbitt
内维尔·瑟贝克，Neville Thurlbeck
努尔苏丹·纳扎尔巴耶夫，Nursultan Nazarbayev

O

欧文·都铎，Owen Tudor

P

彭定康，Chris Patten
普莱姆·席卡，Prem Sikka
帕特里克·亨尼西，Patrick Hennessy
帕特丽夏·休伊特，Patricia Hewitt
帕维兹·汗，Parvez Khan

Q

乔·格兰顿，Joe Glenton
切·格瓦拉，Che Guevara
切利斯莫勋爵，Lord Cheylesmore
乔纳森·鲍威尔，Jonathan Powell
乔纳森·勒夫，Jonathan Luff
乔治·奥斯本，George Osborne
乔治·E. 罗宾逊，George E. Robinson
乔治·W. 布什，George W. Bush
乔治·蒙标，George Monbiot
乔治·索罗斯，George Soros

R

R·A. 巴特勒，R. A.（Rab）Butler

S

萨达姆·侯赛因，Saddam Hussein
萨迪克·汗，Sadiq Khan
苏菲·佩兹尔，Sophie Petzal
索尔斯伯里勋爵，Lord Salisbury
莎拉·凡恩，Sarah Vine
史蒂芬·迪恩斯，Stephen Deans
桑德拉，Sandra
萨迪克·汗，Sadiq Khan
斯蒂芬·拜尔斯，Stephen Byers
斯蒂芬尼·弗兰德斯，Stephanie Flanders
史蒂芬·劳伦斯，Stephen Lawrence
史蒂芬·卡特，Stephen Carte
史蒂芬·泰勒，Stephen Taylor
史蒂夫·瓦利，Steve Varley
苏·玛驰，Sue Marsh
斯特凡诺·佩西纳，Stefano Pessina
史蒂夫·威廉姆斯，Steve Williams

史蒂夫·斯密斯, Steve Smith
萨姆·赖德劳, Sam Laidlaw
萨曼莎, Samantha
斯塔佛德·斯科特, Stafford Scott
斯坦利·芬克, Stanley Fink
斯图亚特·惠勒, Stuart Wheeler
斯图亚特·伍德, Stewart Wood
苏茜·斯夸尔, Susie Squire
舒马斯·米尔尼, Seumas Milne

**T**

托比·罗兰, Toby Rowland
塔哈·阿山, Talha Ahsan
蒂姆·伯纳斯-李, Tim Berners-Lee
汤姆·牛顿-邓恩, Tom Newton-Dunn
汤姆·普莱德, Tom Pride
汤姆·鲍德温, Tom Baldwin
汤姆·沃森, Tom Watson
提摩西·贝尔, Timothy Bell
托马斯· 皮凯蒂, Thomas Piketty
托马斯·R.斯蒂尔斯, Thomas R. Steels
塔马辛·凯夫, Tamasin Cave
托尼·布莱尔, Tony Blair
托尼·本, Tony Benn
托尼·克罗斯兰, Tony Crosland
唐纳德·拉姆斯菲尔德, Donald Rumsfeld
唐纳德·麦克莱恩, Donald Maclean
泰勒·考温, Tyler Cowen
特蕾莎·梅, Theresa May
特里斯特拉姆·亨特, Tristram Hunt
特里·威廉姆斯, Terry Williams
特伦斯·贝克特, Terence Blacker
特伦斯·史蒂芬森, Terence Stephenson

**W**

维奥莱特·伯翰·卡特, Herbert Asquith
威尔·瓦尔登, Will Walden
维也纳·米歇尔·伊兹瑞尔, Vienna Michelle Israel
威廉·黑格, William Hague
维拉·贝尔德, Vera Baird
威斯敏斯特公爵, Duke of Westminster
维托里奥·科劳, Vittorio Colao
温斯顿·丘吉尔, Winston Churchill

文斯·凯布尔，Vince Cable
文森特·莫斯，Vincent Moss
沃尔特·沃尔夫冈，Walter Wolfgang

X

西奥多·阿格纽，Theodore Agnew
西尔维娅·潘克赫斯特 Sylvia Pankhurst
希达思，Siddarth
肖恩·里格，Sean Rigg
西蒙·布洛克布兰科－福勒，Simon Brocklebank-Fowler
西蒙·哈伍德，Simon Harwood
西蒙·凯尔纳，Simon Kelner
西蒙·史蒂芬斯，Simon Stevens
西蒙·沃尔夫森，Simon Wolfson
西蒙·沃克，Simon Walker
西米恩·布朗，Symeon Brown
谢默斯·希尼，Seamus Heaney
休·格兰特，Hugh Grant
西娅·罗杰斯，Thea Rogers

Y

亚当·博尔顿，Adam Boulton
亚当·斯密，Adam Smith
伊安·高，Ian Gow
伊安·吉尔穆尔，Ian Gilmour
伊安·莱奥，Ian Lyall
伊恩·布莱尔，Ian Blair
伊恩·邓肯·史密斯，Iain Duncan Smith
伊恩·理查德森，Ian Richardson
伊恩·普里查德，Ian Pritchard
伊恩·汤姆林森，Ian Tomlinson
约翰·奥沙利文，John O'Sullivan
约翰·邓海姆，John Denham
约翰·菲尔伯特，John Philpott
约翰·怀亭，John Whiting
约翰·兰德尔，John Randall
约翰·朗沃斯，John Longworth
约翰内斯·斯嘉里，Yohanes Scarlett
约翰·克里德兰，John Cridland
约翰·肯尼斯·加尔布莱斯，John Kenneth Galbraith
约翰·朗森，Jon Ronson
约翰·梅杰，John Major
约翰·普里斯考特，John Prescott
约翰·奇尔科特，John Chilcot
约翰·史密斯，John Smith
约翰·耶茨，John Yates
伊琳·博比，Eileen Burbidge

亚力克斯·麦克法兰, Alex MacFarlane
伊丽莎白·维姆舍斯特, Elizabeth Wilmhurst
伊兰诺·泰顿, Elenore Tatton
约瑟夫·库尔斯, Joseph Coors
伊万·罗杰斯, Ivan Rogers

**Z**

扎迪·史密斯, Zadie Smith
朱尔斯·凯里, Jules Carey
詹姆斯·奥肖内斯, James O' Shaughnessy
詹姆斯·珀内尔, James Purnell
詹姆斯·戴森, James Dyson
詹姆斯·福赛斯, James Forsyth
詹姆斯·格兰维尔, James Glanville
詹姆斯·哈丁, James Harding
詹姆斯·卡普, James Kirkup
詹姆斯·兰杜, James Landale
詹姆斯·默多克, James Murdoch
詹姆斯·帕内尔, James Purnell
珍妮·柯克帕特里克, Jeane Kirkpatrick
张夏准, Ha-Joon Chang
詹妮弗·艾泽柯, Jennifer Izekor

图书在版编目(CIP)数据
权贵：他们何以逍遥法外／（英）欧文·琼斯（Owen Jones）著；林永亮，高连甲译. —北京：中国民主法制出版社，2019.5
ISBN 978-7-5162-2012-2
Ⅰ. ①权… Ⅱ. ①欧…②林…③高… Ⅲ. ①政治制度－研究－英国②社会制度－研究－英国 Ⅳ. ①D756.1
中国版本图书馆CIP数据核字（2019）第091977号



图书出品人：刘海涛
出 版 统 筹：乔先彪
图 书 策 划：曾　健
责 任 编 辑：逯卫光　柳承旭
特 约 编 辑：渡海·成秀妍
装 帧 设 计：组配の匠

书名/权贵：他们何以逍遥法外
作者/【英】欧文·琼斯（Owen Jones）
译者/林永亮　高连甲

出版·发行/中国民主法制出版社
地址/北京市丰台区右安门外玉林里7号（100069）
电话/（010）63055259（总编室）　63057714（发行部）
传真/（010）63056975　63056983
**http**：//www. npcpub. com
**E-mail**：mzfz@ npcpubcom
经销/新华书店
开本/32开　880毫米×1230毫米
印张/13.125　字数/300千字
版本/2019年6月第1版　2019年6月第1次印刷
版权登记号：图字01－2019－2927
印刷/北京天宇万达印刷有限公司

书号/ISBN 978-7-5162-2012-2
定价/78.00元

献给我的祖父母彼得和帕梅拉，
他们激励我，
给我力量，
我欠他们太多太多。
献给我深爱的乔治